diesem Buch

Zu diesem Buch

Das Enneagramm: kein modisches Zauberwort aus der Psychokiste, sondern ein traditionsreiches Modell neun grundlegender menschlicher Charaktermuster, die hier im Kontext der Humanistischen Psychologie neu interpretiert werden. Unsere Wahrnehmung, unser Denken, Fühlen und Verhalten folgen einem dieser Muster – nicht immer, aber öfter als wir ahnen (und uns lieb ist). Auf welche Weise wir in unseren wichtigen Beziehungen mit den Wechselwirkungen verschiedener «seelischer Strickmuster» in Berührung kommen, davon handelt dieses Buch. Und davon, wie wir mit den Spielregeln, die uns die Charaktermuster zu diktieren scheinen, bewußter umgehen können, um unser Leben und unsere Beziehungen befriedigender zu gestalten.

Maria-Anne Gallen, geb. 1958 in München, verheiratet, zwei Töchter. Diplompsychologin, Klinische Psychologin/Psychotherapeutin BDP. Ausbildungen in Verhaltenstherapie, personenzentrierter Psychotherapie, Focusing-Körpertherapie. Projektarbeit am Institut für Therapieforschung, München, dann Coleitung in den Ausbildungsseminaren des Deutschen Instituts für Focusing-Therapie (Charakter- und Beziehungsstrukturen). Derzeit freiberufliche Tätigkeit: Therapieforschung, Psychotherapie, Enneagramm-Workshops (zum Teil zusammen mit Hans Neidhardt).

Hans Neidhardt, geb. 1952, Diplompsychologe, Klinischer Psychologe/Psychotherapeut BDP. Studium der Psychologie in Würzburg, danach neun Jahre Leitung einer Telefonseelsorgestelle. Seit 1987 in eigener Praxis als Psychotherapeut und Supervisor tätig. Ausbildungen in personenzentrierter Psychotherapie, Focusing, Gruppendynamik und anderen Verfahren der Humanistischen Psychologie. Focusing-Trainer und Lehrtherapeut des Deutschen Ausbildungsinstituts für Focusing und Focusing-Therapie. Gründungsmitglied des «Ökumenischen Arbeitskreises Enneagramm e. V.».

Anfragen zu Seminaren können Sie richten an

Dipl.-Psych. Maria-Anne Gallen
Melchior-Fanger-Str. 23
D-82205 Gilching
Tel.: +49 8105/777737, Fax: +49 8105/777738
e-Mail: MAGallen@web.de, web: www.gallen-praxis.de

Dipl.-Psych. Hans Neidhardt
Moltkestr. 18
69469 Weinheim
Tel. +49 6201/186805, Fax +49 6201/186806
e-Mail: info@hans-neidhardt.de, web: www.hans-neidhardt.de

Maria-Anne Gallen / Hans Neidhardt

Das Enneagramm unserer Beziehungen

Verwicklungen, Wechselwirkungen, Entwicklungen

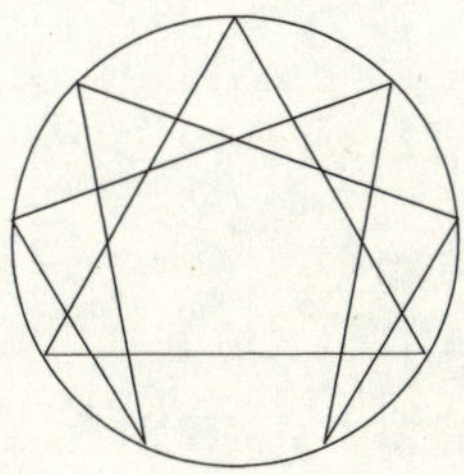

Rowohlt

12. Auflage April 2010

Originalausgabe
Veröffentlicht im Rowohlt Taschenbuch Verlag,
Reinbek bei Hamburg, April 1994

Redaktion Claudia Preuschoft
Umschlaggestaltung Büro Hamburg
Satz aus der Sabon und Neuen Helvetica (Linotronic 500)
Gesamtherstellung CPI – Clausen & Bosse, Leck
Printed in Germany
ISBN 978 3 499 19616 4

Inhalt

Vorwort

Beziehungsspiele

DU und ICH, wir spielen ein Spiel.
DU spielst es nach deinen Regeln, ICH spiele es nach meinen Regeln.
DU kennst deine Regeln nicht, ICH kenne meine Regeln nicht. Und doch bestimmen die Regeln, was gespielt wird.
Wenn dir das Spiel nicht mehr gefällt und mir das Spiel nicht mehr gefällt...
...dann sollten wir vielleicht einmal kurz das Spiel unterbrechen, uns zusammensetzen und uns unsere Regeln anschauen.
DU kannst mir viel über meine Regeln sagen.
ICH kann dir viel über deine Regeln sagen.
Und WIR können uns entscheiden, das Spiel anders zu spielen, wenn wir unser Regelwerk besser kennen.

Dieser kleine Text, den ich vor drei Jahren geschrieben habe, stand ganz am Anfang der Idee zu dem vorliegenden Buch.

Seit ich im Rahmen meiner Focusing-Körpertherapie-Ausbildung auf dieses unbewußte «Regelwerk» gestoßen war, das wir Psychologen *Charaktermuster* nennen, habe ich nicht mehr aufgehört, dieses Regelwerk und seine Wirkungsweise an mir selbst und an anderen Menschen zu studieren. Eine Haupttriebfeder dabei war, Personen, mit denen ich in einer persönlichen Beziehung stand, besser zu verstehen und dieses Verständnis zu nutzen, um die Beziehung zu verbessern und Entwicklungen zu ermöglichen.

Damals ging ich noch aus von dem klassischen Reichianischen Charaktermodell und seinen Weiterentwicklungen durch verschiedene Therapieschulen. Als mich dann mein Kollege Hans Neidhardt auf das Enneagramm brachte, war ich sofort davon begeistert.

Besonders gefällt mir, daß dieses Charaktermodell seinen Schwerpunkt in der Beschreibung «normaler» Charakterphänomene hat und psycho-spirituelle Entwicklungsmöglichkeiten aufzeigt. Es ist nicht einseitig psychopathologisch orientiert, wie andere Modelle, die aus der Beobachtung und Beschreibung von Therapiepatienten entstanden sind.

Schon bald führte die Begeisterung zu einer gemeinsamen Arbeit, und wir begannen, Enneagramm-Workshops abzuhalten. Seitdem hat uns beide die Idee nicht mehr verlassen, das, was wir an Erfahrungen und Wissen in dieser Arbeit erworben haben, niederzuschreiben. Hans habe ich es zu verdanken, daß aus dieser miteinander entwickelten Idee auch wirklich ein gemeinsames Projekt wurde.

Dank sagen möchte ich an dieser Stelle auch meiner Familie (Mike, Teresa und Jenny), daß sie mir den Freiraum und die Ruhe geschaffen haben, die ich zum Schreiben brauchte. Meinem Ausbilder und Focusing-Lehrer, Dr. Johannes Wiltschko, danke ich dafür, daß er mir sein Wissen zum Thema «Charakter» vermittelt und in vielen fruchtbaren Gesprächen eine Weiterentwicklung ermöglicht hat. All denen sei Dank, die sich die Arbeit machten, das Manuskript zu lesen, und durch ihre Rückmeldungen zur Verbesserung beigetragen haben. Zuletzt möchte ich mich noch bei den Personen bedanken, die mir als «Anschauungsmaterial» gedient haben und mich Einblicke in ihre «innere Welt» nehmen ließen.

Maria-Anne Gallen

Meine erste Berührung mit dem Enneagramm: eine Tagung, durchgeführt von dem Verlag, der «Das Enneagramm – die neun Gesichter der Seele» [1] herausbringen wird. Überwiegend in Vortragsform wird den Teilnehmern und Teilnehmerinnen die Neuner-Figur präsentiert. Meine Reaktionen sind zwiespältig. Die schon Informierten kommen mir vor wie Leute, die nur neun Witze kennen und auf Zuruf einer Nummer zu lachen beginnen, und das befremdet mich. Andererseits ahne ich, daß dieses alte Modell etwas «hat», das meine Erfahrungen und Kenntnisse über das Phänomen «Charaktermuster» entscheidend verändern könnte, die aus einem ganz anderen Theoriekontext stammen (die tiefenpsychologische Charakterlehre von Wilhelm Reich und ihre Weiterentwicklung durch Alexander Lowen [2] und Ron Kurtz [3]). Meine erste Reaktion ist daher interessiert, aber auch distanziert.

Meine zweite Berührung mit dem Enneagramm ist eher eine Berührung des Enneagramms mit mir. Ich studiere, um mir ein vollständiges Bild zu verschaffen, in einem Buch jenes Enneagramm-Muster, von dem ich bisher der Meinung war, persönlich damit kaum etwas «am Hut» zu haben. Und entdecke in einer faszinierend erschreckenden Intensität plötzlich den «roten Faden» meiner Biographie. Ich finde «mich» da auf eine Art und Weise beschrieben, wie ich es trotz vieler Jahre Eigentherapie und Selbsterfahrung schlichtweg nicht für möglich gehalten hätte. Dieser «Blick in den Spiegel» läßt mich einerseits aufatmen («Ich kann aufhören, mir etwas über mich vorzumachen»), gibt mir andererseits aber das ernste Gefühl, daß es jetzt «noch einmal richtig losgeht» auf meinem persönlichen Entwicklungsweg.

Als ich dann einige Monate später während der «Focusing-Sommerschule» mit Maria-Anne Gallen über meine Entdeckungen spreche und sie Ähnliches zu berichten weiß, entsteht daraus die Idee einer gemeinsamen Workshoparbeit. Uns beide beschäftigt die Frage: Wie lassen sich unsere persönlichen und fachlichen Grundhaltungen, Überzeugungen und Werte (innere Achtsamkeit, empathisches Verstehen, Sensibilität für Beziehungsphänomene) mit der Tradition des Enneagramms verbinden? Und wie können wir das anderen vermitteln? Aus den gemeinsamen Workshoperfahrungen entsteht dann die Idee für dieses Buch.

Je länger ich mit dem Enneagramm arbeite, desto mehr habe ich den Eindruck, keineswegs «fertig» zu sein mit diesem Modell. Im Gegenteil: Jede Workshopteilnehmerin, jeder Workshopteilnehmer erzählt seine ganz persönliche Geschichte zu ihrem/seinem Muster, und es bestätigt sich, was Carl Rogers einmal gesagt hat: «Das Persönlichste ist das Allgemeinste.» [4] Diese Erfahrung stellt sich immer dann ein, wenn wir durch die hautnahe Beschäftigung mit den beschränkenden, schmerzenden und verzerrenden Aspekten unserer Charaktermuster das Staunen wieder lernen über das, was für uns als Menschen «neben», «hinter» und «unter» den Voreingenommenheiten unserer Muster an Erlebens- und damit Beziehungsqualitäten möglich ist. Insofern liegen mir die «Entwicklungskapitel» dieses Buchs besonders am Herzen.

Mein aufrichtiger Dank geht an die Mitautorin und Kollegin (ohne Dein konsequentes Bestehen auf Genauigkeit hätte ich mich wohl in der Welt der Metaphern und Allegorien verirrt), meine Familie (ohne Euer Loslassen hätte ich mich noch mehr mit schlechtem Gewissen plagen müssen), Dietrich Koller (von Deiner «kriegerischen Art» lerne ich gern), die Frauen von der Communität «Casteller Ring», in deren Atmosphäre bei meinen Schreibklausuren viele Seiten dieses Buchs unangestrengt gedeihen konnten. Und an Herrn Dr. Müller vom Verlag – danke für die wohlwollende, tatkräftige und kritische Unterstützung bei der Realisierung.

Hans Neidhardt

Man könnte den Entstehungsprozeß dieses Buchs beschreiben unter der Überschrift: «Eins plus eins ist mehr als zwei» (siehe Kapitel 4). Die Kapitel 2 und 5 stammen aus der Feder (dem Computer) von Maria-Anne Gallen, die restlichen Kapitel wurden von Hans Neidhardt verfaßt. Wir haben bewußt darauf verzichtet, unsere jeweiligen sprachlichen Eigenheiten einzuebnen, die dürfen getrost bemerkt werden. Das Ganze ist jedoch ein Produkt gemeinsamer, zum Teil auch kämpferischer Diskussionen. Durch dieses «Ringen um Verstehen» im Zusammenhang mit diesem Buch haben unsere gemeinsame Arbeit und unsere Freundschaft ein neues Element hinzugewonnen.

Unser gemeinsamer Dank geht an all diejenigen «Enneagramm-Experten und Expertinnen» aus unseren Workshops sowie aus dem Freundes- und Kollegenkreis, die das Manuskript kritisch gesichtet und uns mit zum Teil verblüffenden Erfahrungsberichten versorgt haben. Uns ist bewußt, daß Euer Engagement für unser Projekt mit einem Freiexemplar nicht abzugelten ist.

Maria-Anne Gallen, Hans Neidhardt

Einleitung

Das Enneagramm und das Enneagramm unserer Beziehungen

Woher das Enneagramm stammt, wie es bekannt wurde und wie es heute gehandhabt wird.

•

Was uns (persönlich und fachlich) bei der Abfassung dieser Neuinterpretation des Enneagramms besonders wichtig ist.

•

Wie Sie als Leserin oder Leser mit dem Text «arbeiten» können, wenn Sie das möchten.

Das Enneagramm («Neuner-Figur», von griechisch «ennea» = neun) ist ein sehr altes Modell der Welt- (und Menschen-)Deutung. Es wurde über Jahrhunderte, vielleicht sogar Jahrtausende, mündlich tradiert. Niemand weiß heute mit Sicherheit, wo und wie es entstanden ist. Es gibt Vermutungen darüber, daß schon die Chaldäer vor mehr als 3000 Jahren damit gearbeitet haben [1] – vielleicht auch die Schule des griechischen Mathematikers Pythagoras [2].

Was wir wissen, ist, daß das Enneagramm von dem spirituellen Lehrer George Ivanovitsch Gurdjieff (ca. 1877–1940) in den Westen gebracht wurde. In seinem «Institut zur harmonischen Entwicklung des Menschen» in der Nähe von Paris und später dann in den verschiedenen Gurdjieff-Studiengruppen wurde das Enneagramm in erster Linie als kosmisches Symbol und als Modell für Prozesse der Bewußtseinstransformation verwendet [3].

Das Enneagramm der menschlichen Charaktermuster geht in der Form, in der es heute weitgehend gelehrt wird, zurück auf den Bolivianer Oscar Ichazo. Er verwendet die Neuner-Figur als Grundlage seines umfassenden Systems der menschlichen Entwicklung, das Elemente der östlichen Mystik mit westlicher Psychologie und Psychotherapie verbindet [4].

Sowohl Gurdjieff als auch Ichazo geben an, das Modell sei ihnen während ihrer Aufenthalte in Zentralasien gelehrt worden. Wie wir aus Reiseberichten [5] wissen, ist in der Region zwischen Nuristan (Nord-Afghanistan) und dem Pamir das Enneagramm-Symbol als «Naqsh» (Siegel, Emblem) oder auch als «No-Koonja» (9-Punkte-Figur) bekannt. Das verweist uns auf den sehr alten Sufi-Orden der «Naqshbandis». In dieser mystischen Strömung des Islam wurde das Enneagramm über die Jahrhunderte mündlich von Lehrer zu Lehrer weitergegeben, unter anderem auch als ein Modell der Seelenführung – um die Sufi-Adepten auf Irrtümer und charakteristische Fehlhaltungen bei ihrer spirituellen Suche aufmerksam zu machen. Es hat also eine lange, verborgene Tradition.

Einer breiteren Öffentlichkeit zugänglich wurde das Enneagramm erst im Jahr 1984. Damals erschien das Buch «The Enneagram: A Journey of Self Discovery» von Maria Beesing, Robert J. Nogosek und Patrick O'Leary [6]. Einige nordamerikanische Jesuiten, darunter die Autoren dieser ersten Publikation, hatten das Enneagramm bei dem Psychotherapeuten und Psychiater Claudio Naranjo [7] gelernt und nach eingehender Prüfung damit begonnen, es in ihrer Exerzitienarbeit zu verwenden. Naranjo war der erste, der das von Oscar Ichazo gelehrte Enneagramm mit neuzeitlichen psychologischen Konzepten verband. Bei ihm lernte es auch die bekannte Enneagramm-Lehrerin Helen Palmer[8] kennen.

Nach Deutschland kam die ursprünglich islamische, später christianisierte Neuner-Figur zunächst über die Exerzitienarbeit der Jesuiten, populär wurde das Modell durch Vorträge, Workshops und das Buch «Das Enneagramm – die neun Gesichter der Seele» von Richard Rohr und Andreas Ebert. 1989 wurde – als Folge der starken Resonanz auf das Buch von R. Rohr und A. Ebert – der «Ökumenische Arbeitskreis Enneagramm» (ÖAE) gegründet.

Das Enneagramm stammt aus einer Zeit, als die Psychologie noch gar nicht erfunden war und «Psychisches» nicht getrennt von «Spirituellem» gedacht oder empfunden werden konnte. Psycho-Logie war daher ganz selbstverständlich eine Domäne der jeweiligen Theo-Logie. Und das, was heutzutage in einer Psychotherapie geschieht, war in der langen Tradition des Enneagramms eine Domäne der Priester, Seelsorger und spirituellen Lehrer. So eröffnet die Beschäftigung mit dem Enneagramm dem psychologischen Spezialisten von heute einen aufschlußreichen Dialog mit der Seelsorge-Kunst vergangener Zeiten. Andererseits könnten die Handhabung des Enneagramms und seine theoretische Durchdringung durchaus von der modernen Psychologie und Psychotherapie profitieren. Genau da liegt unser Interesse am Enneagramm, seit wir dieses alte Modell kennengelernt haben und in unseren Gruppen und Workshops damit arbeiten.

Alle Autorinnen und Autoren haben auf ihre Weise das ursprüngliche Enneagramm-Material ergänzt und zum Teil neu interpretiert – je nach persönlichem, wissenschaftlichem und weltanschaulich-religiösem Hintergrund. Die fachpsychologische «Bearbeitung» konzentriert sich bisher weitgehend auf die Verknüpfung der Neo-Psychoanalyse[9] und der Jungschen Typenlehre[10] mit den neun Enneagramm-Mustern. Diese zum Teil widersprüchlichen Sichtweisen und Interpretationen haben auf jeden Fall ein Gutes: Sie bewahren vor einer unkritischen «Gläubigkeit», die sich natürlich um so leichter einstellt, je stärker man aus persönlicher Betroffenheit heraus subjektiv von der Gültigkeit des Modells überzeugt ist. Das Enneagramm ist keine «letzte Wahrheit über die menschliche Psyche», der man sich zu unterwerfen hätte!

Auch unsere praktische und theoretische Arbeit mit dem Enneagramm ist natürlich geprägt von unseren Werthaltungen, unseren erkenntnistheoretischen Vorlieben[11], unserem Verständnis persönlicher Entwicklung in der Psychotherapie und im Alltag sowie von den höchst subjektiven Voreingenommenheiten unserer eigenen Charaktermuster. Wir haben uns nach Kräften bemüht, diese persönlich gefärbten «Brillen» (siehe Kapitel 4 und 5) so gut wie möglich zu «putzen».

Das «Enneagramm unserer Beziehungen» bietet eine psychologische Neuinterpretation in einer etwas anderen Perspektive. Unser fachlicher (und persönlicher) Hintergrund ist die Humanistische Psychologie, und dort speziell die Tradition von Carl Rogers (personzentrierte Psychotherapie)[12] und Eugene Gendlin (Focusing)[13]. Das heißt nicht, daß wir die Erfahrungen und Erkenntnisse anderer Schulrichtungen nicht beachten und im Kontext unserer Überzeugungen nicht auch nutzen würden – wie zum Beispiel die psychoanalytischen Konzepte von «Projektion» und «Übertragung» und die Sichtweisen der System- und der Kommunikationstheorie. Vor diesem Hintergrund läßt sich unser Blick auf das Enneagramm mit zwei Leitsätzen charakterisieren. Diese möchten wir zu Beginn hier darlegen:

Der Mensch ist ein Beziehungswesen. Das heißt: Nicht einmal theoretisch können und dürfen wir so tun, als gäbe es den «Menschen», die «Person» und so weiter als ein für sich existierendes Etwas, das dann gewisse «Persönlichkeitseigenschaften», «Charaktermerkmale» oder auch «Symptome» «hat», so wie etwa ein Auto eine (defekte) Benzinpumpe. Diese konsequent beziehungsorientierte Sichtweise hat den erfreulichen Effekt, daß einem die «psychopathologische Brille» von der Nase rutscht.

Das «Wie» hat Vorrang vor dem «Was». Das heißt: Wir halten das Enneagramm für ein sehr gutes Instrument, um beobachten zu lernen, *wie* unser Erleben und Verhalten organisiert sind und *wie* dieses innere Organisationsmuster sich in unseren zwischenmenschlichen Beziehungen bemerkbar macht. Man kann das Enneagramm auch im Sinne statischer Diagnosekategorien interpretieren, aber das ist nicht unser Ansatz. So sprechen wir zum Beispiel auch konsequent nicht von «Persönlichkeitstypen» (Welche Persönlichkeitsmerkmale ergeben zusammengefaßt welchen «Typ»? Die «Was»-Frage), sondern von «Charaktermustern» («Wie sind bei verschiedenen Menschen das innere Erleben und das sichtbare Verhalten organisiert?» Die «Wie»-Frage). Wir hoffen, daß das auch für Sie nicht nur sprachlich einen Unterschied bedeutet.

So werden wir inhaltlich vorgehen:

Im 1. Kapitel
- erläutern wir, wie wir das Phänomen «Charaktermuster» auffassen,
- besichtigen wir das Enneagramm-Modell unter verschiedenen Aspekten,
- setzen wir uns kritisch mit der Handhabung von Modellen auseinander
- und arbeiten die Grundidee dieses Buchs noch einmal heraus.

Im 2. Kapitel
- werden die neun Enneagramm-Charaktermuster beschrieben, und zwar unter Beziehungsaspekten: Wie bin ich – von meinem Muster her gesehen – mit anderen Menschen in Kontakt? Für welche Arten von Verletzungen bin ich besonders anfällig? Wonach sehne ich mich zutiefst? In welche «Fallen» gerate ich immer wieder hinein?

Das 3. Kapitel
- befaßt sich mit der Frage, wie man sein Enneagramm-Muster entdecken kann,
- viel mehr aber noch damit, wozu diese Entdeckung auf einem persönlichen Entwicklungsweg nützlich sein kann
- und auf welche Weise die kontinuierliche Selbsterfahrung mit dem Enneagramm konstruktive innere und zwischenmenschliche Prozesse zu stimulieren in der Lage ist.

Das 4. Kapitel
- ist eine kleine Einführung in das beziehungsorientierte Denken, das wir für das 5. Kapitel brauchen.

Im 5. Kapitel
- untersuchen wir, wie die Beziehungswelt aussieht, wenn man durch die «Brille» des eigenen Charaktermusters auf die anderen acht Muster schaut
- und welche Wechselwirkungen sich aus dem unbewußten Zusammenspiel der Muster ergeben.

Das 6. Kapitel

– ist ein Ausblick: Welche Chancen bietet uns die Arbeit mit dem Enneagramm für die Gestaltung unserer zwischenmenschlichen Beziehungen?

Uns ist nur zu bewußt, daß wir mit diesem Interpretationsansatz einen relativ kleinen Teilaspekt der Enneagramm-Tradition ausleuchten. Allein eine umfassende psychologische Interpretation der *individuellen* Charaktermuster würde weit mehr Platz beanspruchen, als uns hier zur Verfügung steht.

Was können Sie sich von der Lektüre erhoffen? Ein genaueres und tieferes Verständnis für sich selbst und ihre zwischenmenschlichen Beziehungen. Das um so mehr, je mehr Sie sich die von uns vorgeschlagenen Lesepausen gönnen. Wir haben in den laufenden Text immer wieder «Selbsterforschungsexperimente» eingebaut, wo Sie Kontakt mit Ihren inneren Bildern, Stimmungen, Erinnerungen und so weiter aufnehmen können. Solche Besinnungspausen sind mit dem Zeichen

Ⓥ

(«Geh in dich!») markiert. Dort finden Sie dann Achtsamkeitsübungen, wie wir sie auch in unseren Workshops verwenden, wenn es darum geht, von der kognitiven Informationsverarbeitung zum Nach*empfinden* zu kommen. Hier dienen die Übungen demselben Zweck. Aber natürlich muß man diese Vertiefungspausen nicht mitmachen, um inhaltlich am Ball zu bleiben.

Die hochgestellten Ziffern verweisen Sie auf die Anmerkungen im Anhang. Dort finden sich auch vertiefende Textpassagen zu einzelnen «Stichwörtern». Stichwörter sind im laufenden Text zusätzlich mit einem * markiert.

Was *wir* uns erhoffen? Daß das Enneagramm Ihnen dabei behilflich ist, ein wenig versöhnlicher mit sich selbst und Ihren Beziehungspartnern umgehen zu können, weil Sie besser verstehen lernen, wie verschieden Wahrnehmung, Denken, Fühlen und Verhalten von Menschen «gestrickt» sind.

1

Das Enneagramm
Neun Charaktermuster und ein Modell

Welche psychologischen Phänomene mit dem Wort «Charaktermuster» gemeint sind (Wahrnehmungs-, Denk-, Fühl- und Verhaltensstile).

•

Wie das Enneagramm konstruiert ist, und auf welche Art und Weise es neun verschiedene Charaktermuster erfaßt und sie zueinander in Beziehung setzt (die «Neuner-Figur»).

•

Wie man mit diesem Modell unserer Meinung nach sinnvoll arbeiten kann, was wir für wenig sinnvoll halten und warum («Sinn und Unsinn von Modellen»).

•

Wie man individuelle Charaktermuster immer auch als Stile des Kontaktverhaltens und -erlebens auffassen kann («Charaktermuster als Beziehungsstil»).

Charaktermuster: Unsere Wahrnehmungs-, Denk-, Fühl- und Verhaltensstile

Ⓥ Beginnen wir mit einem kleinen Gedankenspiel. Stellen Sie sich bitte folgende Situation vor: Sie haben sich vor einer Woche für den heutigen Abend, 20 Uhr, mit K verabredet, und zwar bei sich zu Hause. Sie haben Essen und Getränke vorbereitet. Es ist inzwischen 21.30 Uhr, und K ist bis jetzt nicht gekommen, hat aber auch nicht abgesagt.

Was würden Sie in dieser Situation «spontan» denken, empfinden und (am liebsten) tun?

Vielleicht notieren Sie sich, was Ihnen dazu einfällt, bevor Sie die folgenden Beispiele lesen. Wir haben diese Beispiele frei erfunden, um zu zeigen, wie verschieden die «spontanen» Reaktionen auf ein und dieselbe Situation ausfallen können.

Achten Sie beim Durchlesen bitte gleichzeitig auf Ihre eigenen inneren Reaktionen auf diese Beispiele. Zwischen «Wie kann man nur?!» und «Das könnte glatt von mir sein!» werden Sie vermutlich ganz verschiedene Gedanken, Gefühle und Verhaltenstendenzen bei sich beobachten können (nach dem Motto: «Am liebsten würde ich jetzt...»).

1. A hatte schon den ganzen Tag über dieses abendliche Treffen gut vorbereitet. Die Wohnung ist geputzt, das Essen sorgfältig vorbereitet und zubereitet. Alles lief nach einem genauen Zeitplan ab. A hatte sich extra für eine kalte Vorspeise entschieden, damit die warme Hauptspeise bis ca. 20.30 Uhr bei milder Hitze zu Ende köcheln konnte. Ab 19.45 Uhr war A zunehmend von einer leisen Sorge befallen worden, ob K denn auch pünktlich sein würde. Diese Sorge hat sich jetzt zu einem ätzenden Ärger ausgewachsen, und A macht sich Vorwürfe: «Warum habe ich nicht deutlicher darauf bestanden, daß K pünktlich kommt oder rechtzeitig absagt?»
2. Auch B hatte sich bei der Vorbereitung viel Mühe gegeben: ein Bild ins Regal gestellt, das K vor langer Zeit geschenkt hatte, in einem Buch gelesen, das K gefällt, die Musik ausgewählt, die Ks Geschmack entspricht. Das verdorbene Essen macht B weniger

Kummer als die Frage, was K wohl passiert sein könnte. B hat inzwischen versucht, verschiedene Leute anzurufen, um sich nach K zu erkundigen.

3. C hat ziemlich zu «kauen» an der «Beleidigung», die seinem Empfinden nach in dem unentschuldigten Nicht-Erscheinen von K steckt. Es wäre für C sehr wichtig gewesen, anläßlich dieses abendlichen Treffens ein paar interessante berufliche Projekte durchzusprechen. Und da K in Verbindung zu einigen wichtigen Leuten steht, hat sich C von diesem Abend versprochen, diese Beziehungen für sich nutzen zu können. C empfindet es als beleidigend, sitzengelassen zu werden, wo man doch zum gegenseitigen Nutzen kooperieren könnte! Daraus wird nun wohl nichts, und C überlegt, wie sich die neuen Projekte auch ohne K realisieren lassen.
4. Aus den Stereoboxen erklingt nun schon zum zweiten Mal «La Mer» von Claude Debussy. Damals, vor gut drei Jahren, waren K und D hier zusammen auf dem Sofa gelegen und hatten nicht nur in impressionistischer Musik geschwelgt. Die Erinnerungen an damals sind ganz lebendig, und D fühlt sich wie umflort von einem schmerzlich-schönen, liebevoll-traurigen Stimmungsschleier. Es hätte so schön werden können mit K an diesem Abend: die Kerzen, der Duft aus der Aromalampe, «La Mer» und so weiter. Schließlich ist doch klar, daß man nichts mehr voneinander will, da könnte man doch…
5. E sitzt um 21.30 Uhr im Schaukelstuhl und hat sich völlig in eine geologische Fachzeitschrift vertieft. E ist eher erleichtert, daß K offensichtlich nicht kommt, denn E mag solche Abende eigentlich nicht und hatte die Einladung deshalb auch schon ein paarmal verschoben. Der Käse ist längst wieder in Alufolie verpackt. K ist über dem Lesen der Fachzeitschrift eigentlich schon vergessen. Interessante Gesteinsformationen, die da in einem abgelegenen Tal in den Anden entdeckt wurden, passen gar nicht so recht in das Bild, das man sich von der Entstehung der Anden macht. Ist das nun ein Beweis für die Außenseitertheorie von Prof. X oder nicht?
6. F fühlt sich leider wieder mal bestätigt. Da war doch schon dieses kleine Zögern in der Stimme, als K am Telefon zusagte. Hat K nicht sogar so was wie «mal sehen» gesagt? Ja, K war nur zu höflich und zu feige, um deutlich mitzuteilen: «Ich habe keine

Lust zu kommen.» Natürlich, das ist wie immer. K drückt sich vor klaren Aussagen, ist einfach feige, und dadurch wird K zu einer unzuverlässigen Person! Das war nun aber bestimmt das letzte Mal, daß F einen Versuch unternommen hat, sich mit K zu treffen, nachdem es in der Vergangenheit zwischen ihnen beiden eigentlich immer so abgelaufen war. «Große Worte und nix dahinter», urteilt F abschließend über K.

7. «Das ist wirklich schade und auch ein bißchen ärgerlich», denkt G. Schon den ganzen Tag hatte sich G ausgemalt, wie anregend dieser Abend mit K werden würde. Nun gut: Der alte Bordeaux schmeckt auch ohne K ganz vorzüglich. Und im Spätprogramm kommt «Purple Rose of Cairo» von und mit Woody Allen. Dieser Film wird G ganz gewiß gefallen. Inzwischen hat G außerdem mit L telefoniert, um sich für übermorgen zum Abendessen zu verabreden.
8. H wollte sich eigentlich mit K lieber in einer Kneipe treffen und denkt grimmig: «Das mache ich nie wieder, daß ich zustimme, wenn K sich bei mir einlädt; so eine verdammte Unverschämtheit, mich hier sitzenzulassen!» H hat sich längst entschlossen, K bei nächster Gelegenheit sofort zur Rede zu stellen. «So was kannst du mit mir nicht machen», denkt H und nimmt noch einen kräftigen Schluck.
9. Unser letzter Protagonist, Person I, hat sich mehr oder weniger ziellos mit verschiedenen Dingen beschäftigt, ein bißchen getrunken, ein bißchen geknabbert. I liegt jetzt auf dem Sofa, und während Lieutenant Stone auf den Straßen von San Francisco einem Drogendealer nachjagt (auf dem anderen Programm ist Tennis), döst I vor sich hin und findet das alles gar nicht so schlimm. K hat ganz bestimmt gute Gründe, heute abend nicht zu erscheinen. Bestimmt wird sich alles aufklären.

Wahrscheinlich haben Sie sich oft schon darüber gewundert, wie unterschiedlich verschiedene Menschen Ihrer Umgebung auf ein und dieselbe Situation reagieren. Da, wo einer sich lauthals empört, zuckt ein anderer nur die Achseln. Jemand fühlt sich verletzt oder persönlich angegriffen, wo Sie selbst nur eine Lappalie erkennen können. Da redet jemand ununterbrochen, ohne allzu viel zu sagen, ein anderer schweigt lange und sagt dann plötzlich etwas Bedeutsames. Und so weiter.

Wenn solche persönlichen Eigenheiten und Reaktionsweisen immer wieder und mit einer gewissen Beständigkeit zutage treten, dann schreiben wir sie dem «Charakter« der betreffenden Person zu.

«Charakter» ... das ist ein durchaus schwieriges und klärungsbedürftiges Wort – zumal im Deutschen. Wenn wir sagen: Jemand hat «Charakter», dann meinen wir damit eine Person mit einem festen Willen, einer gewissen Prinzipientreue und Konsequenz. Entsprechend halten wir Leute für «charakterlos», die ihr Fähnchen nach dem Wind hängen, für die der Zweck alle Mittel heiligt und so weiter. In diesem umgangssprachlich-wertenden Sinn verwenden wir diesen Begriff hier nicht.

In der psychologischen Fachsprache finden sich dann im Zusammenhang mit «Charakter» Bezeichnungen wie «zyklothymer/schizothymer Konstitutionstyp» [1] oder «oral», «anal», «phallisch», «masochistisch», «schizoid», «narzißtisch», «passiv-feminin», «psychopathisch» [2]. Auch solche wissenschaftlichen, diagnostizierenden Wörter benutzen wir nicht. Das Enneagramm beschreibt unsere ganz alltäglichen, menschlich-allzumenschlichen inneren und äußeren Reaktionsgewohnheiten. Es benutzt dafür die Alltagssprache, die nah an den Phänomenen selbst ist, und verwendet zur Unterscheidung schlicht die Zahlen von EINS bis NEUN. Allerdings lassen sich die Enneagramm-Charaktermuster sowohl bis in den «dunklen» Bereich der Psychopathologie als auch in den «hellen» Bereich der sogenannten höheren (transpersonalen) Bewußtseinszustände hinein aufzeigen. Wir bleiben hier weitgehend in der Grauzone unserer Alltäglichkeit und finden es spannend genug, diesen Bereich mit Hilfe des Enneagramms etwas zu durchleuchten.

Gehen wir zu unserem einleitenden Gedankenspiel zurück. Haben Sie an der einen oder anderen Stelle, vielleicht schmunzelnd, gedacht: «Das könnte typisch für mich sein?» Oder: «Na, das ist typisch für X.» Übrigens: Ob Sie sich beim Lesen mehr mit sich selber oder mehr mit anderen Personen beschäftigt haben – auch das könnte «typisch» für Sie sein.

Wenn wir sagen: Das ist mal wieder typisch, dann meinen wir doch: «Ja..., so oder so ähnlich denke ich, empfinde ich, verhalte ich mich eigentlich ganz oft. Und ganz oft habe ich den Eindruck, auch gar nicht anders zu können. Da gibt es so etwas wie eine Konstante in meinen innerseelischen Aktionen und Reaktionen und in meinem nach außen sichtbaren Verhalten. So oder so ähnlich passiert mir das immer wieder. Gewisse Gefühle stellen sich offenbar spontan ein, andere kenne

ich kaum.» Zum Beispiel ärgern sich manche Menschen sehr schnell, andere eher selten. All dies sind Hinweise darauf, daß es da offenbar so etwas wie ein seelisches Strickmuster gibt, das unser Erleben und Verhalten in gewisser Weise steuert. Deshalb verwenden wir hier das Wort «Charaktermuster».
Unter «Charaktermuster» verstehen wir

- einen bestimmten *Stil*[3]* des Wahrnehmens, Denkens, Fühlens und Verhaltens,
- der uns zur *Gewohnheit* geworden ist und uns deshalb «normal» vorkommt,
- der weitgehend *automatisiert* ist, uns daher nicht oder nur teilweise bewußt ist und den wir nicht willentlich oder absichtlich benutzen («Ich kann eben nun mal nicht aus meiner Haut», sagen wir dann),
- von dem wir nicht mehr so genau wissen, wie und unter welchen Umständen wir ihn uns angewöhnt haben.

Bei dem Wortbild vom «Strickmuster» denkt man unwillkürlich an Wolle, Stricknadeln, eine Vorlage und die Anfertigung eines Pullovers. Nach ein und demselben Muster (zum Beispiel «zwei rechts, zwei links») können Sie Hunderte von Pullovern stricken, die alle sehr individuell und sehr verschieden aussehen, wenn Sie Farbwahl, Wollqualität und Nadelstärke entsprechend variieren. Das gemeinsame Strickmuster ist nicht unbedingt auf den ersten Blick zu erkennen. Auch wenn der Vergleich – wie alle Vergleiche – etwas hinkt: Mit den menschlichen Charaktermustern verhält es sich ganz ähnlich. Äußerlich völlig verschieden wirkende Menschen können doch nach demselben Muster «funktionieren», auch wenn das nicht unbedingt auf den ersten Blick zu erkennen ist, weil die psychologische «Farbgebung» zu verschieden ist.

Natürlich ist es kein Zufall, daß wir in unserem Beispiel neun Protagonisten auf die Bühne unserer Fantasieszene gebeten haben. Das Enneagramm beschreibt neun Charaktermuster. Neunerlei Besonderheiten, Stärken, Einseitigkeiten, Anfälligkeiten in der Art und Weise, *wie* wir unsere Umgebung wahrnehmen, wie wir denken, fühlen, agieren und reagieren (neun *Stile*).

Dieses Musterhafte, Gleichförmige, Gewohnheitsmäßige an unserem Erleben und Verhalten ist natürlich nicht vom Himmel gefallen. Irgendwie und irgendwann muß dieser «Charakterpullover» ja angefertigt worden sein. Wenn wir beginnen, das Automatisierte in unseren inneren und äußeren Aktionen und Reaktionen aufmerksamer wahrzunehmen, wenn wir lernen, sich wiederholende kritische Situationen in unserem Leben achtsam zu bedenken und nicht mehr mit dem Satz abzutun: «Das kann ja auch nur mir passieren», das heißt, wenn wir dieses bislang unbemerkte «Funktionieren» des eigenen Charaktermusters ins Bewußtsein holen, dann finden wir auch den Zugang zu seiner Entstehungsgeschichte. Unsere These ist: Das «kleine Kind von damals»[4], das jeder und jede von uns einmal war, hat das Charaktermuster gewissermaßen «erfunden», und zwar als Not-Lösung und (Über-) Lebensstrategie. Insofern ist der Vergleich mit dem Pullover ganz hilfreich: Das Charaktermuster ist eine Art Schutz vor widrigen Umständen[5] *.

Das Charaktermuster ist die «Antwort» des Kindes auf eine von ihm erlebte Not. Und insofern eine kreative Eigenleistung zum Zweck des psychischen Überlebens, für die das Kind alle Hochachtung und Wertschätzung verdient.

Aldous Huxley[6] hat einmal gesagt: «Das, was du bist, hängt von drei Faktoren ab – von deinem Erbe, von deiner Umgebung und davon, was du in freier Wahl aus deinem Erbe und deiner Umgebung gemacht hast.» Wir halten das für eine prinzipiell wichtige Aussage. Unsere biologische Basisausstattung ist kein blindes Schicksal, das uns seinen Stempel aufdrückt – «angeborene Charaktermuster», wie es zum Beispiel die deutsche Psychologie zu Zeiten des Nationalsozialismus postulierte und nachzuweisen suchte (Stichwort: der «geborene Verbrecher»), gibt es nicht. Andererseits sind die biologischen «Mitbringsel» auch nicht völlig ohne Belang: Reizempfindlichkeit, Aktivitätsniveau, nicht zuletzt das Geschlecht – all das sind mitgebrachte biologische Gegebenheiten, die psychische Entwicklungsprozesse erleichtern oder erschweren[7].

Ebensowenig sind die Lebensumstände, in die ein Kind hineingeboren wird, einseitig für die «Prägung» des Charakters verantwortlich zu machen. Ein Kind ist kein passives, beliebig formbares «Etwas» – Produkt und Opfer elterlicher Dressur und der Lebensumstände. Die Lebenssituation, in die es hineingeboren wird, fordert ihm von Anfang an kreative Anpassungsleistungen ab. Aber natürlich ist auch das heranwachsende Kind keineswegs in der Lage, allem und jedem seinen eigenen Stempel aufzudrücken.

An diesen drei Bedingungen der psychischen Entwicklung – biologische Ausstattung, Einflüsse der Umgebung, aktive «Eigenleistung» des Kindes – interessiert uns im Zusammenhang mit der Entstehung des Charaktermusters die Eigenleistung des Kindes in besonderer Weise. An der bei Hobby- wie Fachpsychologen gleichermaßen beliebten «Elternschelte» möchten wir uns also nicht beteiligen. Freilich muß das, was das Kind damals an den familiären und sonstigen Lebensumständen als schädlich, entwicklungshemmend, verletzend und «böse» empfunden hat, auch so genannt werden dürfen. Aber es bleiben unserer Beobachtung nach einfach zu viele Menschen noch als Erwachsene im Ressentiment gegen die «Täter» von damals hängen – und damit gleichzeitig in der Identifikation mit dem «Opfer», das sie als Kinder zweifellos auch waren. Aus dem nicht sehr entwicklungsfördernden Täter-Opfer-Kreislauf können wir herauskommen, wenn wir statt dessen erkennen und anerkennen können: Ja, dieses Kind, das ich damals war, *fühlte* sich wirklich in Not (und dabei ist es nicht mehr wichtig, wie diese Not «objektiv» beschaffen war – «objektiv» und «wirklich» war für das Kind, wie es die Situation erlebte). Ja, dieses Kind, das ich war, hat auf «intelligente» Art und Weise Mechanismen und Strategien «erfunden», um diese Not zu meistern. Ja, so habe ich mir damals selbst geholfen.

Dieses «Erfinden» darf man sich nun nicht so vorstellen wie bei den Erwachsenen, wenn sie sich etwas aus*denken*. Ein Kind agiert und reagiert intuitiv von seinem (organismischen) Erleben her, es ahmt nach, probiert aus und erlebt, was «funktioniert» und was nicht.

Das Charaktermuster schützt und hilft und ist – vom «Kind in Not» aus gesehen – wirklich (über-)lebensnotwendig. Den Erwachsenen heute aber engt es auch ein, trübt den Blick, läßt gewissen Erfahrungen keinen Spielraum. So wird ein handfester Krach, der die Luft reinigen und Standpunkte klären helfen könnte, etwa deshalb vermieden, weil die «Schmeichelstrategie» des «Kindes von damals» auch heute noch wirksam ist. In der Familie dieses Kindes stand die Selbstbehauptung zur Durchsetzung eigener Wünsche wahrscheinlich nicht hoch in Kurs. Oder auch deshalb, weil eine nicht bewußte «Friedfertigkeitsstrategie» des «Kindes von damals» hier Regie führt. Vielleicht hat dieses Kind zu viele gewalttätige Auseinandersetzungen mit ansehen müssen, so daß es sich entschloß, lieber unauffällig und ausgleichend zu agieren.

So kann die Not-Lösung von damals zur Not von heute werden.

Das Charaktermuster soll vor einer Wiederholung der Kindheits-Not schützen, und das tut es auch in gewisser Weise. Gleichzeitig wird die erwachsene Person auf das gewohnte Erleben und Verhalten reduziert, kann nicht mehr frisch und unbefangen auf eine Situation reagieren, vermeidet dadurch Erfahrungen, die nicht ins Muster passen und die korrigierend wirken könnten.

Die tiefen Bedürfnisse, die in der Not des Kindes von damals nicht angemessen beantwortet wurden, sind natürlich immer noch da (sich sicher und zugehörig fühlen, gesehen und geliebt werden, eine eigenständige Person sein dürfen und so weiter). Je starrer das Charaktermuster am Rande des Bewußtseins im Erwachsenenleben seine ursprüngliche Schutzfunktion ausübt, desto kräftiger verlangen auch diese Bedürfnisse nach Befriedigung. Damit steigt natürlich das Risiko, erneut verletzt zu werden, um so intensiver werden die Schutzvorkehrungen des Charaktermusters, die wiederum verhindern, daß das ursprüngliche Bedürfnis befriedigt wird. Und so weiter. Dieser «Selbstverstrickungsspirale» werden wir in verschiedenen Variationen in den folgenden Kapiteln immer wieder begegnen: Das Charaktermuster dient dem Selbstschutz, vereitelt aber unglücklicherweise gleichzeitig, daß man bekommt, was man zutiefst bräuchte. So wird ungewollt die ursprüngliche Not reproduziert.

Ein Beispiel (die Geschichte ist authentisch, Namens- und Ortsangaben wurden geändert):

Franz M., 34, ist evangelischer Pfarrer in einer hessischen Kleinstadt. Er ist ein sympathisch wirkender, belesener und beredter junger Mann, außerordentlich beliebt in seiner Kirchengemeinde, da er «für jeden das richtige Wort zum richtigen Zeitpunkt hat» (so ein

Kirchenvorsteher bei der von der Gemeinde organisierten Feier seines 30. Geburtstags). Wenn nur seine Frau nicht wäre, die sich, mehr als den Kleinstädtern lieb ist, zunehmend von den Gemeindeaktivitäten fernhält. Sie ist Spanierin; Franz hatte sie vor mehr als 10 Jahren während eines Urlaubs in ihrer Heimat kennengelernt und noch vor Abschluß seines theologischen Examens nach Deutschland geholt und geheiratet. Seit er seine berufliche Laufbahn begonnen hat, war es zwischen den beiden immer wieder zu heftigen Eifersuchtsszenen gekommen. Sie hatte ihm vorgeworfen, er würde sie vernachlässigen, reagierte schließlich mit heftigen Angstzuständen und Suiziddrohungen. Er sieht inzwischen keinen anderen Ausweg mehr außer einer Scheidung. Nur – was werden die Leute in der Gemeinde sagen, wenn das private Scheitern ihres beliebten Pastors offenkundig wird? Und wie wird die Kirchenleitung sich verhalten, die in solchen Fällen recht zügig mit seelsorgerlich begründeter Strafversetzung zu reagieren pflegt?

In dieser verzweifelten Lage kommt er zum psychotherapeutischen Erstgespräch und nimmt dafür sogar 200 km Anfahrt in Kauf. Die Gesprächsatmosphäre ist etwas eigenartig: Einerseits ist seine Verzweiflung wirklich nachvollziehbar, andererseits macht er einen durchaus «souveränen» Eindruck. Er schildert sein Dilemma flüssig und lächelt viel dabei, so daß leicht der Eindruck entstehen könnte, das alles sei eigentlich gar nicht so schlimm und mit der richtigen Strategie schon in den Griff zu bekommen. Er läßt durchblicken, daß er in Sachen «seelsorgerlich-therapeutische Gesprächsführung» schon einige Kurse besucht habe und erkundigt sich genau nach der Ausbildung des Therapeuten.

Der Stil des Wahrnehmens, Denkens, Fühlens und Verhaltens:

Der Eindruck, den er auf andere macht, scheint ihm gewohnheitsmäßig wichtiger zu sein als die eigene Innenwelt und ihr – authentischer – Ausdruck. Er kommuniziert stark wirkungsorientiert. Er scheint den Therapeuten zu fragen: Bist du kompetent? Und er vermittelt dabei unausgesprochen die Botschaft: Bitte beachte, wie miserabel ich mich derzeit fühle, aber erkenne bitte auch an, wie gut und erfolgreich ich sonst bin.

Die Motive, die dem Automatisierten, Gewohnheitsmäßigen (und daher nicht Bewußten) in seinem Verhalten zugrunde liegen:

Abgesehen davon, daß das Berufsfeld eines Pastors ein ganz hervorragender Nährboden für ein solches Charaktermuster ist: Franz scheint kein Bewußtsein davon zu haben, wie stark er aus der Anerkennung und Bewunderung seiner Umgebung die Nahrung für sein Selbstwertgefühl bezieht und wie sehr er persönlich darauf angewiesen ist. Ist an dieser Stelle vielleicht auch sein Anteil am Scheitern seiner Ehe zu suchen? Auf vorsichtiges Nachfragen in diese Richtung reagiert er mit Unverständnis.

Die Not des Kindes und die Not-Lösung (die Erfindung des Charaktermusters): Nach einigen psychotherapeutischen Gesprächen kommt zaghaft das «Kind in Not» zum Vorschein:

Die Mutter hatte einen Liebhaber, den sie zwar vor ihrem Mann, nicht jedoch vor ihrem einzigen Sohn versteckte. Der kleine Franz ist als Fünfjähriger schon ein «Geheimnisträger» und heimlicher Verbündeter der Mutter, die im übrigen für ihren Sohn nur wenig Zeit und Gefühl erübrigen kann. Franz bewältigt diese Situation dadurch, daß er von Anfang an Klassenbester ist. Damit kann er vor allem dem ehrgeizigen Vater eine Freude machen, den er natürlich nicht verlieren möchte und dem gegenüber er ein schlechtes Gewissen hat. Die Ehe der Eltern wird unter dramatischen Umständen geschieden, als Franz neun Jahre alt ist. Die Mutter versucht, alle Kontakte des Sohns zum Vater zu unterbinden. Franz führt daraufhin ein «Doppelleben», denn er trifft sich nun heimlich mit dem Vater.

(Die «Not»: «Beachtung und Liebe gibt es für mich in dieser Lage nur, wenn ich den Schein wahre, geschickt zwischen den Eltern jongliere und ansonsten außerhalb der Familie durch gute Leistungen auffalle.»)

Seine schulischen Leistungen lassen nach, und er fühlt sich immer mehr als «der Verlierer in dem ganzen Scheißspiel». Nach mittelmäßigem Abitur beginnt er ein Theologiestudium in einer anderen Stadt und ist nach kurzer Zeit einer der brillantesten und beliebtesten Studenten, hat eine Freundin, die später seine Frau wird, um die ihn viele beneiden.

Die unbewußte Wiederholung des Not-Themas und die Vereitelung des eigentlichen Zentralbedürfnisses:

Das unbewußte Leitmotiv in Franz' Charaktermuster könnte heißen: «Ich fühle mich nicht um meiner selbst willen geliebt, sondern benutzt. Also versuche ich wenigstens, durch ein erfolgreiches Image Bewunderung zu erzielen.»

Das Zentralbedürfnis, sich geliebt fühlen können ohne eine Leistung dafür zu erbringen, bleibt und wird um so weniger gefühlt, je stärker die Image-Orientierung (im Zusammenhang mit dem Berufseinstieg) zunimmt. Die Frau, die ihn liebt und verehrt, fühlt sich der Konkurrenz durch die vielen anderen, natürlich auch weiblichen Bewunderer nicht mehr gewachsen und kämpft um ihn auf eine Art und Weise, die ihn noch mehr vertreibt. Am Ende findet er sich wieder in dem alten Dilemma, und zwar in verschärfter Form: «Ich fühle mich nicht um meiner selbst willen geliebt, sondern benutzt.»

Nicht jede Lebensgeschichte enthält so viel Tragisches und Dramatisches. Aber beim genauen Hinsehen lassen sich für alle Charaktermuster solche Phänomene aufzeigen. Das Modell des Enneagramms ist in der Lage, uns dafür den Blick zu schärfen, weil es uns auf Dinge aufmerksam macht, die uns normalerweise entgehen, weil sie völlig automatisch geworden sind.

Sehen wir uns dieses Modell nun einmal näher an.

Die Neuner-Figur: Ein Modell wird besichtigt

Das Enneagramm-Symbol setzt sich zusammen aus einem gleichseitigen Dreieck in der Mitte und einem unregelmäßigen Hexagramm. So kommen neun Punkte zustande, die auf einem Kreis abgebildet werden. Jeder dieser Punkte symbolisiert ein Charaktermuster und ist durch die Verbindungslinien auf spezifische Weise mit zwei anderen Punkten verknüpft. Die neun Punkte sind im Uhrzeigersinn durchnumeriert, der Punkt NEUN (das Muster NEUN) steht an der Spitze des gleichseitigen Dreiecks:

Sie können sich das Symbol gut einprägen, wenn Sie es ein paarmal selber zeichnen. Die Punkte 3 – 6 – 9 bilden das innere Dreieck, das Hexagramm ergibt sich aus der Zahlenfolge 1 – 4 – 2 – 8 – 5 – 7.

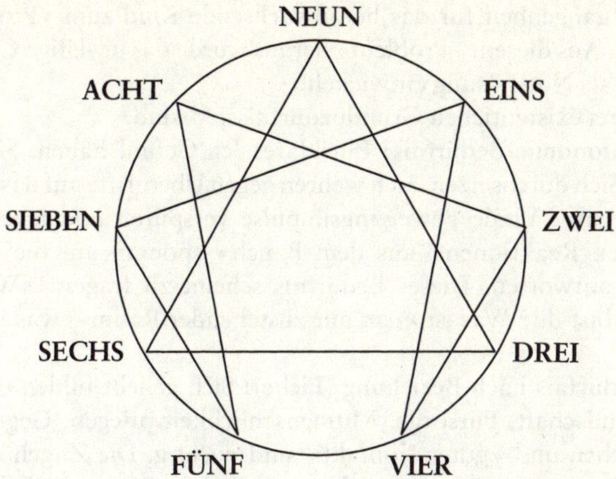

Bei der Besichtigung des Modells werden wir vier Runden drehen:

Erster Besichtigungsdurchgang: Die drei existentiellen Grundbedürfnisse, die drei Grundenergien und ihre speziellen Verformungen in drei mal drei Charaktermustern.

Zweiter Besichtigungsdurchgang: Emotionale Muster und Aufmerksamkeitsorganisation – das Enneagramm der «Leidenschaften» (das Ur-Enneagramm).

Dritter Besichtigungsdurchgang: Bewegungen innerhalb des Modells, Veränderungen der «Aggregatzustände» der neun Charaktermuster.

Vierter Besichtigungsdurchgang: Individualität und Muster

Erster Durchgang: Die drei existentiellen Grundbedürfnisse, die drei Grundenergien und ihre Verformungen

Das Enneagramm-Modell ist um drei zentrale Bedürfnisse herum konstruiert. Ihre angemessene Befriedigung ist für eine gesunde menschliche Entwicklung außerordentlich wichtig, und keines dieser Bedürfnisse ist «besser» oder «wertvoller» als die beiden anderen. Das Enneagramm behauptet nun: Eines dieser drei Bedürfnisse ist in besonderer Weise in der Vergangenheit für das heranwachsende Kind zum «Problem» geworden. Aus diesem «Problem» heraus wurde das jeweilige Charaktermuster als Not-Lösung entwickelt.

Diese drei existentiellen Grundbedürfnisse[8]* sind:

Das Autonomie-Bedürfnis: Ein klares Ich-Gefühl haben. Sich behaupten. Sich durchsetzen. Sich wehren gegen Übergriffe auf das eigene «Territorium». Vitale Bewegungsimpulse verspüren und leben. Mit instinktiven Reaktionen «aus dem Bauch» spontan auf die äußere Situation antworten. Dieses Bedürfnis scheint zu fragen: «Wer bin ich – wer bist du? Was ist *mein* mir zustehender Raum – was ist dein Raum?»

Das Bedürfnis nach Beziehung (Liebe): Sich geliebt fühlen und lieben. Freundschaft, Fürsorge, Mitmenschlichkeit pflegen. Gegenseitiges Verstehen und «guter Kontakt» sind wichtig. Die Zugehörigkeit zur Familie, zu einer Gruppe wird betont. Dieses «Herzens»-Bedürfnis scheint zu fragen: «Mit wem bin ich wie in Beziehung – wie ist unser Kontakt?»

Das Bedürfnis nach Orientierung und Sicherheit: Sich sicher fühlen an dem Ort, wo man ist. Sich auskennen. Die Dinge überblicken. Klarheit und Verläßlichkeit sind wichtig. Wache Sinne, um «Witterung aufzunehmen». Dieses Bedürfnis scheint zu fragen: «Wo bin ich hier eigentlich? Ist es hier sicher für mich?»

Das Enneagramm ordnet diesen drei existentiellen Bedürfnissen drei Grundenergien zu:

Bauchenergie umfaßt diejenigen vitalen, «instinktiven» Impulse, die unser «Revier» behaupten helfen, wie Zorn. Auch die Sexualität gehört in diesen Bereich.

Herzenergie sind all diejenigen emotionalen Qualitäten, die Beziehungen zu anderen Menschen stiften und durch die wir uns mit anderen verbunden fühlen, also «Liebe» im weitesten Sinn.

Kopfenergie bezeichnet die Wahrnehmungs- und Denkfunktionen, die wir benötigen, um uns zu orientieren und um sicher zu sein.

Stellen wir uns kurz eine Idealperson vor, die auf die Situation bezogen jedes dieser drei Grundbedürfnisse bewußt wahrnehmen kann und über alle psychischen Kräfte (Grundenergien) verfügt, um das jeweilige Grundbedürfnis zu befriedigen. Diese Person könnte nachdrücklich aus dem *Bauch* heraus «nein» oder «ja» sagen, sich eindeutig verhalten und würde sich so als ein starkes eigenständiges Ich präsentieren. Sie hätte einen klaren *Kopf*, würde den Überblick behalten und könnte – falls Gefahr im Verzug ist – sich sehr schnell entscheiden, ob es sinnvoll ist, zu kämpfen, zu fliehen oder zu verhandeln. Und diese Idealperson würde unkompliziert mit offenem *Herzen* auf andere Menschen zugehen und in liebevoller Beziehung zu ihnen stehen, ohne eigene oder fremde Grenzen zu verletzen. Die drei Grundbedürfnisse und die ihnen zugeordneten Grundenergien wären in einer Art «Fließgleichgewicht» ausbalanciert. Unsere Idealperson hätte ihre Aufmerksamkeit frei zur Verfügung, um angemessen auf jede nur denkbare Situation zu reagieren.

Das ist Utopie. Denn in diesem Fließgleichgewicht herrscht eine Konfliktspannung zwischen den drei Grundbedürfnissen. Das Autonomiebedürfnis (die Bauchenergie) steht in einem gewissen Gegensatz zu den beiden anderen Bedürfnissen. Das Bedürfnis nach Sicherheit und Orientierung (die Kopfenergie) «verträgt» sich nicht automatisch mit den Bedürfnissen nach Herzensbindung (und der damit verbundenen Verletzlichkeit der Liebesgefühle) und nach vitaler Selbstbehauptung, die aus dem Bauch kommt. Herzenswünsche geraten unweigerlich in ein Spannungsverhältnis zu den Autonomiebedürfnissen des «Bauchs» und den Orientierungsbedürfnissen des «Kopfs». Das Enneagramm-Symbol, so könnte man sagen, ist aufgespannt zwischen den drei existentiellen Bedürfnissen nach Autonomie, Liebe und Sicherheit.

Das Enneagramm beschreibt, auf welche Art und Weise dieses spannungsreiche Fließgleichgewicht im Zuge der Ich-Entwicklung eine «Schlagseite» bekommen hat: In einem der drei zentralen Bereiche ist die «existentielle Not» am größten gewesen. Dort hat sich so etwas wie eine unbewußte «Überzeugung» festgesetzt, eine Grundannahme, «wie die Welt (für mich) ist».

Die «Schlagseite» beim Bedürfnis nach Autonomie –

«MEINE AUTONOMIE IST HIER NICHT SELBSTVERSTÄNDLICH GARANTIERT» –

bewirkt ein existentielles Grundproblem, das zu tun hat mit Macht, Kontrolle und Zorn (Selbstbehauptung).

Die «Schlagseite» beim Bedürfnis nach Beziehung und Liebe –

«ICH FÜHLE MICH HIER NICHT GUT EMOTIONAL VERSORGT UND GELIEBT» –

bewirkt ein existentielles Grundproblem, das zu tun hat mit dem Selbstwertgefühl, Angst vor Ablehnung und Zurückweisung, Schmerz und Trauer.

Die «Schlagseite» beim Bedürfnis nach Sicherheit und Orientierung –

«ES IST HIER IRGENDWIE NICHT SICHER FÜR MICH» –

bewirkt ein existentielles Grundproblem, das zu tun hat mit Angst, Unsicherheit und Mißtrauen (Selbstsicherheit).

Für jeden der drei Not-Bereiche kennt das Enneagramm jeweils drei Not-Lösungsstrategien. Der «Lösungsversuch» verwendet die diesem Bereich zugehörige Grundenergie und «verformt» sie zum Zweck der Abwehr gegen das zentrale Dilemma.

Die Grundenergie wird in der spezifischen Ausformung des Charaktermusters

blockiert: Das heißt (Bauch-)Impulse zur Selbstbehauptung (Muster NEUN), authentische Herz-Bewegungen (Muster DREI), Sicherheit und Orientierung gebende Wahrnehmungs- und Denkfunktionen (Muster SECHS) sind (mehr oder weniger) «abgeschaltet» – damit die jeweilige zentrale Not aus dem Bewußtsein verschwinden kann. Das innere Dreieck des Enneagramms: die drei Muster mit den blockierten Grundenergien (NEUN, DREI, SECHS).

überentwickelt: Die Grundenergie «besetzt» in einseitig übertriebener Weise das «innere Feld» und führt allein «Regie». Auch die Überentwicklung der Bauch- (ACHT), Herz- (ZWEI) oder Kopf- (FÜNF) -Energie ist eine Möglichkeit, die jeweilige Not nicht mehr spüren zu müssen.

umfunktioniert: Die Grundenergie wird in ihrer «Richtung» umgedreht und auf die eigene Person gewendet. Aus selbstbehauptender Aggression (Bauch) wird «Aggression gegen die eigene Person» (EINS), aus der auf andere Menschen gerichteten Herzenergie wird «Selbstverliebtheit» (VIER), die Wahrnehmungs- und Denkfunktionen des Kopfes werden umfunktioniert zum Zweck positiver Selbststimulation (SIEBEN). All das dient ebenfalls dazu, das zentrale Dilemma jeweils erträglich zu machen bzw. aus dem Bewußtsein fernzuhalten.

Im Enneagramm-Modell sieht das dann so aus:

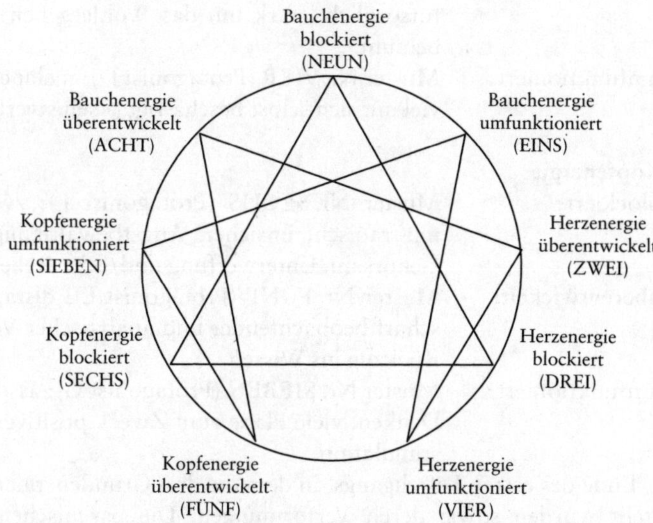

Holen wir die neun Protagonisten aus dem Einleitungsbeispiel noch einmal auf die Bühne. Sehen wir uns ihre zunächst noch sehr plakativ dargestellten Charaktermuster unter diesen Gesichtspunkten einmal näher an:

Bauchenergie
blockiert: Muster Nr. NEUN (Protagonist I): Friedfertigkeit, passive Aggression, eigene Autonomie-Impulse kaum wahrnehmbar.

überentwickelt: Muster Nr. ACHT (Protagonist H): Kampfbereitschaft, Streitlust, Power.
umfunktioniert: Muster Nr. EINS (Protagonist A): Perfektionismus, ein «zorniges Über-Ich», ausgeprägtes «Richtig/Falsch-Denken».

Herzenergie
blockiert: Muster Nr. DREI (Protagonist C): unbewußt primär an der eigenen Wirkung auf andere interessiert («Image»). «Leistung» hat einen hohen Stellenwert.
überentwickelt: Muster Nr. ZWEI (Protagonist B): hilfsbereit und fürsorglich, stark um das Wohlergehen anderer bemüht.
umfunktioniert: Muster Nr. VIER (Protagonist D): melancholisch, viel mit sich selbst beschäftigt («selbstverliebt»).

Kopfenergie
blockiert: Muster Nr. SECHS (Protagonist F): zweifelnd, mißtrauisch, unsicher. Angstbewältigung durch Gehorsam/Unterwerfung und/oder Rebellion.
überentwickelt: Muster Nr. FÜNF (Protagonist E): distanzierter, scharf beobachtender und analytischer Verstand, Rückzug ins Wissen.
umfunktioniert: Muster Nr. SIEBEN (Protagonist G): assoziatives Denken, viele Pläne zum Zweck positiver Selbststimulation.

Ende des ersten Durchgangs, in dem die drei Grundenergien dargestellt wurden sowie deren Verformungen. Die psychischen Kräfte Bauch-, Kopf- und Herzenergie werden, um psychische Not abzuwenden, überentwickelt, umfunktioniert oder blockiert. Aus den drei Not-Lösungen der drei Grundenergien ergeben sich im Modell des Enneagramms drei Gruppen aus je drei Charaktermustern: Die Bauchenergie-Muster Nr. ACHT (überentwickelt), NEUN (blockiert) und EINS umfunktioniert); die Herzenergie-Muster Nr. ZWEI (überentwickelt), DREI (blockiert) und VIER (umfunktioniert); die Kopfenergie-Muster Nr. FÜNF (überentwickelt), SECHS (blockiert) und SIEBEN (umfunktioniert).

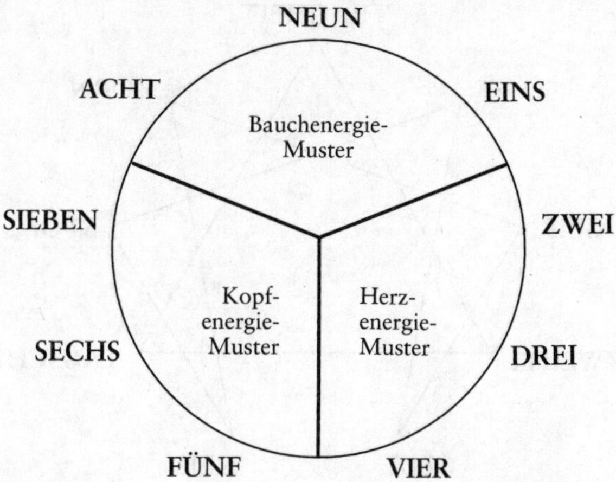

Bauch-, Herz- und Kopfenergie-Muster

Zweiter Durchgang: Emotionale Muster und Aufmerksamkeitsorganisation – das Enneagramm der neun «Leidenschaften» (das Ur-Enneagramm)

In der mündlichen Tradition gab es das Enneagramm höchstwahrscheinlich nur in der Darstellung der neun «Leidenschaften». Die Bezeichnungen erinnern einen zunächst an einen mittelalterlichen Lasterkatalog. Liest man so ein Wort, verknüpft man es augenblicklich mit eigenen Assoziationen – vermutlich negativen. Um so wichtiger ist es, das Ur-Enneagramm so genau wie möglich zu verstehen. Das heißt: Versuchen Sie bitte, den Begriffen nicht Ihre eigene, von Ihren subjektiven Vorerfahrungen und Vorurteilen genährte Bedeutung zu unterlegen, sondern statt dessen im einzelnen nachzuvollziehen, wie die neun «Leidenschaften» innerhalb des Modells gemeint sind:

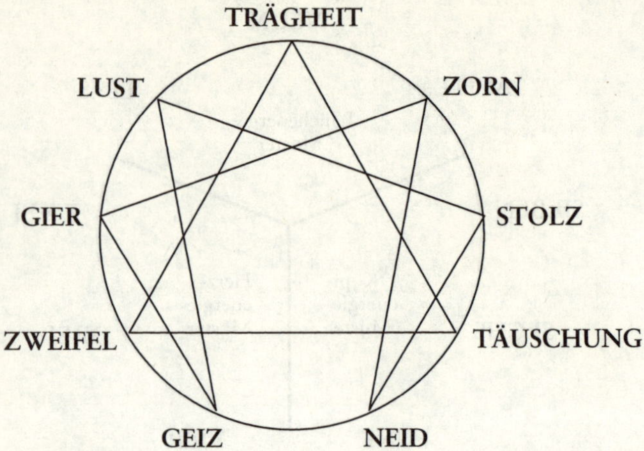

Das Enneagramm der neun Leidenschaften

Die «Leidenschaften» sind sozusagen der emotionale Hintergrund der neun Charaktermuster. Oder, wenn Sie Metaphern bevorzugen: der «Nährboden» für den Wahrnehmungs-, Denk-, Fühl- und Verhaltensstil einer Person beziehungsweise die «Systemsteuerungssoftware» im «Betriebssystem» des Charaktermusters.

Es handelt sich dabei um *emotional gefärbte Haltungen dem Leben gegenüber*, die im Normalfall nicht bewußt, der Selbstwahrnehmung aber prinzipiell zugänglich sind. In ganz engem inneren Zusammenhang damit ist die Art und Weise zu sehen, wie die Aufmerksamkeit einer Person organisiert ist, das heißt: Auf welche Themen, auf welche speziellen Aspekte der Umgebung und der eigenen Innenwelt «springt» die Aufmerksamkeit «automatisch» an?

Die neun «emotionalen Grundmuster», wie wir hier die «Leidenschaften» nennen wollen, sorgen dafür, daß unsere Aufmerksamkeit «unfreiwillig» [9]* von gewissen Dingen angezogen wird und andere ebenso unfreiwillig ausblendet. Wahrscheinlich kennen Sie das Phänomen: Sie sind schwanger (Ihre Partnerin ist schwanger), Sie laufen durch die Stadt und sehen überall plötzlich nur noch Frauen mit dicken Bäuchen und Mütter und Väter mit kleinen Kindern. Oder: Sie sind frisch verliebt, und auch ein Regentag hat irgendwie einen Zauber. «Gesteuert» von einer «emotional gefärbten Haltung dem Leben gegenüber» pickt sich Ihre Aufmerksamkeit aus Ihrer Umgebung gewisse Dinge heraus. Und sie gibt den Dingen und Ereignissen eine bestimmte emotionale Tönung.

Das Enneagramm der «Leidenschaften» beschreibt unbewußte und «chronisch gewordene» emotionale Haltungen. Und wie – als Auswirkung davon – dann die Aufmerksamkeit jeweils organisiert ist.

Sie werden sehen: Das hängt direkt mit den Verformungen der jeweiligen Grundenergien zusammen.

EINS (Zorn): Menschen mit dem Muster EINS sind sich nicht unbedingt bewußt, daß sie untergründig zornig sind. Sie erleben den Zorn oft weniger als «Gefühl im Bauch», sondern mehr als «zornige Gedanken». Ihr Denkstil bewegt sich in Kategorien von «richtig/falsch» oder «gut/schlecht» (beurteilender Verstand). Entsprechend ist die Aufmerksamkeit so organisiert, daß automatisch alles das «ins Auge springt», was irgendwie fehlerhaft und mangelhaft zu sein scheint oder tatsächlich ist.

ZWEI (Stolz): Menschen mit dem Muster ZWEI sind stolz auf ihren Einsatz für andere, ihre Hilfsbereitschaft und Fürsorge («Ich weiß, was für dich gut ist») und erleben sich selbst als unabhängig von der Hilfe anderer («Ich selbst brauche niemanden»). Dem Erleben zugänglich wird der Stolz am ehesten dann, wenn er verletzt wird, also dann, wenn ein Hilfsbedürftiger die Fürsorge ablehnt oder undankbar ist. Die Aufmerksamkeit ist nach außen gerichtet, um sich «automatisch» auf die Bedürfnisse und die Bedürftigkeit einer anderen Person einzustellen.

DREI (Täuschung): Menschen mit Muster DREI geht es unbewußt in erster Linie darum, vor anderen gut dazustehen. Sie können mit ihrem «positiven Image» so sehr identifiziert sein, daß sie den Kontakt zu ihren Gefühlen verlieren. Darin liegt die Täuschung: die erwünschte Außenwirkung für die wahre eigene

Identität halten. Die Aufmerksamkeit geht nach außen und tastet die Umgebung nach Hinweisen ab, wo und wie Anerkennung zu erlangen und wie die Selbstdarstellung den momentanen sozialen Gegebenheiten anzupassen wäre.

VIER (Neid): Menschen mit Muster VIER beschäftigen sich gern mit ihren Stimmungen und erleben (häufig diffus), daß ihnen etwas fehlt zum Glücklichsein. Aus diesem inneren Mangelgefühl heraus erleben sie andere Menschen sehr oft automatisch als «glücklicher», «ausgeglichener», «gesünder» und so weiter. Ihre Aufmerksamkeit driftet gern aus der Gegenwart weg – hin zu einer idealisierten fernen Person, zu Erinnerungen an besonders schmerzliche oder glückliche Momente oder auch in Fantasien erfüllter Sehnsucht in der Zukunft. Demgegenüber erscheint die «gewöhnliche» Gegenwart «spontan» als minderwertig.

FÜNF (Geiz): Der «Geiz» (oder auch «Habsucht») als emotionales Grundmuster am Punkt FÜNF ist als eine Art «Ich-Geiz» zu verstehen. Menschen mit Muster FÜNF tun sich oft schwer mit persönlichen Mitteilungen und wirken dadurch leicht spröd und unnahbar. Vor allem in «emotional dichten» Situationen steigt die Aufmerksamkeit automatisch aus und friert sich in einer innerlich distanziert-neutralen, «objektiv»-emotionslosen Beobachterposition ein.

SECHS (Zweifel): Gemeint ist hier eine latent mißtrauische Grundstimmung, die Menschen mit Muster SECHS jedoch nicht unbedingt bewußt ist. Bewußt ist schon eher ein «zweifelnder Denkstil» («einerseits...andererseits», «ja...aber») und die «spontane» (= automatisierte) Bereitschaft, jemanden oder etwas anzuzweifeln. Die Aufmerksamkeit im Muster SECHS ist darauf gepolt, nach verborgenen Absichten oder Motiven zu suchen.

SIEBEN (Gier): Menschen mit Muster SIEBEN lenken ihre Aufmerksamkeit gewohnheitsmäßig (und «unfreiwillig») von Situationen weg, die ihnen unangenehm erscheinen könnten. Sie beschäftigen sich statt dessen gedanklich mit positiven Optionen und Plänen. Es ist auf den ersten Blick nicht leicht zu erkennen, daß sie das gewissermaßen so tun *müssen* und innerlich von dieser «optimistischen», positiven mentalen Selbststimulation (und der Verwirklichung ihrer kleinen und großen Pläne) abhängig sind («Gier», beziehungsweise «Unersättlichkeit»).

ACHT (Lust): Die Aufmerksamkeit von Menschen mit Muster ACHT richtet sich unwillkürlich darauf, herauszufinden, wer als «Freund» oder als «Feind» einzuschätzen ist. Sie sind stark mit Bauchenergie aufgeladen. Aggression und Sexualität haben die Funktion, überschüssige Energie zu «verbrennen». So funktioniert ihre Aufmerksamkeit oft nach dem Prinzip «alles oder nichts» / «schwarz oder weiß».

NEUN (Trägheit): Die «Trägheit» im Muster NEUN ist eine Art «Ich-Trägheit» oder «Ich-Vergessenheit». Die Fähigkeit, «Ich» (und: «Ich will…!») zu fühlen und zu sagen, ist mehr oder weniger stark blokkiert. Das führt zu einer stark rezeptiven (passiv aufnehmenden) Aufmerksamkeitsorganisation: Die Aufmerksamkeit funktioniert wenig zielgerichtet, sie «gleitet» (unfreiwillig) von einem Wahrnehmungsgegenstand zum nächsten, fast alles erscheint gleich (un)wichtig, «Vordergrund» und «Hintergrund» sind ineinander verschwommen, auch in der Selbstwahrnehmung.

Wenn man's recht bedenkt: Eigentlich ist das alte Wort «Leidenschaft» (in anderen Sprachen «passion») als Bezeichnung für diese emotionalen Grundmuster doch recht zutreffend. Wie ein «passionierter» Schachspieler zum Beispiel viel Zeit, Aufmerksamkeit, «Energie» und so weiter in seine «Leidenschaft» steckt, so investieren wir, unbewußt und unfreiwillig, einen mehr oder weniger großen Anteil unserer Aufmerksamkeit in die jeweiligen «Angelegenheiten» unserer Charaktermuster[10]*.

Ende des zweiten Durchgangs. Neun emotional gefärbte Haltungen dem Leben gegenüber wurden vorgestellt sowie die daraus jeweils resultierende (unfreiwillige) Aufmerksamkeitsorganisation – der «Nährboden» der Charaktermuster, die wir dann im zweiten Kapitel detaillierter vorstellen werden.

Dritter Durchgang: Bewegungen innerhalb des Modells

Vielleicht haben Sie sich inzwischen schon gefragt, was denn die Linien zwischen den neun Zahlen bedeuten. Gibt es spezifische Verbindungen zwischen den einzelnen Charaktermustern? Was hängt wie und womit zusammen?

Das ist vielleicht einer der faszinierendsten Aspekte des alten Enneagramms (und so auch in keiner der vielen «Charakterlehren» der neuzeitlichen Psychologie auffindbar): Die Muster ändern unter gewissen Bedingungen ihren «Aggregatzustand» und «schalten um» auf ein anderes Muster. Eine Person mit dem Muster NEUN zum Beispiel fühlt und benimmt sich manchmal so, wie es für DREI charakteristisch ist, ein andermal so wie SECHS. Natürlich wird der «Pullover» nicht gewechselt, es kommen nur unter bestimmten Bedingungen Aspekte des anderen Musters zum Vorschein.

Diese «Bewegungen» werden im Enneagramm durch Pfeile symbolisiert. In Pfeilrichtung ergeben sie die Ihnen schon bekannten Ziffernfolgen 3 → 9 → 6 → 3 und so weiter, sowie 1 → 4 → 2 → 8 → 5 → 7 → 1 und so weiter.

Das «Umschalten» des Musters in Pfeilrichtung hat man sich so vorzustellen: Je stärker jemand mit äußeren Situationen und inneren Erfahrungen zu tun bekommt, die in irgendeiner Weise an die unbewußte innere Not rühren, desto mehr wird das Muster «heißlaufen». Die Abwehrmechanismen des Musters werden heftiger und rigider, je stärker das System in seinen jeweils spezifischen «Streß» gerät. Dann kommen plötzlich Erlebens- und Verhaltensaspekte zum Vorschein, die zu dem Muster gehören, das im Modell «in Pfeilrichtung» liegt – der sogenannte «Streßpunkt». Diese Bewegung nennen wir die «Selbstverstrikkungsspirale» (siehe Kapitel 2). Hier ein erster tabellarischer Überblick:

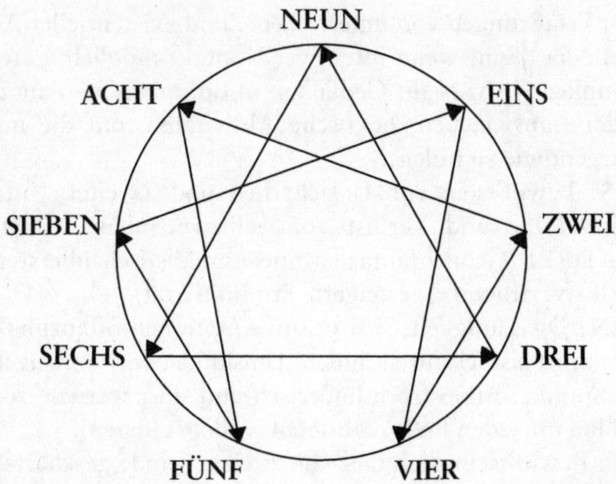

Das Muster und sein spezifischer Streß. Der Streßpunkt

EINS: Das Bewußtsein, trotz aller Bemühungen dem inneren (zornigen) Anspruch an Perfektion nicht genügen zu können. → Streßpunkt: VIER (depressive Stimmungen, hervorgerufen durch Selbstvorwürfe).

ZWEI: Die Erfahrung, daß gutgemeinte Hilfsangebote nicht gewürdigt werden. Das Bewußtsein, selbst zu kurz zu kommen. → Streßpunkt: ACHT (Wut und Feindseligkeit, Vorwürfe an die «undankbare» Umgebung).

DREI: Mißerfolgserlebnisse. Nicht gut ankommen bei anderen. Das Image droht entlarvt zu werden (von außen oder innen). → Streßpunkt: NEUN (depressive Antriebs- und Lustlosigkeit, Müdigkeit, passiv werden und auf stur schalten).

VIER: Träume platzen. Das eigene innere Mangelgefühl wird spürbarer. Kränkung durch Zurückweisung und Nichtverstehen. → Streßpunkt: ZWEI (Verletzung durch Fürsorglichkeit kompensieren, «klammern», abhängig werden).

FÜNF: Erfahrungen von innerer Leere und existentieller Angst – besonders dann, wenn intensiver Kontakt möglich wäre. → Streßpunkt: SIEBEN (in Gedanken in optimistische Fantasien und Pläne ausweichen, hektische Aktivitäten, um die innere Leere irgendwie zu füllen).
SECHS: Bewußtsein von Unsicherheit und Zweifel. Unterlegenheitsgefühle und Verlust von Selbstvertrauen. → Streßpunkt: DREI (Größenfantasien und unrealistisch übersteigertes «Selbstvertrauen», gesteigerte Produktivität).
SIEBEN: Die Fähigkeit, sich positive Optionen offenzuhalten, droht, zum Beispiel durch äußere Umstände, verlorenzugehen. → Streßpunkt: EINS (rechthaberisch und starr werden, zornig einen Plan um jeden Preis realisieren wollen/müssen).
ACHT: Bewußtsein, sich tatsächlich viele Feinde geschaffen zu haben. Übergroße Erfahrungen von Ablehnung durch andere. → Streßpunkt: FÜNF (Rückzug aus sozialen Kontakten, Einsamkeit, Isolation und Angst).
NEUN: Bewußtsein, daß es unausweichlich wird, das eigene Ich zu behaupten und zum Beispiel einen Konflikt zu riskieren. → Streßpunkt: SECHS (Unsicherheit, Angst und Selbstzweifel, vor allem Zweifel am eigenen Wert: «Ich bringe nichts zustande»).

Auf diese Weise beschreibt das Enneagramm, wie sich unsere automatisierten Wahrnehmungs-, Denk-, Fühl- und Verhaltensgewohnheiten ändern, wenn es uns auf die für unser Muster charakteristische Art und Weise schlechtgeht, wir in eine kleine oder auch große Krise geraten, in der die Kindheitsnot unbewußt reaktiviert wird. Und es deutet auch den «dunklen» Bereich der möglichen Pathologie an, der in jedem von uns steckt.

Sehen wir uns die andere Bewegungsrichtung an – «gegen den Pfeil». Die Zahlenfolge ist dann umgekehrt: 3 – 6 – 9 – 3 und 1 – 7 – 5 – 8 – 2 – 4 – 1. Diese Bewegung symbolisiert die Veränderungen der Charaktermuster in Momenten oder auch Lebensabschnitten, in denen es uns ausgesprochen gutgeht. Dann brauchen wir die verschiedenen Wahrnehmungs-, Denk-, Fühl- und Verhaltensstrategien des Musters so gut wie gar nicht, wir fühlen uns entspannt, sicher, geliebt, «integriert», «gesund» und so weiter. Auch hier haben wir wieder zu fragen: Was bedeutet das jeweils für jedes der neun Muster? Wie sieht das Umschalten auf den «Trostpunkt» (das ist der Punkt, der gegen die Pfeilrichtung liegt) jeweils aus?

Das Muster und sein spezifischer «Trost». Der Trostpunkt

EINS: Der Zorn ist weniger virulent, eigene Mängel und die Fehler anderer sind weniger bedeutsam. Loslassen, Entspannung und Humor greifen innerlich Raum. → Trostpunkt: SIEBEN (Optimismus und Lebensfreude).

ZWEI: Der vom Stolz gesteuerte Drang, sich um andere zu kümmern, läßt nach. Eigene Bedürfnisse werden gespürt und befriedigt. → Trostpunkt VIER (positive Selbstbezogenheit und Selbstliebe).

DREI: «Leistung», «Erfolg» und gut angekommen» werden weniger wichtig, und die Frage «Wie bin ich wirklich?» rückt in den Vordergrund des Bewußtseins. → Trostpunkt SECHS (konstruktiver Selbst-Zweifel, liebevoll-kritisches Infragestellen der eigenen Person).

VIER: Achtung vor dem Alltäglichen, Nicht-Besonderen kann gefühlt werden, und die Aufmerksamkeit geht von den Träumen weg zum konkreten Handeln. → Trostpunkt: EINS (Prinzipientreue, Handeln auf der Grundlage persönlicher Wertvorstellungen).

FÜNF: Der Ich-Geiz läßt nach, mehr Vertrauen und soziale Risikobereitschaft werden möglich. → Trostpunkt: ACHT (sich zeigen, auftreten, kämpferisch auch ein Beziehungsrisiko eingehen).

SECHS: Der (Selbst-)Zweifel kann schweigen, weil die Person sich sicher fühlt, zum Beispiel in einer durch und durch «ehrlichen» Beziehung. → Trostpunkt: NEUN (Harmonie, innerer Friede, Ausgeglichenheit).

SIEBEN: Die «nervösen Aktivitäten», sich selbst positiv zu stimulieren, haben einer inneren Selbst-Zufriedenheit Platz gemacht, es wird möglich, sich durch Ruhe und Besinnung tiefer «einzulassen». → Trostpunkt: FÜNF (Rückzug und Betrachtung. Positive Leere).

ACHT: Der kraftvolle Schutzpanzer «schmilzt», und eigene Schwäche und Verletzlichkeit können gezeigt werden. → Trostpunkt: ZWEI (ein «offenes Herz» für die Umgebung haben, liebevoll mit sich selbst umgehen).

NEUN: Eigene Autonomiebedürfnisse werden gespürt und gelebt, Tatkraft und Entschlossenheit können lustvoll erlebt werden. → Trostpunkt: DREI (Freude an effizientem Handeln, Spaß daran haben, im Mittelpunkt zu stehen).

Nach diesem Überblick über die Bewegungen im Enneagramm-Modell könnte es sein, daß Sie vor lauter Bäumen den Wald nicht mehr sehen, denn in den beiden Tabellen sind sehr viele Informationen verpackt. In diesem Fall schlagen wir Ihnen vor, die Trost- und Streßpunkte in Ruhe noch einmal zu studieren, wenn Sie das zweite Kapitel gelesen haben und die neun Muster etwas detaillierter kennen.

Auf einen Aspekt müssen wir aber schon an dieser Stelle hinweisen: Im Unterschied zur Selbstverstrickungsspirale (die Bewegung mit dem Pfeil Richtung Streßpunkt) vollzieht sich die Bewegung «gegen den Pfeil» *nicht automatisch*. Jene Momente oder auch Lebensabschnitte, in denen es uns in ganz besonderer Weise gutgeht und in denen die Erfahrungsqualitäten des Trostpunkts hervorkommen, erleben wir subjektiv immer als eine Art «Geschenk». Die einengenden Aspekte des Charaktermusters sind dann wie außer Kraft gesetzt. Im «Normalfall» jedoch geht uns der Trostpunkt immer auch ein wenig «gegen den Strich» – denn in dem Muster, das im Enneagramm «gegen den Pfeil» liegt, können wir das sehen, was dem eigenen Muster fehlt und was innerhalb des eigenen Musters vermieden wird. Wie die Beschäftigung mit Trost- und Streßpunkt bei einem persönlichen Entwicklungsweg eine Rolle spielen – damit befassen wir uns ausführlich im 3. Kapitel.

Ⓥ Die Beschäftigung mit dem Streß- und dem Trostpunkt ist eine gute Möglichkeit, dem eigenen Enneagramm-Muster auf die Spur zu kommen:

Wenn Sie sich an eine «dunkle Zeit» in Ihrem Leben erinnern – auf welche Weise sind Sie dann «anders» als normalerweise? Wie verändert sich Ihre Wahrnehmung, Ihr Denken, Fühlen und Handeln? Wie verändern sich Ihre Beziehungserfahrungen mit anderen Menschen? Was genau befürchten Sie in solchen Momenten oder Phasen mehr als sonst?

Wenn Sie sich an besonders «helle» Momente oder Lebensabschnitte erinnern – auf welche Weise sind Sie dann anders als normalerweise? Wie verändert sich Ihre Wahrnehmung, Ihr Fühlen und Handeln? Welche «normalerweise» scheinbar nicht vorhandenen

(Er-)Lebensqualitäten stehen Ihnen dann wie «Geschenke» zur Verfügung?

Ende des dritten Durchgangs. Es wurde gezeigt, daß jedes der neun Charaktermuster mit zwei anderen in einer dynamischen inneren Verbindung steht, die durch die Linien symbolisiert sind.

Vierter Durchgang: Individualität und Muster

Die neun Enneagramm-Punkte beschreiben nicht konkrete Menschen, sondern psychologische «Strickmuster». Sie als Einzelperson leben *Ihre* höchstpersönliche Variante Ihres Musters. Im Bild gesprochen: Der Pullover, den Sie tragen, ist ganz gewiß ein Unikat, auch wenn nach demselben Strickmuster noch -zig andere Pullover-Einzelstücke gefertigt sind.

Man gerät bei der Beschäftigung mit dem Enneagramm recht leicht in Gefahr, vor lauter Faszination an der Machart eines Charaktermusters den konkreten Menschen aus dem Auge zu verlieren, mit dem man es zu tun hat. Und zu meinen, man könne alles, was dieser Mensch von sich gibt, auf sein Charaktermuster zurückführen. Das wäre natürlich eine unzulässige Vereinfachung!

Genau aus diesem Grund sprechen wir nicht von «dem EINSER», den «SECHSERN» und so weiter. Diese Wortwahl suggeriert, daß es sich dabei um konkrete Personen handeln könnte, was natürlich ein Unsinn ist. Wenn wir hier Formulierungen benutzen wie «die ZWEI» oder – ohne Artikel – einfach «SIEBEN» usw., dann meinen wir immer: «Eine Person, deren Wahrnehmungs-, Denk-, Fühl- und Verhaltensstil nach dem Enneagramm-Muster… (EINS bis NEUN) gestrickt ist.»

Oft werden wir gefragt, ob man denn mehrere Muster haben kann. Das ist eine schwierige Frage. Wenn man sinnvoll mit dem Enneagramm arbeiten will, muß man eine Voraussetzung in Kauf nehmen. Das Modell sieht *ein* Muster pro Person vor. Das Enneagramm als Instrument der Selbstwahrnehmung zielt darauf ab, dieses eine Muster sichtbar und erfahrbar werden zu lassen. Und das ist gleichzeitig der Ort, an dem die Entwicklungsarbeit zu leisten wäre. Das schließt nun keineswegs aus, daß wir – je nach innerer Verfassung und äußerer Situation – nicht auch Aspekte aller anderen Enneagramm-Muster erleben und leben könnten[11], bei genauer Selbstbeobachtung werden wir aber feststellen: Wir leben und erleben diese anderen Aspekte immer *auf die Art und Weise* unseres eigenen Musters.

Diese häufig gestellte Frage («*Muß* es denn *ein* Muster sein?») läßt sich mit Hilfe des Enneagramms interpretieren und kann so an den Fragenden zurückgegeben werden: Überlegen Sie doch einmal, falls das gerade auch Ihre Frage sein sollte, aus welchem *Motiv* diese Frage stammt. Menschen mit Muster SIEBEN zum Beispiel fragen so etwas gern, weil sie alle neun Enneagramm-Punkte «spannend», «positiv» und «bereichernd» finden und gern von jedem etwas hätten. Menschen mit DREI fragen so, weil sie sich mit den Images der anderen acht identifizieren möchten. Menschen mit SECHS, weil sie zweifeln, während EINS vielleicht latent zornig ist darüber, nur «ein Neuntel in einem perfekten Modell repräsentieren zu sollen». Und so weiter. Freilich sind solche Deutungen mit Vorsicht zu genießen, denn sie benutzen das Modell des Enneagramms, um seine eigenen Aussagen zu verifizieren.

Hier noch ein paar Hinweise zum Thema «Individualität und Muster»:

1. Im dritten Besichtigungsdurchgang haben Sie schon sehen können, daß die «Färbung» des Musters zwischen «hell» und «dunkel» variieren kann. Jeder kennt auch (mehr oder weniger) die inneren Erfahrungen, die mit dem «Streßpunkt» und dem «Trostpunkt» verbunden sind. Nun gibt es gewiß Menschen mit einer starken unbewußten Tendenz, immer wieder in die Selbstverstrickungsspirale hineinzugeraten – bis hin zu einer Art «Chronifizierung auf dem Streßpunkt». Ein Beispiel dafür wäre die als «Stationsdrachen» verschriene Krankenschwester, deren idealistische Hilfsbereitschaft und Fürsorge so oft frustriert wurden, daß von der ehemals freundlichen und zugewandten Frau nur noch das «Biest» übriggeblieben ist (ZWEI → ACHT). Demgegenüber könnte man sich eine Person mit demselben Muster vorstellen, die sich in den «hellen Bereich» hineinentwickelt hat – sie wäre innerlich frei dafür, uneigennützig das jeweils «Richtige» zu geben, könnte sich andererseits deutlich gegen überzogene Wünsche abgrenzen und, wenn sie selbst etwas braucht, auch darum bitten (ZWEI → VIER). Und doch handelt es sich bei beiden um dasselbe Muster!

2. Wenn Sie innerhalb des Modells eine neue Bewegungsrichtung einschlagen, dann kommen Sie auf dem Kreisbogen nach rechts oder links zu je einem Nachbarmuster. Diese «Nachbarn» werden «Flügel» genannt. Die «Flügel» beeinflussen das Erscheinungsbild des jeweiligen Musters mehr oder weniger stark. Zum Beispiel wäre eine Person mit Muster «VIER plus starken Einflüssen von DREI» in ihrer ganzen Art «dynamischer» und «wirkungsorientierter» als eine andere Person mit «VIER plus starken Einflüssen von FÜNF», die in ihrer Gesamterscheinung und im Selbsterleben «versonnener» und «zurückgezogener» wäre. Die Flügel sind ein sekundärer Aspekt in der Enneagramm-Theorie, auf den wir hier nicht näher eingehen, weil für die Arbeit mit den neun Mustern das «Ur-Enneagramm» (die neun Leidenschaften und die Aufmerksamkeitsorganisation) sowie die zusätzlichen Aspekte des Streß- und Trostpunkts ausschlaggebend sind.

Sinn und Unsinn von Modellen: Wider das Schubladendenken

> «Wenn die Tatsachen nicht mit der Theorie übereinstimmen – um so schlimmer für die Tatsachen» (Hegel). «...weil, so schließt er messerscharf, nicht sein kann, was nicht sein darf» (Christian Morgenstern [12]).

Nach diesen vier Besichtigungsdurchgängen mag Ihnen das Enneagramm mit seinen neun Punkten, den Verbindungslinien und dem Kreis vorkommen wie ein ausgeklügeltes psychodiagnostisches Schubladensystem, in das Sie sich selbst und Ihre Mitmenschen einsortieren können. Man kann das natürlich machen. Es soll sogar Leute geben, die «psychopathologische Rasterfahndung» [13] als eine Art Sport oder Hobby betreiben. Aber Vorsicht:

Im Rahmen eines Forschungsprojekts (veröffentlicht 1973) über die Effekte psychiatrischer Diagnosen bei Patienten und Diagnostikern ließen sich der amerikanische Psychologe David Rosenhan und seine Mitarbeiter freiwillig in Nervenkliniken einweisen[14]. Sie gaben an, sie würden Stimmen hören und bräuchten daher dringend eine psychiatrische Behandlung. Unmittelbar nach der stationären Aufnahme benahmen sie sich jedoch völlig normal und gaben auch sofort an, die «Stimmen» seien wieder weg. Die Verweildauer in den diversen Kliniken schwankte zwischen 7 und 52 Tagen. Alle Mitarbeiter der Studie wurden mit der Diagnose «Schizophrenie in Remission» entlassen, nicht ein einziger war als Simulant entlarvt worden. Während ihrer «Behandlungszeit» wurden ihre Verhaltensweisen (zum Beispiel dasitzen und Beoachtungen auf einem Stück Papier notieren) im Sinn der Eingangsdiagnose «Schizophrenie» bewertet («Manierismen», «Anzeichen von Katatonie» und so weiter). Verrückterweise waren es einige «wirkliche» Patienten, die den ganzen Schwindel durchschauten: «Du bist doch nicht verrückt – du bist ein Journalist oder ein Professor!»

Was ist da passiert?

Die berühmt-berüchtigte Rosenhan-Studie lenkt unser Augenmerk darauf, wie leicht sich unsere «Diagnosen» (auch unsere psychologischen Alltagsdiagnosen) im Kopf gewissermaßen selbständig machen können und so eine eigene Art von «Wirklichkeit» erzeugen. Mehr oder weniger sind wir alle in unserem Umgang mit uns selbst und mit anderen Menschen solche «kleinen Psychiater» – mit Bildern, Hypothesen, Vorerfahrungen und Verdachtsmomenten im Kopf, die unsere Selbst- und Fremdwahrnehmung voreingenommen machen. Das ist sogar sinnvoll. Wir brauchen dann nicht bei jeder (Selbst- und Fremd-) Begegnung wieder bei Null zu beginnen. Aber diese vorgefertigten Bilder und Meinungen trüben immer auch ein wenig die Wahrnehmung – als hätten wir eine Brille mit karierten und gestreiften Gläsern auf der Nase, die nur das zu «sehen» gestattet, was zu unseren Voreingenommenheiten paßt. Oder als hätten wir ein Hörgerät im Ohr, das gewisse Frequenzen herausfiltert. Und dann «sind» wir selbst und die anderen «wirklich» so wie unsere vorgefertigten «Diagnosen» es nahelegen. Ob diese Diagnosen aus impliziten Alltagstheorien oder komplexen psychopathologischen/psychiatrischen Modellen oder aus dem Enneagramm stammen, das macht nur graduell einen Unterschied.

Die Freudsche Psychoanalye zum Beispiel ist so ein Modell, noch dazu ein sehr differenziert ausgearbeitetes. Nur zu schnell vergißt man, daß das «Es», das «Ich», das «Über-Ich», die «Verdrängung», der «Widerstand», die «orale Phase» und so weiter *Beschreibungsversuche* innerhalb eines psychologischen *Modells* sind, dessen Grundannahmen man kennen (und akzeptieren) muß, damit diese Begriffe Sinn (und damit «Wirklichkeit») *machen*. Niemandem bisher ist es gelungen, ein «Es» zu sehen und zu hören. Aber durch die häufige Verwendung der Wörter aus dem psychoanalytischen Modell entsteht eine Art «Realitätsverdoppelung»[15]. Der Unterschied zwischen den wahrgenommenen Phänomenen und ihrer theoriegeleiteten Deutung und Wertung verschwindet aus dem Bewußtsein. Die «Landkarte» (das Modell der Landschaft) ist zur Landschaft selbst geworden.

Haben Sie es schon einmal mit einem psychologisch (oder auch «enneagrammatisch») belesenen Menschen zu tun gehabt? Hatten Sie dabei das Gefühl, sie sollten vielleicht lieber die Aussage verweigern, da alles, was Sie von sich geben, sofort gegen Sie verwendet werden kann? Nichts gegen das Lesen psychologischer Bücher. Jener etwas unangenehme belesene Zeitgenosse könnte ja genausogut ein religiöses, ein astrologisches, ein magisch-animistisches, ein streng biochemisches oder sonst ein Modell favorisieren, um seiner «Wirklichkeit» Sinn und Bedeutung zu verleihen. Wir alle machen das so und müssen es so machen, um unsere Wahrnehmungen irgendwie zu ordnen. Die Frage ist nur, ob wir uns dessen bewußt bleiben können, daß wir mit *Modellen* operieren und nicht mit «Wahrheiten». Und wie wir dann damit umgehen.

Das Enneagramm ist auch so ein Modell – mehr nicht, aber auch nicht weniger. Um in der Metapher der «Landkarte» zu bleiben: Die Beschreibung der neun Punkte, die Linien zwischen den Punkten und der Kreis geben uns ein Bild von einem relevanten *Teilaspekt* der Seelenlandschaft. Es gibt auch andere Landkarten für das Phänomen «Charaktermuster», die andere Zugänge zu demselben Phänomen ermöglichen. Unsere Bitte: Seien Sie mißtrauisch gegenüber allen, die Ihnen das Enneagramm als eine Art «Wahrheit» anpreisen wollen. Das sind Landkartenhändler, die vorgeben, Besitzrechte für Landschaften zu verkaufen.

Die Bewertung der Güte eines Modells ist niemals eine Frage von *Wahrheit*, sondern immer eine Frage der *Nützlichkeit*. Also muß man sich darüber Gedanken machen, wozu diese Landkarte einem nützlich sein soll. Übrigens: Diese Gedanken muß man sich leider selber machen. Dem Modell ist es völlig egal, wie Sie es verwenden.

Zur Veranschaulichung: Wenn Sie, sagen wir, in der Nähe von Xanten wohnen und eine Fahrradtour durchs Altmühltal machen wollen, dann brauchen Sie eine Karte von Süddeutschland und eine Radwanderkarte für das Altmühltal mit den Campingplätzen und so weiter. Die Karte mit der genauen Erfassung von Gesteinsformationen im Planungsbüro der Baugesellschaft, die den Rhein-Main-Donau-Kanal in diesem Tal baut, wird Ihnen bei Ihren Reisevorbereitungen so wenig nützen wie die Karte, in der alle durch den Kanalbau bedrohten Biotope eingezeichnet sind (die liegt in einem Ministerium in einer Schreibtischschublade zuunterst). Wenn Sie wissen, was Sie vorhaben, dann können Sie nach dem geeigneten Modell Ausschau halten. Reisen müssen Sie dann schon selber. Sie werden die Fahrradtour doch nicht im Wohnzimmer per Kartenstudium machen, oder?

Modelle haben die Aufgabe, in die unübersehbare Vielfalt von Einzelphänomenen eine gewisse Ordnung hineinzubringen. Sie helfen uns sozusagen, trotz aller Bäume den Wald noch zu sehen. Und sie machen uns gezielt auf ganz bestimmte Phänomene aufmerksam, die wir ohne die «Sehhilfe» des Modells vielleicht gar nicht bemerken würden.

Jedes Modell ist daher eine sinnvolle *Reduktion* der «ganzen komplexen Wirklichkeit» und *akzentuiert* Teilaspekte. Für den Benutzer tut sich die Gefahr auf, zu meinen, das mit Hilfe des Modells Wahrgenommene wäre schon *alles*! Und wenn dann sogar, wie in der Rosenhanstudie, die Wahrnehmung nach dem Motto «weil nicht sein kann, was nicht sein darf» durch vorgefertigte Theorien *fehlgeleitet* wird, dann hat auch ein noch so gutes Modell seinen Zweck verfehlt.

Ein Modell ist dann ein gutes Modell,
- wenn es möglichst viele Phänomene sinnvoll ordnet und gut beschreibt,
- wenn es einen gezielt auf das aufmerksam machen kann, was man sehen möchte,
- wenn es einem mehr zeigt, als man ohnehin schon weiß.

Ein Modell ist daher immer dann ein gutes Modell, wenn es in diesem Sinne *nützlich* ist. Was «nützlich» ist, das muß der *Benutzer* wissen und sagen. Das Modell selbst weiß es nicht. Ebensowenig kann das Modell seinem Benutzer vorschreiben, wie er damit arbeiten soll.

Spätestens an dieser Stelle sind wir Ihnen eine Erklärung schuldig. Sie müssen von uns wissen, wie wir die Landkarte «Enneagramm» benutzen wollen.

Wir verwenden sie nicht im Sinn des «hart naturwissenschaftlichen», schulmedizinischen Diagnose-, Erklärungs- und Behandlungsdenkens. Das Wahrnehmungs- und Erkenntnismuster der (in sehr vielen Fällen außerordentlich sinnvollen und hilfreichen!) Medizinwissenschaft funktioniert, vereinfacht gesagt, nach folgendem Raster: Einzelbeobachtung (Symptom) plus Einzelbeobachtung plus... ergibt – sinnvoll kombiniert – eine Diagnose (Wie heißt die Erkrankung? Was ist ihre Ursache?). Zum Beispiel: Fieber plus Schmerzen beim Wasserlassen plus Bakterien im Urin plus stark erhöhte Leukozytenwerte: akute Blasenentzündung. Die Therapie ergibt sich aus der Diagnose: viel trinken, unter Umständen ein Antibiotikum. Dieses Diagnose-Therapie-Raster funktioniert am besten, wenn man «harte Daten» zur Verfügung hat (einen Knochenbruch, Bakterien, einen akut entzündeten Blinddarm). Wenn die Ursache identifiziert und bekämpft wird, dann verschwinden auch die Symptome. Schwieriger wird die Anwendung dieser Art von Diagnose-Therapie-Denken auch in der Medizin immer dann, wenn man es mit «weicheren» Daten zu tun hat, zum Beispiel bei den sogenannten «funktionellen Beschwerden» wie diffuse Unruhegefühle, Stiche in der Brust, kein nennenswert auffälliger EKG-Befund. Und nun? Ein Medikament? Autogenes Training? Und was ist mit dem Lebensproblem und den belastenden Gefühlen und Gedanken, von denen der Patient spricht? Ist eine Psychotherapie angezeigt? Sie sehen schon: Bei «weichen» Daten wird das «harte», auf objektivierbaren Einzelphänomenen basierende Diagnose-Therapie-Denken auch der Schulmedizin zum Problem.

Wir finden: Man sollte mit der «Landkarte Enneagramm» lieber nicht auf diese Art und Weise arbeiten. «Diagnostizieren» macht den «Gegenstand der Beobachtung» zum «Objekt», das von außen analysiert, kategorisiert und oft auch bewertet wird. Was aber ist, wenn *ich selbst* (genauer: der Stil meines Wahrnehmens, Denkens, Fühlens und Verhaltens) Gegenstand der Beobachtung bin?

Wir sind bei unserer Handhabung des Enneagramm-Modells also nicht so sehr daran interessiert, (diagnostisch) nach «Symptomen» zu fahnden. Statt dessen möchten wir dazu einladen, die Selbst- und Fremdwahrnehmung anders zu polen, das heißt eine andere Art von «Suchhaltung» sich selbst und den Beziehungspartnern gegenüber zu probieren. Wir nennen sie – im Unterschied zur «diagnostizierenden» – die *empathische Suchhaltung* («Empathie»: einfühlendes Verstehen). Unserer Ansicht nach paßt eine solche Haltung besser zu den «weichen Daten» der subjektiven Innenwelt und der Beziehungsphänomene.

Einige Leitfragen für die empathische Suchhaltung im Zusammenhang mit dem Thema «Charaktermuster»:

- «Wie erlebe und empfinde ich (aktuell) innerlich, während ich dieses oder jenes tue oder sage? Und was ist daran *gleichförmig*, wobei habe ich das Gefühl: So erlebe und handle ich eigentlich ganz oft?»
- «Wie ist das bei dir?» Aus welchen inneren Erfahrungen entspringt das, was du tust/sagst? Magst du mir das mitteilen?»
- «Welche persönliche *Bedeutung* haben meine inneren Erfahrungen für mich/deine für dich? Wie ist das zu verstehen, daß wir ähnlichen Sachen so unterschiedliche Bedeutung beimessen?»
- «Wie ist meine ‹innere Welt› organisiert, wie deine?»
- «Wie schütze ich mich gewohnheitsmäßig vor dem Verletztwerden? Was genau wäre das, was mich am stärksten verletzen würde?»
- «Wonach sehne ich mich zutiefst, und was in mir hindert mich daran, dieser Sehnsucht Ausdruck zu verleihen? Was würde passieren, wenn diese Sehnsucht ganz erfüllt würde?»

Im Kontext der personzentrierten Psychotherapie schreibt Johannes Wiltschko über den (empathischen) Umgang mit Charaktermustern: «Statt vor allem Wert auf die äußerlich beobachtbaren Zeichen (zum Beispiel Körperstrukturen) zu legen, können wir ‹Charakter› auch *von innen* her verstehen: als *eine bestimmte Weise, in der Welt zu sein*, als ein Vorherrschen bestimmter *innerer Themen* und Konflikte, als eine bestimmte Art und Weise, von anderen etwas zu wollen oder nicht zu wollen, et cetera»[16].

Wenn nun diese Qualität empathischer Wahrnehmung (Selbstempathie und Empathie für die inneren Welten der jeweiligen Beziehungspartner) durchgängig möglich wäre, könnte man auf so ein Modell wie das Enneagramm ganz gut verzichten. Und in der Tat scheint es so zu sein, daß man immer dann, wenn die empathische Kommunikation «klappt» (auch im inneren Dialog mit sich selber), das Wissen über Charakterphänomene gar nicht benötigt. Nur ist dieser Idealfall eben nicht der Normalfall. Da, wo man erst verstehen lernen muß, was einem da bei einem selber oder jemand anderem immer wieder so «fremd», «komisch», «nervig», «schwierig» vorkommt, kann man, wie wir finden, eine Landkarte wie das Enneagramm gut brauchen. Es ist ein Hilfsmittel, um Phänomene zu verstehen, die man eben nicht versteht und die einem deswegen um so mehr zu schaffen machen. So gesehen ist das Enneagramm-Modell deutlich etwas anderes als «Schublade auf – Schublade zu – Ende».

Die alles entscheidende Frage nach dem Sinn (das heißt der Nützlichkeit) des Enneagramm-Modells (und anderer psychologischer Modelle [17*]) lautet also: Erweitert und verfeinert es die Selbst- und Fremdwahrnehmung hin zu mehr (Selbst-)Empathie? Oder vergröbert und reduziert es die Wahrnehmung? (Dann würden wir es nicht benutzen wollen.)

Charaktermuster: Beziehungsstile

Spätestens seit den epochemachenden Arbeiten von Paul Watzlawick, Gregory Bateson, Don Jackson und den anderen Kommunikationsforschern und -theoretikern aus Palo Alto/Kalifornien pfeifen es die Spatzen von den Dächern: *Man kann nicht nicht kommunizieren!* [18]

Wir haben in unserer Beschreibung des Charaktermodells «Enneagramm» diesen Aspekt bisher aus Gründen der Darstellbarkeit ausgespart: Der «Stil des Wahrnehmens, Denkens, Fühlens und Verhaltens» (so haben wir «Charaktermuster» definiert) ist *immer* zugleich eine *Mitteilung* an unsere Umgebung und eine spezifische Art und Weise mit anderen Menschen «in Beziehung» zu sein. Man kann (und muß, wie wir meinen) das Charaktermuster als «Beziehungsstil» [19] auffassen.

Diese schlichte Aussage hat weitreichende Konsequenzen: Sie macht es uns unmöglich, einen einzelnen Menschen als eine Art Schachtel zu denken, in der sich neben biologischen, physiologischen, biochemischen und sonstigen Teilchen und Funktionen auch so etwas wie ein psychologisches «Charaktermuster» befinden würde. So wenig wie etwa die Lunge Sinn machen würde ohne die Beziehung zur sauerstoffhaltigen Umgebungsluft, so wenig macht ein «Charaktermuster» Sinn ohne die Beziehung zu etwas oder jemandem. Sie muß immer mitgedacht werden. Das «Charaktermuster für sich» ist nur eine didaktisch sinnvolle Konstruktion. Denn:

«Wahrnehmen» bedeutet immer «etwas/jemanden wahrnehmen».
«Denken» bedeutet immer «über und an etwas/jemanden denken».
«Gefühle» sind immer «Gefühle zu etwas/jemandem».
«Verhalten» ist immer an jemanden/etwas adressiert.

Deswegen kann man sagen: Das, was wir «Charaktermuster» nennen, ist immer ein *Beziehungsstil*. Das heißt: eine spezifische Art und Weise, mit der Umgebung (den Menschen und den Dingen) in Beziehung zu treten und in Beziehung zu sein.

Wenn wir den Beziehungsaspekt konsequent beleuchten, dann interessieren uns Fragen wie die folgenden:

Warum regen wir uns immer wieder über dieselben Sachen oder Leute auf?

Warum rege ich mich immer wieder auf über etwas, über das sich eigentlich andere aufregen sollten – und wieso regt es mich auf, daß die sich nicht aufregen?

Warum werde ich abgewiesen, wo ich's doch bestimmt gut meine?

Warum fühle ich mich so oft ausgenützt?

Ist die Welt eigentlich nur voller Heuchler und Falschmünzer?

Wieso erwiderte sie meine glühende Liebe nicht?

Warum fühlen wir uns durch immer wieder ähnliche (Un-)Taten von anderen verletzt?

Warum verstehen wir immer wieder «Bahnhof», während unser Gesprächspartner uns versichert, er meine ganz bestimmt den «Flugplatz»?

Warum blühen manche Leute auf, wenn man sie lobt, während andere zusammenzucken?

Wann haut mein Chef endlich einmal auf den Tisch?

Diese «Knotenfragen» [20] leiten über zum 2. Kapitel. Dort untersuchen wir ausführlich die neun Enneagramm-Charaktermuster als zwischenmenschliche «Verwicklungstendenzen» unter der Fragestellung: «Wie verhält sich jedes der neun Enneagramm-Muster in Beziehung mit...?»

2

Verwicklungstendenzen Die neun Muster unter Beziehungsaspekten

In diesem Kapitel stellen wir die neun Charaktermuster des Enneagramms unter Beziehungsaspekten vor. Anschließend an ein erdichtetes Szenario gehen wir dabei folgenden Leitfragen nach:

- Wie stehe ich zu mir selbst in Beziehung?
- Wie ist mein Kontaktverhalten? Wie gehe ich mit meinen/fremden persönlichen Grenzen um?
- Was wünsche und brauche ich zutiefst in Beziehungen, um mich geliebt zu fühlen? Was verletzt mich am meisten?
- Wie bin ich, und wie geht es mir, wenn ich mich in einer hierarchischen Beziehung in der unteren/oberen Position befinde?
- Was stört andere an mir? In welche Beziehungsfallen locke ich (ohne es zu wollen oder zu wissen) andere immer wieder?
- Was schätzen andere an mir? Welche positiven Beziehungsqualitäten kann ich zur Verfügung stellen?
- Welches existentielle Thema, welche Not liegt diesem Muster zugrunde?
- Was ist die Dynamik, mit der ich mich weiter in mein Muster verstricke?

Die Aspekte

Entwurf eines Szenarios

Lassen Sie uns zu den Beziehungsaspekten ein Szenario entwerfen, in dem ein paar sehr alltägliche zwischenmenschliche Beziehungsszenen aneinandergereiht sind. Zunächst haben Sie als Leser die Möglichkeit, sich zu fragen, wie Sie in solchen Situationen typischerweise denken, fühlen und handeln. Zur Einleitung in die Beziehungswelt der neun Enneagramm-Muster werden wir dann jeweils einen *erfundenen Prototypen dieses Musters* das Szenario durchleben lassen. Dieser Prototyp ist gedacht als ein Durchschnittsmensch, weder besonders neurotisch, noch besonders erleuchtet. Er/sie denkt, fühlt und handelt auf ganz «normale» Weise in einem der neun Muster.

Ⓥ Wenn Sie mitmachen wollen, lesen Sie die erste Szene durch, behalten Sie dabei die dazugehörigen Fragen im Kopf, entspannen Sie sich, schließen Sie die Augen und fantasieren Sie los: Wie würden Sie sich verhalten, wie würden Sie denken, wie würden Sie fühlen in dieser Situation? Was wäre typisch für Sie? Um Ihre eigenen Fantasien, Gefühle, Bilder usw. mit den neun Enneagramm-Beziehungsszenen vergleichen zu können, sollten Sie sich ein paar Notizen machen. Gehen Sie anschließend zur nächsten Szene über.

Das Szenario: Stellen Sie sich vor, Sie sind von einem entfernten Bekannten zu einem Hauseinweihungsfest eingeladen worden. Sie gehen allein dorthin. Um dahin zu gelangen, müssen Sie mit einem Bus eine längere Strecke fahren.

Die 1. Szene: Sie steigen in den Bus ein und sehen, daß nur noch ein Sitzplatz frei ist. Eine andere Person steuert auch auf diesen Sitzplatz zu. Was passiert? Welche Gedanken gehen Ihnen durch den Kopf? Wie fühlen Sie sich? Wie geht es Ihnen anschließend?

Notieren Sie sich jetzt Ihre Fantasien zu dieser Szene (Gedanken, Gefühle, Körpererleben, eigenes Verhalten...).

Die 2. Szene: Sie erreichen das Haus Ihres Bekannten. Der Gastgeber begrüßt Sie am Eingang und schickt Sie ins Wohnzimmer. Sie stehen an der Türe des großen Raumes und sehen hinein. Sie sehen ungefähr 20 Menschen in diesem Raum. Sie kennen niemanden. Es gibt einige Grüppchen, in denen angeregt gesprochen wird, zwei oder drei Personen sind allein im Raum. Ein Büffet mit Speisen und Getränken ist angerichtet und zur Selbstbedienung bereit. Was tun Sie? Nehmen Sie aktiv Kontakt auf? Mit wem, auf welche Weise? Was denken und empfinden Sie dabei?

Schließen Sie die Augen, fantasieren Sie, und machen Sie sich anschließend wieder Ihre Notizen.

Die 3. Szene: Plötzlich kommt ein sehr guter Freund/eine sehr gute Freundin von Ihnen zur Türe herein. Was empfinden Sie? Was denken Sie? Was werden Sie tun? Was wäre jetzt schön? Was würde Sie verletzen? Wie könnte der Rest des Abends verlaufen?

Machen Sie sich auch hier wieder Ihre Notizen.

Die 4. Szene: Statt des Freundes betritt Ihr Vorgesetzter, mit dem Sie am gleichen Tag schon eine ungeklärte Meinungsverschiedenheit hatten, unerwartet den Raum. Wie empfinden Sie? Was denken Sie? Wie werden Sie sich verhalten?

Fantasieren Sie vor sich hin, und notieren Sie das Ergebnis.

Wenn wir später diese vier Szenen neunmal durchspielen werden, dann ist das zunächst eine Art Kabarett oder Karikatur. Die neun erfundenen Personen handeln, fühlen und denken so, als würden sie ausschließlich von ihrem Charaktermuster gesteuert – wie Marionetten unseres Charaktertheaters. Ein anschließender Kommentar macht jeweils deutlich, was im Verhalten und Erleben der Protagonisten typisch für das Muster ist.

Anmerkung: Wir verwenden unabhängig davon, ob der Protagonist ein Mann oder eine Frau war, für alle Muster immer die weibliche Form, wenn wir uns auf das Muster beziehen. «EINS» zum Beispiel steht für «eine Person, die aus dem Muster EINS heraus agiert, fühlt und denkt». Wenn wir uns dann auf «EINS» beziehen, sprechen wir von «sie» oder «ihr». Auch mit dieser Wortwahl wollen wir deutlich machen, daß es sich um ein *Muster* und nicht um konkrete Personen handelt (vgl. Kapitel 1).

Nach diesem plakativen Einstieg werden wir verschiedene Beziehungsaspekte und die innere Beziehungsdynamik der neun Charaktermuster des Enneagramms untersuchen. Zu diesem Themenkomplex seien hier einige Gedanken vorangestellt, aus denen unser Blickwinkel deutlich werden soll.

Die Beziehung zu sich selbst: Selbstbild

Lassen Sie uns von den äußeren Phänomenen zur inneren Dynamik unserer Charakter-Beziehungs-Muster gehen. Dabei stellen wir uns zunächst die Frage: Wie stehe ich zu mir selbst in Beziehung?

Ein grundlegendes Wesensmerkmal des Menschen ist die Möglichkeit, sich auf sich selbst zu beziehen. Selbst-bewußt-sein, Selbst-Wert-Gefühl und Selbst-Bild sind sprachliche Bezeichnungen für bestimmte Elemente dieser Selbstbeziehung. Im Idealfall ist diese Selbstbeziehung ebenso wie die Beziehung zu anderen von Liebe getragen, so jedenfalls in den Kulturen, die vom Christentum geprägt sind, dessen oberstes Gebot lautet: «Liebe deinen Nächsten wie dich selbst!»[1].

Diese Möglichkeit der totalen Selbst-Annahme und Selbst-Liebe scheint im Zusammenhang mit unseren Charaktermustern wirklich so etwas wie ein Heilsweg oder Erlösungsweg zu sein. Ein Weg, der die Strukturen und das Musterhafte überspringt und das System sprengt. Mehr dazu später.

Umgekehrt ist für die Struktur unseres Charakters kennzeichnend, daß sie in jeweils neun Varianten (nach dem Modell des Enneagramms) von diesem Ideal der Selbst-Liebe abweicht.

Kontaktverhalten

In unseren Workshops beginnen wir damit, daß wir die Achtsamkeit oder den inneren Beobachter auf unser Kontaktverhalten richten. Wie nehme ich gewohnheitsmäßig Kontakt auf? Was zieht mich zum anderen hin, was stößt mich ab? Wie bringe ich mich ein, um in Kontakt zu kommen? Bin ich eher aktiv oder passiv?

Ein wichtiges Thema in diesem Zusammenhang ist die Frage nach persönlichen Grenzen: Nehme ich im Kontakt meine persönlichen Grenzen wahr? Zeige ich sie deutlich? Habe ich eine Tendenz, mich eher zu stark abzugrenzen oder meine und/oder die Grenzen des anderen zu mißachten?

Auch hier läßt sich ein (utopisches) Ideal denken, das jenseits der Charaktermuster liegt: gleichzeitig im Kontakt mit einer anderen Person und doch gut abgegrenzt sein. Dieses Ideal wäre, die Mitte im Spannungsbogen zwischen Autonomie und Abhängigkeit, zwischen Symbiose und Individuation [2] zu finden; weder zu sehr in die Verschmelzung mit der anderen Person und damit in die Selbstaufgabe zu geraten noch durch zu viel Wahrung der Eigenständigkeit und Individualität den Kontakt zum Gegenüber zu verlieren. Jeder der neun Enneagramm-Punkte hat seine eigene Variante, von diesem Ideal abzuweichen.

Sehnsucht und Verletzungspunkt in persönlichen Beziehungen

Wenn wir nun noch eine «Stufe tiefer» bzw. «einen Schritt mehr nach innen» vorstoßen wollen, dann sind unsere persönlichen, engen Beziehungen aufschlußreich. Was ist das, das uns immer wieder treibt, uns mit anderen zusammenzutun, enge Beziehungen einzugehen, Freunde zu suchen, uns zu verlieben? Welche «Beziehungssehnsucht», welcher Antriebsmotor steckt dahinter? Welche Momente sind es, in denen diese Sehnsucht gestillt wird, uns das Beziehungsgeschehen «satt und zufrieden» macht, wir glücklich sind und uns gemocht und geliebt fühlen?

Letztendlich sehnen wir uns alle danach, geliebt zu werden, vollständige Annahme und Akzeptanz vom anderen zu erfahren. Diese Sehnsucht hat aber je nach unserem Charaktermuster und der darunterliegenden Kindheitsnot eine ganz eigene Färbung. Das heißt, damit sich jemand mit dem Muster NEUN geliebt fühlt, müssen ganz andere Dinge in einer persönlichen Beziehung geschehen als für jemanden mit VIER oder SIEBEN.

Die Kehrseite der Beziehungssehnsucht birgt die Gefahr der persönlichen Verletzung in sich. Am meisten und tiefsten trifft mich, wenn mich ein anderer an meinem wunden Punkt, an meiner Achillesferse erwischt. In engen Beziehungen kennen wir den wunden Punkt des anderen meist recht gut, und dieses Wissen wird in Streitsituationen bewußt und unbewußt immer wieder als Waffe oder Druckmittel eingesetzt.

Im Charaktermodell ist der wundeste Punkt der, an dem der alte Schmerz (der des Kindes) wiederholt wird. Wenn im Beziehungsgeschehen jetzt etwas geschieht, was (in der Wahrnehmung des Betroffenen) in die alte Wunde schlägt, schmerzt das mehr als alles andere.

Die Begriffe «Sehnsucht» und «Verletzung», wie auch andere Gefühlsbegriffe, zum Beispiel «Vertrauen», «Liebe» oder «Intimität», sind für jeden verständlich. Dennoch müssen wir davon ausgehen, daß die *subjektiven Bedeutungen* und die *Gefühlsphänomene*, die damit bezeichnet werden, zum Teil voneinander abweichen. Je nach Charaktermuster meinen wir mit den gleichen Begriffen ein unterschiedliches Erleben. Wenn SECHS zum Beispiel sagt: «Ich fühle mich dir nah», meint sie zum Beispiel: «Ich fühle mich sicher und geborgen bei dir (ohne Angst).» Sagt ZWEI den gleichen Satz, spricht sie eher ein Erleben von gefühlsmäßiger Wärme und gegenseitiger Wertschätzung an.

Verhalten und Erleben in hierarchischen Beziehungen

Unter hierarchischen Beziehungen verstehen wir solche Beziehungen, in denen ein Machtgefälle herrscht und ein Beziehungspartner vom anderen stärker abhängig ist als umgekehrt. Beispiele für solche Beziehungen sind Eltern-Kind-Beziehungen (bis das Kind erwachsen und unabhängig ist), Lehrer-Schüler-Beziehungen und Beziehungen zwischen Vorgesetzten und Untergebenen.

Je nachdem, in welcher Position eine Person sich befindet – in der mächtigen oder in der abhängigen –, kommen andere Aspekte ihres Charaktermusters zum Tragen. Die gesellschaftliche bzw. familiär vorgegebene Rolle begünstigt das Hervortreten bestimmter Charaktereigenschaften und unterdrückt andere.

Dieses Phänomen läßt sich im übrigen auch in bezug auf die *Geschlechterrolle* beobachten. Die Tatsache, in dieser Gesellschaft ein Mann oder eine Frau zu sein, verändert das äußere Erscheinungsbild des Charaktermusters erheblich. Auch wenn die innere Dynamik, das Kernstück der Charakterfixierung, gleich ist, begegnet uns der «Typ» in Männern und Frauen häufig sehr unterschiedlich.

Bei Muster ACHT, das von den Beschreibungen her in allen Büchern idealtypisch männlich klingt, wird das deutlich. Die männliche ACHT kann in unserer Gesellschaft ihre starke kriegerische Seite ausleben, es entspricht dem Rollenbild des Mannes, daß er stark und potent ist und kämpfen kann. Für eine Frau gelten diese Attribute eher als «unweiblich» und werden daher gesellschaftlich sanktioniert. Die Frauen mit dem Muster ACHT, die wir in unseren Kursen hatten, waren eher bemüht, diesen Teil ihrer Persönlichkeit zurückzuhalten und zu verstecken. Wenn sie damit aneckten, bzw. andere verletzten, war es ihnen oft unangenehm, während männliche Charaktergenossen sich in solchen Fällen recht wohl fühlten.

Was andere stört: Die Fallen in Beziehungen

In jedem dieser neun Charakterspiele, die das Enneagramm beschreibt, sind besondere «Haken» oder «Fußangeln» verborgen, an denen Beziehungspartner hängenbleiben, bzw. sich stören. Teils sind sie uns als negative Eigenschaften oder Schattenaspekte unseres Selbst bewußt, weil andere (bei unseren Eltern angefangen bis zu unseren heutigen Beziehungspartnern) sich ständig daran reiben. «Du bist zu ernst (EINS)... Du erdrückst mich mit deiner Fürsorglichkeit (ZWEI)... Du bist zu sehr von dir eingenommen (DREI)...», derartiges hören wir immer wieder, wenn andere sich über uns ärgern.

Teils sind diese Fußangeln unserer bewußten Wahrnehmung jedoch gar nicht oder nur ansatzweise zugänglich. Wir merken vielleicht lediglich, daß sich negative Beziehungserlebnisse mit verschiedenen Menschen auf ähnliche Weise wiederholen.

Wer kennt die Erfahrung nicht, nachdem man sich durch Trennung aus einer unangenehm gewordenen Freundschaft, Arbeitsbeziehung, Partnerschaft herausgezogen hat, daß man mit einem neuen Freund, einem neuen Chef, einem neuen Partner nach einiger Zeit wieder ähnliche Konflikte erlebt. Solche Erfahrungen verweisen uns auf die «verwicklungsträchtigen» Anteile unseres Charaktermusters, die Aspekte, die eine Tendenz haben, sich auf ungute, immer wieder ähnliche Art mit den Charaktermustern anderer Menschen zu verhaken.

In welcher meiner (unbewußt) ausgelegten Fallen sich welches fremde Charaktermuster «fängt» und zu welchen Verstrickungen das führt, werden wir dann im fünften Kapitel genauer untersuchen.

Was andere bekommen: Die Stärken in Beziehungen

Die positive Kehrseite der Fallen sind die Stärken und Möglichkeiten, die jedes Charaktermuster auch für andere bereithält. Es sind die Lernerfahrungen, die wir anderen ermöglichen, der Beistand und Schutz, den wir anderen geben, und die Freundschaft und Liebe, die wir anderen schenken können.

In der Gesprächspsychotherapie gibt es die Begriffe des «Beziehungsangebots»[3], das ich jemandem mache, bzw. des «Beziehungsraumes», den ich jemandem zur Verfügung stelle. Wir wollen hier die Metapher des Beziehungsraumes verwenden. Jedes der neun Charaktermuster bietet einen spezifischen Raum an, in dem ich, wenn ich als Beziehungspartner in ihn eintrete, bestimmte positive Erfahrungen machen kann, bzw. meine Entwicklung auf bestimmte Art gefördert wird.

In jedem Charaktermuster sind beide Möglichkeiten angelegt: die Möglichkeit, andere auf ihrem Entwicklungsweg positiv zu unterstützen, und die Möglichkeit, solche Entwicklungen zu hemmen. Dennoch gilt, daß Personen, die mehr neurotische Züge aufweisen oder «unerlöster» sind (wie es in den Enneagramm-Büchern heißt), auch in ihren Beziehungen eher in neurotische Entwicklungen hineingeraten als andere. Dazu mehr in Kapitel 4.

Was darunter liegt: Die Not und die kreative Not-Lösung

Wenn wir die innere Dynamik und den Aufbau unserer Charaktermuster wirklich begreifen wollen, müssen wir nachschauen, was darunter liegt. Welche (Beziehungs-)Krise oder Not hat den kleinen «Erfinder»/ die kleine «Erfinderin» gerade diese Strategien finden lassen? Was ist das existentielle Thema, das mit diesem Muster verbunden ist? Welcher Beziehungsbotschaft ist das Kind vergeblich nachgelaufen, und wie hat es das Dilemma (scheinbar) gelöst?

Erinnern wir uns. Die kreative Not-Lösung des Charaktermusters hat die Eigenschaft, daß sie das Erleben des Ur-Schmerzes verhindert. Die Not oder Bedrohung muß dadurch nicht mehr ständig gespürt werden. Die Charakterstrategie sichert das Überleben des Kindes, indem sie die erlebten Defizite ausgleicht. Paradoxerweise vereitelt sie aber eben dadurch die Erfüllung der tiefsten Sehnsucht.

Die Selbstverstrickungsspirale

Mit der *Selbstverstrickungsspirale* bezeichnen wir de[…] oder Prozeß, durch den wir immer wieder in die uns ab[…] mik unseres Musters geraten. Diese Negativspirale gib[…] der Selbst-Beziehung als auch in der Beziehung zu andere[n].

Schematisch könnte das etwa so aussehen:

Je weniger ich mich selbst liebe / je weniger ich mich geliebt fühle,

↓

desto mehr agiere ich in meinem Muster, um zu bekommen, was mir fehlt (um die Sehnsucht zu stillen),

↓

desto weniger bekomme ich das (weil das Agieren im Muster unbewußt die Erfüllung der Sehnsucht vereitelt),

↓

desto weniger fühle ich mich geliebt und agiere noch mehr in meinem Muster ... usw.

Der jeweilige Streßpunkt des Enneagramms zeigt, wo diese Negativbewegung hingeht. Die negativen und schwierigen Anteile dieses Enneagramm-Punkts tauchen im Erleben und Verhalten einer Person auf, die eine Streßreaktion zeigt.

Das Muster EINS

Das Szenario des Herrn EINS

Die 1. Szene: Herr EINS macht sich genau eine halbe Stunde vor dem Beginn des Festes auf den Weg. Sein vorheriges Studium der Fahrpläne hat ergeben, daß er so exakt 15 Minuten nach dem Anfang der Festivität ankommen wird. Da er nicht der erste sein und sich dennoch an die ‹akademische Viertelstunde› halten will, erachtet er dies als den richtigen Zeitpunkt, dort zu erscheinen. Seine Garderobe hat er dem Anlaß entsprechend ausgewählt, nicht zu fest-

, aber auch nicht zu salopp. Selbstverständlich hat er ein passendes Geschenk dabei.

Als er in den Bus einsteigt, fällt ihm sofort der freie Sitzplatz auf, und er geht geradewegs darauf zu. Er erreicht ihn kurz vor der Frau, die vom anderen Ende her offensichtlich auch auf den leeren Platz zusteuert. Er setzt sich hin, weil er findet, daß ihm als zuerst Ankommender der Platz zusteht.

Ein gegenübersitzender älterer Herr runzelt mißbilligend die Stirne und bemerkt etwas über die «Unhöflichkeit der jungen Männer heutzutage». Als Herr EINS dies mitbekommt, beginnt er innerlich zu kochen. Zorn steigt in ihm hoch, sein Körper spannt sich an. «Was mischen Sie sich da ein, das geht Sie nichts an, das ist meine Sache», denkt er, entscheidet sich aber dafür, keinen Streit anzufangen.

Dann mustert er die Frau und stellt fest, daß sie etwa in seinem Alter und weder schwanger noch gebrechlich ist. Da ihm überkommene Höflichkeitsformen nichts bedeuten, findet er nach wie vor, daß es in Ordnung ist, sitzen zu bleiben. Während der Fahrt geht ihm jedoch diese Episode wiederholt durch den Kopf, und er stellt sich dabei selbst die Frage, ob er etwas falsch gemacht habe.

Die 2. Szene: Nachdem Herr EINS den Gastgeber begrüßt, mit ihm ein paar Worte gewechselt und sein Geschenk abgegeben hat, betritt er das Wohnzimmer des Hauses. Das Zimmer gefällt ihm ganz und gar nicht, er findet es geschmacklos eingerichtet und mit Möbeln überladen. Das Büffet hingegen scheint nahezu perfekt angerichtet zu sein.

Da er von den anwesenden Gästen niemanden kennt, mustert er sie zunächst eingehend und vergleicht sich mit ihnen. Er stellt fest, daß er sich offensichtlich passend gekleidet hat, aber doch um einiges jünger ist als die meisten der Anwesenden.

Obwohl er einen riesigen Hunger hat, beschließt er, mit dem Essen zu warten, weil niemand der anderen Anwesenden ißt. Er holt sich etwas zu trinken. Er ist angespannt und unsicher und benimmt sich zurückhaltend. Als eine ausgesprochen gutaussehende junge Frau auf ihn zukommt und ihn anspricht, löst sich die Spannung etwas. Während sie mit ihm spricht, bemerkt er, daß sie schielt und Mundgeruch hat.

Die 3. Szene: Als Herr EINS seinen Freund hereinkommen sieht, ist er erfreut und grüßt ihn aus der Ferne. Er beschließt, erst mal abzuwarten, ob sein Freund hier noch andere Bekannte hat, und ihn selbst entscheiden zu lassen, ob er sich zu ihm gesellen möchte.

Das Fest vergeht, und der Freund ist auch nach zwei Stunden noch nicht auf Herrn EINS zugekommen. Seine Enttäuschung und sein Zorn darüber werden immer größer. Herr EINS beschließt nun, auf den Freund zuzugehen und ihn in einem passenden Moment zur Rede zu stellen.

Als der Freund den Fehler einsieht und sich entschuldigt, ist für Herrn EINS die Sache wieder in Ordnung, und die beiden verbringen den Rest des Abends entspannt miteinander.

Die 4. Szene: In dem Augenblick, in dem Herr EINS den Vorgesetzten hereinkommen sieht, trifft es ihn wie ein Schlag. Der ganze ungelöste Konflikt von heute morgen holt ihn ein. Er verspannt sich, und sein Ärger kommt wieder hoch. In dieser strittigen Angelegenheit ist er felsenfest davon überzeugt, die richtige Meinung zu haben. Er beschließt jedoch, daß dieses Fest nicht der passende Ort sei, um die Sache zu regeln.

Weil für ihn nun der Abend gelaufen ist und er sich nicht mehr entspannen und feiern kann, beschließt er, nach einer kurzen Begrüßung seines Chefs die Feier zu verlassen, und geht.

Kommentar zum Szenario von EINS

So oder so ähnlich könnte es einer Person, die von Muster EINS gesteuert ist, ergehen. Was sind die typischen Merkmale?

- Vorhaben werden genauestens geplant und möglichen Störungen vorgebeugt.
- Auf korrektes eigenes Verhalten und Aussehen wird Wert gelegt.
- Gegen fremde Maßregelung entsteht innerlich Zorn.
- Autonomie und eigene Entscheidungsfindung nach inneren Wertmaßstäben stehen im Vordergrund.
- Das eigene Verhalten wird ständig an diesen Wertmaßstäben gemessen und nach ihnen beurteilt (innerer Kritiker).
- Die Wahrnehmung ist immer mit einem vergleichenden und bewertenden Denkvorgang gekoppelt (gut/schlecht, richtig/falsch).
- Der erste Kontakt wird von Zurückhaltung und Bemühen um Korrektheit bestimmt, Fehler und Mängel der anderen springen schnell ins Auge (Perfektionismus).

- Die Autonomie der anderen wird geachtet, man «drängt sich nicht auf».
- Unkorrektes und unvollkommenes Verhalten von Freunden ist verletzend, sie werden dafür kritisiert.
- Wenn alles in der Beziehung «in Ordnung» ist, dann ist Entspannung möglich.
- Ungelöste und unerledigte Beziehungsangelegenheiten sind schwer auszuhalten und verhindern Entspannung.
- Die Richtigkeit der eigenen Meinung wird auch Autoritätspersonen gegenüber vertreten (nachdem EINS das lange und sorgfältig innerlich geprüft hat).

Die Selbstbeziehung: Zorn gegen sich selbst

EINS ist selbst ihr strengster Kritiker. Sie mißt sich ständig an ihren eigenen perfektionistischen Vorstellungen und maßregelt sich für Abweichungen davon. Die eigene Moral, das innere Ordnungs- und Regelwerk, ist stark ausgeprägt und ständig präsent. Für die Einhaltung dieser Ordnung sorgt eine innere Kritiker-Stimme, die alles bewertet, was EINS erlebt und tut.

Diese Kritiker-Stimmen variieren von einer fürsorglich-freundlichen (zum Beispiel Warnung vor möglichen Gefahren) bis hin zu einer vernichtend-kritischen Botschaft (zum Beispiel «Alles, was du anpackst, ist schlecht»). Je nachdem können sie massiv auf das Selbstwertgefühl Einfluß nehmen.

Durch die Aufrechterhaltung dieser Ordnung wird verhindert, daß chaotische, triebhafte, unordentliche Impulse die Oberhand gewinnen. Gegen solche Strömungen wird mit Selbstdisziplin bzw. Selbstkontrolle vorgegangen.

Das Kernstück der Selbstbeziehung von EINS ist Selbstbewertung. Je nachdem, ob das Ergebnis dabei eher auf der «guten» oder auf der «schlechten» Seite liegt, variiert das Lebensgefühl. Da sie sich meist ziemlich anstrengt, ihre Mängel auszumerzen, steht sie ständig «unter Dampf» und neigt zur Selbstüberforderung.

Kontaktverhalten:
Selbstkontrolle und Wahrung der Grenzen

In den Mustern, die aus dem Bereich der Bauchenergie gespeist sind, geht es im Kontaktverhalten immer irgendwie um die (aggressive) Sicherung des eigenen Territoriums, des eigenen Platzes. In diesem Zusammenhang sind die (unsichtbaren) Grenzen wichtig, die ich um «mein Eigenes» ziehe.

EINS ist sehr bedacht auf ihre Eigenständigkeit und Autonomie und vermittelt das auch nach außen. Sie strahlt etwas aus von «Komm mir nicht zu nahe» oder «Ich bestimme, wie nahe du mir kommen darfst». EINS setzt deutliche Grenzen und reagiert empfindlich auf deren Überschreitung.

Nachdem sie ihr Inneres so gut kontrolliert, läßt sie es auch nicht unkontrolliert nach außen. Sie wirkt daher eher unterkühlt und oft überlegen. Im Kontakt hält sie sich mit persönlichen Äußerungen zurück, oder sie bringt sie so wohlgeordnet vor, daß man die emotionale Beteiligung kaum spürt.

EINS ist im Kontakt zwar ernsthaft, präsent und aufmerksam, aber von der Tendenz her zu abgegrenzt, sie schottet die eigene Emotionalität gegenüber dem andern ab. Der Beziehungspartner spürt den wertenden Blick.

Wenn Sie im Kontakt mit einer Person in eine Gegenreaktion kommen, wo Sie sich fragen: «Ist mit mir alles in Ordnung?», dann haben Sie es vermutlich mit EINS zu tun.

Die Sehnsucht, loslassen zu können, und die Angst vor Mißhandlung und Kritik

Für EINS ist das schwierigste, sich in Beziehungen fallenzulassen, sich gehenzulassen, die Selbstkontrolle aufzugeben. Genau danach aber sehnt sie sich am meisten. Solange sie ihre Wahrnehmung auf die eigene Unvollkommenheit und die Unvollkommenheit der Beziehungssituation richtet, geht das schlecht. Nur wenn sie sich selbst annehmen und empfinden kann: «Du bist in Ordnung, du bist richtig, wie du bist», bzw. diese Botschaft vom Partner erfährt, ist das möglich. In solchen Momenten fühlt sie sich zutiefst geliebt.

Die Sexualität spielt in diesem Zusammenhang bei EINS eine wichtige Rolle. Auch hier gibt es die tiefe Sehnsucht, sich im Liebesakt vollständig gehenlassen zu können. Dies ist aber nur möglich, wenn die Umstände nahezu perfekt sind. Der «richtige» Partner, die «richtige» Umgebung, die «richtige» Stimmung usw... Wenn das alles stimmt, kann Sexualität zu einem rauschenden Fest und einer tiefen Liebeserfahrung werden.

Persönlich verletzt fühlt sich EINS, wenn ein anderer versucht, sie zu disziplinieren oder zu etwas zu zwingen. Der Beziehungspartner, der EINS sagt, was für sie gut sei, bzw. so weit geht, sie mit irgendeiner Form von Gewalt zu etwas bringen zu wollen, erntet nur bösen Zorn. An diesen Punkten fühlt sie sich existentiell in ihrer Autonomie und Eigenständigkeit bedroht und muß vehement abwehren.

Die hierarchische Beziehung: «Keiner steht über mir» – «Ich führe euch auf den richtigen Weg»

EINS hat Probleme mit unechten Autoritäten. Im Grunde fühlt sie sich durch ihr Wissen dessen, was gut und richtig ist, und ihren eigenen moralischen Standard den meisten Menschen überlegen. Eine Autorität wird nur dann als solche akzeptiert, wenn sie, an diesen Standards gemessen, ziemlich gut dasteht. Versucht ein als «schlechter Chef» bewerteter Vorgesetzter einer EINS auch noch Vorschriften zu machen (Angriff auf die Autonomie), dann wird die Beziehung sehr schwierig.

Selber in einer Machtposition, fühlt sich EINS ganz wohl. Sie gibt gern ihr Wissen und durch Anstrengung erworbenes Können an andere weiter und tut dies mit viel Idealismus. Problematisch wird es, wenn die authentischen Führungsqualitäten entarten und sie durch Rechthaberei oder durch eingeforderte Moral Druck auf die Abhängigen ausübt. Dies erzeugt dann nur Widerstand und führt zum Boykott.

Der strenge Vater zum Beispiel, der seine Kinder mit übertriebenen moralischen Ansprüchen piesackt («Du darfst nicht rauchen, du darfst nicht saufen, du darfst da und dort nicht hingehen... weil man das nicht tut»), erreicht in der Regel nur, daß seine eigene Moral unterlaufen wird. Er wird eher belogen und hintergangen werden, als daß sich die Kinder an die strengen Regeln halten.

Was andere stört: Die Fallen in Beziehungen

Das positive Streben nach Vollkommenheit wird auf der Schattenseite zu einem zwanghaften Perfektionismus. In Beziehungen wird dieser für den anderen unangenehm, wenn EINS durch ständiges Nörgeln und Kritiksucht versucht, auf seine Unvollkommenheiten und Fehler einzuwirken und diese damit zu beseitigen. Aus einer authentischen Wahrheitsliebe wird dann rechthaberisches Besserwissen.

Das automatische Wahrnehmen problematischer, ungelöster und schwieriger Dinge verstellt den Blick für das, was gut ist. EINS geizt daher oft mit Lob und wird von anderen als «zu ernsthaft», «zu problemorientiert» eingestuft, «mit dem/der kann man keinen Spaß haben», heißt es oft.

Die emotionale Zurückhaltung, der verhaltene eigene Gefühlsausdruck kann für andere auch zum Problem werden. Sie halten EINS dann für unnahbar, erleben sie als überlegen oder bekommen Angst und übermäßigen Respekt. Weil alles so wohlgeordnet aus ihrem Mund kommt, wird EINS oft für «verkopft» oder für zu vernunftbetont gehalten.

«Wo ist dein Gefühl?» schreit Frau VIER ihren Mann EINS an, der zum dritten Mal erklärt, warum er findet, daß er in jener Situation richtig gehandelt hat.

Die Fähigkeit, klare Grenzen zu setzen und die eigene Autonomie zu wahren, wird von anderen auch als Selbständigkeitswahn und Eigenbrötlerei mißverstanden.

Was andere bekommen: Die Stärken in Beziehungen

Ihr Perfektionismus macht EINS auf der positiven Seite zu einem absolut aufrichtigen, integren und damit vertrauenswürdigen Beziehungspartner. Wenn EINS ihre hohe Moral und ihre eigenen Ideale nicht anderen aufzudrängen versucht, sondern als ihr eigenes Gesetz betrachten kann, dann eröffnet sie für andere einen Beziehungsraum, der sehr «sauber» ist. Sauber von Mißbrauchs- und Mißhandlungsgefahren, sauber von Grenzüberschreitungen und Verletzungsgefahren, sauber von manipulativen Spielchen.

Die Ernsthaftigkeit und Problemorientiertheit von EINS gibt anderen das Gefühl, mit ihren Problemen und Schwierigkeiten ernstgenommen zu werden. Das geordnete eigene Gefühls- und Triebleben ist eine Anregung und Hilfe für andere, ihr eigenes Gefühlschaos zu sortieren.

Da die eigene Autonomie und Eigenständigkeit für EINS so wichtig ist, kann sie diese im positiven Fall auch anderen lassen und sie dahingehend motivieren, ihren eigenen Weg zu suchen und zu gehen.

Was darunter liegt: Die Not und die kreative Not-Lösung

Das existentielle Thema bei EINS kreist um Autonomie/Eigenständigkeit versus (elterliche) Disziplinierung. Personen mit dem Muster EINS berichten oft, in sehr strengen Elternhäusern aufgewachsen zu sein, in denen bestimmte Ordnungsprinzipien eingehalten werden mußten und Anstrengung und Leistung wichtig waren. Häufig wird auch von Schlägen oder strengen Strafen (Mißhandlung) erzählt.

Der Kindheitskonflikt, um den es hier geht, wird gern am Reinlichkeitstraining festgemacht. Das Kind wird darauf trainiert, sein schmutziges «Produkt» in ordentlicher Weise ins Töpfchen zu setzen. Ist diese Erziehung zu früh oder zu streng, wird der lustvolle Teil des Loslassenkönnens bestraft und durch überstarke (aufgezwungene) Selbstkontrolle unterdrückt. Zusätzlich wird alles Triebhafte, Nicht-Kontrollierbare in die schmutzige, schlechte Ecke gestellt.

Erst ab etwa zweieinhalb Jahren ist die Kontrolle der Analfunktion physiologisch gesehen überhaupt möglich. Vorher kann sie nur mit großer Anstrengung unter kompensatorischem Einsatz anderer Muskelgruppen erlernt werden.

Der Ur-*Schmerz*, die Ur-*Not*, hat also mit dem Erleben von zu starken erzieherischen Eingriffen auf Kosten der eigenen Autonomie zu tun. Dieser ungelöste Konflikt, ob er nun mit einer rigiden Reinlichkeitserziehung oder auf andere Art entstanden ist, liegt dem Muster EINS zugrunde. Der *Zorn* (Leidenschaft der EINS) ist die Reaktion auf die disziplinarischen Übergriffe.

Inwieweit ist nun das Charaktermuster EINS eine Lösung aus diesem Dilemma? EINS richtet den *Zorn* gegen sich selbst, indem sie sich selbst kontrolliert und hohe Anforderungen an sich stellt. Dadurch geht sie mit sich meistens strenger um, als andere das könnten. Sie ruft sich selbst zur Ordnung und vermeidet damit den *Schmerz*, der entsteht, wenn andere das tun.

Gleichzeitig verhindert dieses angestrengte Kontrolliertsein, daß die tiefste *Sehnsucht* vereitelt wird, einmal loslassen und den chaotischen und triebhaften Impulsen ihren freien Lauf lassen zu können. Die Anstrengung wird aber durch die (utopische) Hoffnung genährt, daß am Punkt X, an dem alles vollkommen ist, diese *Sehnsucht* nach innerer Ruhe und Entspannung erfüllt wird.

Die Selbstverstrickungsspirale

Auf welchem Weg gerät EINS immer weiter in die Negativspirale ihres eigenen Musters?

Je unvollkommener EINS sich selbst findet
(mangelnde Selbstliebe),

↓

desto strenger und angestrengter geht sie (und ihr innerer Kritiker)
mit sich selbst um. Sie bemüht sich, es besser
und richtiger zu machen.

↓

Je mehr sie sich anstrengt (die Kritiker-Stimmen werden immer
härter und unbarmherziger), desto weiter entfernt sie sich von ihrem
Vollkommenheitsideal und der Erfüllung ihrer Sehnsucht,
irgendwann fertig zu sein und sich ausruhen zu können.

↓

Wenn das Selbst-Hinterfragen in Selbsthaß umschlägt, gerät EINS
in eine existentielle Sinnkrise, die mit starken
negativen Gefühlen einhergeht.

Diese Entwicklung kommt in der Bewegung zum Streßpunkt VIER zum Ausdruck. Die unbarmherzige Selbstkritik erzeugt eine melancholisch-depressive Stimmung. Im inneren Erleben herrschen negative Gefühle vor, die vor allem gegen sich selbst gerichtet sind. Sie ist verwirrt und weiß gar nicht mehr, was richtig ist.

Das Muster ZWEI

Das Szenario der Frau ZWEI

Die 1. Szene: Während Frau ZWEI zur Bushaltestelle geht, stellt sie sich vor, was ihr Bekannter wohl für Augen machen wird, wenn er ihr Geschenk öffnet. Befriedigt erinnert sie sich, wie sie über einen Freund des Gastgebers herausgefunden hat, welche Art von Musik dieser liebt und daß er sich eben erst einen CD-Player gekauft hat. Die CD, die sie gefunden hat, kann er sicher gut gebrauchen.

Als Frau ZWEI in den Bus einsteigt, geht sie auf den freien Sitzplatz zu. In dem Augenblick, wo sie bemerkt, daß noch eine andere Frau dieses Ziel hat, wird ihr Schritt langsamer. Sie sieht die Frau an und bemerkt, daß diese müde aussieht und eine schwere Tasche zu tragen hat. Bereitwillig läßt sie ihr den Vortritt.

Die andere Frau läßt sich mit einem erleichterten Stöhnen nieder und bedankt sich freundlich bei Frau ZWEI. «Keine Ursache», sagt Frau Zwei und ist zufrieden mit sich und ihrer Hilfsbereitschaft. Als sie nach einiger Zeit bemerkt, wie weh ihr nach einem langen Arbeitstag die Beine vom Stehen tun, versucht sie, dieser Beobachtung möglichst wenig Aufmerksamkeit zu schenken.

Die 2. Szene: Als der Gastgeber sie an der Eingangstüre begrüßt, drückt Frau ZWEI ihm gleich ihr Geschenk in die Hand mit den Worten: «Nur eine Kleinigkeit!» Sie ist froh, daß er es gleich öffnet, denn so kann sie seine Reaktion beobachten. Der Hausherr ist sehr erfreut, daß sie seinen Musikgeschmack genau getroffen hat, und erzählt ihr, daß er ohnehin noch nicht viele CDs besitzt, weil er sich eben erst einen CD-Player angeschafft hat. Er bedankt sich sehr herzlich. Frau ZWEI wehrt bescheiden ab, ist aber innerlich sehr stolz darauf, daß das Geschenk so gut angekommen ist.

Sie betritt den Raum und sieht sich die Anwesenden genau an. Ein Grüppchen von Leuten, in dem lebhaft gesprochen und gelacht wird, fällt ihr auf. «Recht sympathische Menschen», denkt sie, «die scheinen sich hier gut auszukennen.»

Frau ZWEI gesellt sich zu dieser Gruppe und bemerkt schon bald, daß die Frau des Gastgebers, die sie bisher noch nicht kannte, dabei ist. Sie spricht diese an und hat sie nach kurzer Zeit in ein intensives Zweiergespräch verwickelt: Die Hausherrin erzählt ihr von ihren

Problemen mit den Handwerkern, und Frau ZWEI hört gut zu und gibt Ratschläge.

Die 3. Szene: Als der Freund den Raum betritt, freut sich Frau ZWEI riesig. Sie entschuldigt sich bei ihrer Gesprächspartnerin, stürzt auf ihn zu und umarmt ihn. Sie macht aus ihrer Freude keinen Hehl und belegt den Freund gleich mit Beschlag.

Es ist ihr wichtig, zu erfahren, wie es ihm zur Zeit geht, und ihm wichtige Ereignisse aus ihrem Privatleben zu erzählen. An diesem Freund liegt ihr viel, und sie findet in dem zufälligen Zusammentreffen eine willkommene Gelegenheit, diese Beziehung zu pflegen.

Als der Freund zur Toilette geht und lange Zeit nicht zurückkommt, wird Frau ZWEI unruhig. Sie verläßt den Raum, um ihn zu suchen. Draußen findet sie ihn in angeregtem Gespräch mit einer ihr unbekannten Frau. Es kränkt sie zutiefst, daß diese Frau dem Freund nun scheinbar wichtiger ist als sie. Er soll das aber auf keinen Fall mitbekommen, und so zieht sie sich unbemerkt wieder ins Wohnzimmer zurück. Sie ist zu stolz, ihm diese Kränkung mitzuteilen, aber insgeheim hofft sie für den Rest des Abends, daß der Freund doch noch einmal auf sie zukommt und ihr damit seine Aufmerksamkeit und Wertschätzung signalisiert.

Die 4. Szene: Als ihr Chef auf dem Fest auftaucht, ist ihr das ziemlich unangenehm. Es war ihr ohnehin nicht recht, daß die Meinungsverschiedenheit von heute nachmittag ungelöst geblieben ist. Frau ZWEI möchte Konflikte, wenn sie schon nicht vermeidbar sind, am liebsten sofort klären.

Was die Sache angeht, muß sie ihren Chef nur davon überzeugen, daß ihre Ideen und ihr Vorgehen für die Firma langfristig gesehen auf jeden Fall besser sind. Sie hat sich schon eine Reihe von Argumenten zurechtgelegt, wie sie das geschickt machen kann, ohne daß er sich mißverstanden oder übergangen fühlt.

Sie geht mit freundlichem Gesicht auf ihren Vorgesetzten zu, begrüßt ihn und signalisiert ihm deutlich, daß der Vorfall bei der Arbeit heute ihre Stimmung nicht trüben soll. Es ist ihr wichtig, nach außen hin Einigkeit und eine gute Beziehung zu ihrem Chef zu demonstrieren. Schließlich ist sie ja seine «rechte Hand» und damit die «eigentliche Chefin» der Firma.

Kommentar zum Szenario von ZWEI

Frau ZWEI ist ein Prototyp ihres Musters in diesem Szenario. Typisch für diese Charakterstrategie sind folgende Merkmale:

- Es wird viel Aufmerksamkeit darauf verwendet herauszufinden, was andere brauchen können bzw. was sie erfreuen könnte.
- Der andere wird in der Regel für hilfsbedürftiger erachtet als man selbst, die Aufmerksamkeit richtet sich auf dessen Bedürfnisse und Nöte.
- Gelingt es, einem anderen etwas Gutes zu tun (und obendrein noch Dank dafür zu ernten), fühlt ZWEI sich gut (*Stolz*).
- Eigene Bedürfnisse werden dabei hintangestellt bzw. gar nicht wahrgenommen.
- Die Reaktion des anderen auf das Geschenk ist besonders wichtig, das (starke) eigene Bemühen um diese positive Reaktion wird versteckt.
- Kontakt wird mit den wichtigen (mächtigen) Personen aufgenommen; ZWEI versucht, sich diesen nützlich zu erweisen (zum Beispiel als Ratgeber) und positiv auf sich aufmerksam zu machen.
- Nähe in einer Beziehung wird gern durch Körperkontakt ausgedrückt.
- Persönliche Beziehungen sind wichtig und werden gepflegt. Von der Tendenz her ist ZWEI dabei eher vereinnahmend, sie erwartet viel von ihren Freunden.
- Wenn ihr keine Aufmerksamkeit mehr geschenkt wird, bzw. ein anderer wichtiger zu sein scheint, ist ZWEI verletzt; sie wertet das Verhalten des anderen als persönliche Zurückweisung.
- Ihr Stolz hindert ZWEI, den anderen zur Rede zu stellen.
- Konflikte werden vermieden, weil ZWEI es nicht aushält, wenn jemand auf sie böse ist.
- Unvermeidbare Konflikte werden so schnell wie möglich auf friedliche Art beigelegt, Konfrontation würde die Gefahr der Zurückweisung mit sich bringen.
- Für den Vorgesetzten sorgt ZWEI gut, indem sie sich nützlich macht und den Laden schmeißt; wichtig ist ihr dabei die Wertschätzung, die sie dafür erhält.

Die Selbstbeziehung:
Abhängigkeit des Selbstwertgefühls von anderen

Mit ZWEI, DREI und VIER kommen wir in den Bereich der Herzenergie des Enneagramms. Die Herz-Muster sind die sozialen Muster, das heißt, sie funktionieren immer *in Abhängigkeit* von anderen Personen. Auch die Selbstbeziehung steht in einem funktionalen Zusammenhang mit den Reaktionen anderer.

Bei ZWEI geht es dabei zentral um das Selbstwertgefühl. Wertschätzung sich selbst gegenüber (Selbstliebe) kann nur entstehen, wenn ihr Wertschätzung von anderen entgegengebracht wird. ZWEI versucht, diese Liebe zu erlangen, indem sie gut und nützlich für andere ist. Sie fühlt sich nur dann wertvoll, wenn sie einen Wert für andere hat.

Alle Anteile ihres Selbst, die in ihren Augen «nichts wert» sind, bzw. eine Abwendung der anderen bewirken könnten, versucht ZWEI vor sich selbst und nach außen hin zu verstecken. Das ist zum einen alles, was mit Schwäche und Bedürftigkeit zusammenhängt, zum anderen aggressive Impulse und negative Gefühle anderen gegenüber. Der *Stolz* blendet diese Anteile aus der Selbstwahrnehmung aus.

Personen mit dem Muster ZWEI berichten in Workshops immer wieder, welch eine niederschmetternde Erfahrung es für sie war, das eigene Muster zu erkennen. Das ungeschminkte Betrachten der manipulativ-berechnenden Helferstrategie rückt genau den Schattenaspekt ins Auge, der gewohnheitsmäßig ausgeblendet wird. Das liebevoll-selbstlose Selbstbild bricht zusammen.

Kontaktverhalten:
Sich nützlich und unentbehrlich machen

Die Aufmerksamkeit von ZWEI richtet sich automatisch auf die Bedürfnisse und Nöte des anderen. Sie geht aktiv auf ihn zu und versucht, ihm etwas Gutes zu tun. Je nachdem, was der andere gerade braucht, stellt sie sich als guter Zuhörer, als Ratgeber, als Tröster, als Bewunderer usw. zur Verfügung. Das heißt, sie paßt im Kontakt ihr Verhalten an die (vermeintlichen) Bedürfnisse des anderen an.

Dabei wählt sic genau aus, zu wem sie Beziehung aufnehmen will. Sie möchte bevorzugt von den wichtigen und mächtigen Personen wahrgenommen und wertgeschätzt werden. Langfristig begibt sie sich gern in die zweitwichtigste Position (die Chefsekretärin, die stellvertretende Vorsitzende und so weiter) und macht sich dort unentbehrlich.

Problematisch wird das, wenn ZWEI sich dabei selbst verliert. Wenn die Aufmerksamkeit nur noch darauf gerichtet ist, was sie *für den anderen* ist, verliert sie den Kontakt zu den eigenen Gefühlen und Bedürfnissen. Wir könnten sagen, ZWEI hat im Kontakt die Tendenz, «nach vorne (zum anderen hin) umzukippen» und dabei eigene Grenzen nicht wahrzunehmen und fremde Grenzen im Dienste der «guten Sache» zu überschreiten.

Nach außen wirkt ZWEI lebensfroh, stark und energiegeladen. Oft sind allerdings auch die unausgesprochenen Erwartungen nach Gegenleistung zu spüren.

Wenn Sie sich im Kontakt mit einer Person die Frage stellen: «Was will die/der von mir, was erwartet die /der von mir?», dann haben Sie es vermutlich mit ZWEI zu tun.

Die Sehnsucht nach Wertschätzung und die Angst vor Zurückweisung

Die tiefste Sehnsucht von ZWEI ist es, als Person wertgeschätzt und in ihren bedürftigen Anteilen erkannt und akzeptiert zu werden. Sie möchte immer wieder bestätigt und vermittelt bekommen, daß der andere sie schätzt und mag.

ZWEI schiebt ihre Aktivität für andere gleichsam als Puffer zwischen sich und den anderen. Sie läßt ihn nur so weit an sich heran, daß sie immer noch etwas in der Hand hat, was sie ihm geben kann. So vermeidet sie, Hilflosigkeit und Bedürftigkeit zugeben zu müssen, aus Angst, dann abgewiesen zu werden.

Das spielt natürlich auch in die Sexualität mit hinein. ZWEI läßt sich gern begehren, das ist für sie ein Beweis für Wertschätzung. Die Probleme mit der eigenen Bedürftigkeit stehen ZWEI bei intimen Begegnungen im Weg. Die Unfähigkeit, eigene Bedürfnisse zu erspüren, sie auszudrücken und um deren Erfüllung zu bitten, macht es schwierig, in der Sexualität ein Gleichgewicht von Geben und Nehmen zu finden. Die Gefahr, daß ZWEI sich am Ende ausgenutzt fühlt (weil sie schlecht für sich selbst gesorgt hat), ist groß.

Am meisten verletzt fühlt sich ZWEI, wenn sie (vermeintlich) die Zuwendung eines anderen verliert, weil sie sich nicht mehr wahrgenommen, wertgeschätzt und in ihrer Bedürftigkeit erkannt und akzeptiert fühlt. Dann geht ihr Selbstwertgefühl in den Keller, das «stolze Selbstbild» bricht zusammen.

Die hierarchische Beziehung: «Ich mache mich unentbehrlich» und «Ich sorge gut für euch alle»

In der unteren Position von hierarchischen Beziehungen, besonders an zweiter Stelle, hält sich ZWEI ganz gern auf. Sie *fühlt* sich dabei aber keineswegs unterlegen, sondern eher wie der heimliche Leiter des Unternehmens. Ihre Strategie ist, sich durch besonders gute und nützliche Beiträge für den «Oberen» unentbehrlich zu machen und sich seine Wertschätzung zu sichern. Braucht man ZWEI nicht mehr, empfindet sie das als persönliche Kränkung und Zurückweisung und fühlt sich ausgenutzt.

Als Kinder waren Personen mit dem Muster ZWEI oft diejenigen in der Familie, die einem oder beiden Elternteilen in Krisensituationen oder Schwierigkeiten beigestanden und geholfen haben. Sie waren zum Beispiel Vermittler in Eheproblemen ihrer Eltern, emotionaler Beistand für die Eltern, wenn es ihnen schlechtging, oder übernahmen Verantwortung für jüngere Geschwister und den Haushalt. Dafür bekamen sie Lob und Zuwendung.

In der oberen Position einer hierarchischen Beziehung ist ZWEI der besonders fürsorgliche, um das Wohl aller besorgte Vorgesetzte oder Elternteil. Die Gefahr, sich zu überfordern und «auszubrennen», ist besonders groß, weil in dieser Position keiner mehr drüber ist, der Anerkennung vermittelt. Dann kann es schon einmal passieren, daß der Untergebene oder Abhängige zornig als «undankbar» bezeichnet wird.

Vom Abhängigen kann die gutgemeinte Fürsorglichkeit leicht als erdrückend oder gängelnd erlebt werden. Statt dankbar zu sein, wird er sich bemühen, der «überfürsorglichen Glucke» zu entwischen.

Was andere stört: Die Fallen in Beziehungen

Die größte Falle, die sich bei allen Charaktermustern aus dem Herz-Bereich auftut, ist die, daß der Beziehungspartner eine Funktion zugewiesen bekommt, die der (scheinbaren) Bedürfnisbefriedigung nach dem eigenen Muster dient. Bei ZWEI wird dem anderen die Funktion zugewiesen, Wertschätzung zu vermitteln, bei DREI ist der andere dafür zuständig, die Leistung zu würdigen, und VIER will vom anderen in seiner Besonderheit und Individualität wahrgenommen werden («Sag mir, wer ich bin!»).

ZWEI funktionalisiert den anderen durch ein «Geschäft mit der Liebe»: «Wenn ich dir etwas Gutes tue, mich auf dich einstelle, auf dich eingehe..., dann bekomme ich von dir als Gegenleistung Dankbarkeit und Wertschätzung.» Oder anders ausgedrückt: «Ich gebe dir viel, dafür will ich aber auch viel!» Von außen betrachtet, wirkt das berechnend und manipulativ. ZWEI, die sich dieser gewohnheitsmäßigen Strategie nicht oder nur teilweise bewußt ist, erlebt das Geben als freiwillig und tut es gern und in bester (liebevoller) Absicht.

Den Beziehungspartnern bereitet oft schon der erste Teil dieses Handels Schwierigkeiten. Zum Reibungspunkt wird er, wenn ZWEI an den Bedürfnissen des anderen vorbei «hilfreich» wird. Dann wird sie als überfürsorglich oder an falscher Stelle fürsorglich erlebt. Häufig fühlt sich der andere auch zu einem Hilfsbedürftigen gemacht, obwohl er das gar nicht ist.

Eine Workshopteilnehmerin sagte einmal: «Bei ZWEI fühle ich mich immer kränker, als ich wirklich bin. Die sieht nur das Schwierige und nicht das Gesunde an mir.»

Oft stoßen sich die Beziehungspartner jedoch an dem zweiten Teil der Strategie, wenn sie mit den unausgesprochenen Erwartungen von ZWEI konfrontiert sind und dadurch unter Druck geraten. Diese Erwartungen sind zu spüren und erzeugen oft starke Schuldgefühle, wenn sie nicht erfüllt werden können. Da niemand so gut helfen kann wie ZWEI, kann die «Schuld» nie beglichen werden.

ZWEI wird von anderen auch oft vorgeworfen, die eigenen Fehler nicht einsehen zu wollen. Auf die Kritik eines anderen reagiert ZWEI häufig mit dem Satz: «Aber ich hab's doch nur gut gemeint.»

Was andere bekommen: Die Stärken in Beziehungen

ZWEI kann anderen das geben, was sie am meisten selbst braucht, nämlich positive Wertschätzung. Sie begegnet anderen mit der Grundhaltung: «Ich akzeptiere dich so, wie du bist» und vermittelt Annahme und Wahrgenommenwerden. Sie signalisiert: «Du bist (mir) wichtig» und stellt dadurch einen Beziehungsraum zur Verfügung, in dem das Selbstwertgefühl des anderen wachsen kann.

ZWEI hat ausgeprägte Antennen für die Not und die Bedürfnisse anderer Menschen. Ihre Einfühlungsgabe (Empathievermögen) und ihre Hilfsbereitschaft machen sie oft (im guten Sinn) zum Retter oder Helfer in der Not. Für einen Freund in einer schwierigen Lage opfert ZWEI sich auf und gibt ihr letztes Hemd.

Das feine Gespür für andere versetzt sie auch in die Lage, andere glücklich zu machen oder ihnen eine Freude zu bereiten. Wohlüberlegte Geschenke oder Angebote von ZWEI können oft heimlich gehegte Wünsche erfüllen.

ZWEI ist fürsorglich, sie kann gut für andere sorgen. Das heißt, daß sie anderen (äußere) Bedingungen zur Verfügung stellt, in denen kein Mangel herrscht, in denen jeder, auch im emotionalen Sinne, satt wird.

Was darunter liegt: Die Not und die kreative Not-Lösung

Das Kindheitsthema, das dem Muster ZWEI zugrunde liegt, kreist um existentielle Bedürfnisse und deren Wahrnehmung und Befriedigung durch die Bezugspersonen.

Jedes Baby ist vom ersten Tag seines Lebens an darauf angewiesen, daß es in seiner Umgebung erwachsene Personen gibt, die sehen, was es braucht, und ihm diese Dinge zur Verfügung stellen. Es braucht Nahrung, muß trockengelegt werden, lebenswichtig sind auch Körperkontakt und konstante Beziehungen. Ohne die Erfüllung dieser Grundbedürfnisse würde es sterben, wie die Untersuchungen an hospitalisierten Kindern gezeigt haben. Bekommt es diese Bedürfnisse erfüllt, ist jedes Baby für eine Weile zufrieden, bis es wieder neue Bedürfnisse entwickelt.

ZWEI hat auf irgendeine Weise als Kind die Erfahrung gemacht, daß dieser Zyklus von Bedürfnis haben und Bedürfnis gestillt bekommen nicht selbstverständlich ist.

Woran sich Personen mit dem Muster ZWEI häufig erinnern, ist die Erfahrung, daß sie von wichtigen Bezugspersonen dann Zuwendung bekommen haben, wenn sie sich um *deren* Bedürfnisse gekümmert haben. Sie berichten, daß sie das Kind waren, das sich um einen Elternteil, um die Beziehung der Eltern, bzw. um die ganze Familie besonders gesorgt und sich dafür verantwortlich gefühlt hat.

Der Ur-*Schmerz*, die Ur-*Not*, hängt also mit dem Erleben zusammen, nicht *einfach so*, ohne etwas zu tun, genug Aufmerksamkeit und Zuwendung zu bekommen, also irgendwie emotional *hungrig* zu bleiben. Die «Lösung» des Kindes bestand dann darin, sich diesen Hunger selbst zu stillen, indem es sich die Zuwendung durch Hilfeleistungen sichert.

Die Selbstverstrickungsspirale

Wie könnte man den Prozeß beschreiben, der dieses Selbstverstrikkungsmuster hochschaukelt?

Je weniger wertvoll ZWEI sich fühlt (Bedürfnis nach Zuwendung),

↓

desto mehr versucht sie, sich Wertschätzung zu erkaufen, indem sie sich für andere nützlich macht,

↓

desto mehr erfährt sie, daß erkaufte Zuwendung nicht satt und zufrieden macht und das Selbstwertgefühl nicht dauerhaft hebt,

↓

desto mehr geht sie von sich weg, um die Bedürfnisse anderer zu befriedigen, und verliert immer mehr den Kontakt zu sich selbst und ihren eigenen Bedürfnissen.

↓

Am Ende fühlt sie sich nur noch ausgepowert und von allen ausgenutzt.

Wenn ZWEI an diesem Punkt angelangt ist, dann kann sie sehr böse und zornig auf die Menschen werden, die sie immer nur ausnutzen und nicht sehen, wie fertig sie ist und daß sie selber Hilfe braucht. An diesem Punkt wird sie dann aggressiv und rächt sich für das, was ihr (vermeintlich) angetan oder vorenthalten wurde. Diese Entwicklung kennzeichnet die Bewegung zum Streßpunkt ACHT.

Das Muster DREI

Das Szenario des Herrn DREI

Die 1. Szene: Auf dem Weg zur Bushaltestelle denkt Herr DREI darüber nach, wie schwierig es war, sich den Abendtermin einzurichten, angesichts der vielen Überstunden, die er zur Zeit machen muß. Da der Bekannte, der ihn eingeladen hat, jedoch ein wichtiger Geschäftspartner ist, konnte er die Einladung unmöglich ablehnen.

Nachdem Herr DREI in den Bus eingestiegen ist, steuert er geradewegs auf den einzigen freien Sitzplatz an. Kurz bevor er sich setzen will, bemerkt er die gutaussehende junge Frau, die offensichtlich auch ein Interesse an dem freien Platz hat. Mit einer einladenden Geste, einem freundlichen Lächeln und dem Satz «Nach Ihnen, schöne Frau!» überläßt er ihr galant den Platz.

Während er dies tut, registriert er die Reaktionen der anderen Fahrgäste, speziell den wohlwollenden Blick einer älteren Dame, die offensichtlich höfliches Benehmen noch zu schätzen weiß. Mit dieser Frau beginnt Herr DREI nun eine Konversation über die Überbelegung der öffentlichen Verkehrsmittel und unterstützt ihre Forderung, daß wenigstens für ältere Menschen Sitzplätze ausgewiesen werden sollten. Einige andere Fahrgäste beteiligen sich an dem Gespräch, und so vergeht die Zeit bis zur Zielhaltestelle schnell.

Die 2. Szene: Als ihm an der Eingangstür des Hauses der Gastgeber entgegenkommt, begrüßt er ihn überschwenglich und lobt die Architektur des neugebauten Hauses (von dem er in der Dunkelheit eigentlich noch nicht viel gesehen hat). Der Gastgeber ist geschmeichelt und lädt ihn zu einer kurzen Hausbesichtigung ein, bei der er Herrn DREI durch alle Räume führt und ihm architektonische Details erklärt. Anschließend begleitet er ihn noch zu dem Raum, in dem sich die anderen Gäste aufhalten.

Herr DREI wundert sich zunächst, kein einziges bekanntes Gesicht im Raum zu sehen, sein Bekannter scheint wohl in anderen gesellschaftlichen Kreisen zu verkehren als er. Er hatte jedoch vorher gehört, daß noch zwei andere Geschäftsleute aus seiner Branche anwesend sein würden, die er schon lange einmal kennenlernen wollte. Nach einem kurzen Blick in den Spiegel, um sein Äußeres zu überprüfen, versucht er herauszubekommen, wer das sein könnte.

Er geht auf zwei Männer mittleren Alters zu, die in ein Gespräch vertieft sind. Sein Instinkt hat ihn nicht getrogen, wie er feststellt, als er mit ihnen ins Gespräch kommt. Schon nach kurzer Zeit ist ihm klar, daß es sich um die beiden Berufskollegen handelt. Mit locker in das Gespräch eingestreuter Fachkenntnis und einigen humorvollen Bemerkungen kann er sehr schnell deren Sympathie gewinnen. Man geht gemeinsam zum Büffet, um beim Essen noch ein wenig weiter zu fachsimpeln.

Die 3. Szene: Als die Freundin den Raum betritt, winkt ihr Herr DREI von der gegenüberliegenden Seite des Zimmers aufgeregt zu, um ihre Aufmerksamkeit auf sich zu lenken. Sie gehen aufeinander zu, und noch im Gehen begrüßt Herr DREI die Freundin wortreich und verleiht seiner Überraschung und Freude lautstarken Ausdruck, sie hier zu treffen. Er nimmt sie am Arm, weil er sie gleich seinen neugewonnenen Bekannten vorstellen möchte.

In diesem Augenblick kommt ein Mann auf die Freundin zu, der ihr offensichtlich sehr vertraut ist, wie Herr DREI an der Art der Begrüßung sehen kann. Seine Freundin wendet sich an Herrn DREI und sagt: «Sei mir bitte nicht böse, ich habe ihn schon lange nicht mehr gesehen, ich möchte mich gern mit ihm unterhalten.» Herr DREI gibt freundlich und verständnisvoll seine Zustimmung, daß die beiden sich zurückziehen.

Den ganzen Abend behält er das Paar jedoch im Auge und versucht immer wieder, den Blick seiner Freundin zu erhaschen. Als schließlich die Möglichkeit zu tanzen angeboten wird, nimmt er das als willkommene Gelegenheit, die Freundin seinem Konkurrenten auszuspannen. Er fordert sie auf.

Die 4. Szene: Seinen Firmenchef auf dem Fest zu sehen, begeistert Herrn DREI gar nicht. Er schätzt ihn nicht besonders und hält ihn darüber hinaus für fachlich inkompetent. Für den Erfolg der Firma ist Herrn DREIs Meinung nach letztlich die Arbeit seiner Projektgruppe verantwortlich. Bei der nächsten günstigen Gelegenheit möchte Herr DREI die Firma verlassen und sich selbständig machen.

Obwohl ihm diese Spannungen durchaus bewußt sind, möchte Herr DREI nach außen hin bis zu seiner Kündigung auf jeden Fall Einigkeit und Harmonie demonstrieren. Er geht daher auf seinen Vorgesetzten zu, wechselt mit ihm ein paar belanglose Worte und gibt sich gut gelaunt und optimistisch. Die auf dem Fest neu geknüpften Geschäftskontakte verschweigt er ihm jedoch wohlweislich, die möchte er später für seine eigene Firma ausnutzen.

Kommentar zum Szenario von DREI

Was sind nun die Merkmale, die unser Herr DREI typischerweise (für sein Muster) auslebt?
- Der Tag von DREI ist in der Regel verplant mit beruflichen oder privaten Aktivitäten, Leerlaufzeiten oder Erholungsphasen ohne Programm werden vermieden.
- Die Wichtigkeit von Beziehungen wird danach beurteilt, wie nützlich die andere Person für DREI ist.
- Die Wirkung nach außen, eine positive Selbstdarstellung, ist Haupttriebfeder für das Verhalten.
- Für öffentliche Beachtung und Aufmerksamkeit wird viel getan.
- DREI schmeichelt anderen gerne und lobt ihre guten Eigenschaften, ihr Aussehen, ihren Geschmack usw.
- DREI hat einen guten Instinkt dafür, wer für sie nützlich sein kann. Sie stellt sich auf solche Personen ein, mit dem Ziel, gut anzukommen.
- In geselligen Situationen sorgt DREI oft geschickt für Unterhaltung.
- Bei allem, was DREI in einer sozialen Situation sagt und tut, ist sie auf öffentliche Aufmerksamkeit bedacht.
- Bekannte, Freunde werden in die eigene Selbstdarstellung miteinbezogen.
- Es verletzt DREI, wenn jemand anders besser ankommt oder mehr Erfolg hat als sie. Die Verletzung wird jedoch nicht wahrgenommen, sondern in Konkurrenzverhalten umgesetzt.
- In beruflichen Beziehungen spielen Kompetenz und Leistung eine wichtige Rolle. Nur jemand, der kompetenter und leistungsstärker ist, wird als Chef akzeptiert.

– Die Außendarstellung orientiert sich an den wahrgenommenen oder vermuteten gesellschaftlichen Erfordernissen, nicht an den wirklichen Gefühlen.
– Der eigene Erfolg, das persönliche Fortkommen, steht immer im Mittelpunkt des Taktierens.

Die Selbstbeziehung: Aufrechterhaltung des eigenen Image

Bei DREI als dem mittleren Herz-Punkt des Enneagramms ist die Herzenergie abgeblockt (vgl. Kapitel 1). DREI hat den Kontakt zur eigenen Gefühlswelt, um die es aber im Innersten geht, weitgehend verloren. Sie bezieht sich gewohnheitsmäßig mehr auf ihr Image, auf das, was sie nach außen darstellt, als auf ihr wahres Selbst. Besonders «dunkle» Gefühle wie Schmerz, Trauer, Aggression werden vermieden.

Die Abhängigkeit von anderen, die ja für die Herz-Punkte charakteristisch ist, besteht bei DREI darin, daß diese Außendarstellung gut ankommen muß. Gelingt es ihr, sich optimal zu präsentieren, erntet sie dafür Aufmerksamkeit und Anerkennung, fühlt sie sich gut. Kommt sie nicht gut an, erlebt sie sich als Versager und setzt alles dran, ihre Anstrengungen zu verstärken.

Das Selbstwertgefühl von DREI ist davon abhängig, was sie in ihrer eigenen Wahrnehmung und in den Augen anderer leistet. Sie *identifiziert* sich mit ihren eigenen Produkten und Erfolgen. Bei Mißerfolgen stellt sie ihre ganze Person in Frage.

Die Fantasie einer Klientin macht das deutlich: «Ich bin in der Grundschule und soll mein Heft bei der Lehrerin abholen. Ich gehe nach vorne zum Pult. Als die Lehrerin sagt, der Aufsatz sei schlecht, bricht für mich alles zusammen. Ich möchte in Grund und Boden versinken. Es ist, als hätte sie mit dem Heft meine ganze Person schlecht beurteilt. Ich habe keine Distanz zu diesem Heft...»

Das Selbstbild «Ich bin erfolgreich und komme gut an» muß daher um jeden Preis aufrechterhalten werden. Aus dieser Notwendigkeit heraus entsteht der Selbstbetrug oder die *Täuschung* (Leidenschaft der DREI): das Festhalten an der äußeren Maske, auch wenn sie mit der inneren Wirklichkeit nicht übereinstimmt.

DREI ist sich ihrer «Hochstapelei» undeutlich bewußt, sie ahnt an welchen Stellen «ein Loch hinter der Fassade ist». Je zahlreicher und größer diese Löcher sind (Diskrepanz zwischen Selbstbild und wirklichem Selbst), desto größer wird die Angst, die Fassade nicht mehr aufrechterhalten zu können und zu versagen. Hinter dem zur Schau gestellten Bild steckt ein wackeliges Selbstwertgefühl, das in Selbstverachtung umkippen kann.

Kontaktverhalten:
Gut ankommen durch Selbstdarstellung

«Seht alle her, ich bin der/die Beste!» ist die unbewußte Botschaft, die von DREI ausgeht. Zur Verwirklichung dieses Kontaktangebots braucht es ein Publikum (mindestens eine weitere Person), das dann auch entsprechend Beifall zollt. In solchen Kontaktsituationen fühlt DREI sich wohl. Da hat sie eine Bühne, auf der sie auftreten kann, da paßt das Rollenspiel.

Schwieriger wird es in Zweier-Situationen, wenn Gefühlsäußerungen gefragt sind. DREI versucht auch hier, beim anderen anzukommen. Sie stellt sich selbst in der Rolle dar, von der sie glaubt, daß sie dem anderen gefallen wird und seinen Erwartungen entspricht. Das können bei verschiedenen Personen ganz verschiedene Rollen sein, zum Beispiel bei der Freundin «der beste Liebhaber», bei der Mutter «das sorgende Kind» und beim Chef «der kompetente Ratgeber».

Durch dieses Verhalten macht DREI im Kontakt meist recht eindrücklich auf sich aufmerksam, man muß sie einfach bemerken. Sie wirkt anziehend, dynamisch, energiegeladen und verbreitet Optimismus.

Problematisch wird es, wenn sie die gespielte Rolle nicht mehr ausfüllen kann. Dann wirkt das Auftreten oft hohl und erzeugt Langeweile oder Verärgerung.

Wenn Sie im Kontakt mit einer Person den Eindruck bekommen: «Die/der trägt aber ein bißchen dick auf», dann haben Sie es vermutlich mit DREI zu tun.

Die Sehnsucht nach Anerkennung und die Angst zu versagen

DREI sehnt sich zutiefst danach, in Beziehungen eine Anerkennung ihrer ganzen Person zu erfahren, ein grundsätzliches «Du bist gut so, wie du bist». Sie möchte erleben, daß nicht nur ihre Leistung, ihr Produkt etwas zählt, sondern sie selbst. Im Grunde möchte DREI beim anderen alle Masken fallen lassen können und nur sie selbst sein.

Das bedeutet umgekehrt: Je weniger DREI sich selbst anerkennt und deshalb in einer Beziehung meint eine Rolle spielen zu müssen, desto mehr entfernt sie sich von wirklicher Intimität. Das Ausfüllen der Rolle (für die sie geliebt wird) wird wichtiger als eine echte Begegnung.

In der Sexualität läuft DREI ebenfalls Gefahr, sich von Vorstellungen, wie «es» am besten sein soll, leiten zu lassen. Dann wird für den anderen etwas inszeniert (zum Beispiel Lust oder ein Orgasmus vorgespielt), wobei die Person nicht wirklich beteiligt ist. Die Tiefendimension der sexuellen Begegnung geht dabei verloren.

Verletzend ist für DREI, wenn das, was sie herzeigt, bzw. das, was sie leistet, nicht ankommt oder Ablehnung erfährt. Weil sie sich vollkommen damit identifiziert, fühlt sie sich dann als ganze Person abgelehnt und erlebt sich als Versager. Sie wertet dies als persönlichen Mißerfolg und stellt sich damit selbst in Frage.

Am schlimmsten ist diese Verletzung, wenn jemand DREI entlarven will. Wenn jemand sehen will, wer hinter der Maske steckt und das Image als falsch bezeichnet, kommt DREI in höchste Bedrängnis. Wer ihre Selbstdarstellung ablehnt, lehnt auch sie ab, das kann sie gefühlsmäßig nicht trennen.

Die hierarchische Beziehung: «Ich steige auf» und «Ich bin kompetent»

Die untere Position einer hierarchischen Beziehung ist für die erfolgsorientierte DREI immer nur dazu da, um sie eines Tages zu verlassen. DREI blickt in die Zukunft und will höher hinaus. Das führt dazu, daß sie mit dem Vorgesetzten in Konkurrenz gerät. Das kann befruchtend sein, wenn der Vorgesetzte wirklich fachliche Kompetenz besitzt. In dem Fall bewundert ihn DREI, und es findet ein spielerisches Kräftemessen statt.

Spricht DREI ihm diese Kompetenz jedoch ab, kann das Kräftemessen auch in einen destruktiven Machtkampf umschlagen, weil DREI ihn dann als Autorität nicht mehr anerkennt.

In der oberen Position ist DREI im besten Fall die dynamische, kämpferische und mitreißende Autoritätsfigur. Sind ihre Projekte nicht hohl und besitzt sie wirklich fachliche Kompetenz, dann versteht sie es, verantwortungsvoll zu führen und andere für die Sache zu begeistern.

«Ich hatte einmal eine Chefin, die war immer als erste da und ist als letzte gegangen. Ich schätzte ihre Kompetenz, sie konnte fast alles besser als ich. Dennoch spielte sie ihre Überlegenheit nie aus, sondern war in bestimmten Situationen hilfreich zur Stelle. Ich habe von ihr viel gelernt.»

Kann sie die obere Position jedoch von ihrer Qualifikation her nicht ausfüllen und agiert sie mit zuviel Täuschung und unlauteren Methoden, dann wird sie bald alle Untergebenen gegen sich haben, weil ihr keiner mehr vertraut.

Was andere stört: Die Fallen in Beziehungen

Wie die anderen Herz-Muster auch, weist DREI dem Beziehungspartner eine bestimmte *Funktion* zu: Er soll ihr Lob und Anerkennung für ihre Leistung geben. Der Handel in der Beziehung lautet in etwa so: «Ich strenge mich an und gebe mein Bestes, dafür bekomme ich deine Anerkennung und Bewunderung.» Um der/die Beste für den anderen sein zu können, orientiert DREI sich stark an den (vermeintlichen) Erwartungen des anderen und mißachtet ihre eigenen Gefühle, Grenzen und Bedürfnisse.

Je mehr sie sich aber an dem orientiert, was erwartet wird und Erfolg verspricht, desto unechter wird sie. Irgendwann wird dem Beziehungspartner das «Maskenspiel» deutlich. Häufig «kippt» an dieser Stelle das Beziehungsgeschehen. Dasselbe Verhalten, das vorher noch Beifall gefunden hat, wird jetzt als «unecht», «übertrieben» usw. bezeichnet. Für DREI ist dieser Wechsel oft nicht nachvollziehbar, denn sie identifiziert sich nach wie vor mit ihrer Maske.

«Manchmal nehme ich eine Maske ab, die ich zu lange getragen habe, um dann entdecken zu müssen, daß ich sie nicht wegwerfen kann, weil noch ein Teil meines Gesichts in ihr steckt.»[4]

Wer sich wie DREI mehr exponiert als andere Menschen, bekommt mehr Bewunderung, läuft aber auch mehr Gefahr, abgelehnt zu werden.

Das Tempo und die Energie, die DREI vorlegt, sind für langsamere Menschen oft zuviel. Sie fühlen sich überfahren und gedrängt. Sie kritisieren das Angestrengte und Angespannte am Verhalten von DREI. Oft fühlen sich andere in eine Konkurrenz zu DREI gedrängt, in einen Machtkampf hineingezogen, den sie gar nicht wollen.

Auch die (scheinbare) Herzlosigkeit und Gefühllosigkeit von DREI machen Beziehungspartnern oft zu schaffen. Die Tatsache, daß Projekte und Erfolge wichtiger sind als Menschen, kann für andere kränkend und verletzend sein.

Was andere bekommen: Die Stärken in Beziehungen

Die positive Kehrseite des Selbstdarstellungsdrangs ist, daß Personen mit dem Muster DREI ausgesprochen unterhaltsame, geistreiche und erfinderische Beziehungspartner sein können. Sie sind jederzeit für eine Überraschung gut und produzieren immer wieder Neues. Ihr Optimismus steckt an.

Personen mit dem Muster DREI, die nicht zu sehr in sich selbst verstrickt sind, sondern sich auf einem Entwicklungsweg befinden, sind sehr um Authentizität und Wahrhaftigkeit bemüht. Sie scheuen sich nicht, sich so zu präsentieren, wie sie wirklich sind und wie es ihnen gerade geht. Das kann anderen Mut geben, sich ebenfalls hervorzuwagen und sich nicht länger vor der Welt zu verstecken.

Wenn sich DREI für jemanden engagiert, dann tut sie es mit ihrer ganzen Kraft und gibt ihr Bestes. Sie eröffnet damit für andere einen Beziehungsraum, der positiv-motivierend wirkt. DREI kann andere begeistern und sie ermutigen, mit ihren eigenen Sachen voranzukommen.

Was darunter liegt: Die Not und die kreative Not-Lösung

Als zentralem Herz-Punkt geht es beim Kindheitsthema am Punkt DREI um Liebe pur. Irgendwelche Erfahrungen haben dem Kind die Sicherheit genommen, daß es so geliebt wird, wie es ist. Es hat jedoch gelernt, daß es für gute Leistung, für etwas Gutes, das es produziert, Anerkennung und Aufmerksamkeit bekommt.

In einer angeleiteten Kindheitsfantasie, die wir in einem Workshop gemacht haben, berichtete eine Teilnehmerin folgendes: «Ich sehe mich als kleines Kind mit zwei großen Milchkannen in der Hand. Ich weiß genau, daß ich meinen Eltern nur mit vollen Kannen unter die Augen treten darf, mit leeren Händen brauche ich nicht zu kommen.»

Darin kommt die Erfahrung aus der Kindheit zum Ausdruck: «Ich bin nur wertvoll, wenn ich etwas Gutes vorzuweisen habe, ansonsten mag mich keiner.»

Aus diesem Dilemma heraus hat DREI als Kind die Strategie entwickelt, das herzuzeigen, was den Bezugspersonen gefällt. Das sind einmal gute Leistungen, erfolgreiche Produkte und Taten. Zum anderen sind das aber auch die positiven Persönlichkeitsmerkmale, die «Schokoladenseite», die den Eltern gefällt. Das, was das Kind eigentlich fühlt, besonders wenn es ihm schlechtgeht, nimmt es nicht mehr wahr. Dadurch, daß dieses Kind jedoch immer nur einen (für andere) maßgeschneiderten Teil von sich präsentiert, bzw. sein Produkt im Zentrum der Aufmerksamkeit steht, verhindert es, um seiner selbst willen geliebt zu werden.

Täuschung (das ist die Leidenschaft am Punkt DREI) bedeutet: «Letztendlich halte ich mich auch für das, was ich vorgebe zu sein.» Das Kind macht sich vor, besser zu sein, als es ist, um dem *Schmerz* zu entgehen. Der Ur-*Schmerz* steckt in der Erfahrung: «So wie ich bin, mag mich keiner.» Wenn die Täuschung aufgedeckt wird, zum Beispiel durch einen Mißerfolg, bricht diese alte Wunde wieder auf.

Die Selbstverstrickungsspirale

Wie dreht sich die Negativspirale in diesem Charaktermuster?

Je geringer die Selbstachtung von DREI ist (ich bin nicht in Ordnung, so wie ich bin),

↓

desto mehr produziert sie nach außen ein Bild von sich, von dem sie meint, daß es ankommt,

↓

desto größer wird die Diskrepanz zwischen Image und wirklichem Sein,

↓

desto größer wird die Angst vorm Versagen und die Angst, daß der (Selbst-)Betrug aufgedeckt wird.

↓

Wenn DREI ihr Image vor sich selbst und vor anderen nicht mehr aufrechterhalten kann, verliert sie ihren Optimismus und Tatendrang und wird handlungsunfähig.

Die Bewegung zum Streßpunkt NEUN kennzeichnet diese Entwicklung. DREI ist an diesem Punkt nicht wiederzuerkennen. Die Energie ist verpufft, und die gute Laune ist einer depressiv-gefühllosen Stimmung gewichen.

Das Muster VIER

Das Szenario der Frau VIER

Die 1. Szene: Während Frau VIER sich auf den Weg zur Bushaltestelle begibt, überlegt sie, was das wohl für ein Fest sein wird – eine gewöhnliche, steife Cocktailparty oder eine ausgefallene Feier? Wenn sie daran denkt, daß dieser Bekannte nun ein Haus gebaut und vor kurzem geheiratet hat, also voll ins bürgerliche Leben eingestiegen ist, dann kann es eigentlich nur langweilig werden. Bei dem Gedanken, daß das Paar nun auch schon ein Kind erwartet, wird es ihr wehmütig ums Herz. Solche Menschen scheinen sich wesentlich leichter zu tun, ihr Leben glücklich zu gestalten als sie selbst.

Sie ist noch ganz in dieser wehmütigen Stimmung, als sie in den Bus einsteigt, und geht etwas abwesend auf den einzigen freien Platz zu. Plötzlich hält sie inne, weil sie den Mann bemerkt, der mit festen, kräftigen Schritten ebenfalls auf diesen Platz zusteuert. Frau VIER zuckt innerlich zusammen, als sie die geballte männliche Energie spürt, und beschließt, sich nicht mit dieser Person anzulegen. Sie macht kehrt und sucht sich einen Stehplatz. Der Mann bemerkt nicht einmal, daß Frau VIER auch auf den Sitz wollte.

Im Nachklang auf diese Szene ist Frau VIER einerseits wütend, daß der «Typ» sie einfach nicht wahrgenommen hat, andererseits ist sie auch ein bißchen neidisch auf seine «Ellenbogen», mit denen man es einfach weiter bringt als mit ihrer Sensibilität.

Die 2. Szene: Als Frau VIER den Raum betritt, in dem das Fest stattfindet, fällt ihr an den Gemälden auf, welch erlesenen Kunstgeschmack ihr Gastgeber besitzt. Nur wie er die Kunstwerke im Raum angeordnet hat, findet bei ihrem ästhetischen Empfinden keine Zustimmung.

Als sie festgestellt hat, daß sie niemanden kennt, holt sie sich ein Glas Champagner und läßt sich in einem großen, samtbezogenen Sessel nieder. Zufrieden stellt sie fest, daß sie in ihrem extravaganten Seidenkostüm schon einige Blicke auf sich gezogen hat. Sie blickt sich im Raum um, wer wohl die interessanten Leute auf dieser Party sind.

Ein ungewöhnlich gekleideter Mann in ihrem Alter, der wie sie nicht ganz auf dieses bürgerliche Fest zu passen scheint, fällt ihr auf. Als sich ihre Blicke treffen und der Mann auf sie zukommt, denkt sie, daß der Abend doch noch ganz interessant werden könnte.

Im Gespräch stellt sich heraus, daß der Mann Maler ist, und Frau VIER erzählt ihm von ihren Versuchen als Hobbymalerin, denen sie fast ihre ganze Freizeit widmet. Sie fühlt sich gut verstanden, als sich der Künstler wirklich interessiert zeigt, und sie hält es kaum für möglich, als er sie einlädt, bei ihm vorbeizukommen und ihm einige ihrer Bilder zu zeigen.

Die 3. Szene: Als die Freundin, eine langjährige Berufskollegin, unerwartet hereinkommt, freut Frau VIER sich, sie zu sehen. Sie begrüßt sie und stellt ihr ihre neue Bekanntschaft, den interessanten Maler, vor.

Es stellt sich heraus, daß die Freundin ihn schon seit Jahren kennt, und die beiden beginnen ein angeregtes Gespräch über Leute und Ereignisse, mit denen Frau VIER nichts zu tun hat und die sie nicht kennt. Frau VIER steht daneben und fühlt sich völlig übergangen und übersehen. Die beiden sprechen sie nicht mehr an, sie sind nur mit sich selbst und dem gemeinsamen Gesprächsthema beschäftigt.

Traurig und enttäuscht zieht sie sich zurück. Als die Freundin kurze Zeit später auf sie zukommt, kann das ihren Schmerz auch nicht ganz beseitigen. Der bittere Nachgeschmack dieser Episode bleibt für den Rest des Abends bestehen.

Die 4. Szene: Als dann auch noch ihr Vorgesetzter auf dem Fest auftaucht, mit dem sie heute morgen Streit hatte, reicht es ihr. Er kommt zwar recht freundlich auf sie zu, aber sie fände es unecht und verlogen, eine Eintracht vorzutäuschen, die der Realität doch gar nicht entspricht.

Sie vermeidet den Kontakt mit ihm, indem sie sich schmerzlich angerührt zurückzieht, auf den Ausgang zustrebt und geht. Im Bus auf der Heimfahrt träumt sie von schöneren Festen mit anderen Leuten.

Kommentar zum Szenario von VIER

Das ist eine Möglichkeit, wie eine Person mit dem Muster VIER dieses Szenario erleben könnte. Was sind die für VIER typischen Merkmale?

- Von dem Gewöhnlichen, von dem, was Herr Jedermann tut, will VIER sich abgrenzen. Dennoch erregt das «gewöhnliche Glück» der anderen neidvolle Gefühle.
- VIER erlebt sich selbst als verletzlich und sensibel. Vor unsensiblen Menschen, die kräftig auftreten, muß sie sich schützen.
- Gleichzeitig beneidet sie den anderen für die Stärke, die sie nicht besitzt.
- Ihr ästhetisches Empfinden und ihr Sinn für schöne Dinge ist sehr ausgeprägt.
- VIER möchte durch ihre Individualität und Besonderheit auffallen und interessiert sich für besondere Leute.

- Im Kontakt möchte sie wahrgenommen und in ihren persönlich wichtigen Anliegen verstanden werden.
- VIER sehnt sich danach, ungeteilte Aufmerksamkeit von ihren Freunden zu bekommen. Wird sie übersehen oder übergangen, ist das sehr verletzend für sie.
- Wenn etwas schmerzt, nimmt VIER es wichtig und kostet das Gefühl aus.
- Echtheit und ehrlicher Gefühlsausdruck sind für VIER sehr wichtig. Sie nimmt dafür auch in Kauf, daß sie aneckt.
- Wenn sich die Gegenwart schlecht anfühlt, träumt VIER von besseren Zeiten.

Die Selbstbeziehung: Suche nach sich selbst

VIER ist von allen Enneagramm-Mustern am stärksten auf sich selbst bezogen. Ihr Leben kreist um die existentiellen Fragen «Wer bin ich eigentlich (wirklich)?» und «Wie bin ich eigentlich wirklich?» Sie ist ständig auf der Suche, sich selbst zu verstehen.

Ihr Selbst-Gefühl ist vage und nebelhaft, nur in extremen Gefühlslagen kann sie sich spüren. Sie versucht, sich selbst näher zu kommen und sich zu finden, indem sie ihrer Individualität Ausdruck verleiht. Jede Art von künstlerischer Betätigung, aber auch zum Beispiel das Schreiben von Gedichten oder Tagebüchern sind Möglichkeiten, das Eigene kreativ zu symbolisieren.

Ihr Selbstbild ist: «Ich bin etwas Besonderes.» Auch dieses Abheben von der «grauen Masse», die Betonung der Individualität, entspringt dem Bedürfnis, sich selbst auszudrücken. VIER könnte sagen: «Meine Einzigartigkeit liegt darin, daß ich mich von allen anderen unterscheide.» Je geringer die eigene Selbstachtung ist, ein um so vollkommeneres Bild von sich selbst versucht VIER nach außen darzustellen. Sie wirkt dann auf andere unecht und gekünstelt.

Das Grundgefühl von VIER ist untergründiger Schmerz. Sie empfindet, daß ihr in der Realität etwas abgeht, daß sie etwas entbehrt. Je stärker dieses schmerzliche Mangelgefühl ist, desto größer ist die Sehnsucht nach dem Ausgleich dieses Mangels in der Zukunft. Diese Sehnsucht ist in die Ferne gerichtet auf ein vollkommenes Glücks-Ideal. Allen Menschen, die diesem Ideal (vermeintlich) näher sind als sie selbst, gilt ihr *Neid*, die Punkt VIER entsprechende Leidenschaft.

Kontaktverhalten: Auffallen und andere anziehen

Unbewußt vermittelt VIER im Kontakt zu anderen die Botschaft: «Schau her, nimm mich wahr, ich bin etwas Besonderes.» VIER geht nicht aktiv auf andere zu, sondern macht auf sich aufmerksam, damit andere auf sie zukommen. Sie wirkt anziehend. Kommen zu viele, oder kommt ihr derjenige, den sie anzieht, zu nahe, dann muß sie wieder für die nötige Distanz sorgen.

Ihre Hypersensibilität für Stimmungen und Emotionen anderer Menschen macht eine Abgrenzung manchmal kompliziert. Es fällt VIER oft schwer, zu unterscheiden, ob ein Gefühl ihr eigenes oder ein fremdes ist. Sie hat eine Tendenz, sich gefühlsmäßig im anderen zu verlieren, wenn sie sich selbst im anderen sucht. Dabei verschwimmen aber auch für den anderen die Konturen ihrer Persönlichkeit.

Psychotherapeuten-Kollegen mit dem Muster VIER berichten zum Beispiel häufig, daß sie die Stimmungen ihres Klienten in sich selbst spüren. Das ermöglicht ein hohes Maß an Einfühlungsvermögen, kann aber auch sehr belastend sein, wenn der Klient gegangen ist, das Gefühl aber bleibt.

Wenn Sie sich im Kontakt mit jemandem fragen: «Was für eine Person ist das eigentlich?», dann haben Sie es vermutlich mit VIER zu tun.

Andererseits findet VIER Personen und Gruppierungen interessant, die irgendwie vom Gewöhnlichen abweichen. Sie sucht den Kontakt zu außergewöhnlichen Menschen in außergewöhnlichen Lebenslagen an außergewöhnlichen Orten. Besonders intensive Lebenserfahrungen anderer, die mit starken Gefühlen verbunden sind (zum Beispiel Geburt, Tod, extreme Schicksale), ziehen sie an.

Die Sehnsucht, erkannt zu werden, und die Angst vor Mißinterpretation

VIER sehnt sich in Beziehungen zutiefst danach, vom anderen richtig verstanden und gesehen zu werden. Ihre Ideal-Vorstellung ist: «Wenn der andere mich erkennt und mich mir wie ein Spiegel zeigt, dann kommt mein wahres Selbst zum Vorschein. Dann weiß ich, wer ich bin, und kann zufrieden sein.» In Momenten, in denen sie sich erkannt fühlt, fühlt sie sich auch geliebt.

Je stärker im Gefühlsbereich ein Mangel erlebt wird, desto größer wird die Sehnsucht nach der idealen Liebe, die alles heilt. Der idealisierte Traumpartner ist so etwas wie ein Märchenprinz oder eine Märchenprinzessin, der/die VIER durch seine/ihre Liebe von allem Leid erlöst.

Bei realen Beziehungspartner/innen, mit denen VIER zu tun hat, richtet sie gewohnheitsmäßig die Aufmerksamkeit auf die Fehler und Mängel der Beziehung. Dabei ist sie hochsensibel für Nicht-Echtes, Nicht-Stimmiges in der Beziehung.

Die Sexualität ist für VIER einerseits eine Möglichkeit, sich in ihrer Lust und Erregung deutlich zu spüren. Andererseits ist gerade hier durch die reale Nähe die Gefahr groß, das Eigene in der vom anderen gespürten Emotionalität zu verlieren. Wenn das passiert, muß VIER wieder auf Distanz gehen, um sich erneut zu finden.

Zutiefst verletzt ist VIER, wenn sie sich vom anderen nicht verstanden und nicht gesehen fühlt. Wenn sie aus den Reaktionen des anderen meint schließen zu können, er würde im Augenblick nicht mitbekommen, was ihr wichtig ist, fühlt sie sich nicht wahrgenommen. Sie zieht sich dann nach innen zurück und fühlt sich einsam und verloren.

Genauso verletzt reagiert sie, wenn andere sie offensichtlich falsch verstehen und falsch beurteilen. Das Schlimmste, was man VIER antun kann, ist, ihr zu sagen, wer sie «wirklich» ist. Da sie es selbst nicht weiß, kann es auch kein anderer wissen. Wenn jemand VIER festlegen will auf etwas, das er/sie in ihr sieht, dann sieht sie sich in ihrer Individualität bedroht.

Die hierarchische Beziehung: «Ich passe mich nicht an» und «Ich bestimme den Stil»

VIER kann sich nicht unterordnen, nie würde sie einer Autorität zuliebe aufgeben, was sie für wesentlich hält. Ihr Bedürfnis nach Individualität ist so groß, daß sie sich nie gänzlich einer Sache verschreiben würde, die nicht ihre eigene ist. Daher gerät sie in Konflikte mit Vorgesetzten, die ihre individuelle Arbeitsweise und ihre Fähigkeiten nicht zu würdigen wissen oder etwas anderes für wichtig halten und durchsetzen wollen. Erkennt und fördert der/die Vorgesetzte jedoch ihre speziellen Begabungen, dann fühlt sie sich ausreichend wahrgenommen und kann sich entfalten.

Daher haßt VIER Arbeitsplätze, wo alle gleich (zum Beispiel uniformiert) sind, oder Arbeitsplätze, wo alles streng geregelt ist und kein kreativer Spielraum bleibt. Sie hält es dort nicht lange aus.

Kinder, die in einem sehr streng reglementierten Elternhaus aufgewachsen sind, dem sie (noch) nicht entfliehen konnten, berichten als Erwachsene oft von einer anderen Flucht: Sie erschufen sich eine Traumwelt, die nur ihnen gehörte und in die sie sich zurückziehen konnten, wenn die Realität zu «grau» oder «grausam» war.

Ist VIER in der oberen Position einer hierarchischen Beziehung, dann wird sie dafür sorgen, daß ihre persönliche Note gewahrt bleibt. Ihr individueller Ansatz und die ihr eigene Ausgestaltung ihrer Rolle kann für den «Unteren» sehr anziehend und überzeugend sein.

Für Arbeitsbeziehungen heißt das, die Beziehung geht so lange gut, wie der Untergebene das Anliegen und die Vorgehensweise von VIER unterstützt. Will er aber seine eigenen Vorstellungen durchsetzen, «funkt» er dem Vorgesetzten dazwischen oder findet er dessen Arbeit nicht mehr gut, dann ist die Beziehung gefährdet.

Was andere stört: Die Fallen in Beziehungen

VIER funktionalisiert (unbewußt) andere, indem sie sie zu ihrem «Spiegel» macht. Die anderen sollen ihre (unstillbare) Sehnsucht nach Erkanntwerden erfüllen, indem VIER durch sie erfährt, wer sie wirklich ist. VIER bietet in Beziehungen folgenden Handel an: «Ich bin jemand Besonderes für dich, dafür verstehst du mich und ich kann durch dich erkennen, wer ich bin.»

Der Beziehungspartner, der auf dieses Muster eingeht, erfährt einerseits eine Aufwertung, denn er erhält die Aufmerksamkeit und Zuwendung von jemand Außergewöhnlichem, und er kann in VIER sehen, wen er will (zum Beispiel den Traummann/die Traumfrau). Auf der anderen Seite wird er mit der Zeit merken, daß er in der Funktion des Spiegels selbst als Person nicht wahrgenommen wird, daß die Aufmerksamkeit nicht wirklich ihm gilt. Das kann, abhängig vom eigenen Charaktermuster, sehr verletzend sein.

Die undeutlichen Konturen der Persönlichkeit von VIER machen es Beziehungspartnern leicht, alles mögliche in sie hinein zu projizieren und die Erfüllung ihrer (kindlichen) Sehnsüchte von ihr zu erwarten. Sie sehen in ihr jemanden, der ihrer eigenen Wunscherfüllung dient. Gehen diese Wünsche dann nicht in Erfüllung, sind sie enttäuscht.

So erzeugt VIER das an anderer Stelle beschriebene Gummiband-Beziehungsmuster[5]. Sie zieht andere an durch ihre faszinierende und vielversprechende Ausstrahlung. Ist eine bestimmte Nähe erreicht, werden die Unerfüllbarkeit der Versprechen und die Mängel des anderen deutlich. Einer von beiden (oder beide) zieht sich zurück. Wenn die Distanz größer wird, beginnt die gegenseitige Anziehung und damit das Beziehungsspiel von vorne.

VIERs Vorliebe für intensive Gefühlserlebnisse und düstere Stimmungen schreckt manche Beziehungspartner ab. Sie kritisieren das Zusammensein mit VIER als zu anstrengend, zu chaotisch oder zu intensiv. Ihre hohe Sensibilität und Verletzbarkeit läßt sie in den Augen mancher als «mimosenhaft» und überempfindlich erscheinen.

Ihr Hang zum Besonderen geht anderen dann auf die Nerven, wenn die Besonderheiten unecht und überzogen wirken, wenn VIER sich selbst in ihrem Außergewöhnlichsein verliert.

Was andere bekommen: Die Stärken in Beziehungen

Die Fähigkeit von VIER, sich ohne Angst auf schmerzhafte, chaotische und tiefe Erfahrungen einzulassen, macht sie zu einem wertvollen Beistand für Menschen, die solchen Erfahrungen ausgesetzt sind. Ihre hohe Sensibilität vermittelt dem anderen das Gefühl, daß jemand da ist, der genau mitbekommt, wie es einem geht. Beziehungspartner fühlen sich dadurch zutiefst verstanden und genau gesehen.

Die faszinierende Ausstrahlung und ihre kreative Ader machen sie zu einem Beziehungspartner, mit dem es nie langweilig wird. Gemeinsam mit VIER kann man die tollsten Projekte entwickeln und sich Träumen über eine bessere Zukunft hingeben. Ihre Betonung und Wertschätzung der Individualität jedes einzelnen Menschen eröffnet einen Beziehungsraum, in dem andere zu ihrem Ur-Eigensten finden und das auch leben können. VIER wird einem anderen nie ein Vor-Urteil überstülpen oder ihn vorschnell in eine Schublade stecken. Sie motiviert andere dazu, eigene und authentische Wege zu gehen.

Was darunter liegt: Die Not und die kreative Not-Lösung

Das zentrale Thema, das dem Muster VIER zugrunde liegt, hat mit der Entwicklung des eigenen Identitätsgefühls zu tun. VIER ist zutiefst darüber verunsichert, wer und wie sie wirklich ist.

In psychologischen Entwicklungstheorien wird davon ausgegangen, daß für die Entwicklung eines konstanten Identitätsgefühls («Ich bin ich und du bist du») die Reaktionen der Bezugspersonen in einem sehr frühen Lebensalter eine Rolle spielen. Die «Spiegelung» der kleinen Person durch den «Glanz im Auge der Mutter»[6] ist die Voraussetzung dafür, daß das Kind einen konstanten Selbst-Bezug entwickelt.

Wie kann man sich das vorstellen? Das kleine Kind «erlebt sich» durch die Antworten und Reaktionen, die von außen auf es zukommen. Im liebevollen Blick, der ihm gilt, kann es sich erfahren und ein Selbstwertgefühl entwickeln. Werden diese Antworten aus irgendeinem Grund unklar erlebt oder bekommt das Kind den Eindruck, es wird anders wahrgenommen, als es ist, entsteht Verwirrung.

Personen mit dem Muster VIER berichten oft, daß sie sich seitens ihrer Bezugspersonen besonderen Erwartungen ausgesetzt fühlten. Sie waren «das besondere Kind», dem aber sehr deutlich vermittelt wurde, *wie* es zu sein hat.

Mit dieser Unsicherheit über die eigene Identität geht ein schmerzhaftes Verlorenheitsgefühl einher. Das Kind fühlt sich verloren und einsam und erlebt, daß ihm etwas abgeht. Vor diesem Hintergrund sind reale Verlusterfahrungen (zum Beispiel Tod oder Scheidung) besonders dramatisch.

Dem *Schmerz* kann es entgehen, indem es ein vollkommenes Bild von sich selbst und von einer heilen Welt erschafft. Für das Kind sind die Grenzen zwischen Traum und Wirklichkeit fließend. Es geht in der fantasierten Rolle auf, und die Unsicherheit im Erleben verschwindet. Indem es der/die ist, den/die es sich ausgedacht hat, vermeidet es den Schmerz über den Identitätsverlust.

Die Selbstverstrickungsspirale

Mit welcher Dynamik dreht sich die Negativspirale im Muster VIER?

Je verlorener und je unglücklicher VIER sich fühlt,
↓
desto stärker wird die melancholische Sehnsucht nach den vollkommenen Möglichkeiten und Beziehungen, die das Leben bietet,
↓
desto mehr verliert sie sich in der Unwirklichkeit der Fantasien und verliert den Kontakt dazu, wer sie in Wirklichkeit ist und wie sie sich wirklich fühlt.
↓
Dadurch wird das innere Verlorenheitsgefühl größer, der Sturz in den inneren Abgrund droht.

Diesem Abgrund kann VIER nur entgehen, indem sie sich abhängig macht wie ZWEI (Streßpunkt). Sie wird hilfsbereit und hofft auf die Zuwendung und das Verständnis der anderen, womit sie sich auch wieder von sich selbst entfernt.

Das Muster FÜNF

Das Szenario des Herrn FÜNF

Die 1. Szene: Herr FÜNF geht nicht gern zu Einladungen, bei denen er nicht weiß, was auf ihn zukommt und wer dort sein wird. Also hat er sich bei seinem Bekannten erkundigt, wer noch zu dieser Hauseinweihungsparty kommen wird. Die Information, daß er dort einen guten Freund treffen würde, minderte ein wenig seine Abneigung, überhaupt hinzugehen.

Als er in den Bus einsteigen will und sieht, daß er ziemlich voll ist, überlegt er kurz, ob er auf den nächsten warten soll. Da zu dieser Zeit aber nur wenig fahren (er kennt den Fahrplan auswendig), verwirft er diesen Gedanken wieder und steigt ein.

Er sieht sofort, daß da noch ein Sitzplatz frei ist. In Anbetracht der vielen Menschen zieht er sich jedoch lieber in den hinteren Wagenteil zurück, wo er alleine stehen und in Ruhe seine Zeitung lesen kann. Außerdem will er sich nicht mit der Frau anlegen, die, wie er beobachtet, auf den freien Platz zusteuert.

Die 2. Szene: Als Herr FÜNF das Haus des Bekannten erreicht, steht die Eingangstüre offen und von drinnen ist Musik zu hören. Da er nicht einfach eindringen will, klingelt er kurz. Er wartet. Erst als niemand auf sein Klingeln reagiert, beschließt er, ins Haus zu gehen. Den Menschen, die er dabei trifft, nickt er freundlich zu.

Schon an der Tür zum Wohnzimmer stellt er fest, daß kein bekanntes Gesicht im Raum ist. Er geht unauffällig an den Menschen vorbei, holt sich eine Kleinigkeit zu essen und zu trinken und sucht sich einen Stehplatz in einem halbdunklen Winkel des Zimmers, von wo er alles überblicken kann.

Er bemerkt eine unbekannte Frau, die von der gegenüberliegenden Seite des Zimmer zielsicher auf ihn zusteuert. Wenn nicht die Wand hinter ihm wäre, würde er noch einen Schritt zurückweichen. Die Frau bleibt in etwa zwei Meter Abstand von ihm stehen und fragt ihn, ob er der Herr FÜNF sei. Als er dies bejaht, sagt sie, sie sei eine Berufskollegin und interessiere sich sehr für seine wissenschaftlichen Arbeiten.

Mit ein paar gezielten Fragen verwickelt sie Herrn FÜNF in ein Fachgespräch. Er findet zunehmend Freude daran. Es gefällt ihm, eine so interessante und intelligente Gesprächspartnerin zu haben.

Die 3. Szene: Ziemlich verspätet trifft der Freund von Herrn FÜNF auf dem Fest ein. Nachdem er hereingekommen ist, beobachtet ihn Herr FÜNF eine Weile. Er bemerkt, daß der Freund hier auch ziemlich fremd zu sein scheint und nach Bekannten Ausschau hält. Als sich ihre Blicke treffen, nickt er ihm zu.

Der Freund kommt auf ihn zu. Sie begrüßen sich. Herr FÜNF macht den Vorschlag, sich mit einem Getränk von der Party etwas abzusondern, um sich ungestört unterhalten zu können. Sie ziehen sich in ein Nebenzimmer zurück.

Nach einer Weile geht die Türe auf und eine Frau kommt herein. Sie ist schon etwas angetrunken und versucht die beiden Männer anzumachen. Herr FÜNF ist innerlich wütend über die Taktlosigkeit dieser Person, die ihre Zweisamkeit stört. Er läßt sie abfahren, indem er sich absolut desinteressiert zeigt und eine zynische Bemerkung über besoffene Frauen macht. Die Frau geht.

Die 4. Szene: Seinen Chef, der eben hereinkommt, findet Herr FÜNF ganz in Ordnung. Sie haben öfter Meinungsverschiedenheiten wie heute morgen, aber die sind für die Arbeit ganz befruchtend. Solange man sich auf der Sachebene auseinandersetzt und die bessere Lösung vorgezogen wird, hat er keine Probleme damit. Er schätzt an seinem Chef, daß er ihn unabhängig und selbständig arbeiten läßt.

Er grüßt seinen Vorgesetzten aus der Ferne. Vielleicht ergibt sich eine passende Gelegenheit, nachher noch ein paar Worte mit ihm zu wechseln. Wenn nicht, spielt das auch keine Rolle, sie sehen sich ja morgen wieder im Büro.

Kommentar zum Szenario von FÜNF

Welche Eigenarten dieses Prototypen der FÜNF sind für dieses Muster typisch?

- FÜNF ist kein Freund von großen Menschenmassen, sie bevorzugt überschaubare und vertraute Situationen.
- Wenn etwas Unbekanntes auf sie zukommt, möchte sie sich vorher darauf einstellen können.
- FÜNF zieht sich lieber zurück, als auf Konfrontationskurs zu gehen.
- Es wird vermieden, öffentliche Aufmerksamkeit auf sich zu ziehen.
- FÜNF respektiert und achtet den privaten Raum und die Privatsphäre anderer Menschen.
- In neuen Situationen orientiert sie sich durch ihre scharfe Beobachtungsgabe.
- Wenn jemand etwas von FÜNF will und auf sie eindringt, dann fühlt sie sich bedroht.
- Wahrt der andere die nötige Distanz und kann sie ihren Kopf benutzen, dann fühlt sie sich wohl.
- FÜNF braucht ihre Privatsphäre. Wenn jemand ungebeten in diese eindringt, dann zieht sie sich nach innen zurück.
- Ihr Ärger äußert sich am ehesten in Sarkasmus.
- Starke Gefühle verlieren sich bei FÜNF schnell. Probleme werden sachlich gelöst.

Die Selbstbeziehung: Distanzierte Selbstbeobachtung

Mit dem Muster FÜNF kommen wir in den Kopfenergie-Bereich des Enneagramms. Erinnern wir uns kurz: Bei den Kopfenergie-Mustern FÜNF, SECHS und SIEBEN geht es immer um das Thema «Angst». Diese drei Muster sind primär Strategien, um (Kindheits-)Ängste in den Griff zu bekommen.

FÜNF erlebt diese Angst als ganz existentiell. Es geht um Sein oder Nicht-Sein, um Leben oder Tod. FÜNF hat stets das Gefühl, am Abgrund der Nicht-Existenz zu leben, sozusagen mit einem Bein im Nichts. Unterschwellig hat sie große Angst, in diesem Abgrund zu verschwinden.

Ihr geht es daher gut, wenn sie dasein kann, mit der Realität in Kontakt ist und sich lebendig fühlt. Am besten gelingt ihr dies, wenn sie mit sich allein ist, in einer vertrauten Umgebung mit klaren Grenzen. Der eigene Raum, die Privatsphäre sind für FÜNF sehr wichtig. Die Grenzen sind dazu da, mögliche Eindringlinge abzuhalten und Störungen zu vermeiden.

Fühlt FÜNF sich bedroht, «steigt sie in den Kopf». Sie sichert sich ab, indem sie zu einem genauen Beobachter wird. Die gemachten Beobachtungen sind zusammen mit ihrem gespeicherten Wissen ihre Orientierungshilfe. Dabei distanziert sie sich jedoch von ihren Gefühlen, und es entsteht eine Art «inneres Vakuum». Im Extremfall steht der «distanzierte Selbstbeobachter» abgespalten neben sich und fühlt nichts mehr.

Kontaktverhalten: Auf Distanz gehen

FÜNF ist unter Beziehungsaspekten der unabhängigste aller Enneagramm-Punkte. Eine Person, die nach diesem Muster lebt, scheint niemanden zu brauchen und mit sich selbst genügsam leben zu können. Neue Kontakte und Beziehungen sind immer ein unsicheres Terrain.

Wenn andere Menschen auf FÜNF zukommen, werden sie erst einmal als potentielle Eindringlinge wahrgenommen, und FÜNF geht gewohnheitsmäßig auf Abstand. Sicherer fühlt sie sich, wenn sie sich vorher drauf einstellen kann, daß jemand Kontakt zu ihr haben möchte.

Ein Workshopteilnehmer berichtete einmal, wie wichtig es ihm ist, daß jemand anklopft, bevor er zu ihm ins Arbeitszimmer kommt. Die Sekunde, die zwischen Klopfen und Eintreten der Person vergeht, ermöglicht ihm, sich auf den bevorstehenden Kontakt einzustellen. Fällt die Person «mit der Tür ins Haus», würde er sie am liebsten «postwendend» wieder hinauswerfen.

FÜNF braucht mehr Abstand als die meisten anderen Menschen, um sich im Kontakt wohl zu fühlen. Diesen Abstand schafft sie sich, indem sie gefühlsmäßig abgeschottet bleibt und über ihren Intellekt Kontakt aufnimmt. Zugang bekommt man zu FÜNF nicht unmittelbar, sondern vermittelt über irgendein Thema.

Wenn Sie in der Begegnung mit einer Person das Gefühl bekommen: «An den/die komme ich nicht heran», dann haben Sie es wahrscheinlich mit FÜNF zu tun.

Die Sehnsucht nach Kontakt und die Angst vor Verletzung der Privatsphäre

In persönlichen Beziehungen sehnt sich FÜNF zutiefst danach, überhaupt in Kontakt zu sein, beim anderen einen sicheren Ort zu haben. Sie fühlt sich dann sicher und geliebt, wenn sie vom Beziehungspartner die Botschaft bekommt: «Du bist bei mir willkommen» oder «Schön, daß es dich gibt».

Da sie sich jedoch innerlich so leer fühlt, hat FÜNF ständig das Gefühl, daß sie dem Beziehungspartner emotional wenig anzubieten hat. Mit dem wenigen, das sie hat, geht sie sparsam um. Sie *geizt* (Leidenschaft) mit sich selbst.

FÜNF fürchtet in intimen Begegnungen schnell um ihre Unabhängigkeit. Starke Gefühle zu haben bedeutet für sie, ihre kognitive Sicherheit ein Stück aufzugeben. Das heißt, daß FÜNF nach intensiven Begegnungen wieder Abstand braucht, um ihre Gefühle zu sortieren. Hat sie diese Rückzugsmöglichkeit in der Beziehung nicht, bleibt ihr nur, sich in sich selbst zurückzuziehen, das heißt, eine von sich selbst abgespaltene emotionslose Sexualität zu leben.

Zutiefst verletzend ist für FÜNF, wenn der andere dieses existentielle Bedürfnis nach Rückzug und eigener Privatsphäre nicht respektiert. Der selbsterrichtete Elfenbeinturm ist für sie eine notwendige

Überlebenshilfe. Versucht der andere, diesen Turm einzureißen, erlebt FÜNF das als zutiefst verunsichernd, und es treibt FÜNF nur weiter in den Rückzug.

Die hierarchische Beziehung: «Stört mich nicht» und «Ich bin der Kopf des Ganzen»

In hierarchischen Beziehungen gibt es Probleme, wenn der Vorgesetzte, der Lehrer, die Eltern die Eigenständigkeit und Abgrenzungsbedürfnisse von FÜNF nicht respektieren. Zu viele zwischenmenschliche Interaktionen oder emotionale Ansprüche rauben FÜNF ihre ganze Energie.

Ein Teilnehmer an einem Streßbewältigungskurs, ein Informatiker, berichtete über seine Streßsituation: «Ich sitze an meinem Computer und tue meine Arbeit. Die Arbeit selbst macht mir keinen Druck. Aber es kommen immer wieder Mitarbeiter oder der Chef und wollen irgend etwas von mir – Dinge, die mein Fachgebiet betreffen. Ich gebe die gewünschten Auskünfte und Erklärungen, es macht mir nichts aus. In letzter Zeit habe ich jedoch Schlafstörungen. Ich wache in der Nacht auf mit einer unheimlichen Wut über die Menschen, die mich ständig ausnehmen.»

In Machtkämpfe gerät man mit FÜNF, wenn man ihr Wissen anzweifelt oder sogar widerlegt. Da Wissen für sie nicht nur intellektuelle Spielerei, sondern ein sicherheitsgebender Faktor ist, muß FÜNF hier ihre Überlegenheit wahren. Sie kann für ihren Vorgesetzten ein guter Ratgeber sein. Wird jedoch von ihr verlangt, etwas wider besseres Wissen zu tun, spielt sie nicht mit.

In der oberen Position ist FÜNF der klare und ruhige Kopf des Unternehmens, derjenige, der die Übersicht behält, wenn alles drunter und drüber geht. Sie geht redlich und fair mit ihren Untergebenen um und ist in der Lage, klare Entscheidungen zu treffen.

Probleme werden Untergebene mit ihr bekommen, wenn sie sie mit persönlichen Konflikten konfrontieren, um diese zu bearbeiten. Dann zieht FÜNF sich zurück. Auch anderen emotionalen Ansprüchen wird sie sich weitgehend entziehen.

Väter oder Mütter mit dem Muster FÜNF haben zu ihren kleinen (abhängigen) Kindern eine sehr enge emotionale Bindung. Die Ansprüche des Säuglings werden nicht als feindselig oder bedrohlich erlebt. Daher kann FÜNF im Kontakt mit ihnen ihre Gefühle leichter ausleben.

Was andere stört: Die Fallen in Beziehungen

Der Begriff «Falle» und auch der Begriff «Verwicklungen» paßt für das Beziehungsmuster von FÜNF schlecht. FÜNF tut ja gerade alles dafür, *nicht* verwickelt zu werden. Und sie hält andere eher von sich fern, als daß sie sie in irgendwelche Fallen lockt.

Gerade dieser Rückzug, ihr Verschwinden, wird von anderen oft schlecht ertragen. Sie sind dann ständig damit beschäftigt, nach Möglichkeiten zu suchen, Nähe herzustellen, oder hinter FÜNF herzulaufen. Das bringt FÜNF ihrerseits noch weiter auf Distanz.

Ihre Schwierigkeit, Gefühle direkt zu zeigen, läßt sie in den Augen anderer oft gefühlskalt und sehr verkopft wirken. Die «kleinen Häppchen», die FÜNF von sich preisgibt, machen emotional hungrigere Menschen oft nicht satt. Wenn sie sehr abgespalten ist von ihren eigenen Gefühlen, sendet sie anderen oft doppelte Botschaften: Der Körperausdruck vermittelt etwas anderes, als sie verbal äußert.

Die scharfe Beobachtungsgabe, die FÜNF auszeichnet, ist für manche Beziehungspartner sehr bedrohlich. Sie fühlen sich durchschaut. Eine zynische, innerlich wütende FÜNF kann anderen oft gnadenlos ihre Schwachstellen vorführen. Das erzeugt sehr viel Verunsicherung.

FÜNF wird von anderen darüber hinaus oft als weltfremd oder abgehoben erlebt. Häufig pflegt sie exzentrische Hobbys, deren Faszination für andere nicht nachvollziehbar ist.

Was andere bekommen: Die Stärken in Beziehungen

Die Kehrseite der scheinbaren Gefühllosigkeit ist die Stärke von FÜNF, auch in chaotischen oder emotional geladenen Situationen die Ruhe zu bewahren und einen klaren Kopf zu behalten. Damit trägt sie bei ihren Beziehungspartnern oft zu einer heilsamen Ernüchterung bei und hilft ihnen, Krisen durchzustehen.

Ihre Fähigkeit, fair und objektiv zu bleiben, macht FÜNF zu einem vorurteilsfreien Ratgeber. Sie stellt anderen ihre Beobachtungen und Schlußfolgerungen zur Verfügung, ohne dabei eigene Interessen zu verfolgen.

FÜNF besitzt die Fähigkeit, mit anderen Menschen starke geistige Verbindungen und Beziehungen einzugehen. Man sagt: «Sie hat ihr Herz im Kopf wie der Salat.» An wen sie häufig denkt, dem fühlt sie sich auch sehr verbunden. Das macht sie treu und zuverlässig und bietet der Beziehung eine hohe Krisenfestigkeit.

Wenn FÜNF für einen anderen dasein kann, ist sie ein hochsensibler und feinfühliger Beziehungspartner, der anderen ermöglicht, sich selbst objektiv und nüchtern wahrzunehmen.

Was darunter liegt: Die Not und die kreative Not-Lösung

Das zentrale Lebensthema von FÜNF ist die Frage nach der eigenen Existenzberechtigung. Das kleine Kind ist sich von seinem Erleben her nicht sicher, ob es dasein darf, es fühlt sich nicht willkommen geheißen.

«Gut, daß du da bist» ist eine der frühesten und elementarsten Botschaften, die ein Baby braucht, um Vertrauen in die Welt zu gewinnen. Diese Botschaft wird wahrscheinlich schon im vorgeburtlichen Stadium übermittelt.

Das heißt jedoch nicht, daß Personen mit dem Muster FÜNF immer ungewollte Kinder sind. Eine besondere Sensibilität kann zum Beispiel auch die *Wahrnehmung* der Umwelt als feindlich begünstigen. Beim Autismus zum Beispiel (einer schweren psychischen Störung, die durch extremen emotionalen Rückzug gekennzeichnet ist) geht man davon aus, daß eine angeborene Wahrnehmungsstörung bei der Entwicklung der Erkrankung eine wesentliche Rolle spielt.

Personen mit dem Muster FÜNF können sich häufig erinnern, daß sie bestimmte Familienmitglieder als besonders aufdringlich oder emotional in sie eindringend erlebt haben. Dagegen konnten sie sich nur zur Wehr setzen, indem sie «dicht» machten oder innerlich «wegtauchten».

Der Ur-*Schmerz* oder besser die Ur-*Panik* ist, in die Nähe der Nicht-Existenz oder des Todes zu geraten und in ein kaltes, dunkles Loch zu fallen. Es ist die Angst, von der feindseligen Welt verstoßen zu werden.

Die Lösung des Kindes, die Angst nicht mehr spüren zu müssen, bestand darin, gar nichts mehr zu fühlen. Der Weg in den Kopf dient der Absicherung. Die Sicherheit ist erkauft mit einer gewissen Entfremdung von der Wirklichkeit, ihr Preis ist die eigene Lebendigkeit. Damit wird natürlich auch die *Sehnsucht*, «in der Wirklichkeit ganz lebendig dasein zu können», vereitelt.

Die Selbstverstrickungsspirale

Was passiert, wenn die Negativdynamik des Musters FÜNF wirksam ist?

Je wirklichkeitsfremder und unsicherer FÜNF sich fühlt,
↓
desto mehr versucht sie, sich durch inneren Rückzug abzusichern und Ordnung in sich zu schaffen (in der Hoffnung, sich dann nicht mehr bedroht zu fühlen),
↓
desto mehr entfernt sie sich von der Wirklichkeit der Außenwelt und ihrer eigenen Gefühle und wird noch unlebendiger und unsicherer.
↓
Am Ende spürt sie sich gar nicht mehr.

An diesem Punkt stürzt sich FÜNF häufig ins weltliche Genußleben (zum Beispiel gutes Essen, Alkohol) oder in extreme Erfahrungen, um überhaupt noch etwas Gutes spüren zu können. Diese Streßreaktion (Bewegung zu Punkt SIEBEN) bringt aber nicht das gewünschte Ergebnis, der wahre Genuß fehlt.

Das Muster SECHS

Das Szenario der Frau SECHS

Die 1. Szene: Frau SECHS hat sich erst heute dafür entschieden, auf das Hauseinweihungsfest ihres Bekannten zu gehen. Sie kennt ihn nicht sehr gut, ihre Bekanntschaft war bisher rein geschäftlich, und sie fragte sich, was die Einladung in einen so persönlichen Rahmen zu bedeuten hatte. Lange war sie unentschlossen, ob sie überhaupt hingehen solle.

Auf dem Weg zur Bushaltestelle spielt sie gedanklich verschiedene Möglichkeiten durch, die der Grund für die Einladung sein könnten: «Ein weitergehendes persönliches Interesse an ihr…? Ein geschäftlicher Schachzug…? Eine Geste der Höflichkeit…?» Vom Gefühl her findet sie den Gastgeber sympathisch, und sie entdeckt Anhaltspunkte dafür, daß es umgekehrt genauso ist. Ihre Stimmung steigt.

Sie sieht den freien Sitzplatz schon von außen, als der Bus hält, und freut sich auf ihn, da ihre Beine schmerzen. Sobald die Türen geöffnet sind, steuert Frau SECHS auf diesen Sitz zu. Erst als sie schon fast sitzt, bemerkt sie die Frau, die sich bemüht hat, auch einen Platz zu bekommen. Frau SECHS läßt sich nieder und tut so, als hätte sie den Konflikt nicht bemerkt. In Wirklichkeit ist ihre ganze Aufmerksamkeit damit beschäftigt, herauszufinden, ob die Frau nun wütend auf sie ist.

Die 2. Szene: Als sie eintrifft, begrüßt sie der Gastgeber freundlich an der Haustüre. Frau SECHS versucht, anhand seiner nicht-verbalen Signale herauszufinden, ob die Freundlichkeit echt ist. Gleichzeitig nimmt sie die Atmosphäre des Hauses in sich auf und zieht Rückschlüsse über die Person des Hausbesitzers. All diese Eindrücke lassen ihr den Mann spontan sympathisch erscheinen, und sie kann seine Begrüßung herzlich erwidern. Als sie ins Haus geht, freut sie sich auf den Abend.

Beim Betreten des Wohnzimmers bemerkt Frau SECHS sofort, daß kein vertrautes Gesicht im Raum ist, und fühlt sich etwas unsicher und angespannt. Sie nimmt die Gesamtatmosphäre in sich auf und empfindet sie als angenehm. Dann beginnt sie, die Menschen im Raum zu beobachten, und entscheidet innerlich, wo ihr spontan

Sympathie entgegenkommt und bei wem sie lieber vorsichtig sein möchte.

Da bemerkt sie die Gastgeberin, die eben noch die letzten Handgriffe am Büffet verrichtet. Die Frau gefällt ihr auf Anhieb. Sie geht auf sie zu und beginnt ein Gespräch. Als sich gleich eine angeregte Unterhaltung entwickelt, merkt Frau SECHS, wie ihre Anspannung und Unsicherheit nachlassen, und sie kann sich zunehmend lockerer und offener geben.

Die 3. Szene: Ein langjähriger Freund von Frau SECHS, den sie sehr bewundert, betritt den Raum. Frau SECHS freut sich sehr, ihn zu sehen. Sie springt auf ihn zu und begrüßt ihn. Der Abend ist nun für sie gerettet. Der Freund, mit dem sie sich sehr verbunden fühlt, ist für den Rest der Feier von ihr gepachtet.

Sie setzen sich und plaudern. Nach einer Weile steht der Freund auf, um sich etwas zu essen zu holen. Frau SECHS sieht hinter ihm her und denkt dabei über das eben stattgefundene Gespräch nach. Es beschäftigt sie, ob die Gefühle, die er ihr entgegenbringt, immer noch so freundschaftlich sind wie früher.

Als der Freund mit dem vollen Teller zurückkommt, wirkt er auf Frau SECHS wie ausgewechselt. Er ist fahrig und nervös und verliert sich im Gespräch in nichtssagenden Oberflächlichkeiten. Frau SECHS ist verwirrt. Die Nähe, die sie eben noch zu ihm gespürt hat, ist verschwunden. Sie versucht herauszufinden, was los ist, aber es gelingt ihr nicht. Enttäuscht und verletzt stellt sie die ganze Beziehung in Frage. Sie fragt sich, ob sie sich in seiner Zuneigung so getäuscht hat, daß er ihr das antun muß. Sie geht innerlich auf Distanz und wird wütend.

Die 4. Szene: Der Vorgesetzte von Frau SECHS kommt herein. Mit ihm hat sie hier überhaupt nicht gerechnet. Fieberhaft beginnt es in ihrem Kopf zu arbeiten, und sie bemerkt ein unruhiges Gefühl im Bauch. Wenn sie an die Konfliktsituation an diesem Morgen denkt, überkommt sie Angst, und sie würde sich am liebsten verdrücken.

Als der Chef freundlich grinsend auf sie zukommt und sie herzlich begrüßt, ist sie erleichtert. Dennoch traut sie dem Frieden nicht ganz und beschließt, wachsam zu bleiben. Frau SECHS erwidert seine Freundlichkeit, überprüft aber genau, ob diese echt ist. Mit der Zeit wird sie sicherer, daß keine Ablehnung zu spüren ist, und ihre Stimmung steigt.

Kommentar zum Szenario von SECHS

Was am Ablauf dieses Szenarios ist typisch für das Muster SECHS? Dazu muß erklärend gesagt werden, daß es vom äußeren Erscheinungsbild her zwei ganz verschiedene Varianten dieses Musters gibt. Je nachdem, wie die Angst abgewehrt wird, durch Flucht oder Angriff, unterscheidet man eine *phobische* und eine *kontraphobische* SECHS. Der psychische Hintergrund ist gleich. Wie die beiden Varianten sich unterscheiden, wird später deutlicher werden. An dieser Stelle ist zu sagen, daß Frau SECHS in unserem Szenario eher die phobische Variante verkörpert.

– Das zweifelnde Hin- und Herüberlegen von SECHS führt häufig zu einer Handlungsverzögerung (oder Aufgeben der Handlung).
– SECHS beschäftigt sich viel mit nichtdurchschaubaren oder hintergründigen Motiven anderer Menschen, um in sich die Sicherheit zu finden, ob ihr der andere wohlgesonnen ist oder eine Bedrohung darstellt.
– Sie vergleicht das, was sie intuitiv aufnimmt, mit dem, was ihr gesagt und gezeigt wird. Entdeckt sie Diskrepanzen, bleibt sie mißtrauisch und wachsam. Erlebt sie das Verhalten als echt, kann sie sich spontan öffnen.
– In fremden Situationen fühlt SECHS sich zunächst verunsichert. Sie registriert dann intuitiv atmosphärische Stimmungen und überprüft, ob sie diese als bedrohlich oder beruhigend erlebt.
– Im Kontakt kann sie sich öffnen, wenn ihr Sympathie entgegenkommt. Dann läßt die Unsicherheit nach. Sie bleibt aber wachsam.
– Verletzend ist für SECHS, wenn persönliche Nähe nicht (mehr) möglich ist. Sie erlebt den anderen dann als bedrohlich. Um sich zu schützen, geht sie auf Distanz und kann sehr wütend werden.
– Autoritäten gegenüber verhält sich SECHS loyal. Sie überlegt sich lange, ob sie einen Konflikt anspricht.

Die Selbstbeziehung: Zweifel an sich selbst

SECHS ist der zentrale Kopf-Punkt des Enneagramms. Bei ihr ist die Kopfenergie (scheinbar) abgeblockt (vgl. Kapitel 1). Beide Verhaltensvarianten, mit denen sie ihrer Angst entflieht, sind kopf-los, das heißt, sie zeichnen sich durch einen Mangel an vernünftigem Denken aus: Bei beiden Strategien ist die Realitätsprüfung eingeschränkt. Im phobischen (ängstlichen) Fall wird die Bedrohung stärker erlebt, als sie wirklich ist. Die Angst steigt in den Kopf und läßt die Umwelt feindselig erscheinen. Die kontraphobische (anti-ängstliche) Strategie verleugnet die real existierende Gefahr.

Das existentielle Thema von SECHS ist die Angst, schutzlos den Angriffen der Umwelt ausgeliefert zu sein. Wenn SECHS existentiell unsicher wird und den Boden unter den Füßen verliert, kann sie nur noch mit Mißtrauen und heftiger Abwehr reagieren. Der Schlüssel zu dieser Angst ist ihr mangelndes Selbstvertrauen. SECHS *zweifelt* (Leidenschaft) an ihren eigenen Impulsen, Gefühlen und Gedanken. Es fällt ihr schwer, sich auf sie zu verlassen und ihnen spontan nachzugehen.

Dieser *Zweifel* ist ein ambivalentes Gefühl ihren eigenen Gedanken gegenüber: «Ja, aber...» Er beleuchtet immer auch die Kehrseite. SECHS erspart sich nichts und macht sich selbst nichts vor. Sie kann dunkle und helle Seiten bei sich selbst sehen und nebeneinander stehen lassen. Wenn sie etwas sagt und tut, ist es meist sorgfältig überlegt und abgewogen (konstruktiver *Zweifel*).

Wenn ihr Selbstvertrauen angegriffen ist, dann hat SECHS die Tendenz, nur die negativen Seiten an sich zu sehen. Sie sieht sich dann als «ewigen Verlierer» und traut sich selbst nicht zu, ihr Leben erfolgreich zu meistern. Aus diesem mangelnden Selbstvertrauen entsteht das Bedürfnis, sich an Personen oder Institutionen anzuhängen, die in ihren Augen mächtiger und erfolgreicher sind, oder sie über sich zu stellen.

Hat SECHS jedoch in einer realen Krise keine Zeit mehr, zu überlegen, kann sie sehr tatkräftig und entschlossen reagieren. Und umgekehrt: Je glatter nach außen hin alles läuft, desto größer wird ihr inneres Mißtrauen und Schwanken – dann traut sie dem Frieden nicht.

Kontaktverhalten: Sicherheitsbedürfnis und Vorsicht

SECHS ist in neuen und daher unsicheren Situationen mit ihrer Aufmerksamkeit beim anderen. Sie überprüft die Ausstrahlung und Wirkung, die er auf sie hat. Sie empfindet intuitiv entweder Sympathie oder Bedrohung und sucht je nachdem Nähe oder geht auf Distanz.

Wenn sie sich in der Nähe zu jemandem öffnet, erlebt sie sich als schutzlos und abhängig. Sie hat Angst, andere könnten ihr etwas antun und sie verletzen. Daher überprüft sie ständig, ob die anderen vertrauenswürdig sind und ihr Sicherheit und Geborgenheit bieten. Ihre Wachsamkeit richtet sich auf Signale, die ihr Mißtrauen bestätigen könnten. Empfängt sie widersprüchliche Botschaften, zum Beispiel wenn körperliche Signale etwas anderes vermitteln als die Worte, dann fühlt SECHS sich bedroht.

Im Kontakt zu anderen versucht sie vordergründig, die Erwartungen und Anforderungen der anderen herauszufinden und sich ihnen anzupassen, um akzeptiert zu werden. Ihr Verhalten ist freundlich, loyal und immer ein wenig distanziert – sie überläßt gern anderen die Führung. Das entspricht ihrem Bedürfnis nach Sicherheit.

Darunter aber ist ihr «Kontakt-Seismograph» in ständiger Hab-Acht-Stellung. SECHS registriert alle Signale, die in irgendeiner Weise auf eine Bedrohung hindeuten könnten. Findet sie Anhaltspunkte für eine Gefahr, zieht sie sich zurück (phobisch) oder wird aggressiv (kontraphobisch). Die Gefahr ist, daß sie ihre inneren Ängste nach außen projiziert. Sie interpretiert dann eine Situation oder das Verhalten einer anderen Person als feindselig, auch wenn sie das in Wirklichkeit gar nicht ist.

Am vordergründigen sozialen Verhalten ist SECHS schwer zu erkennen. Es gibt keine eindeutige Gegenreaktion auf sie, allenfalls überträgt sich das Gefühl von Ambivalenz. Wenn Sie sich im Kontakt mit jemandem *verunsichert* fühlen, wenn Sie nicht recht wissen, woran Sie mit ihm/ihr sind, dann haben Sie es möglicherweise mit SECHS zu tun.

Die Sehnsucht, vertrauen zu können, und die Angst vor Verrat

In persönlichen Beziehungen sehnt sich SECHS zutiefst danach, sich öffnen und fallenlassen zu können. Sie sucht innige Nähe und absolute Geborgenheit. Wenn sie sicher ist, daß sie nicht abgelehnt wird und nichts zu befürchten hat, dann kann sie dem anderen vorbehaltlos vertrauen. In Momenten, in denen sie sich beim anderen ganz sicher und geborgen fühlt, fühlt sie sich geliebt und in ihrem innersten Wesen akzeptiert.

Ihr Angebot für diese Sicherheit ist ihre Loyalität und Treue: «Ich halte treu zu dir, wenn du mir diesen Schutz gibst.» Wenn sie dem anderen darüber hinaus noch etwas bieten kann, zum Beispiel ihre Unterstützung für seine Projekte, kommt ihr die Beziehung verläßlicher vor.

Um die Beziehung abzusichern, nimmt SECHS manchmal die Rolle des attraktiven Sexualpartners ein. Die Gefahr ist, daß sie sich dabei zum Sexualobjekt für den anderen macht oder gemacht fühlt und ihre eigenen Impulse verleugnet.

Die eigene Sexualität gehört in den Bereich der dunklen, inneren Gefühle, die SECHS angst machen. Sie nach den eigenen Bedürfnissen auszuleben erfordert für SECHS einiges an Angstbewältigung.

Die schlimmste Verletzung für SECHS ist, wenn sie sich öffnet und Nähe sucht, und andere nicht darauf eingehen. Zeigt sie ihr Inneres, wünscht sie sich, daß die anderen sich gleichermaßen öffnen. Bleiben sie verschlossen oder spielen sie ihr etwas vor, ist SECHS enttäuscht und verletzt. Bedrohlich ist für sie auch, wenn sie in einer solchen Situation Übergriffe erlebt. Kritik oder Wut, aber auch Ratschläge oder hilfreiche Eingriffe, verletzen zutiefst ihre Intimsphäre. Sie fühlt sich dann abgelehnt und bedroht.

Um sich selbst zu schützen, muß sie bei solchen Erfahrungen auf Distanz gehen. Sie grenzt sich ab und kämpft vehement um ihre Unabhängigkeit. SECHS kann dann schlagartig sehr wütend und aggressiv werden.

Die hierarchische Beziehung: «Ich ordne mich unter» / «Ich rebelliere» und «Ich bin hier der Chef»

SECHS hat Probleme mit der Macht, sowohl in der unteren als auch in der oberen Position. Sie hegt den Mächtigen gegenüber ein grundsätzliches Mißtrauen und befürchtet, daß sie ihr Gewalt antun.

In der unteren Position macht sich dieser automatische Argwohn entweder durch offene Rebellion bemerkbar, oder der «Obere» wird größer gemacht, als er ist, um Sicherheit und Halt zu finden. Weil sie sich selbst wenig zutraut, ordnet sich SECHS dann einer in ihren Augen starken Autorität unter und läßt sich führen. Gleichzeitig bleibt sie aber wachsam. Wenn sie enttäuscht wird, kann diese unterwürfige Haltung schlagartig in Rebellion umschlagen.

Im Kampf gegen einen gemeinsamen Feind von außen oder im Einsatz für Unterprivilegierte scheint das Mißtrauen gegen die internen Machtstrukturen aufgehoben zu sein. Wenn gemeinsam etwas von außen Kommendes, Negatives bekämpft werden kann, entsteht im Innern Sicherheit und Solidarität.

In der oberen Position möchte SECHS die anderen lieber zum Freund als zum Feind haben. Sie fürchtet sich vor Kritik und Ablehnung. Ihre Unentschlossenheit und Ziellosigkeit vermitteln anderen leicht den Eindruck, sie müßten jetzt «die Sache in die Hand nehmen». Wenn SECHS auf diese Weise die Macht abgegraben wird, hilft ihr nur ein vehementes, autoritäres Auftrumpfen, um sie wieder zurückzugewinnen.

Was andere stört: Die Fallen in Beziehungen

Die Beziehungsfalle, die SECHS von ihrem Muster her eröffnet, besteht darin, daß sie andere für ihre eigene Angstvermeidung benutzt. Sie wertet sie auf, macht sie größer und erfolgreicher, als sie sind, um sich bei ihnen sicher und geborgen zu fühlen. Irgendwann wird jedoch ihr Mißtrauen an dem hohen Thron sägen, und die einstmalige Anpassung kippt um in einen Kampf um ihre Unabhängigkeit.

Die mißtrauische Aufmerksamkeit, mit der SECHS andere betrachtet, empfinden Beziehungspartner oft als schwierig. Sie fühlen sich kontrolliert, ausspioniert oder völlig mißverstanden, wenn ihnen Motive unterstellt werden, mit denen sie sich nicht identifizieren können.

Der rapide emotionale Wechsel zwischen Nähe suchenden Reaktionen und heftig abwehrenden Verhaltensweisen läßt SECHS in den Augen ihrer Beziehungspartner oft launisch und unberechenbar erscheinen. Sie kennen sich nicht mehr aus und vermissen Verläßlichkeit in der Beziehung.

Ihre Tendenz, immer das Schlimmste anzunehmen, ist für optimistischere Zeitgenossen oft schlecht auszuhalten. Die zeitweiligen massiven Wutausbrüche machen anderen angst.

Was andere bekommen: Die Stärken in Beziehungen

SECHS setzt sich gern für Benachteiligte ein. Sie ist bereit, für sie auch einen aussichtslos scheinenden Kampf zu führen. Für einen Freund in Not kann sie sich vehement engagieren. Sie bleibt auch in schwierigen

Zeiten ihren Beziehungspartnern liebevoll zugewandt und treu. Sie ist bereit, mit ihnen durch «dick und dünn» zu gehen.

Ihre extreme «Spürnase» für Unausgesprochenes und Hintergründiges macht sie zu einem Beziehungspartner, der nahezu hellseherisch sehr viel mitbekommt. Wenn sie diese Begabung anderen zur Verfügung stellt, hilft sie ihnen, eigene Probleme zu klären.

Mit ihrem konstruktiven Zweifel und ihrem Gespür für Wahrheit und Echtheit kann SECHS anderen bei Entscheidungen und dem Abwägen von Alternativen behilflich sein.

Da SECHS über ein weitgespanntes Repertoire von Reaktionen verfügt, von sehr explosiven, kräftigen und ganz zarten, leisen Reaktionen, ist SECHS für andere Menschen anziehend und faszinierend. Mit ihr wird es nie langweilig.

Was darunter liegt: Die Not und die kreative Not-Lösung

Die Not, die dem Muster SECHS zugrunde liegt, ist die Erfahrung, daß die Menschen grundsätzlich nicht vertrauenswürdig sind, bzw. daß man verletzt wird, wenn man ihnen leichtgläubig vertraut. Wie und unter welchen Umständen sich diese mißtrauische Grundüberzeugung im Erleben des Kindes festgesetzt hat, ist sicher sehr verschieden.

Anzunehmen ist, daß in der Umgebung des Kindes viel Unausgesprochenes, Unklares in der Luft lag. Das Kind spürte, daß da mehr ist, keiner aber sprach darüber. Es wußte nur, daß etwas nicht stimmte, aber nicht, was es war.

Teilnehmer in Enneagramm-Workshops berichten oft, sie hätten als Kind intuitiv gespürt, daß in ihrer Familie ein «Geheimnis» in der Luft lag, das von den Großen verleugnet wurde, wenn das Kind darauf zu sprechen kam. So zum Beispiel eine Frau, die als Kind auf die Frage nach ihrer Großmutter immer nur ausweichende Antworten bekam, schließlich nicht mehr zu fragen wagte und erst als Erwachsene erfuhr, daß ihre Großmutter im KZ umgekommen war.

Manche Workshopteilnehmer mit dem Muster SECHS erzählten, sie wären unberechenbaren und gewalttätigen Verhaltensweisen ihrer Eltern (der Mächtigen) ausgesetzt gewesen. So wußten sie nie, wie sie deren Verhalten einschätzen sollten und was sie im nächsten Moment erwartete.

Der Ur-*Schmerz* bzw. die Ur-*Angst* von SECHS steckt in der Erfahrung des Kindes, sich nicht bedingungslos auf die Bezugspersonen verlassen zu können, sondern in seiner Schutzlosigkeit massiven Angriffen ausgesetzt zu sein. Um die Wiederholung dieses Schmerzes zu vermeiden und dem Vertrauensbruch vorzubeugen, wurde SECHS als Kind bereits chronisch mißtrauisch (*Zweifel*).

Gerade dieses Mißtrauen verhindert jedoch die Erfüllung der tiefsten *Sehnsucht*, nämlich bedingungslos, ohne Vorbehalte, vertrauen und sich fallenlassen zu können.

Die Selbstverstrickungsspirale

Wie entwickelt sich die Selbstverstrickungsdynamik im Muster SECHS?

Je weniger SECHS sich selbst und ihren eigenen Gefühlen und Impulsen vertraut,

↓

desto mehr verlagert sie ihre (mißtrauische) Aufmerksamkeit nach außen, um dort die (vermeintlichen) Ursachen ihrer Angst zu bekämpfen bzw. die Sicherheit zu finden, die sie in sich selbst nicht spürt.

↓

Sie wird dadurch sich selbst und ihren eigenen Impulsen gegenüber noch unsicherer (weil sie vor ihnen flieht)

↓

und verliert gänzlich ihr Selbstvertrauen.

In solchen Situationen kann SECHS unglaublich aktiv werden (Bewegung zum Streßpunkt DREI). Sie arbeitet und engagiert sich dann für viele. Sie ersetzt ihre verlorengegangene Selbstsicherheit durch ein übersteigertes Selbstvertrauen und Größenfantasien (wie DREI).

Das Muster SIEBEN

Das Szenario der Frau SIEBEN

Die 1. Szene: Frau SIEBEN geht unheimlich gern auf Feste. Der ganze Tag war wie im Flug vergangen in der Vorfreude auf den heutigen Abend. Sie hat sich schön angezogen und geschminkt und geht nun, einen Schlager trällernd, zur Bushaltestelle. Unterwegs kauft sie sich an einem Kiosk ihre Lieblingsillustrierte und malt sich aus, wie sie diese genüßlich auf der langen Busfahrt lesen wird.

Als der Bus hält und Frau SIEBEN den einzigen Sitzplatz erblickt, weiß sie, daß sie ihn haben muß, um wirklich in Ruhe ihre Zeitung lesen zu können. Sie stürmt darauf zu, und es gelingt ihr, ihn zu erobern. Auf die Frau, der sie ihn weggeschnappt hat, reagiert sie mit einem freundlichen Schulterzucken und denkt «Wer zuerst kommt, mahlt zuerst». Gleich darauf hat sie den Vorfall wieder vergessen und vertieft sich in ihre Illustrierte.

Die 2. Szene: Am Haus des Bekannten angekommen, staunt sie nicht schlecht über seine Größe und Ausstattung. Sie stellt sich vor, wie schön es wäre, auch so viel Wohnraum zu haben. Der Gastgeber öffnet ihr die Türe, sie lächelt ihn an und gibt ihm ihr Geschenk, das ihm sicher viel Freude bereiten wird.

Als sie das Wohnzimmer betritt, wird es ihr einen Augenblick lang ein wenig mulmig. Sie hatte eigentlich fest damit gerechnet, ein paar Bekannte zu treffen, und jetzt ist da kein vertrautes Gesicht. Nun muß sie sich umstellen. Sie blickt sich im Raum um. Das tolle Büffet fällt ihr ins Auge, und das Wasser läuft ihr im Munde zusammen.

Nachdem sie sich von allen besonders feinen Speisen etwas genommen hat, überlegt sie, wo sie sich nun zum Essen niederlassen könnte. Ein Grüppchen, in dem es besonders lustig zuzugehen scheint, zieht ihre Aufmerksamkeit an. Sie nimmt ihren Teller, geht hin und setzt sich dazu. Schon nach kurzer Zeit stimmt sie herzhaft in das Gelächter mit ein.

Die 3. Szene: Als ihre beste Freundin völlig unerwartet auftaucht, ist Frau SIEBEN begeistert. Sie begrüßt sie stürmisch und erzählt ihr gleich von dem tollen Essen, das es gibt, und den netten Leuten, die da sind. Sie stellt sich vor, wie sie gemeinsam mit der Freundin das Fest noch besser genießen könnte.

Da bemerkt sie, daß die Freundin ein ziemlich trauriges Gesicht hat und fragt, was los sei. Die Freundin erzählt ihr, daß sie auf der Herfahrt einen Autounfall hatte, an dem sie Schuld hat. Es ist aber nur ein Blechschaden. Sie erzählt den ganzen Hergang. Frau SIEBEN hört aufmerksam zu. Sie möchte ihre Freundin wieder aufheitern. Dazu versucht sie, ihr klarzumachen, wieviel Glück sie gehabt hat, und rät ihr, sich durch dieses Erlebnis nicht den ganzen Abend vermiesen zu lassen. Die Freundin ist in so schlechter Stimmung, daß sie beschließt, wieder heimzufahren. Frau SIEBEN ist vorübergehend enttäuscht, doch schon nach kurzer Zeit stellt sie sich auf die neue Situation ein und amüsiert sich weiter.

Die 4. Szene: Als ihr Chef auf dem Fest auftaucht, begrüßt sie ihn freundlich. Erst als sie sein verärgertes Gesicht sieht, fällt ihr die heutige Auseinandersetzung wieder ein, sie hatte sie schon längst vergessen. «Der ist aber nachtragend», denkt sie und wendet sich ab. Später, als es Tanz gibt, fordert sie ihn auf. Sie nimmt ihn ganz gern auf die Schippe, wenn er die Dinge zu eng sieht.

Kommentar zum Szenario von SIEBEN

Welche Merkmale dieser Frau SIEBEN sind typisch für ihr Charaktermuster?

- «Vorfreude ist die beste Freude» ist das Motto von SIEBEN. Sie malt sich schöne Ereignisse in der Zukunft aus und fühlt sich dann gut.
- Wenn sie etwas geplant hat, führt sie es aus. Die Erfüllung der eigenen Bedürfnisse steht im Vordergrund.
- Konflikte und andere unangenehme Ereignisse werden schnell vergessen.
- Wenn unangenehme Gefühle auftauchen, stellt sie sich gedanklich auf etwas Positives ein.
- Freude und fröhliche Stimmung ziehen sie an.
- Sie kann Freunde in Schwierigkeiten aufopfernd unterstützen, dabei hat sie immer die Lösung des Problems vor Augen.
- Negative und gedrückte Stimmung hält sie nicht gut aus.
- SIEBEN fühlt sich griesgrämigen und depressiven Menschen leicht überlegen.

– Sind ihr diese Menschen wichtig, möchte sie sie möglichst umstimmen.

Die Selbstbeziehung:
Sich selbst verwöhnen und Unangenehmes vermeiden

SIEBEN ist der dritte Kopf-Punkt des Enneagramms. Ihre Denkenergie richtet sich auf die Planung von schönen und genußvollen Ereignissen (positive Selbststimulation). Glücklichsein und das Leben genießen ist ihr Ideal, und sie erfüllt sich ihre Bedürfnisse, wo es nur geht (Leidenschaft: *Gier*).

Ihre Aufmerksamkeit richtet sich gewohnheitsmäßig auf die schönen Dinge, die das Leben bietet. Besonders in schwierigen und problematischen Situationen sucht sie nach den guten Seiten, die sie einer Sache abgewinnen kann, und bewältigt sie mit ihrem positiven Denken. Ihr (idealisiertes) Selbstbild ist das eines glücklichen Menschen, dem es meistens gutgeht. Solange es positive Optionen in ihrem Leben gibt, fühlt sie sich auch gut.

Auf den ersten Blick ist die *Angst*, die dieses Muster als Sicherheitssystem braucht, nicht erkennbar. Menschen mit dem Muster SIEBEN haben jedoch normalerweise eine Ahnung davon, daß es innere Abgründe gibt, die sie vermeiden und nicht zur Schau stellen wollen.

Diese inneren Abgründe sind mit den unangenehmen und schmerzhaften Seiten des Lebens verbunden. Die Angst ist, dann in den «Abgrund zu stürzen», wenn diese Seiten überhandnehmen und es keinen Ausweg mehr gibt. Die Grundverunsicherung hat mit der Frage zu tun: «Bin ich hier sicher, wenn es mir schlechtgeht», bzw. mit der tiefen inneren Überzeugung, daß es dann gefährlich wird und keinen Halt mehr gibt.

Kontaktverhalten:
Geselligkeit und innere Zurückhaltung

SIEBEN ist im ersten Kontakt häufig der aktive Teil, geht auf andere zu und strahlt Zuversicht und Optimismus aus. Sie mag gesellige Veranstaltungen, wo man sich gemeinsam amüsiert, Sport treibt, musiziert, kurzum, die schönen Dinge des Lebens genießt. Wenn sie für sich solche Aktivitäten plant, bezieht sie gern andere mit ein.

Problematisch wird es für sie in Kontaktsituationen, wenn es um Konflikte und Schwierigkeiten geht, oder in Beziehungssituationen, die emotionalen Tiefgang erfordern. Da pflegt sie einen eher distanzierten Beziehungsstil. Ihr «Angst-Thema» läßt sie unangenehme Beziehungssituationen, soweit es geht, vermeiden und Vertrauen in andere Menschen nur sehr langsam aufbauen. Schwierigkeiten deutet sie positiv um.

Eine Klosterschwester berichtet: «Wenn es bei uns im Kloster ernsthafte Auseinandersetzungen gab, habe ich mich immer herausgehalten. Ich konnte nicht verstehen, warum die anderen sich gegenseitig das Leben so schwer machten. Abends, wenn ich im Bett lag, mußte ich jedoch schmunzeln und dachte mir: Wie schön, daß es bei uns so lebhaft zugeht.»

Obwohl sich SIEBEN gern mit vielen Menschen umgibt, hat sie meist nur sehr wenige wirkliche Freunde. Wenn es ihr gutgeht, begibt sie sich unter Menschen, mit schlechten oder schmerzhaften Gefühlen zieht sie sich, wenn sie sich nicht vermeiden lassen, auf sich selbst zurück. Als persönliche Freunde betrachtet sie nur die wenigen, die auch zu ihren «tieferen Schichten» Zugang haben.

Im Kontakt ist SIEBEN wie der «bunte Schmetterling, der von Blume zu Blume fliegt». Wenn wir in dem Bild bleiben, dann ist das für die «Blume» eine interessante, schöne, aber unverbindliche Erfahrung.

Die Sehnsucht, sich tief einlassen zu können, und die Verletzung, wenn keiner die Tiefe bemerkt

Bei SIEBEN ist es schwierig, Zugang zur Tiefendimension des Musters zu bekommen, da das Muster ja so «gestrickt ist», daß es die Tiefe vermeidet, weil dort der Schmerz lauert. Die Aufforderung, durch empathische Selbsterforschung an tiefe Verletzungen oder Sehnsüchte zu gehen, empfindet SIEBEN etwa so, als würde sie aufgefordert, sich ins eigene Fleisch zu schneiden oder sich absichtlich Schmerz zuzufügen. In psychotherapeutischen Prozessen braucht es oft viel Zeit und Vertrauen, um an die schwierigen Themen heranzukommen – wenn SIEBEN sich überhaupt auf eine Psychotherapie einläßt, denn damit würde sie eingestehen, keinen positiven Ausweg mehr zu sehen.

Die Angst vor den problematischen und schmerzhaften Seiten des eigenen Innenlebens führt dazu, daß SIEBEN in Beziehungen lieber die «Sonnenseite» herauskehrt und auf positive Dinge ablenkt. Gleichzeitig sehnt sie sich danach, in persönlichen Beziehungen, diese Angst überwinden zu können. Sie wünscht sich zutiefst, auch im Schmerz beim anderen Sicherheit, Beistand und Schutz zu bekommen. Eine Beziehung, in der das möglich ist, hat für SIEBEN verbindlichen Charakter.

Sexualität gehört als wichtiger Bestandteil zum genußvollen Leben dazu. Sie wird genauso geplant wie andere positive Ereignisse auch. Schwierig kann es werden, wenn der «geplante Genuß» eigentlich von der Situation oder der Beziehung her nicht stimmt. SIEBEN neigt dazu, die Schwierigkeiten zu übergehen, um trotzdem Lust zu erleben.

Verletzend ist für SIEBEN, wenn Personen, die ihr wirklich wichtig sind, nur auf ihre «Oberfläche» reagieren. Erfährt sie von anderen, daß diese nur an ihrer «Sonnenseite» interessiert sind und nicht bemerken, daß mehr dahinter steckt, ist sie enttäuscht. Werden ihre manchmal unbeholfenen Versuche, mehr von sich mitzuteilen, nicht registriert, bzw. kommen sie beim anderen nicht an, dann zieht sie sich zurück.

Die hierarchische Beziehung: «Ich lasse mich nicht einengen» und «Macht mir keine Schwierigkeiten»

SIEBEN hat nicht besonders viel Respekt vor Autoritäten, sie läßt sich nicht gern etwas vorschreiben. Wenn der Einfluß der mächtigeren Person ihrer eigenen Bedürfnisbefriedigung (*Gier*) entgegensteht, versucht sie ihn zu unterlaufen oder zu ignorieren. Sie legt sich jedoch nicht offen mit den «Oberen» an. Offene Auseinandersetzungen vermeidet sie. Sie ist davon überzeugt, daß sie ihre Pläne auch auf angenehmere Art verwirklichen kann.

Wenn sie Raum hat, ihre kreativen Ideen und positiven Projekte zu verwirklichen, dann geht es ihr gut. Routinearbeiten und langweilige Aktivitäten sind ihr verhaßt. Die steht sie nur durch, wenn sie sich mit einer Vorfreude auf bessere Zeiten darüber hinwegretten kann.

Auch in der oberen Position versucht SIEBEN, das Macht-Gefälle möglichst gering zu halten und zu nivellieren, weil es ihr unangenehm ist, streng und autoritär zu sein. Sie möchte die Zusammenarbeit bzw. das Zusammenleben für sich und für ihre Abhängigen möglichst angenehm und erfreulich gestalten. Kampfsituationen oder Situationen, in denen sie Druck auf andere ausüben muß, vermeidet sie daher, soweit es geht.

Es ist SIEBEN wichtig, in den Augen ihrer «Abhängigen» gut dazustehen und genauso positiv gesehen zu werden, wie sie sich selbst sieht. Gelingt ihr das nicht, wird sie «von unten» angefeindet und kritisiert, dann wird sie sehr unsicher und hilflos. Sie begreift nicht, daß die anderen nicht sehen, daß sie die besten Absichten hat, und aus irgendwelchen kleinen Problemen ein «riesiges Ding» machen. Wenn Auseinandersetzungen und Streite nicht enden wollen, zermürbt sie das völlig.

Eine Mutter mit dem Muster SIEBEN: «Ich hätte am liebsten einen Stall voller Kinder, weil ich Kinder gern mag und das Zusammenleben mit ihnen genieße. Nur, der tägliche Kleinkrieg, die Trotzanfälle und die vielen kleinen Streitereien machen mich völlig fertig. Ich stelle mir immer den Tag vor, an dem das alles aufhört und ich nur noch Freude an den Kleinen haben kann.»

Was andere stört: Die Fallen in Beziehungen

Auf den ersten Blick scheint SIEBEN nur angenehme Erfahrungen für andere bereitzuhalten. Sie zieht Menschen an, die an ihrer Lebensfreude und ihrem Lebensgenuß teilhaben wollen und beschenkt diese reich. Bleibt sie in Beziehungen auf dieser oberflächlichen Ebene stekken, gräbt sie sich ihre eigene Falle, nämlich Unverbindlichkeit und Bindungslosigkeit. Sie findet keinen Halt und keine Sicherheit in diesen Beziehungen.

Auch in festeren Beziehungen hat SIEBEN die Tendenz, die angenehmen Dinge, die man zusammen machen und erleben kann, überzubetonen und die konflikthaften und schwierigen Seiten zu vermeiden und zu verdrängen. Andere fühlen sich dadurch oft in ihren Problemen nicht gesehen und nicht ernstgenommen.

Mit ihrem unmäßigen Wunscherfüllungsprogramm übersieht SIEBEN oft Wünsche und Bedürfnisse ihrer Beziehungspartner und stößt gegen deren Grenzen. Wenn diese Konflikte nicht ausgetragen, sondern unter den Teppich gekehrt werden (Vermeidungsstrategie), können sie die Beziehung vergiften.

SIEBEN fühlt sich Personen, die in ihren Augen problembeladener sind und sich das Leben schwerer machen als sie selbst, oft überlegen.

Sie versucht dann, ihnen ihre eigene Vorstellung einer gelungenen Lebensführung nahezubringen. Je nach eigenem Charaktermuster fühlen sich andere dadurch beschämt, verunsichert, mißverstanden oder zum Widerspruch animiert. Von Beziehungspartnern, die überwiegend depressiv oder emotional schwierig sind und bei denen ihre Aufheiterungsversuche mißlingen, zieht sie sich zurück.

Was andere bekommen:
Die Stärken in Beziehungen

SIEBEN kann ihre Begeisterungsfähigkeit, ihren Optimismus und ihre echte Freude am Leben auf andere übertragen und sie mitreißen. Ihre Fähigkeit zu kreativen Problemlösungen macht sie oft zu einem hilfreichen Ratgeber.

Wenn sie ihr Vermögen, positiv zu denken, und ihren unerschütterlichen Glauben an das Gute für andere einsetzt, kann sie ihnen tapfer und aufopferungsvoll über schwierige Zeiten hinweghelfen. Sie ist nicht nachtragend und immer bereit, anderen Menschen eine Chance zu geben.

In der Beziehung zu SIEBEN können andere kindliches Staunen lernen und echten Lebensgenuß erfahren. Sie motiviert andere dazu, die Dinge positiv zu sehen und das Beste aus ihrem Leben zu machen.

Was darunter liegt:
Die Not und die kreative Not-Lösung

Die Kindheits*not*, die dem Muster SIEBEN zugrunde liegt, ist die Erfahrung des Kindes, daß der Boden unsicher wird und es Angst haben muß, wenn es ihm schlechtgeht, wenn es Schmerzen hat.

Babys und Kinder, denen es aus irgendeinem Grund schlechtgeht, die krank sind, sich weh getan haben oder Probleme haben, brauchen mehr an Pflege und Zuwendung als sonst. Die Bezugsperson muß sich dann mehr um das Kind kümmern, ist mehr gefordert.

Aus irgendeinem Grund hat sich im Erleben von Kindern, die das Muster SIEBEN entwickeln, die Überzeugung festgesetzt, daß es ratsam ist, möglichst wenig «Scherereien» zu machen. Sie berichten als Erwachsene oft, andere in der Familie hätten schwerwiegende Probleme gehabt und daß sie unter dem Eindruck standen, von ihnen würde erwartet, nicht auch noch «Ärger» zu machen. Gleichzeitig wurde ihnen vermittelt, mit Schmerzen und Problemen möglichst «tapfer» umgehen zu müssen.

«Ich hatte eine sehr schmerzhafte Operation vor mir. Auf dem Weg ins Krankenhaus machte mir mein Vater deutlich, er würde von mir erwarten, daß ich die Zähne zusammenbeiße und so tapfer bin wie möglich. Obwohl ich furchtbare Schmerzen hatte, erinnerte ich mich ständig daran und zeigte niemandem, wie schrecklich ich mich fühlte.»

Um den eigenen Problemen und der Angst davor zu entfliehen, hat das Kind die Strategie entwickelt, es sich im Leben so gut wie möglich gehen zu lassen und immer glücklich zu sein. Wenn das gerade nicht möglich ist, dann hilft das Denken und Planen von angenehmen Erlebnissen über die Durststrecke hinweg. Das heißt, das Kind hat gelernt, wie es sich selbst glücklich machen kann.

Da es sich aber selber auf diese Art aus unangenehmen Erfahrungen herauszieht, vereitelt es die Erfüllung seiner *Sehnsucht*, daß ihm dann jemand beisteht, der ihm Sicherheit und Halt gibt.

Die Selbstverstrickungsspirale

Auf welche Weise entwickelt sich die Selbstverstrickungsdynamik im Muster SIEBEN?

Je mehr SIEBEN sich durch real vorhandene Probleme und Schwierigkeiten verunsichert fühlt,

↓

desto mehr richtet sie ihre Aufmerksamkeit auf positive Alternativen und mögliche Lebensgenüsse.

↓

Damit verhindert sie, daß die Schwierigkeiten angegangen und beseitigt werden, die Probleme werden noch bedrohlicher.

↓

Irgendwann funktioniert dann das positive Denken nicht mehr, und die Schwierigkeiten holen sie ein.

An diesem Punkt kann SIEBEN sehr rechthaberisch werden und zornig die Erfüllung ihrer eigenen Prinzipien einklagen (Streßbewegung zu Punkt EINS). Sie macht dann andere dafür verantwortlich, daß es ihr nicht mehr gutgeht.

Das Muster ACHT

Das Szenario des Herrn ACHT

Die 1. Szene: Herr ACHT freut sich, wenn er auf Feste eingeladen wird. Er ißt gerne gut und viel, und dem Alkohol ist er auch sehr zugetan. Wenn etwas geboten wird, dann ist er nicht selten unter den letzten Gästen, die eine Party verlassen. Bei solchen Gelegenheiten fährt er ungern mit dem Auto, weil er sich sonst mit dem Trinken einschränken muß.

Also macht er sich auf den Weg zur Bushaltestelle. Unterwegs fällt ihm der Streit mit seinem Vorgesetzten heute nachmittag ein, und er ist sehr mit sich zufrieden, denn er hat «es ihm gezeigt». «Solche Auseinandersetzungen befruchten einfach die Arbeit», denkt er.

Ganz in diesem selbstzufriedenen Gefühl, steigt er in den Bus ein. Den freien Platz zu sehen und darauf zuzusteuern ist eins. Behaglich läßt er sich nieder. Die Frau, die vor ihm zurückgewichen ist, als er so heranstürmte, hat er gar nicht bemerkt. Er fühlt sich gut und stark und freut sich auf den Abend.

Die 2. Szene: Als er seinen Bekannten an dessen Haustür begrüßt, schüttelt er ihm die Hand und klopft ihm anerkennend auf die Schulter. «Das ist wirklich ein toller Kasten, den du dir da hingebaut hast», ruft er anerkennend aus. Anschließend geht er ins Haus.

Er öffnet schwungvoll die Tür zum Wohnzimmer und tritt ein. Herr ACHT bemerkt zufrieden, daß sich ein paar Köpfe nach ihm umdrehen, als er im Türrahmen steht und um sich blickt. Gleich fällt ihm das Büfett ins Auge. Sein leerer Magen treibt ihn dorthin, und er häuft sich den Teller voll.

Mit dem hoch beladenen Teller setzt er sich zu einer Gruppe, in der gerade eine heftige Auseinandersetzung über ein politisches Thema geführt wird. Er hört eine Weile zu, wobei ihm besonders die Schwachpunkte in der Argumentation auffallen. Sofort hakt er ein und gibt seine Meinung zum besten. Die Diskussion wird recht hitzig geführt, und Herr ACHT genießt, daß seine Gesprächspartner mithalten können. Nachdem man «gestritten» hat, wird ein guter Tropfen getrunken, und man prostet sich zu.

Die 3. Szene: Der Freund von Herrn ACHT, der eben hereinkommt, ist ein langjähriger Kumpel, mit dem er schon vieles zusammen erlebt hat. Mit ihm hat er einige Abenteuerreisen unternommen, und er weiß, daß er sich voll auf ihn verlassen kann.

«Setz dich zu uns her und trinke ein Gläschen mit uns», fordert Herr ACHT ihn auf, als dieser zur Begrüßung an seinen Tisch kommt. Der Freund läßt sich nieder, und die beiden machen Pläne für ihre nächsten gemeinsamen Unternehmungen. Als der Freund nach einiger Zeit aufsteht und sich dann für den Rest des Abends nicht mehr blicken läßt, registriert Herr ACHT diese Tatsache zwar, aber er mißt ihr keine weitere Bedeutung bei.

Die 4. Szene: Als sein Chef den Raum betritt, ist Herr ACHT nicht besonders begeistert. Er beschließt, ihn zu ignorieren und sich von ihm nicht den Abend verderben zu lassen. Er hält es nicht für nötig, irgendwelche Anstandsregeln zu wahren und ihn höflich zu begrüßen.

Nach einiger Zeit kommt jedoch der Vorgesetzte auf ihn zu und macht ihm ungerechtfertigte Vorwürfe wegen der nachmittäglichen Meinungsverschiedenheit. Herr ACHT wird stinksauer und sinnt auf Rache. Er findet es absolut unfair, daß sein Chef bei einer privaten Feier in aller Öffentlichkeit versucht, ihn herunterzumachen. Das wird ihm nicht gelingen. Er schaut ihn so wütend an, daß der Vorgesetzte sich wieder zurückzieht.

Kommentar zum Szenario von ACHT

Was sind nun die typischen Merkmale des Musters ACHT, die in diesem Szenario vorkommen?

- ACHT lebt gerne über das normale Maß (exzessiv).
- Streitsituationen kann sie gut aushalten, allerdings möchte sie gewinnen.
- ACHT tritt selbstbewußt und raumgreifend auf – zurückhaltendere Menschen übersieht sie dabei leicht.

- ACHT möchte wahrgenommen und wichtig genommen werden (hier bin ich!).
- Eine Kontaktaufnahme über einen (spielerischen) Streit ist nicht ungewöhnlich.
- ACHT pflegt Freundschaften, indem sie gemeinsam mit anderen etwas unternimmt.
- Sie läßt sich durch das Verhalten anderer nicht verunsichern oder verletzen.
- ACHT verhält sich nonkonformistisch und bricht Regeln lieber, als sich nach ihnen zu richten.
- Verhält sich in ihren Augen jemand unfair oder ungerecht, wird er zum «Feind» und erntet Aggression.

Die Selbstbeziehung: Übersteigertes Selbstbewußtsein durch Leugnung von Schwäche

Mit dem Muster ACHT sind wir wieder im Bereich der Bauchenergie gelandet. Bei einer Person mit diesem Muster ist diese Energie überentwickelt.

ACHT nimmt von sich selbst gewöhnlich nur die starken, sicheren Anteile wahr. Ihr Selbstbild lautet: «Ich bin stark und gerecht und trete für die Schwachen ein.» Dieses Selbstbild stellt sie energievoll nach außen dar, so tritt sie auf. Ihr Gerechtigkeitsempfinden unterscheidet zwischen «gut» und «böse», zwischen «Freund» und «Feind». Es läßt keine Zwischentöne und Kompromisse zu. «Freund» wird beschützt, und «Feind» wird angegriffen.

Zu den eigenen schwachen, verletzlichen und weichen Seiten hat sie meist wenig Zugang. Die sind sowohl nach außen als auch vor sich selbst abgeschottet. Sie kann sensiblere Gefühle und Herz-Schwingungen gar nicht oder nur sehr selten zulassen. Das «verletzte Kind» in sich selbst, das sie schützt, ist ihr meist fremd. Ihr ausgeprägtes Selbstbewußtsein hat mit der Sicherheit zu tun, die ihr dieser starke (Schutz-) Panzer bietet.

Die Aufmerksamkeit ist nach außen gerichtet, um Bedrohungen rechtzeitig abzuwehren. Dabei nimmt ACHT vor allem die Schwachstellen der anderen wahr. Nach dem Motto «Angriff ist die beste Verteidigung» greift sie an, bevor ihr Schaden zugefügt wird. Solange sie die Außenwelt kontrolliert und alles im Griff hat, funktioniert die Abwehr perfekt. Kontrolle ist daher ein zentrales Thema, um die eigene Machtposition zu sichern.

Kontaktverhalten: Den starken Arm bieten oder die Faust zeigen

Wenn ACHT ihre Herzensbedürfnisse nicht spürt, geht sie davon aus, keine anderen Menschen zu brauchen. Sie nimmt Kontakt nicht für sich auf, sondern entweder *für andere* oder *gegen andere.* ACHT hat grundsätzlich zwei Kontaktstrategien zur Verfügung. Personen, die sie als schwächer, feinfühliger oder schutzbedürftig ansieht, bietet sie ihren «starken Arm». Das heißt, sie bekommen von ihr Unterstützung, Halt, Schutz. Als gleichwertig eingeschätzten Personen nähert sie sich eher kämpferisch oder lustbetont (Leidenschaft: *Lust*).

Ihre persönlichen Grenzen sind eindeutig abgesteckt und gut gesichert. Dadurch ist sie emotional durch andere praktisch nicht verletzbar. ACHT hat jedoch Mühe, die Grenzen und Gefühle anderer wahrzunehmen und zu respektieren, wenn ihr diese nicht deutlich gezeigt werden. Daher verletzt sie häufig die Grenzen anderer und wird dann als brutal oder gewalttätig wahrgenommen.

Wenn keine Kampfsituation gegeben ist, wirkt ACHT durchaus gutmütig. Sie bietet ihre Unterstützung an und kann sehr großzügig sein. Oft wundert sie sich dann selbst, daß andere Menschen Angst vor ihr haben oder ihr großen Respekt zollen. Ihr persönliches Macht- und Kontrollthema kommt jedoch im Kontakt beim anderen an.

Wenn Sie sich in der Begegnung mit jemandem eingeschüchtert fühlen und diesen Menschen als eher unpersönlich erleben, dann haben Sie es wahrscheinlich mit ACHT zu tun.

Die Sehnsucht, klein sein zu können, und die Angst vor unfairer Behandlung

Die meisten Personen im Leben von ACHT bekommen es mit ihrer «harten Schale» zu tun. Der «weiche Kern» dahinter zeigt sich nur, wenn ACHT in einer Beziehung schon viel Vertrauen gewonnen hat und sicher ist, daß sie nicht schlecht behandelt wird, wenn sie sich öffnet.

Personen mit dem Muster ACHT berichten oft, daß sie in der Begegnung mit Kindern eine Unmittelbarkeit erleben, die sonst nicht möglich ist. Ein Mann, der ein schwer geistig behindertes Pflegekind zu sich genommen hat, erzählt, daß dieses Kind in einer Weise sein Herz berührt, wie das kein Erwachsener kann.

ACHT sehnt sich in persönlichen Beziehungen zutiefst danach, dasein zu können, Platz zu haben *ohne* ihren Schutzpanzer. Das geht für sie aber nur, wenn das, was dahinter ist, das schwache, verletzte Kind, mit allem Respekt und menschenwürdig behandelt wird. Wenn ACHT sich bei einer anderen Person auch einmal schwach und klein zeigen kann, dann fühlt sie sich zutiefst geliebt.

Sexualität ist für ACHT eine Möglichkeit, ihre überschüssige Energie «abzubrennen». Sie wird daher in der Regel gern und häufig sexuell aktiv. Dabei hat sie die Tendenz, daß sie ihre Sexualität unpersönlich, emotional unbeteiligt lebt und damit Intimität und persönliche Begegnung erschwert.

Wie bei allen Bauch-Punkten ist die größte Bedrohung für ACHT ein Angriff auf den Platz, den sie in der Welt einnimmt. ACHT macht sich selbst groß und stark, um Macht und Kontrolle zu behalten. Versucht jemand, ihr diese Macht abzugraben, dann fühlt sie sich bedroht.

Die hierarchische Beziehung: Angriff auf die Autorität und Schutz für die Abhängigen

ACHT hat selbst gern die Macht. Deshalb steht sie in der unteren Position hierarchischer Beziehungen der Autorität grundsätzlich kritisch gegenüber. Sie kann Autoritäten nur akzeptieren, wenn diese vertrauenswürdig sind und «alles im Griff haben». Sie testet das gerne durch Provokationen und Anheizen von Konflikten. Besteht der «Obere» diesen Test nicht, ist sie bereit, die Machtposition zu übernehmen.

In den Workshops sind Personen mit dem Muster ACHT diejenigen, die gern ein bißchen «herumstänkern» und die Kursleiter «auf die Schippe nehmen». Häufig haben sie eine Tendenz zum «Mitleiten», besonders in Situationen, in denen sie den «roten Faden» nicht mehr sehen und den Eindruck bekommen, die Seminarleiter hätten nicht mehr genug Kontrolle.

Insofern sind «Untergebene» mit dem Muster ACHT recht streitsüchtige Mitarbeiter und rütteln gern am Thron des Chefs. Wenn der Vorgesetzte nicht fest im Sattel sitzt oder sich tatsächlich einiges vorzuwerfen hat, dann kann eine solche Arbeitsbeziehung für ihn recht unangenehm sein.

In der oberen Position fühlt ACHT sich wohl. Sie verhält sich fair und loyal und erwartet das gleiche auch von den Untergebenen. In Arbeitsbeziehungen ist ihre Stärke, die Truppe zusammenzuhalten und den Untergebenen Schutz und eine klare Führung zu bieten. Sie ist der Anführer, der sich an die Spitze stellt und freiwillig die meisten Schläge kassiert.

«Wenn wir in der Schule Ärger mit den Lehrern hatten und uns ungerecht behandelt fühlten, dann ist unser Vater (Muster ACHT) sofort hingegangen und hat sich mit ihnen angelegt. Meist waren die dann so eingeschüchtert, daß wir in Zukunft unsere Ruhe hatten.»

Für Abhängige, die ohne Grund Schwäche zeigen oder nicht hart genug mit sich selbst umgehen, hat ACHT wenig Verständnis. Als Seelentröster oder enge Vertraute eignet sie sich nicht.

Es bleibt immer ein gewisses Machtgefälle, an dem nicht zu rütteln ist. Untergebene, die das nicht akzeptieren wollen oder mehr Nähe zum Vorgesetzten suchen, fühlen sich ständig frustriert.

Was andere stört: Die Fallen in Beziehungen

ACHT ist in Beziehungen wie der «gutmütige Elefant im Porzellanladen». Je mehr sie sich emotional abschottet, je «dicker ihre Haut» ist, desto mehr «Scherben» gibt es. Sie bekommt dann nicht mit, wie andere auf sie reagieren und was ihr Verhalten bei anderen auslöst. So wird sie mangels Einfühlungsvermögen zum «Gewalttäter». Vor allem feinfühligere und sensiblere Beziehungspartner fürchten sich vor ihr und fühlen sich schnell verletzt.

Wenn wir in den Enneagramm-Workshops fragen, welches Charaktermuster das stärkste Interesse auf sich zieht, dann bekommt die ACHT immer sehr viele Stimmen. Die meisten davon sind von Personen, die sich durch ACHT in irgendeiner Weise beeinträchtigt oder geschädigt fühlen.

Ihre emotionale Verschlossenheit verleitet manche Beziehungspartner, nach den wunden Punkten, nach der Achillesferse von ACHT zu suchen und sie da anzugreifen, um sie zu einer persönlichen Reaktion zu veranlassen. Für ACHT ist das ein «Angriff unter der Gürtellinie», und sie macht nur noch mehr dicht oder geht zum Gegenangriff über.

Ihre Kampfeslust und Freude an harten Auseinandersetzungen können viele Beziehungspartner nicht teilen. Wenn andere vorzeitig «schwächeln» und ihr nichts entgegensetzen können, nimmt ACHT sie nicht mehr für voll. Das ständige Dagegenhalten ist für manche Beziehungspartner anstrengend und ermüdend. Andere weichen gleich zurück, wenn sie es mit Aggression zu tun bekommen.

Ihre Überzeugung, daß die eigene Meinung die einzig richtige ist, und das übersteigerte Selbstbewußtsein lassen ACHT in den Augen anderer oft rechthaberisch und arrogant erscheinen. Sie erzeugt damit bei anderen oft Gefühle von Unterlegenheit und Ohnmacht.

Was andere bekommen: Die Stärken in Beziehungen

Die positive Kehrseite der «dicken Haut» ist die Tatsache, daß ACHT «so leicht nichts umhaut». Sie hält in Krisen durch und läßt sich von Problemen anderer nicht beeinträchtigen. So nimmt sie in Beziehungen, in denen der Partner komplizierter und problembeladener ist, häufig den stabilisierenden, stützenden Part ein. Sie bietet ihren Beziehungspartnern Verläßlichkeit und Schutz. Wenn ACHT zu jemandem steht, dann ist das eindeutig und unverbrüchlich.

Für Schwache und ungerecht behandelte Menschen schlägt ihr Herz ohnehin. Die nimmt sie unter ihre Fittiche bzw. setzt sich mit aller Kampfkraft für ihre Rechte ein. Gilt es, eine gemeinsame Sache zu verteidigen oder für ein gemeinsames Ziel zu kämpfen, dann ist ACHT sicher zur Stelle.

Ihre Konfliktbereitschaft ermöglicht faire Auseinandersetzungen, in denen berechtigte Bedürfnisse anderer berücksichtigt werden. ACHT ist offen und direkt und ohne Hintergedanken.

Was darunter liegt:
Die Not und die kreative Not-Lösung

Die Not, die dem Muster ACHT zugrunde liegt, ist das Erleben, daß unberechenbare und uneinschätzbare Erziehungseinflüsse die Eigenständigkeit und Wichtigkeit des Kindes bedrohten. Es hat erfahren, daß die mächtigen Erziehungspersonen ihre Macht mißbrauchten und es als wehrloses Kind dadurch verletzten.

Personen, die das Muster ACHT entwickelt haben, berichten oft, daß sie einem sehr launischen Erziehungsverhalten ausgesetzt waren. Mal gab es Zuwendung und Belohnung, mal sehr harte Strafen. Wann das eine oder das andere eintrat, war oft nicht vorhersehbar. Die Strafen empfanden sie oft als ungerecht und zu hart. Sie erzählen auch, daß sie nie wirklich Kind sein durften, sondern schon sehr früh eine erwachsene Rolle annehmen mußten.

Als Not-Lösung hat ACHT als Kind die Strategie entwickelt, selbst Macht auszuüben und die Kontrolle zu übernehmen. Statt sich manipulieren zu lassen, lernte es, andere zu kontrollieren. Der Preis dafür war, die Gutgläubigkeit und Unschuld des Kindes aufzugeben.

Der Ur-*Schmerz* liegt in der Erfahrung, daß Kindsein, Kleinsein und Schwachsein untrennbar mit schlechter und ungerechter Behandlung verknüpft sind. Dadurch, daß ACHT immer stark ist, vermeidet sie, diesen Schmerz zu wiederholen. Ihrer tiefen *Sehnsucht*, diesem kleinen Kind in sich mehr Platz zu geben, steht sie damit aber auch im Weg.

Die Selbstverstrickungsspirale

Wie sieht die Selbstverstrickungsdynamik im Muster ACHT aus?

Je mehr sich ACHT durch eigene Schwächen bedroht fühlt,

↓

desto stärker tritt sie auf und setzt sich kämpferisch in Szene (um sich stark und wichtig zu fühlen und alles im Griff zu behalten).

↓

Dabei wird sie starrer und unlebendiger und geht dadurch

rücksichtsloser mit sich selbst und anderen um (sie panzert sich gegen ihre schwachen, kindlichen, aber auch gegen ihre lebendigen Seiten).

↓

Je aggressiver nach außen und härter sich selbst gegenüber sie auftritt, desto mehr treibt sie sich in die soziale und innere Isolation.

Die Bewegung zum Streßpunkt zu FÜNF drückt diese Entwicklung aus. Wenn ACHT nur noch ihre (aggressive) Bauchenergie lebt, macht sie sich so viele Feinde, daß sie sozial isoliert dasteht. Wenn der Schutzpanzer nicht mehr durchlässig ist, wird sie zum «gefühllosen Zombie», ihre Innenwelt ist für sie selbst hohl und leer.

Das Muster NEUN

Das Szenario der Frau NEUN

Die 1. Szene: Es ist 19 Uhr, und Frau NEUN ist gerade dabei, eine Ladung Wäsche aufzuhängen, als ihr plötzlich die Einladung für heute abend einfällt. Da sie den Bekannten auf keinen Fall durch ihr Zuspätkommen verärgern will, läßt sie die Wäsche, wie sie ist, zieht sich um und verläßt eine halbe Stunde später das Haus.

Während sie in den Bus einsteigt, ist sie so damit beschäftigt, ihre Fahrkarte in der Geldbörse zu suchen, daß sie gar nicht bemerkt, wie voll der Bus ist. Als sie die Fahrkarte endlich hat und den einzigen freien Sitzplatz ansteuert, kommt ihr ein anderer Fahrgast zuvor und setzt sich.

Frau NEUN lächelt ihn freundlich an, obwohl sie sich ärgert, daß er schneller war als sie. Aber er kann ja nichts dafür. «Wahrscheinlich benötigt er den Platz dringender als ich», denkt sie. Ein bißchen tut sie sich selbst leid, weil sie immer soviel Pech hat und andere geschickter sind als sie.

Die 2. Szene: Frau NEUN erreicht das Haus des Bekannten um einiges später, als in der Einladung angegeben war. Als ihr der Gastgeber die Tür öffnet, entschuldigt sie sich wortreich und sagt ihm, wie peinlich ihr das Zuspätkommen sei. Sie möchte ja nicht, daß er schlecht von ihr denkt.

Nachdem sie das Wohnzimmer betreten hat, weiß sie nicht so recht, was sie jetzt machen soll. Sie holt sich etwas zu trinken und geht unentschlossen hin und her. Überall wird geredet und gelacht, und keiner scheint sie bemerkt zu haben. Zufällig wird ihre Aufmerksamkeit von einer erregten Diskussion über ein aktuelles politisches Thema angezogen. Sie stellt sich neben die Diskutierenden, um besser zuhören zu können.

Frau NEUN findet die diskutierenden Personen sehr sympathisch und kann die unterschiedlichen Meinungen und Argumente gut nachvollziehen. Als sie jedoch plötzlich von einem der Kontrahenten direkt angesprochen und um ihren Standpunkt gebeten wird, bringt sie das ganz durcheinander. Sie weiß nicht so recht, was sie sagen soll, alle Standpunkte leuchten ihr irgendwie ein. Sie gibt zu, daß sie von dem Thema keine Ahnung hat und sich aufgrund der Auseinandersetzung hier auch nicht auf eine Meinung festlegen kann.

Die 3. Szene: Plötzlich taucht unerwartet die beste Freundin von Frau NEUN auf dem Fest auf. Frau NEUN fühlt sich ihr sehr verbunden, und es tut ihr gut, nun jemanden da zu haben, der ihr vertraut ist. Sie wartet, bis die Freundin die Gastgeber begrüßt hat und dann auf sie zukommt.

Sie umarmt die Freundin und erkundigt sich, wie es ihr geht. Frau NEUN läßt sich alle neueren Entwicklungen im Leben ihrer Kameradin schildern und nimmt großen Anteil daran.

Gerade als sie beginnen will, etwas von sich selbst zu erzählen, steht die Freundin auf. Sie sagt, sie habe jemanden entdeckt, den sie schon ewig nicht mehr gesehen habe. Die Freundin geht weg und läßt Frau NEUN allein zurück. Diese ist ein wenig enttäuscht, aber sie versteht die Freundin und kann ihre Motive nachvollziehen. Sie geht zum Büffet, um sich etwas zu essen zu holen. Als sich ein anderer Gast vordrängen will, wird sie wahnsinnig wütend und «schnauzt ihn an».

Die 4. Szene: Als ihr Chef den Raum betritt, fällt ihr sofort ein, was heute morgen passiert ist: Er hat ihr mal wieder Druck gemacht, daß irgend etwas schnell erledigt werden müßte, und sie ist «ausgerastet». Weil sie so sauer war, hat sie den Vorgang gar nicht bearbeitet. Wahrscheinlich hat er das längst bemerkt.

Der Chef sieht sie an und geht dann demonstrativ in die andere Richtung. Frau NEUN ist das gerade recht. «Bis morgen haben sich die Gemüter abgekühlt, und der Streit ist vergessen», d Friedensangebot wird sie ohnehin eine halbe Stunde frü beit gehen und die Sache gleich erledigen.

Der Kommentar zum Szenario von NEUN

- NEUN hat Mühe, Prioritäten zu setzen. Dinge, die wichtig sind oder erledigt werden müssen, «vergißt» sie leicht.
- Da ihr oft alles «gleich wichtig» vorkommt, verzögern sich ihre Entscheidungen, andere sind schneller.
- NEUN vermeidet offene Konflikte. Sie möchte gern friedlich und harmonisch mit anderen umgehen.
- Ihre Bedürfnisse kommen ihr leicht unwichtiger vor als die der anderen.
- Sie ist sehr bemüht, Fehler wiedergutzumachen.
- Im Kontakt ist NEUN eher passiv und wartet ab, was sich ergibt.
- Gewohnheitsmäßig fühlt sie sich in die Standpunkte, Meinungen und Gefühle anderer sehr gut ein und hat Schwierigkeiten, sich davon abzugrenzen.
- Sich selbst nimmt sie dabei tendenziell nicht so wichtig.
- Wird sie verletzt, kann sich große Wut in ihr anstauen, die dann aber nicht sofort, sondern bei anderer Gelegenheit (deplaziert) aus ihr herausbricht.
- Versuchen andere, sie anzutreiben, reagiert NEUN mit passiv-trotzigem Widerstand.

Die Selbstbeziehung: Sich unwichtig machen

Bei NEUN als dem zentralen Bauch-Punkt ist die Bauchenergie blokkiert (vgl. Kapitel 1). Sie kann ihren instinktiven Impulsen nicht folgen und hält ihre Kraft und Stärke zurück. Sie «löst» ihr Autonomiethema scheinbar dadurch, daß sie diese Autonomie aufgibt. Das Grundthema der Bauch-Punkte, Selbstbehauptung und Eigenständigkeit, wird vermieden. Die Grundüberzeugung könnte etwa so lauten: «Wenn ich mein Eigenes zurückhalte, gibt es keine unangenehmen Konflikte mit anderen.»

NEUN ist sich ihrer eigenen Bedürfnisse zwar bewußt, sie kann damit aber nicht nach außen treten. Das schwierigste ist für sie, sich hinzustellen und zu sagen: «Ich will...!» Damit würde sie das Risiko eingehen, daß andere sich gegen sie stellen. Ihr Selbstbild ist das eines zufriedenen und friedfertigen Menschen, der niemandem etwas Böses antun will.

NEUN neigt dazu, sich selbst herabzusetzen und alle anderen wichtiger zu nehmen als sich selbst. Fremde Meinungen, fremde Gedanken scheinen ihr wichtiger zu sein als ihre eigenen. Sie kann sich sehr gut in andere hineinversetzen, ihren eigenen Standpunkt verliert sie dabei.

Am deutlichsten spürt sie sich selbst im Widerstand. Wenn andere ihr Druck machen oder etwas wollen, was sie nicht will, kann NEUN ihre ganze Energie in eine passiv-aggressive (trotzige) Abwehr stecken. Wenn sie ihr «inneres Bollwerk» aufbaut, wird sie träge und stur und bewegt sich nicht von der Stelle (Leidenschaft: *Trägheit*).

Kontaktverhalten: Auf andere eingehen

Im Kontakt ist NEUN in der Regel der passivere Beziehungspartner. Sie läßt andere auf sich zukommen und überläßt ihnen die Initiative. Dabei gibt sie sich freundlich und meist ein wenig unterwürfig.

Ihr Kontaktangebot lautet: «Ich gehe auf dich ein.» NEUN kann dem Beziehungspartner im Kontakt großes Einfühlungsvermögen und Verständnis für seine Position und seine Bedürfnisse entgegenbringen.

Personen mit dem Muster NEUN berichten, daß sie gleichsam mit der anderen Person «verschmelzen». Sie identifizieren sich so stark, daß sie die Bedürfnisse und Wünsche der anderen spüren, als wären es ihre eigenen. In solchen Momenten gibt es für sie keine Abgrenzung mehr zwischen Ich und Du.

NEUN kann schlecht Grenzen setzen und verliert sich leicht in einer «Symbiose» mit anderen Personen, indem sie sich selbst aufgibt. Merkt sie das, kann sie sehr wütend werden, weil sie den Eindruck hat, der andere würde sie vereinnahmen.

Im Kontakt mit NEUN bekommt es der Beziehungspartner auch mit der aufgestauten, zurückgehaltenen (Bauch-)Energie zu tun. Sie äußert sich zunächst meist im passiven Widerstand. Wenn Sie sich über eine Person ärgern müssen, weil diese Ihnen immer wieder freundlich Dinge verspricht, dann aber etwas ganz anderes tut, haben Sie es vermutlich mit NEUN zu tun.

Die Sehnsucht nach Eigenständigkeit und die Angst, übergangen zu werden

In persönlichen Beziehungen ist die tiefste Sehnsucht von NEUN, als eigenständige Person vom anderen wichtig genommen zu werden. Sie wünscht sich, daß ihre Meinung etwas gilt, daß ihr Wille berücksichtigt wird, daß sie in der Beziehung gleichberechtigt vorkommt und genug Platz hat. Erlebt sie das so, dann fühlt sie sich zutiefst geliebt.

NEUN meint jedoch, sie darf nur dann selbständig sein, wenn der Beziehungspartner es ihr «erlaubt». Wenn sie von sich aus die Initiative ergreift, wenn sie sich gegen ihn stellt, fühlt sie sich schuldig. Sie vermeidet unter allen Umständen, die «Böse» zu sein, die sich abgrenzt.

Anders verhält es sich, wenn der andere aktiv ist und NEUN zu etwas bringen möchte oder versucht, ihr etwas aufzudrängen, was sie nicht will. Dann kann sie sehr stark auftreten und ihre Position aggressiv behaupten. NEUN kann ihre Eigenständigkeit *gegen andere* verteidigen, aber es fällt ihr schwer, sie mit einem Beziehungspartner *für sich selbst* zu leben.

Ihre Tendenz, sich selbst aufzugeben, macht sich auch in intimen Begegnungen bemerkbar. Die Gewohnheit, mit dem anderen zu verschmelzen und seine Bedürfnisse wie die eigenen wahrzunehmen, beeinflußt die Sexualität. Die Gefahr dabei ist, daß NEUN dann willig alles mitmacht, was der/die andere möchte und sich anschließend fragen muß, wo sie selbst geblieben ist.

Am tiefsten verletzt ist NEUN, wenn sie sich übergangen oder vom anderen nicht wichtig genommen fühlt. Wenn sie getroffen ist, reagiert sie jedoch nicht sofort, sondern hält das eine ganze Weile aus. Irgendwann hat sich dann soviel Wut aufgestaut, daß diese ungewöhnlich heftig oder an unpassender Stelle herausbricht.

Die hierarchische Beziehung: In Ruhe gelassen werden wollen

In der unteren Position von hierarchischen Beziehungen ist NEUN kooperativ und stellt ihre Fähigkeiten zur Verfügung, solange sie sich vom «Oberen» in ihrer Eigenständigkeit geachtet fühlt. Dazu gehört, daß sie die Dinge so machen kann, wie sie es will, und daß kein Druck auf sie ausgeübt wird. In der Arbeit sind ihre Stärken Ausdauer und Durchhaltevermögen. Sie bringt gute Leistung, wenn sie auf eine gewisse Routine zurückgreifen und ihr eigenes Tempo bestimmen kann.

Im Konfliktfall mit der Autorität wird NEUN nie die offene Auseinandersetzung suchen. Sie zieht den stillen Boykott vor. Sie «äußert» ihre Wut auf den Vorgesetzten zum Beispiel dadurch, daß sie besonders langsam arbeitet, schlechte Leistung bringt oder Fehler macht.

Eine unzufriedene NEUN kann das Betriebsklima ziemlich «verpesten»: «Besonders als klar war, daß ich die Stelle verlassen würde, nahm ich mir noch einmal eine ganze Menge Dinge heraus. Ich war unpünktlich, tat nur einen Teil meiner Pflicht und behandelte den Chef ziemlich unfreundlich. Das verschaffte mir eine gewisse Genugtuung. Es war die Rache für alles, was mir vorher angetan wurde.»

In der oberen Position führt NEUN mit Beharrlichkeit und Ausdauer und läßt Angriffe sowohl von außen als auch von unten an sich abprallen. Ungemütlich wird es ihr in dieser Position, wenn schnelle Entscheidungen und spontane Handlungen gefordert sind. Sie delegiert Arbeiten, indem sie andere in ihrer Eigenständigkeit fördert.

Eine Mutter: «Meine Kinder machten schon mit sieben Jahren den Abwasch und konnten mit zwölf Jahren ziemlich gut kochen. Es machte ihnen Spaß, und ich war entlastet. Ich konnte nie verstehen, daß andere Frauen ihre Kinder voll versorgen, bis sie erwachsen sind.»

Was andere stört: Die Fallen in Beziehungen

Die Entscheidungsschwierigkeiten und Initiativlosigkeit von NEUN führen oft dazu, daß es ihren Beziehungspartnern zu langsam mit ihr geht. Sie versuchen, sie dann anzutreiben und in Bewegung zu setzen. Je mehr NEUN aber von außen Druck bekommt, desto starrer wird ihr innerer Widerstand dagegen, und sie kann sich gar nicht mehr entscheiden. Ein bohrendes «Was willst du eigentlich?» hilft ihr nicht, ihren Willen zu äußern, sondern führt sie weiter in ihr inneres Gefängnis von Unentschlossenheit.

Nur wenn NEUN in Ruhe gelassen wird, kann sie sich aus eigener Initiative in Bewegung setzen und mit ihren wesentlichen Anliegen herauskommen. Das heißt, daß die Verwicklungsfalle mit NEUN «zuschnappt», sobald der Beziehungspartner die Geduld verliert.

Ihrerseits begibt sich NEUN in Verwicklungen, wenn sie ihren eigenen Standpunkt zugunsten des anderen aufgibt. Dadurch, daß sie sich ganz in den anderen hineinversetzt und sich schlecht abgrenzt, identifiziert sie sich mit ihm und verliert sich. Auf diese Weise macht sie sich selbst unwichtig und überflüssig.

Ihr Harmoniebedürfnis und ihre Friedenssehnsucht können dazu führen, daß vorhandene Konflikte nie richtig ausgetragen werden. Um des lieben Friedens willen kehrt NEUN gern einiges «unter den Teppich», was eigentlich «auf den Tisch des Hauses» gehört.

Was andere bekommen: Die Stärken in Beziehungen

NEUN kann andere gut in Ruhe lassen und ihnen zugestehen zu tun, was sie wollen. Sie hat unendlich viel Geduld und ist bereit, auch unter widrigen Umständen gemeinsam auszuharren. Sie bietet dem Beziehungspartner Unterstützung an und trägt seine Probleme mit. Sie hat «breite Schultern», auf denen viel Unangenehmes und Schweres abgeladen werden kann, ohne daß sie darunter zerbricht.

Ihre Fähigkeit zur Identifikation macht sie zu einem Beziehungspartner, der sehr gut zuhören und dem anderen Verständnis vermitteln kann. Ihre Zuwendung ist ohne Eigennutz und Hintergedanken. So eröffnet sie einen Beziehungsraum, in dem sich andere bedingungslos angenommen und in ihren Bedürfnissen gesehen fühlen.

NEUN eignet sich gut für Vermittlertätigkeiten. Sie kann sich in die verschiedenen Standpunkte hineinversetzen und jeden wertschätzen. Dadurch trägt sie dazu bei, Lösungen zu finden, in denen alle Bedürfnisse berücksichtigt werden.

Was darunter liegt: Die Not und die kreative Not-Lösung

Der Kindheitskonflikt, der dem Muster NEUN zugrunde liegt, ist der Konflikt zwischen *Symbiose* (Eins-Sein) und *Autonomie* (Getrennt-Sein). Irgendwie hat sich im Erleben des Kindes die Erfahrung festgesetzt, daß es in Not gerät, wenn es eigenständige Schritte in Richtung Autonomie unternimmt.

Der Konflikt zwischen «frei» und «selbständig» sein (Autonomiebestrebungen) und «unfrei» und «abhängig» sein (Symbiosebestrebungen) zieht sich in verschiedenen Entwicklungsaufgaben durch die ganze Kindheit. Die einzelnen Schritte in die eigene Selbständigkeit, angefangen mit der Geburt (Autonomie der Atmung, Verlassen des mütterlichen Körpers), sind notwendige Reifungsschritte, die jedes Kind durchlaufen muß.

Es gibt verschiedene Auffassungen darüber, in welchem Lebensalter sich die Überzeugung bei NEUN festgesetzt hat, daß seine Autonomiebestrebungen problematisch sind. Jaxon-Bear zum Beispiel vermutet, daß das Muster NEUN mit einem Geburtstrauma in Zusammenhang steht[7].

Personen mit dem Muster NEUN berichten oft, daß sie als Kinder sehr unauffällig waren und ihnen wenig Aufmerksamkeit geschenkt wurde. Sie fühlten sich als Kinder übersehen und ignoriert und taten ihrerseits nichts, was den Frieden der Familie hätte stören können.

Das Muster NEUN ist die Not-Lösungs-Strategie, die ein Kind erfunden hat, dem der Weg in die Eigenständigkeit schwerfiel oder schwergemacht wurde. Indem es die *Trägheit* (Leidenschaft) zu seiner Grundhaltung gemacht hat, vermeidet es, seinen Ich-Impulsen zu folgen und eigene Wege zu gehen. Gleichzeitig verhindert es jedoch auch damit, als selbständige und unabhängige Person wahr- und wichtig genommen zu werden.

Die Selbstverstrickungsspirale

Wie nun ist die Dynamik, die NEUN tiefer in ihre Selbstverstrickung hineintreibt?

Je weniger wichtig NEUN sich fühlt,

↓

desto mehr Platz räumt sie unwichtigen Dingen bzw. den Meinungen und Standpunkten anderer Menschen in ihrem Leben ein,

↓

desto «träger» und unsicherer wird sie in bezug auf die ihr persönlich wichtigen Impulse und verhindert so, sich wichtig fühlen zu können.

↓

Am Ende ist sie völlig verunsichert und kann gar nichts mehr tun.

Diese Handlungsunfähigkeit ist gepaart mit großer Angst und starken Zweifeln am eigenen Wert: «Kann ich überhaupt noch etwas tun?» Die Bewegung zum Streßpunkt SECHS drückt diese Entwicklung aus.

3

Entwicklungen I
Wege aus der Selbstverstrickungsspirale

Welche persönlichen Veränderungswege die Beschäftigung mit dem Enneagramm eröffnet.

•

Aber auch: Auf welche Holzwege man mit dem Enneagramm geraten kann.

•

Nach welchen Prinzipien und unter welchen Bedingungen unserer Meinung nach der Weg aus der Selbstverstrickungsspirale gelingt.

•

Wie man den sogenannten «Trostpunkt», aber auch den «Streßpunkt» im Enneagramm als Entwicklungsanreiz nutzen könnte.

•

Warum aufrichtige Auseinandersetzung mit sich selbst eine Grundvoraussetzung für Klärungen und Entwicklungen in Beziehungen ist.

Den «Schlüssel» finden

«Ein Mann kriecht mitten in der Nacht auf der Straße vor seinem Haus am Boden herum. Die Straßenlaterne erhellt gerade das Areal, das er offenbar absucht. Ein anderer Mann kommt hinzu und fragt ihn: ‹Was machen Sie denn da, guter Freund?› – ‹Oh, ich habe meinen Haustürschlüssel verloren und suche ihn gerade.› – ‹Darf ich Ihnen beim Suchen behilflich sein, guter Freund?› – ‹Nein, ich glaube nicht, daß das sinnvoll ist, vielen Dank.› – ‹Ja, aber warum denn nicht, guter Freund?› – ‹Nun, ich habe den Schlüssel gar nicht hier verloren, sondern irgendwo dort hinten im Gebüsch.› – ‹Um Gottes willen, guter Freund, warum suchen Sie denn dann hier an dieser Stelle?› – ‹Ganz einfach: Hier ist die Beleuchtung besser.›»[1]

Das Enneagramm ist ein sehr nützliches Modell, «den Schlüssel da zu finden, wo er verlorengegangen ist», weil es diejenigen Bereiche unserer Seelenlandschaft zu beleuchten in der Lage ist, die normalerweise im «Halbdunkel», das heißt: am Rand der bewußten (Selbst-)Wahrnehmung liegen.

Gehen wir davon aus, daß Sie während der Lektüre des 2. Kapitels immer wieder Ihre eigenen Verhaltens- und Erlebensgewohnheiten mit unseren neun «Hauptdarstellern» in dem Szenario verglichen haben. Wahrscheinlich haben Sie festgestellt, daß Ihre Reaktionen nicht völlig deckungsgleich mit einer einzelnen unserer Beispielpersonen sind.

Das ist auch nicht weiter verwunderlich. In diesen Beispielen befinden wir uns auf der Ebene der äußerlich beobachtbaren Einzelphänomene oder «Symptome», und die können bei verschiedenen Mustern ähnlich aussehen, werden aber von einer jeweils anderen inneren Dynamik her gesteuert. «Perfektionismus» zum Beispiel kann man bei EINS, DREI oder auch FÜNF finden. Der dem Perfektionismus zugrundeliegende Wahrnehmungs-, Denk-, Fühl- und Verhaltensstil, die subjektiven Motive, die «Grundnot» usw. sind aber bei diesen Mustern ganz verschieden[2]*. Um das «Wie» des zugrundeliegenden «Strickmusters» erfahren zu können, müssen wir die Ebene der konkreten Verhaltensbeispiele verlassen und nach dem suchen, was «darunter» und «dahinter» liegt.

So können Sie sich zum Beispiel fragen, welche inneren Reaktionen die Lektüre der neun Muster jeweils in Ihnen ausgelöst hat. Solche Reaktionen sind nicht immer klar und präzis formulierbar, da ist vielleicht nur so etwas wie ein Unbehagen, irgendein «komisches Gefühl», das offenbar zu dem gerade gelesenen Text paßt. Wenn Sie solche vagen, körperlich fühlbaren, aber (noch) nicht sagbaren Reaktionen ernst nehmen, sich etwas Zeit lassen und versuchen, innerlich zu erforschen, was dieses Empfinden Ihnen «mitteilen» möchte, dann geben Sie sich die Chance, sich selbst und Ihre Beziehungserfahrungen mit anderen Menschen deutlicher und umfassender zu verstehen. Wenn Ihnen zum Beispiel die eine oder andere Darstellung eines der neun Muster irgendwie «unsympathisch» erschien («unsympathisch» ist vielleicht so ein erstes Wort, das zu einem diffus gespürten Unbehagen «paßt»), dann können Sie aufmerksam bleiben für Ihre körperliche («organismische») Befindlichkeit und beobachten, was sich verändert, wenn Sie der Frage nachgehen, was denn das «Unsympathische» daran ist. Vielleicht fallen Ihnen bestimmte Eigenheiten ein, die Ihnen an Ihnen selbst nicht gefallen. Vielleicht kommt Ihnen aber auch eine ganz bestimmte andere Person in den Sinn. Dieser innere Weg der empathischen Suchhaltung braucht etwas Zeit, Geduld und Herumprobieren. Wenn Sie dann etwas von innen her genau verstanden haben, wird sich das in einer körperlich fühlbaren Veränderung bemerkbar machen: «Ja, genau, das ist es!» Vielleicht ist Ihnen Ihr Enneagramm-Muster beim Lesen und Nachspüren aber auch geradezu «entgegengesprungen», und Sie fühlen sich «entdeckt», vielleicht sogar entlarvt, so als würden Sie in den Spiegel sehen und Dinge an sich selbst erkennen, die schon immer da waren, aber bisher unbemerkt. Diese persönliche Evidenz («Ja, genau, das ist es!») ist das wichtigste Kriterium für den Beginn eines persönlichen Entwicklungswegs mit dem Enneagramm. Ein solches Evidenz- oder «Aha»-Erlebnis kann sehr stark, bisweilen sogar schockierend sein, dann fühlen Sie sich «wie vom Blitz getroffen», manchmal setzt es eher sanft ein («Erst dämmert es mir, dann geht mir ein Licht auf»). Wie auch immer – Sie selbst sind «der Experte»/«die Expertin» für Ihre höchstpersönliche Variante Ihres Strickmusters!

Wir halten es für eine gefährliche (und leider ziemlich verbreitete) Unsitte, anderen Menschen ungefragt ihre «Nummer» als Diagnose von außen zu verpassen (siehe unten unter «Holzwege»). Etwas anderes ist es, wenn man von sich aus nahestehende Personen um ihre Einschätzung bittet – die sehen manchmal Dinge, die einem selbst nicht so sehr auffallen. Für diese sogenannten «blinden Flecke» in der Selbstwahrnehmung hat man selbstverständlich seine «Gründe», und es ist eine gute Übung, das eigene Charaktermuster zu klären, wenn man sich innerlich achtsam gewisse, immer wiederkehrende Reaktionen von anderen auf das eigene Verhalten einmal zu Gemüte führt und sich fragt: «Was eigentlich weigert sich da in mir drin so konsequent, das zur Kenntnis zu nehmen?»

Holzwege und Sackgassen

Wir werden in unseren Enneagramm-Kursen oft gefragt: «So – nun habe ich also mein Charaktermuster erkannt – und was habe ich davon? Was nützt mir dieses Wissen für mein Leben? Wie kann ich mich ändern?»

Das Modell des Enneagramms selbst bietet keine befriedigenden Antworten auf diese Fragen an. Wie denn auch? Der «Spiegel», in dem ich mich erkennen kann, sagt mir nicht, was ich tun soll. Die «Landkarte der Seele» verrät mir nicht, wann ich wie wohin gehen soll. Modelle beschreiben, ordnen, geben wichtige Orientierungen für die (Selbst-)Wahrnehmung. Das ist eigentlich zunächst erst einmal alles.

Gleichzeitig brennt einem natürlich die Frage nach dem «Wie» der Veränderung um so mehr unter den Nägeln, je weniger man der Erkenntnis des eigenen Charaktermusters und seinen Auswirkungen ausweichen kann. Der sogenannte gesunde Menschenverstand sagt, Selbsterkenntnis sei der erste Weg zur Besserung. Daran ist gewiß viel Richtiges. Am Beginn einer jeden Entwicklung steht ein Stück Selbsterkenntnis und die mehr oder weniger klare Einsicht: So kann und will ich nicht weitermachen. Die Psychologen nennen das den «Leidensdruck».

Derselbe gesunde Menschenverstand warnt uns davor, allzu eifrig «gute Vorsätze» zu fassen, denn bekanntlich pflastert man damit den Weg zur Hölle. Es wäre fatal, wenn die Selbsterkenntnis uns nicht aus der Selbstverstrickungsspirale des Charaktermusters herausführen würde, sondern wir uns statt dessen – allen guten Vorsätzen zum Trotz (oder *wegen* all der guten Vorsätze?) – am Ende tiefer in der Verstrikkung vorfinden würden als zuvor, als wir noch nicht mit allzuviel Selbsterkenntnis gesegnet (verflucht?) waren.

Die Selbsterkenntnis mit Hilfe des Enneagramms kann einen auch auf den «Holzweg» bringen, nämlich dann, wenn man das Enneagramm zur Selbstrechtfertigung benutzt: «Ich bin so träge, weil ich eine NEUN bin, so perfektionistisch, weil ich eine EINS bin...» Dann wäre das Enneagramm nichts weiter als eine intelligente, aber faule Ausrede – wie in jenem Witz von dem 36jährigen Bettnässer, der nach fünf Jahren Psychotherapie einen alten Freund wiedertrifft. Der fragt ihn: «Na, wie geht's denn inzwischen?» – «Danke, ganz gut soweit», antwortet der Patient, «ich mache zwar immer noch jede Nacht ins Bett, aber ich weiß jetzt ganz genau, warum.»

Weitere Holzwege sind – je nach eigenem Strickmuster – die folgenden:

1. Machen Sie aus dem Modell «Enneagramm» eine absolute Wahrheit, die keinerlei Spielraum oder Abweichung duldet. Und verfolgen Sie alle Charakterfehler, die Sie ab sofort bei sich selbst oder anderen entdecken, mit dem gerechten Zorn desjenigen, der die Wahrheit kennt.
2. Nutzen Sie «Das Enneagramm unserer Beziehungen» in erster Linie dazu, noch präziser herauszufinden, was den Menschen in Ihrem privaten und beruflichen Umfeld fehlt. Und stecken Sie viel Fantasie in die Ausarbeitung therapeutischer Strategien und sonstiger Hilfspläne. Lassen Sie sich einfach von der Frage leiten: Wie kann ich wem noch besser helfen?
3. Achten Sie gut darauf, wie Sie das Enneagramm zur Erreichung Ihrer privaten und beruflichen Ziele am günstigsten einsetzen könnten. Wenn Sie mit ein bißchen Training die Charaktermuster Ihrer Geschäfts- und Beziehungspartner sicher erkennen können, wird Ihnen das mit hoher Wahrscheinlichkeit erstaunlich viel Anerkennung und Erfolg bescheren.
4. Bedrängen Sie alle wichtigen Personen in Ihrem Leben, von denen Sie sich unverstanden fühlen, dieses Buch zu studieren. Erklären Sie diesen Personen aber nicht, weshalb. Äußern Sie sich etwas geheimnisvoll. Achten Sie selbst bei der Lektüre vor allem darauf, um wieviel glücklicher die anderen Menschen mit den anderen Mustern sind.

5. Studieren Sie vor allem das Kapitel über die 9x9 Wechselwirkungen. Nehmen Sie weitere Feinabstufungen vor. Beobachten Sie genau, inwiefern dieses System sich als gültig erweist, intensivieren Sie Ihre Beobachtungstätigkeit und verbessern Sie Ihre analytischen Fähigkeiten. Aber sprechen Sie mit niemandem darüber.
6. Benutzen Sie «Das Enneagramm unserer Beziehungen» primär, um endlich Gewißheit zu erlangen hinsichtlich gewisser Eigenheiten von Menschen Ihrer näheren Umgebung, bei denen Sie chronisch den Eindruck haben, sie seien Ihnen gegenüber nicht völlig aufrichtig. Vielleicht gelingt es Ihnen, zu sicheren Ergebnissen zu kommen, wenn Sie dem Enneagramm so glauben, als wäre es ein absolut gültiges Gesetz.
7. Fühlen Sie sich in jedem der neun Muster zu Hause, denn jede der faszinierend vielfältigen Energien, die das Enneagramm anbietet, ist es wert, gelebt zu werden. Legen Sie sich bitte nicht fest, und lassen Sie sich bitte nicht festlegen. Schließlich ist das alles doch irgendwie positiv zu sehen, oder?
8. Mit dem «Enneagramm unserer Beziehungen» im Kopf können Sie vermutlich rascher feststellen, wer «Freund» und wer «Feind» ist. Nutzen Sie also das Modell vor allem, um Ihre Kontrolle über eine Situation zu verbessern.
9. Sie werden am meisten von diesem Buch profitieren, wenn Sie sich mit jedem der neun Muster identifizieren und wenn Sie darauf achten, wie Sie mit Hilfe des Enneagramms Konflikte ausgleichen können, damit die Menschen in Ihrer nächsten Umgebung friedlicher und harmonischer zusammenleben.

In diesen neun (!) paradoxen Empfehlungen ist angedeutet, wie der Entwicklungsweg, der mit der Selbsterkenntnis so schön begonnen hatte, in die Sackgasse geraten kann: Es ist überhaupt kein Problem, das Enneagramm-Wissen so in das eigene Charaktermuster «einzubauen», daß unbemerkt dieselben alten Spiele und Dramen wiederholt werden – in intensivierter Form.

Mit den Mitteln des eigenen Wahrnehmungs-, Denk-, Fühl- und Verhaltensstils ist persönliche Entwicklungsarbeit am Charaktermuster so wenig möglich, wie es glaubhaft ist, daß jener Baron von M. sich mitsamt seinem Pferd an den Haaren aus dem Sumpf ziehen konnte.

Eine Person mit dem Muster EINS zum Beispiel, die vom Enneagramm gelernt hat, daß ihr Trostpunkt bei SIEBEN liegt, und die sich nun eifrig und perfektionistisch in Entspannung und Lebensgenuß übt, wird sich wahrscheinlich durch ihre Selbstbefreiungsversuche, die von ihrem Muster unbemerkt gesteuert werden, weiter in ihr Muster «hineinreiten» und alles nur verschlimmbessern.

Ein Beispiel für diese Sackgasse lieferte ungewollt die Zuhörerin eines Vortrags über «Enneagramm und Spiritualität», als sie sich bei der anschließenden Diskussion als erste meldete, um mit ärgerlicher Stimme und rotem Kopf zu sagen, sie wisse sehr wohl, daß sie «früher» eine Perfektionistin gewesen sei, aber seit sie meditiere, habe sie das «vollkommen» (!!) überwunden…

Es bedarf mehr, um die Selbstverstrickungsspirale in einen Entwicklungsweg umzuwandeln.

Das «Aussteigen» aus dem Muster

«Spiele ohne Ende sind … genau das, was der Ausdruck besagt: Sie sind in dem Sinn endlos, als sie keine Vorkehrungen für ihr Aufhören enthalten. Aufhören, wie Erwachen aus einem Traum, ist nicht Teil des Spiels selbst… Aufhören ist meta zum Spiel, es hat einen anderen, höheren, logischen Abstraktionsgrad.» [3]

Das Charaktermuster ist in sich so ein «Spiel ohne Ende». Und die für eine Weiterentwicklung entscheidende Frage heißt deshalb zunächst: Wie geht «Aufhören», wie geht «Aussteigen aus dem Muster»?

Zur Veranschaulichung hier ein in der Wahrnehmungs- und Denkpsychologie beliebtes Spielchen:

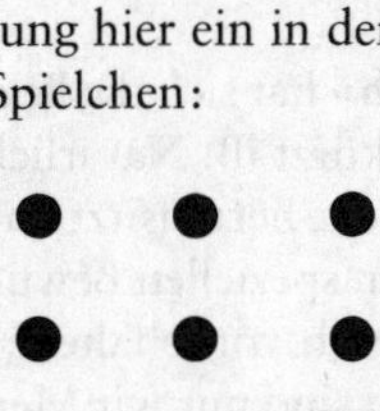

Die neun Punkte in dieser Figur sollen durch vier gerade und zusammenhängende Linien verbunden werden, ohne daß der Stift einmal abgesetzt wird. Auch wer die Lösung schon im Prinzip weiß, wird eine kleine Weile brauchen, bis er «aus dem Muster» ausgestiegen ist, das durch die Punkte vorgegeben ist, den Bezugsrahmen innerlich verändert hat und dann die verblüffend einfache und einleuchtende Lösung unter den «neuen Denk- und Wahrnehmungsvoraussetzungen» vollzieht[4*]. Um solche veränderten Prämissen – hier nun aber in der Beziehung zu sich selbst – geht es auch, wenn wir uns im Anschluß an die Entdeckung des Charaktermusters auf einen persönlichen Veränderungsweg begeben wollen. Es genügt keinesfalls, das eigene Charaktermuster korrekt zu diagnostizieren. Vielmehr geht es darum, immer wieder und wieder wahrnehmen zu lernen, wie in einer konkreten Situation das Muster «anspringt», «funktioniert», «abfährt», «heißläuft». Das Enneagramm kann sehr helfen, die Selbstbeobachtung in eine bestimmte Richtung zu lenken – nämlich auf alles das, was wir «normalerweise» an uns selbst nicht bemerken. In dem Augenblick, in dem «ich» das Funktionieren meines Musters wahrnehme, bin «ich» schon ein klein wenig ausgestiegen und nicht mehr blind identifiziert mit meinen inneren und äußeren Automatismen. Das Enneagramm sagt uns aber wenig darüber, *auf welche Art und Weise* eine kontinuierliche Übung der Selbstbeobachtung für die eigene Entwicklung nützlich und unterstützend sein kann, damit der «Sprung aus dem System» wirklich zu neuen persönlichen Wahlmöglichkeiten verhilft.

Der «innere Beobachter»

Für dieses wahrnehmende «Ich» hat sich die Bezeichnung «innerer Beobachter» eingebürgert, abgekürzt iB. Natürlich ist das kein Homunkulus, der irgendwo in der Psyche herumsitzt und guckt. Der iB ist eine sprachliche Metapher für einen speziellen Bewußtseinszustand, der im übrigen eine der Spezies Mensch vorbehaltene Hirnfunktion zu sein scheint. Höchstwahrscheinlich sind nur wir Menschen in der Lage, innerlich bewußt zu beobachten, was wir erleben und wie wir etwas erleben, und uns dieser Beobachtung bewußt zu sein. Auch Tiere «erleben», aber sie leben einfach, was ihnen widerfährt.

Vielleicht kennen Sie den alten asiatischen Weisheitsspruch: «Gott schläft im Stein. Er träumt in den Blumen. Er erwacht im Tier. Er weiß, daß er erwacht ist, im Menschen.»[5] Bleibt die Frage, ob die Menschen das auch wissen.

In diesem Weisheitsspruch ist jener Bewußtseinszustand angedeutet, den wir der Einfachheit halber «innerer Beobachter» (iB) nennen.

Der iB ist an den gerade ablaufenden Wahrnehmungs-, Denk-, Fühl- und Verhaltensprozessen nicht beteiligt. Er registriert einfach, was gerade geschieht – ohne Lob und Tadel. Er verfolgt keine Absichten, außer genau erkennen und verstehen zu wollen, was ich gerade jetzt wie denke, empfinde und (nicht) tue. Er ist hellwach und rundum aufmerksam.

Dieser innere Zustand läßt sich mit drei Eigenschaftswörtern beschreiben, die mit «a» beginnen:

Die drei «a» des iB: akzeptierend, absichtslos, aufmerksam

Wenn eine dieser drei «a»-Qualitäten verlorengeht, dann wird etwas anderes daraus. Dann bekommt die Selbstbeobachtung einen Unterton, der mit dem Zustand des inneren Beobachters nicht mehr vereinbar ist: aus «akzeptierend» wird «wertend» (Selbstkritik), aus «absichtslos» wird «zielgerichtet» (Ungeduld und Veränderungsdruck kommen ins Spiel), aus «aufmerksam» wird «dösig» (der Rückfall in die Unaufmerksamkeit und Unbewußtheit).

Zum Thema «Umgang mit Charaktermustern» schreibt Martin Siems in seinem Focusing-Buch: «Es ist so, als ob wir von der Bühne unseres Lebens hinab in den Zuschauerraum steigen, um einmal von dort aus unserem Spiel zuzuschauen. Vielleicht erschrecken wir ein wenig, vielleicht werden wir ein bißchen traurig, vielleicht müssen wir auch schmunzeln, aber dieser Blick aus der Distanz gibt uns auch die Möglichkeit, bewußt und klar wahrzunehmen, was wir da immer wieder tun ... Durch diese neue Wahrnehmung identifizieren wir uns also nicht so sehr mit uns als Spieler auf der Bühne, sondern vielmehr mit uns als Regisseur des ganzen Stücks.»[6]

Diese «neue Wahrnehmung» aus dem «Zuschauerraum des eigenen Seelentheaters» heraus, das ist ein gutes Bild für die Tätigkeit des iB.

Mit dem Aktivieren des iB und der möglichst häufigen Übung der Selbstbeobachtung beginnt nach unserer Überzeugung und Erfahrung ein sinnvoller Entwicklungsweg in der «Arbeit» mit dem eigenen Charaktermuster: Sie schaffen etwas Abstand zu dem Automatismus, indem Sie einüben, ihn akzeptierend, absichtslos und aufmerksam zu beobachten. In diesem Moment sind Sie nicht mehr unbewußt identifiziert mit dem Muster – das ist der erste wichtige Schritt heraus.

Die Wirkungen der absichtslos-akzeptierend-aufmerksamen Selbstbeobachtung

Wenn ich innerhalb meines Wahrnehmungs-, Denk-, Fühl- und Verhaltensstils funktioniere, dann ist die Aufmerksamkeit unwillkürlich mit den Belangen des Charaktermusters «verklebt». Ich sehe, höre, spüre, denke und verhalte mich auf die gewohnte Art und Weise – und ich bemerke es nicht. Wenn es dann aber gelingt, jenen inneren Ortswechsel vorzunehmen und den inneren Beobachter mit Aufmerksamkeit aufzuladen, dann verändert das die Beziehung, die ich zu mir selbst habe. Ich bekomme mit der Zeit ein deutlicheres inneres Gefühl dafür, daß das Muster gar nicht das ist, was mich «eigentlich» ausmacht: Ja – *ich habe* dieses Charaktermuster, aber *ich bin* «mehr». Ich bekomme Zugang zu anderen Facetten meiner Wahrnehmungs-, Denk-, Fühl- und Verhaltensmöglichkeiten[7]*. Dieser Zugang ist immer dann blokkiert, wenn ich wieder in die unbewußte Identifikation mit dem Automatismus hineingerate. Und das passiert natürlich öfter, als uns lieb ist.

«Ein Wanderer besucht ein abgelegenes Kloster, dessen Mönche in dem Ruf stehen, in ihrer spirituellen Entwicklung, das heißt auf dem Weg zur Erleuchtung, besonders weit fortgeschritten zu sein. Er kann aber nichts Außergewöhnliches entdecken. Die Mönche sehen alle ganz normal aus, und sie verrichten ganz normale Arbeiten. Erstaunt fragt er den Abt: ‹Ja, was macht ihr hier eigentlich den ganzen Tag?› Der Abt antwortet: ‹Wir fallen und stehen auf, wir fallen und stehen auf, wir fallen und stehen auf...›»

Die ständige Bereitschaft, sich selbst zu verzeihen und sich verzeihen zu lassen, Humor und der bewußte Verzicht auf unrealistische Ansprüche an uns selbst und an andere («Wir können aufhören, Äpfel von einem Birnbaum zu erwarten.»[8]) – das alles steckt in dieser kleinen Zen-Anekdote. Wenn wir es einüben, den «inneren Beobachter» mit «3-a-Aufmerksamkeit» zu laden, dann «fallen» wir weniger dramatisch, wenn wir «fallen». Und wir stehen auch leichter und rascher wieder auf.

Es kann bei einem persönlichen Entwicklungsweg nicht das Ziel sein, das Charaktermuster einfach abzuschaffen. Das wäre so absurd, als wollte man, um den Körper beweglicher zu machen, die Knochen entfernen. Aber es ist möglich, die Beziehung zu sich selbst innerlich so zu gestalten, daß «ich» (das bewußt wahrnehmende «Ich», der iB) das Muster «habe», ohne daß das Muster «mich hat»!

Der «innere Beobachter» und die Selbstverstrickungsspirale

Der Wechsel des «Aggregatzustands» eines Musters, der im Enneagramm durch die Pfeile symbolisiert wird und den wir als Selbstverstrickungsspirale beschrieben haben, ereignet sich automatisch, und zwar um so mehr, je stärker der innere «Streß» ansteigt und je unaufmerksamer wir für unsere Regungen, Gedanken, Gefühle usw. sind. Dieser seelische Vorgang ist mit dem Bewußtseinszustand des «inneren Beobachters» zunächst unvereinbar.

Sollte man deshalb solche «schwierigen», «dunklen», eventuell auch «destruktiven» Selbstverstrickungserlebnisse tunlichst meiden? Das können wir nicht empfehlen – aus drei Gründen:

1. Solche Erfahrungen sind unvermeidlich. Die Frage ist nur, ob und wie sich die *Beziehung* zu diesen problematischen Aspekten verändert.
2. Je mehr ich versuche, etwas zu vermeiden, desto mehr beschäftigt sich die Aufmerksamkeit damit, desto mehr «hole ich es herbei». Jede Art von Vermeidung ist gleichzeitig eine Art «Selbsthypnose» – je fester ich mir vornehme, an etwas bestimmtes *nicht* zu denken («Denken Sie bitte jetzt *nicht* an einen lila Elefanten!»), desto stärker

muß ich daran denken; je angestrengter ich mich bemühe, mich korrekt zu benehmen und nur keinen Fehler zu machen, desto wahrscheinlicher wird es, daß der Fehler passiert (und zwar genau wegen der *Anstrengung*, ihn zu vermeiden).

3. Der charakteristische innere «Streß» ist ein starkes *Signal*, aufmerksam zu werden und den iB «einzuschalten»! Wenn ich also meine eigene Selbstverstrickungsspirale mit Hilfe des Enneagramms schon kenne, dann hilft diese automatisierte Dynamik dabei, die Aufmerksamkeit aus dem Muster zu nehmen und – das freilich ist Übungssache – in der Qualität der drei «a» zu stabilisieren. Wenn es in so einem Moment gelingt, den inneren Reaktionstendenzen gegenüber aufmerksam zu bleiben, sie im Bewußtsein zu halten, aber nicht auszuagieren, dann ist es möglich, daß die «Energie» der Selbstverstrikkungsspirale sich transformiert (mehr dazu im 6. Kapitel). Dann werden die «dunklen» Aspekte – C. G. Jung würde hier von «Schatten» sprechen – zu einem psychischen (und spirituellen) Entwicklungspotential.

«Immer, wenn ich mich dabei ertappe, wie ich meinen Terminkalender mit ‹Wunderkerzen›, das heißt der Planung schöner Erlebnisse, zu versehen beginne, ist das ein Warnsignal. Ich stoppe und beginne mich zu fragen, wovor ich im Augenblick eigentlich so viel Angst habe. Es ist erst einmal unangenehm, mir das klarzumachen, und noch unangenehmer, das dann auch zu fühlen. Ich übe mich aber darin, dieser Angst standzuhalten, und manchmal gibt es dann so eine Art chemische Reaktion im Körper, wo alles in den Bauch rutscht und ich mich sehr entschlossen und stark fühle. Manchmal natürlich auch nicht.» (Ein Workshopteilnehmer über seine persönliche Erfahrung mit seinem Muster – FÜNF, der Selbstverstrikkungsspirale Richtung SIEBEN und der Umkehr des inneren Prozesses zum Trostpunkt ACHT.)

Die innere Arbeit mit dem Trostpunkt

Das Enneagramm gibt uns Hinweise, welche Erfahrungsqualitäten dabei helfen können, die einschränkenden Automatismen des eigenen Wahrnehmungs-, Denk-, Fühl- und Verhaltensstils zu verändern. Es beschreibt nicht nur sehr präzise, auf welche Weise wir tiefer in die Selbstverstrickungsspirale hineingeraten; es beschreibt auch, wie wir sein *könnten*, wenn diese Dynamik sich in eine «Entwicklungsspirale» umkehren *würde*. Der Konjunktiv ist an dieser Stelle sehr bewußt gewählt. Der Trostpunkt im Enneagramm symbolisiert das «Unbekannte Andere», den «Silberstreif am Horizont», die «Medizin» für das eigene Muster.

Diese Medizin geht uns aber, vom Muster her gesehen, «gegen den Strich» (im Enneagramm-Symbol: gegen den Pfeil) des Gewohnten: «Es *wäre* schon hilfreich, aber...».

Ⓥ Wieder eine Einladung zu einem Selbsterforschungsexperiment: Gehen wir davon aus, daß Ihnen Ihr Enneagramm-Muster klargeworden ist (wenn nicht: Nehmen Sie doch einfach irgendein Muster, das Ihnen klar vor Augen steht, und tun Sie so, als wäre es Ihres; auch das trägt manchmal zur Klärung bei). Für jedes der neun Muster finden Sie hier eine Frage, mit der Sie sich innerlich, das heißt in Ihren Gefühlen, Fantasien, Erinnerungen usw. für eine kleine Weile beschäftigen können.

Diese Frage beginnt immer mit «**WAS PASSIERT, WENN**...», und dann beobachten Sie einfach, welche inneren Reaktionen «von selbst» entstehen. Und was nach der allerersten Reaktion als zweites und als drittes kommt.

«Was passiert, wenn... (EINS)... ich mir vorstelle, ich könnte loslassen, lachen, genießen und nach dem Motto ‹Erst das Vergnügen, dann die Arbeit› leben?» (SIEBEN)

«Was passiert, wenn... (ZWEI)... ich mir vorstelle, ich würde mich um mich kümmern, meine Stimmungen erleben und mich selbst lieben?» (VIER)

«Was passiert, wenn... (DREI)... ich mir vorstelle, ich wäre kritisch-wach und skeptisch mir selbst gegenüber und würde mir gestatten, Angst zu haben?» (SECHS)

«Was passiert, wenn... (VIER)... ich mir vorstelle, ich würde mein Leben von meinen Werten und Prinzipien her gestalten?» (EINS)

«Was passiert, wenn... (FÜNF)... ich mir vorstelle, ich würde mich

	zeigen und entschlossen und positiv-kämpferisch auf andere zugehen?» (ACHT)
«Was passiert, wenn…	(SECHS)… ich mir vorstelle, ich würde eine tiefe innere Ruhe und Stabilität empfinden und mich ganz und gar ausgeglichen fühlen?» (NEUN)
«Was passiert, wenn…	(SIEBEN)… ich mir vorstelle, ich würde mich zurückziehen und meinen Geist leerwerden lassen?» (FÜNF)
«Was passiert, wenn…	(ACHT)… ich mir vorstelle, ich würde weich werden, mein Herz würde sich öffnen, und ich würde liebevoll auf andere zugehen?» (ZWEI)
«Was passiert, wenn…	(NEUN)… ich mir vorstelle, ich würde Tatkraft in mir verspüren und Freude daran haben, Aufmerksamkeit und Bewunderung von anderen zu erhalten?» (DREI)

Zum Glück kennen wir solche Erfahrungen, wie sie im Trostpunkt symbolisiert werden, ja tatsächlich – sonst wäre es auch etwas schwierig, sich das vorzustellen. Diese «Trosterfahrungen» sind eigentlich immer von der Art, daß man sie nicht herstellen kann. Sie geschehen einfach, und wir erleben sie folglich auch als «Geschenk» oder «Glück». Diese «Geschenke» sind gleichzeitig, und vielleicht ist das in dem kleinen Selbsterforschungsexperiment deutlich geworden, kräftige Entwicklungsanreize.

Was wir «machen» können, das ist, den inneren Beobachter zu stärken und auf diese Weise aktiv dafür zu sorgen, daß «es» geschehen kann.

Der Weg zum «inneren Kind»

Im ersten Kapitel haben wir das Bild von dem kleinen Kind benutzt, das aus seiner subjektiv real so und nicht anders empfundenen Not heraus seine «Grundüberzeugungen» und sein «Lebensdrehbuch» mit den (Über-)Lebensstrategien «erfindet». Und wir haben gesagt: Dieser kleine Erfinder/diese kleine Erfinderin hat unsere Hochachtung für seine/ihre kreative Eigenleistung mitten in den «Dornen und Disteln» der Kinderwelt verdient.

Wenn diese Überlebensstrategie später im Leben mehr schadet als nützt, wenn Verletzungen sich wiederholen, obwohl (und: weil!) man/frau unbewußt sich so sehr bemühte, sie zu vermeiden, wenn die Beengung durch das Schutzkleid (Wilhelm Reich spricht sogar von einem «Charakterpanzer») mehr Leiden als wirklichen Schutz erzeugt, dann ist es an der Zeit, um sich neu und anders um dieses «Kind von damals» zu kümmern – als die Person, die ich heute bin[9].

Das «innere Kind» ist eine andere «Instanz» im inneren «Seelentheater». Bildhaft können wir uns das so vorstellen: Der iB sitzt im Zuschauerraum, oben auf der Bühne findet zum 493. Mal dieselbe Aufführung des Charakterdramas statt, den Akteuren auf der Bühne kommt es noch immer ganz «echt» und «wirklich» vor (sie kennen es nicht anders). Während dessen sitzt der Autor (und Regisseur) des Stücks schweigend in einer Ecke und mag das alles gar nicht mehr mit ansehen. Denn das «Drehbuch» hat sich längst verselbständigt, das Drama hat seine Eigendynamik bekommen.

Der «kleine Erfinder»/die «kleine Erfinderin» braucht in besonderer Weise unsere «väterliche» und «mütterliche» Aufmerksamkeit und Zuwendung im inneren Dialog. Manchmal ist es unvermeidlich, daß diese Rolle eines neuen väterlichen Freundes, einer neuen mütterlichen Freundin für das «Kind» von einem professionellen Helfer, zum Beispiel einem Psychotherapeuten, übernommen wird. Dann kann das Kind erleben, daß da jemand ist, der seine Verzweiflung, seine Angst, seine hilflose, maßlose Wut und seine Verletzungen gelten läßt und annimmt, auch wenn sie ihm nicht abgenommen werden können. Die Not, die die Erfindung des Charaktermusters notwendig gemacht hat, muß dann nicht mehr versteckt werden, und alle Gefühle dürfen dasein, vor denen das Muster sinnvollerweise geschützt hatte. Das geht manchmal wirklich nur dann, wenn eine therapeutische Beziehung so vertrauensvoll und stabil ist, daß sie auch mörderischen Haß, Ekel, Schmerz und Angst aushält.

Das Ziel jedes «emotionalen Durcharbeitens» der Kindheitsnot freilich ist immer, daß die erwachsene Person von heute ihrem eigenen «inneren Kind» gegenüber selbst ein «guter Vater», eine «gute Mutter» werden kann. Alte Verletzungen können ausheilen, wenn wir auf neue Art zu ihnen *Beziehung aufnehmen*.

Sich selbst «be-eltern» lernen, das ist ein weiteres wichtiges Veränderungsprinzip im Umgang mit dem eigenen Charaktermuster. Vielleicht können Sie sich klarmachen, daß vieles, was Ihnen die eigenen Eltern nicht geben konnten, Sie sich heute selber geben können. Und sich von anderen Menschen geben lassen können. Auf diese Weise kann, Stück für Stück, die Aussöhnung mit der eigenen Lebensgeschichte vorankommen. Verzeihen wird möglich – und zwar nicht, weil ein Gebot das fordert, sondern weil in einem längeren inneren Prozeß voller schwieriger Gefühle im Herzen Selbstliebe und im «Bauch» ein stabiles Ich-Gefühl entstanden sind. Aber auch der Kopf wird gebraucht, zum Beispiel, um die Begrenztheiten der leiblichen Eltern sehen zu können.

Abschließend möchten wir die Aspekte eines solchen Selbstklärungsprozesses noch an dem kommentierten Protokoll einer Therapiestunde aufzeigen.

Marion, die Klientin (KL), ist Mitte Vierzig. Sie lebt seit fünf Jahren mit R. zusammen. Eine «Vertrauenskrise» in dieser Beziehung (wie sie ihre damaligen Panik- und Eifersuchtsattacken im Rückblick nennt) motivierte sie vor eineinhalb Jahren, psychotherapeutische Hilfe für sich zu suchen, denn auf diese Weise waren schon einige ihr wichtige Beziehungen zu Männern in die Brüche gegangen. Im Verlauf der Therapie hat Marion sich intensiv mit den biografischen Wurzeln ihrer Unsicherheit und Selbstzweifel und ihres starken Bedürfnisses nach Halt bei anderen Menschen auseinandergesetzt – auch unmittelbar in der Beziehung zum Therapeuten (TH) war das immer wieder Thema gewesen, vor allem am Anfang der Therapie, als sie viele (vor allem mimische) Reaktionen des Therapeuten konsequent zu ihren Ungunsten auslegte.

KL: Gestern abend habe ich wieder das Gras wachsen hören (sie lächelt und legt dabei den Kopf etwas schief).

TH: Du siehst so aus, als sei da wirklich Gras gewesen, stimmt das? (Dieses Sprachbild stammt aus vorherigen Therapiestunden, als es immer wieder darum ging, daß die Klientin ganz oft «reflexartig» etwas spürt, was «nicht stimmt», und dann nicht weiß, ob sie sich das einbildet oder ob «da wirklich Gras ist, wo ich welches wachsen höre».)

KL: Ja. Er (ihr Lebenspartner) kam zur Tür rein, und ich hab sofort gemerkt, daß da etwas nicht stimmt. Da war wieder dieses...

TH: ...Signal?...

KL: ...Signal da (sie deutet mit der Hand Richtung Solarplexus), wenn sich da ganz fein was zusammenkrampft oder zusammenzieht und ich dann sofort denken muß: Was hat er denn schon wieder gegen mich?

TH: Was dir da automatisch als erstes einfällt (das war schon öfter Thema) zu diesem... (deutet Richtung Solarplexus).

KL: Ja, wie immer. Und dann hab ich einfach gesagt: «Du – stimmt was nicht?» Aber er hat einfach nur gemurmelt: «Nein, nein, alles in Ordnung.» Und in dem Moment hab ich (betont) ganz genau gewußt, daß was nicht stimmt!

TH: Hast du gesehen, was... (nimmt Anlauf, sie an den oft besprochenen Unterschied zwischen ihren Wahrnehmungen und ihren Fantasien zu erinnern, aber sie unterbricht:)

KL: Ich bin dann gleich in die Küche gegangen, um das Abendessen vorzubereiten. Dieses «Gefühl» war ganz stark da, und ich hab versucht, das in mir festzuhalten und mir gleichzeitig klarzumachen, daß das nicht automatisch mit mir was zu tun haben muß, wenn er so schaut.

TH: Schaut?

KL: Ja, jetzt kommt's mir wieder! Er hat dann immer so eine Spannung um die Mundwinkel rum (sie versucht, es nachzumachen, muß aber lachen), und sofort spüre ich: Irgend etwas ist nicht okay. Beim Essen dann hab ich mich echt beherrscht, weil... natürlich wollte ich unbedingt rauskriegen, was los ist und ob's vielleicht doch etwas mit mir zu tun hat.

TH: Da kann ich mir gut vorstellen, daß das Essen...

KL: Und dann hat er plötzlich, ohne Nachbohren meinerseits, erzählt, daß er im Büro wieder Ärger hatte mit diesem blöden Kollegen. Und daß ihm das schon ein bißchen unheimlich ist, wenn ich das immer gleich merke, daß etwas nicht stimmt (sie lächelt dabei und atmet tief aus).

TH: Da passiert gerade etwas in dir drin?

KL: (sie macht eine längere Pause, schließt die Augen und spricht dann deutlich langsamer und leiser) Das ist so ... verblüffend ... wie eine Freude... ja – daß ich drauf vertraue, daß das (deutet Richtung Solarplexus) etwas Richtiges sagt.

TH: (wiederholt und betont die Schlüsselwörter «verblüffend», «Freude», «vertrauen», «was Richtiges»)

KL: Ich hab das ja ganz oft, dieses ... aber daß ich darauf vertrauen kann, das ist wirklich... (sehr ruhig und nachdenklich-berührt)... Und das haben die (sie meint die Eltern und älteren Geschwister) immer wegnehmen wollen... Die haben sich gefürchtet, daß das was Richtiges sagt... Aber sie haben es mir nicht wegnehmen können.

TH: Nein, das haben sie nicht wegnehmen können.

KL: (längere Pause, sie atmet mit geschlossenen Augen ganz ruhig und tief) Aber er (sie meint den jetzigen Lebenspartner), er muß mir einfach Auskunft geben, das ist ganz wichtig (öffnet die Augen). Ich darf mit diesem «Da stimmt was nicht!» nicht allein bleiben, sonst laufen mir die Gedanken davon!

TH: Ich (betont:) muß...

KL: Ja genau! Und tausendmal lieber eine ehrliche schlechte Auskunft als dieses Wegwischen und Wegreden wie früher, wo ich bloß immer unsicherer werde (lacht). Das mag ich ja an dem R. so sehr, daß er ein grundehrlicher Typ ist und immer Auskunft gibt.

TH: Immer? (spielt den «Advocatus Diaboli»)

KL: Nein – aber immer öfter! (beide lachen)

Anmerkungen: Für Marion ist es wichtig, daß sie für sich innerlich den Unterschied zwischen ihren unmittelbaren intuitiven Wahrnehmungen und den mißtrauischen Gefühls- und Gedankenreaktionen wahrnimmt, die sie sich in ihren Fantasien selbst herstellt.

Was sie berichtet: Sie beobachtet genau, wie ihre negativen Beziehungsfantasien automatisch in dem Augenblick beginnen, wo ihr «unbestimmtes» Gefühlssignal sich nicht unmittelbar durch eine ehrliche «Auskunft» klären läßt; sie bleibt aber achtsam dem eigenen Muster gegenüber (Nicht-Identifizierung, starker iB).

Im direkten Bezug auf die erlebensmäßige Bedeutung der kleinen Szene vom Abend vorher findet sie ein für sie wertvolles Stück Vertrauen in die eigene intuitive Wahrnehmungsfähigkeit und klärt für sich, was sie in solchen Momenten braucht.

Auch die «Versöhnung mit dem Kind von damals» deutet sich an.

Enneagramm-Kommentar: Durch das Ablösen der Aufmerksamkeit

aus der Identifikation mit dem Charaktermuster (SECHS) kommen im inneren Prozeß Aspekte des Trostpunkts hervor (NEUN: Ruhe, Stabilität, Haltfinden im Selbst-Vertrauen).

Ausblick: Persönliche Entwicklung und Beziehungen

Wir haben hier zunächst versucht, die Frage «Charaktermuster entdeckt, und dann...?» individuell zu beantworten: Was kann *ich* denn tun, um mich mit Hilfe des Enneagramms auf einen *persönlichen Veränderungsweg* zu begeben? Man kann einiges tun – wobei der Schwerpunkt dieser «Aktivität» nach unserer Überzeugung darauf liegt, an den *Bedingungen* für den Veränderungsprozeß zu arbeiten, der Prozeß selbst ist nicht «machbar» in einem technischen Sinn. «Aktives Geschehenlassen» wäre das (paradoxe) «Zauberwort» für diesen Vorgang.

Gleichzeitig gibt es dieses «Ich» nicht ohne seine Bezogenheit auf andere. So gesehen gehen persönliche Entwicklungsschritte und Veränderungsprozesse immer mit Veränderungen in den Beziehungen einher. Das ist die Herausforderung und oft auch die Crux (siehe die folgenden Kapitel).

«Wenn mich niemand kennt, wie kann mich dann jemand lieben?» fragt Sheldon Kopp[10] völlig zu Recht. Wenn «Liebe» viel mit «Kennen» zu tun hat, dann gilt das für die Beziehung zu sich selbst ebenso wie für die Beziehung zu anderen. Wenn ich mich selbst nicht kenne, wie kann ich mich dann lieben?

[illegible]

Ausblick: Persönliche Entwicklung und Beziehungen

[illegible]

[illegible]

[illegible]

4

Wechselspiele und Beziehungsmuster «Charakteristische» zwischenmenschliche Phänomene

Über den fortwährenden Austausch von impliziten Botschaften in einer ganz alltäglichen Interaktion.

•

Wie das zwischenmenschliche Wechselspiel von den Charaktermustern mit gesteuert wird.

•

Welche Blickwinkel man wählen kann, um Zwischen-Menschliches zu beschreiben, und auf welche Modelle wir zurückgreifen.

•

Wie gleichförmige Wechselspiele zu Beziehungsmustern werden.

Interaktion: Das Wechselspiel der Muster

«Man kann sich schwer vorstellen, wie *irgendein* Verhalten in Gegenwart eines anderen ohne Wirkung auf das Wesen der Beziehung zwischen diesen beiden Menschen bleiben könnte, und wie es sich daher vermeiden ließe, den anderen zu beeinflussen.»[1] – Respektive von ihm beeinflußt zu *werden.*

«Was sagen Sie, nachdem Sie ‹guten Tag› gesagt haben?»[2]

Ⓥ Betreten Sie in Gedanken doch noch einmal jenes Szenario aus dem 2. Kapitel. Stellen Sie sich vor, die Hauseinweihungsparty ist bereits voll im Gange, und Sie gehen, ein Glas Sekt in der Hand, auf eine Ihnen unbekannte Person zu.

Wenn Sie mögen, erfinden Sie nun einen kleinen Dialog, wie sie Kontakt zu der unbekannten Person aufnehmen. Was sagen und tun Sie? Was empfinden Sie dabei? Wie reagiert Ihrer Vorstellung nach die andere Person? Schreiben Sie die ersten Sätze dieses fantasierten Dialogs auf.

Wir haben das auch versucht. Unser Beispiel sieht so aus:

«Hallo, ich bin Karl. Ist ja eine super Party hier – ich wußte gar nicht, daß X einen so großen Bekanntenkreis hat.» (Zwischen den Zeilen: ‹Ich kenne hier nicht allzu viele Leute. Du kannst mich duzen. Erzähl etwas.› Oder so ähnlich.)

«Ich bin Monika; ich hab vor zwei Jahren mit X in einem Forschungsprojekt zusammengearbeitet. Und du – woher kennst du ihn?» (Zwischen den Zeilen: ‹Das Du ist für mich in Ordnung. Mal sehen, ob wir ein gemeinsames Gesprächsthema finden.› Oder so ähnlich.)

«Oh! Diese Monika bist du also! Er hat mir damals immer wieder von dir erzählt und wie gut ihr euch verstanden habt. Ich kenne X schon seit 20 Jahren, wir sind zusammen zur Schule gegangen und sind seither befreundet.» (Zwischen den Zeilen: ‹Von mir aus brauchen wir das Forschungsprojekt als Vehikel zum Kennenlernen nicht, wir können gleich persönlich werden.› Oder so ähnlich.)

(Wenn Sie «Monika» wären: Was wäre Ihre nächste Reaktion?)

Solche kleinen Weichenstellungen und kommunikativen Rangiermanöver laufen in einem Gespräch blitzschnell und «unter der Hand», bzw. «zwischen den Zeilen» ab. Man braucht schon ein kommunikationspsychologisches «Vergrößerungsglas»[3] und die Zeitlupe, damit man sie überhaupt bemerkt.

Wir teilen immerzu mehr mit, als wir sozusagen «offiziell» von uns geben. Neben dem (offiziellen) Sach- und Informationsgehalt unserer Mitteilungen gibt es immer auch eine («inoffizielle») Verpackung: Augenbewegungen, Gesichtsmuskulatur, Körperbewegungen, Tonfall – alles das «spricht» ebenfalls. Je nachdem unterstreicht diese «Verpackung» die offizielle Aussage – etwa wenn «Monika» ihren Gesprächspartner anlacht. Oder sie schwächt die Mitteilung ab – etwa wenn «Monika» unwillkürlich einen Schritt zurücktritt, während sie mit «Karl» weiterspricht. Oder das nichtsprachliche Verpackungsmaterial drückt das Gegenteil von dem aus, was sprachlich mitgeteilt wird, zum Beispiel, wenn Karl sagt: «Das ist ja interessant, darüber mußt du mir mehr erzählen!», dabei aber den Kopf zur Seite dreht und jemandem zuwinkt. Die vielfältigen Signale der Körpersprache (das *Wie*) kommentieren unentwegt das, *was* wir sagen. Absichtlich oder unabsichtlich teilen wir in diesen Kommentaren unseren Interaktionspartnern «zwischen den Zeilen» so etwas mit wie: «Schau her – so bin *ich*. So sehe ich im Moment unsere *Beziehung*. Ich *möchte*, daß du...»[4]. Wir «definieren» durch diese Kommentare die Beziehung.

Wenn zwei Personen mit verschiedenen Charaktermustern es miteinander zu tun bekommen, hat jede dieser Personen, bildlich gesprochen, ihr Muster als «Kontakt-Standardausrüstung» unbemerkt dabei. Und zwischen den Zeilen strickt sie – aus der Wechselwirkung der beiden individuellen Strickmuster – die «Gestalt» der Interaktion dieser beiden Personen.

Gewisse Gesprächsthemen zwischen den beiden Personen sind «interessant» und «energiegeladen», andere eher peinlich und unangenehm. Können Sie sich vorstellen, daß zum Beispiel VIER am liebsten über sich selbst spricht, während FÜNF erst mal lieber «bei der Sache» bleiben möchte, wohingegen ZWEI sich automatisch für die andere

Person interessiert? Und wie schon bei den ersten Rangiermanövern am Beginn einer Interaktion die beiden beteiligten Personen unter der Hand gemeinsam «aushandeln» müssen, welche Form und welchen Verlauf ihre Unterhaltung annehmen wird? Jeder sucht, aus der eigenen Kontakt-Standardausrüstung heraus, nach dem passenden Anknüpfungspunkt beim anderen.

Können Sie sich vorstellen, auf welche Weise die aus dem Charaktermuster stammenden zentralen Bedürfnisse und Motive in einer konkreten Interaktion immerzu mit Regie führen? Da sind zum Beispiel Rechthabenwollen, Sich-automatisch-Kümmern, Selbstdarstellung, Verstandenwerdenwollen, Distanz, Vorsicht und Absicherung, Vergnügen, Lust und Eigenständigkeit, Harmonie usw.

Ob ich mich mit einer anderen Person spontan «wohl» fühle oder «gehemmt» oder «verunsichert» oder «genervt» – das hat immer *auch* damit zu tun, wie ich aus meinem Muster heraus die «Aktionen» und «Reaktionen» des anderen in meine Richtung wahrnehme und erlebe.

Das Charaktermuster als Kontakt-Standardausrüstung sorgt auf einer halbbewußten Ebene für die Verpackung unserer Mitteilungen und wählt auch die Gesprächsinhalte mit aus. Es steuert die zwischenmenschliche Interaktion, indem es mit darüber «entscheidet», ob ich die Beziehungsdefinitionen meines Gesprächspartners akzeptiere, durchgehen lasse, zurückweise oder ignoriere. Aus dem Wechselspiel der Charaktermuster strickt sich die «Gestalt» unserer Interaktion.

Natürlich wäre es zu einfach, wenn wir behaupten würden, damit wäre *alles* über Form, Inhalt und Verlauf einer konkreten Interaktion zwischen zwei Personen ausgesagt. Die jeweilige «Tagesform» (die momentane Stimmungslage, die körperliche Verfassung usw.), äußere Bedingungen (Ungestörtheit oder dauernde Unterbrechungen usw.) und vorgegebene Rollen (Lehrer-Schüler, Vorgesetzter-Untergebener usw.) wirken natürlich gestaltend mit. Dennoch messen wir dem Charaktermuster eine entscheidende Bedeutung bei. Es beeinflußt nämlich nicht unerheblich, *auf welche* Weise wir in einer konkreten Interaktion auch diese anderen Gestaltungsfaktoren des zwischenmenschlichen Wechselspiels erleben und handhaben. Die jeweiligen Stile des Wahrnehmens, Denkens, Fühlens und Verhaltens bestimmen letztlich den *Stil der zwischenmenschlichen Interaktion.*

Zurück zu «Monika» und «Karl»: Nehmen wir an, Monikas Enneagramm-Muster sei NEUN, wohingegen Wahrnehmungsorganisation, Erleben und Verhalten von Klaus nach dem Muster ZWEI gestrickt sind. Wie könnte man sich dann die Fortsetzung ihrer Unterhaltung vorstellen?

Monika fühlt sich durch Karls «Oh, diese Monika bist du!» innerlich aufgewertet und wichtig genommen. Sie «wächst» in diesem Moment innerlich ein bißchen und erzählt ausführlich einige Geschichten über den guten Teamgeist in jenem Forschungsprojekt. Karl hört interessiert und engagiert zu. Er würdigt durch seine Äußerungen Monikas Rolle als «gute Seele des Kollegenteams». Ihre unaufdringliche Art ist ihm ebenso sympathisch wie jenes feine Lächeln, das immer dann über ihr Gesicht huscht, wenn er sie mit einer einfühlsamen Äußerung als Person bestätigt. (Anmerkung: Wenn Karls Aufmerksamkeitsorganisation vom Muster EINS gesteuert wäre, würde er Monikas Ausführungen vielleicht etwas «weitschweifig» finden, da sie sich immer wieder in nebensächliche Details verliert, und er würde «offiziell» höflich zuhören, «inoffiziell» aber irgendwann Signale von Ungeduld von sich geben, ohne es selbst zunächst zu bemerken.) Monika fühlt sich in Karls Gegenwart sehr wohl. Sie schätzt die Art, wie er sich auf sie einstellt und sie wichtig nimmt. Die vielfältigen Signale, die die beiden kommentierenderweise zwischen den Zeilen austauschen, sind ihnen nicht unbedingt bewußt, aber sie fühlen sich beide am Ende der Unterhaltung so wohl, daß sie eine Verabredung für die kommende Woche treffen, weil nicht genug Zeit war, daß Karl auch ausführlich von sich hätte erzählen können.

Nehmen wir nun einmal an, Monikas Wahrnehmung, Erleben und Verhalten wären nach dem Enneagramm-Muster FÜNF organisiert. Vermutlich würde sie bei Karls «Oh, diese Monika bist du?» innerlich ein wenig zusammenzucken («Du rückst mir zu schnell auf die Pelle! Was weißt du von mir, was ich nicht weiß, daß du es weißt?»). Sie würde das Gespräch «automatisch» zumindest für eine Weile betont sachlich halten. Für Karl (ZWEI) wäre das mühsamer, da seine Kontakt-Standardausrüstung auf die Bedürfnisse und Gefühle der anderen Person «geeicht» ist.

Noch einmal: Sinn und Unsinn von Modellen

Wenn wir versuchen, Zwischen-Menschliches zu beschreiben (also «Interaktionsphänomene» oder «die Beziehung»), geraten wir unweigerlich in eine Situation, in der wir ohne Modellvorstellungen (in Kapitel 1 «Landkarte» genannt) nicht zurechtkommen können. Jede (alltägliche oder auch wissenschaftliche) Aussage über Zwischen-Menschliches ist, strenggenommen, zunächst eine *Hypothese*, die aus einem (impliziten oder expliziten) *Deutungsmodell* stammt. Es geht schlichtweg nicht anders!

Sie haben es oben wahrscheinlich schon bemerkt: In dem Beispieldialog zwischen «Karl» und «Monika» sind die Anmerkungen zu dem, was «zwischen den Zeilen» transportiert wird, zwar nicht völlig beliebig, aber eben doch ein bißchen Geschmackssache. Man müßte die beiden schon selbst fragen, ob sie diesen Deutungen zustimmen, bzw. ob sie sich mit *ihrem* Erleben darin wiederfinden können. Es wäre ein nicht ungefährlicher Un-Sinn, wenn wir auf der Richtigkeit solcher Deutungen bestehen würden. Hypothetische Aussagen sind dazu da, überprüft zu werden, damit sie notfalls durch neue (bessere, genauere) ersetzt werden können. Das Kriterium für die Richtigkeit einer (hier aus dem Enneagramm-Modell abgeleiteten) Deutung des Interaktionsgeschehens zwischen zwei Personen können nur diese beiden *selbst* liefern!

Hypothesen über die Interaktion sind «reine Konstruktionen und nicht feststellbare Tatsachen oder gar platonische Wahrheiten. Die Art und Weise, wie eine Beziehung von den Beziehungspartnern gesehen wird, entzieht sich jeder objektiven Verifikation»[5].

Erinnern Sie sich daran, was wir im Einleitungskapitel über «Sinn und Unsinn von Modellen» gesagt haben? Ob ein Modell «gut» ist, das hat nichts mit «Wahrheit» zu tun, sondern mit «Nützlichkeit» (und «Nützlichkeit» ist ein *subjektives* Kriterium!).

Wenn wir das oft unübersichtliche und verwirrende «Gelände» der zwischenmenschlichen Beziehungen betreten und uns dort orientieren möchten, dann reicht das Enneagramm-Modell allein nicht aus, da die neun Enneagramm-Punkte individuelle Charaktermuster beschreiben. Für die Interpretation der Wechselwirkungen *zwischen* den Mustern brauchen wir zusätzliche psychologische Konzepte und Modelle («Landkarten»)..

Zunächst müssen wir dabei *entscheiden*, von welchem Standpunkt aus wir diese Wechselwirkungen interpretieren. Man kann dabei prinzipiell zwei Perspektiven einnehmen: das Beziehungsgeschehen aus dem Blickwinkel der Person A und dann aus dem Blickwinkel der Person B. Wir nennen das die individuelle Perspektive. Oder man tritt quasi aus der Interaktion heraus und betrachtet das System A-B von außen als Ganzes. Wir nennen das die systemische Perspektive. Da wir finden, daß diese beiden Perspektiven sich keinesfalls gegenseitig ausschließen, sondern einander sinnvoll ergänzen, verwenden wir für das «Enneagramm unserer Beziehungen» beide.

Die individuelle Perspektive: Selbstverstrickung und Beziehung zu anderen

Wenn wir die individuelle Perspektive wählen, dann richten wir das Augenmerk auf *eine* der an einer Interaktion beteiligten Personen. Wir tun das auch im Alltag immer dann, wenn wir uns selbst Klarheit verschaffen wollen über die Art unserer Beziehung zu jemandem: Was ist mit mir los, wenn ich mit B zu tun habe? Wie reagiere ich auf B und warum? Wie reagiert B auf mich, was kriege ich davon mit? Auf welche Weise versuche ich in unserer gemeinsamen Interaktion, mein «Spiel» nach meinen Regeln zu spielen? Wie heißt meine Kontakt-Standardausrüstung? Was kenne ich da schon von mir, nach dem Motto: Immer, wenn B..., dann...? Was von mir reagiert da? Auf welche Verhaltens- und Erlebensaspekte von B reagiere ich (aufgrund meiner Spielregeln) besonders erfreut bzw. besonders kritisch, ängstlich, ärgerlich usw.? Wie kann ich mir zum Beispiel begreiflich machen, daß ich mich über gewisse Verhaltensweisen von B chronisch ärgere, während C ebendiese Verhaltensweisen offenbar chronisch bewundert? Was ist da mit mir, mit B und C eigentlich los?

Solche Fragen interessieren uns, wenn wir die individuelle Perspektive einnehmen.

Projektion: Die «gefärbte Brille»

Wir haben gesagt: Das Charaktermuster gestaltet u. a. die Organisation unserer Aufmerksamkeit. Wir nehmen immer *selektiv* wahr (wir können gar nicht anders, als aus der Fülle der uns angebotenen «Signale» zu *wählen*), und das Wahrgenommene hat subjektiv jeweils eine spezifische Bedeutung für uns, das heißt, wir fügen dem Wahrgenommenen von «unserer Seite aus» auch immer noch etwas hinzu. Wahrnehmungsselektion und Bedeutungsgebung, vom Charaktermuster her unwillkürlich «gesteuert», spielen in jede Interaktion hinein. Der Eindruck, den eine andere Person auf mich macht, ist immer auch gefärbt von meinen eigenen Voreingenommenheiten.

Diese «Wahrnehmungsveränderung» gilt auch für positive Bilder: Die andere Person wird in meinen Wünschen dann zum potentiellen Erfüller meiner Sehnsüchte, wobei auch das Risiko besteht, daß ich desillusioniert werde. Das Bild, das ich vom anderen habe und auf das ich mich beziehe, sagt mir immer auch etwas über die «Brille auf meiner eigenen Nase».

Hier haben wir es nun mit einer «Tiefendimension» zwischenmenschlicher Wechselspiele zu tun, die von der Psychoanalyse als *Projektion*[6]* beschrieben wird. Man kann sich das so vorstellen: Je «tiefer» jemand in die Selbstverstrickungsspirale seines individuellen Charaktermusters hineingerät, desto verzerrter und verengter wird diese Person ihre Beziehungspartner wahrnehmen und erleben, desto mehr wird sie die Äußerungen der anderen im Sinn der eigenen unbewußten Voreingenommenheiten uminterpretieren. Die Umgangssprache hat dafür treffende Sprachbilder parat: Man sieht nur noch «rot» (vor Wut), man ist «blind» (vor Verliebtheit), und der Angsthase sieht in jedem Schatten ein Ungeheuer.

Aus der Selbstverstrickungsspirale von EINS heraus wird durch die Projektion die andere Person zum «Kritiker», und man rechtfertigt sich gegenüber Vorhaltungen, die der andere gar nicht gemacht hat. Aus dem tief selbstverstrickten Muster ZWEI heraus hilft man jemandem aus einer «Notlage» heraus, in der die andere Person sich gar nicht befindet. Wenn die ganze Selbstachtung an der billigenden Anerkennung des anderen hängt (selbstverstrickte DREI), wird dem anderen etwas «geboten», was der gar nicht haben will. Die selbstverstrickte VIER deutet jede eigenständige Reaktion des Beziehungspartners in «Du verstehst mich nicht!» um. Wenn FÜNF tief im unbewußten Mechanismus des eigenen Musters steckt, dann wird jeder bedrohlich, der etwas von ihr möchte. Wenn die Selbstverstrickungsspirale von SECHS heißläuft, dann haben alle Beziehungspartner geheime «böse Absichten», die sie nicht offenlegen. Die tief selbstverstrickte SIEBEN macht jemanden, der sie angreift, krampfhaft zu jemandem, der es gut meint. Aus der selbstverstrickten Innenwelt von ACHT heraus werden Präventivschläge gegen vermeintliche Gegner geführt. Die unbewußte NEUN kriegt einfach nichts mit – sie «schläft» und wundert sich allenfalls, wie sehr andere sich anstrengen, um unnötige Streitereien zu veranstalten.

Das sind kurze Enneagramm-Spots über die «Beziehungsblindheit», die um so größer ist, je «gestörter», «neurotischer», «unbewußter» – oder in unserer Terminologie «selbstverstrickter» – jemand in der Interaktion mit anderen ist. In solchen «gestörten» Interaktionen wird der anderen Person etwas «angedichtet» oder «in die Schuhe geschoben», was mit ihr kaum etwas zu tun hat. Die eigene unbewußte innere Not wird nach außen, auf den anderen verlagert und dort «abgewehrt».[7] Wir wollen diese «Pathologie» zwar nicht zum «Normalfall» erklären, allgemein gültig ist daran jedoch, daß wir unsere Beziehungspartner *immer* von der Perspektive des eigenen Musters aus sehen. Wenn wir auch nicht gerade projektionsbedingt völlig «beziehungsblind» sind, wir sind auch im «Normalfall» immer mehr oder weniger «sehbehindert» und tragen die «Zerrbrille des Charaktermusters» auf der Nase. Durch diese Brille schauen wir auf die anderen und nehmen an ihnen im guten wie im schlechten *selektiv* und in der *Bedeutung verzerrt* das wahr, was zu unserem Muster «paßt», andere Aspekte jedoch kaum oder gar nicht.

Die jeweilige Aufmerksamkeits-, Erlebens- und Verhaltensorganisation der Muster von «Monika» (NEUN) und «Karl» (ZWEI) in unserem Beispiel haben sich gut ergänzt: ZWEI geht mit der Wahrnehmung nach außen, zu den Bedürfnissen und Gefühlen der anderen Person. NEUN «verschmilzt» mit dem Gegenüber (hier: mit dem empathischen «Karl», in dessen Gegenwart sie angstfrei persönliche Geschichten von sich preisgeben kann) und findet darin so etwas wie ein «Ich-Gefühl». Karls Einfühlung läßt Monika innerlich «wachsen», und das stärkt im Gegenzug Karls Selbstbild und Selbstwert. Beide fühlen sich sehr wohl damit. Wäre Monika tiefer in NEUN verstrickt, könnte das alles auch ganz anders ausfallen: Sie könnte Karls Bemühungen um sie als «bedrängend» und fordernd» («Erzähl mir was von *dir*!») empfinden, sich «geschubst» fühlen und in eine Art trotzige Blockade geraten («Wenn ich *soll*, dann mag ich nicht!»). Wäre Karl tiefer in ZWEI verstrickt, dann wäre er wahrscheinlich «tatsächlich» aufdringlicher und «übergriffiger» als der Karl in unserem Beispiel.

Übertragung: Der «unsichtbare Dritte im Bunde»

Wir alle kennen dieses Phänomen aus unseren alltäglichen Beziehungserfahrungen: Kaum sind wir mit einer Person X zusammengetroffen, fühlen wir uns unwillkürlich etwas unbehaglich, können uns das aber nicht erklären. Schließlich hat X uns doch gar nichts getan! Und nach einer Weile fällt einem plötzlich auf: Da ist eine Ähnlichkeit (im Aussehen, in der Art, sich zu bewegen, im Tonfall, in der Benutzung bestimmter Wörter) mit einer «wichtigen» Person aus meiner Lebensgeschichte! So, als hätte die Wahrnehmung dieser Ähnlichkeit unbemerkt die Erinnerungen (und die damit verbundenen Gefühle) an vergangene Beziehungserfahrungen «zugeschaltet». In diesem Augenblick wissen wir dann: Aha, dieses «unbehagliche Gefühl» hat mit *meinen* Erinnerungen an… (Vater, Mutter, Bruder, Schwester, Lehrer, Chef, Ex-Ehepartner usw.) zu tun und stammt nur insofern aus dem gegenwärtigen Beziehungskontext, als es da Ähnlichkeiten gibt, die diese Erinnerungen aktiviert haben.

Die Tiefenpsychologie nennt dieses Beziehungsphänomen, bei dem unter der Hand «der unsichtbare Dritte» ins Spiel kommt, *Übertragung*[8]*. Ich «trage» etwas «Altes» in die aktuelle Beziehung hinein.

Auch von der anderen Seite des zwischenmenschlichen Wechselspiels her kennen wir das wahrscheinlich alle: Da kommt von meinem Gegenüber her etwas «ins Spiel», bei dem ich plötzlich den Eindruck gewinne: Das hat doch mit mir direkt jetzt nichts zu tun! Wie erlebe ich das, wenn ich die Übertragung einer anderen Person «abkriege»?

Vermutlich ist auch das mit einer Art innerem «Unbehagen» verbunden: «Komisch, Y benimmt sich mir gegenüber auf eine Art, die wenig damit zu tun hat, wie ich die Situation erlebe. Hier geht es doch noch um was anderes – aber ich krieg es nicht zu fassen.» Ob dieses «andere» eine für das eigene Empfinden übertriebene Bewunderung, Verehrung, Unterwürfigkeit, Aggression oder Skepsis ist, das ist für das diffuse Unbehagen, das man in so einem Moment empfindet, relativ unerheblich.

Besonders «übertragungsanfällig» sind natürlich Konstellationen, wo wir mit realen Beziehungspartnern zu tun haben, deren Enneagramm-Muster mit dem Muster einer prägenden Person aus unserer Lebensgeschichte übereinstimmt. Da «erinnert» sich das «Kind» in uns rascher und deutlicher als sonst an die Erfahrungen mit Vater, Mutter, Bruder, Schwester, Lehrer usw. Je mehr dann das «innere Kind» in der konkreten zwischenmenschlichen Beziehung unbemerkt die «Regie übernimmt», desto höher ist die Wahrscheinlichkeit, daß das Charaktermuster in die Selbstverstrickungsspirale hineingerät, denn es verstärkt die alten Überlebensstrategien. Je mehr ich mit meiner Übertragung die andere Person «besetze», desto mehr wird diese andere Person sich festgelegt, mißverstanden, eingeengt usw. fühlen, desto mehr wird sie ihrerseits aus ihrem Muster heraus reagieren (und das ist dummerweise dasselbe Muster wie das von Vater, Mutter usw.), desto ähnlicher wird sie in meinen Augen aber «wirklich» dem «unsichtbaren Dritten», desto wahrscheinlicher wird es, daß sich die früheren Verletzungserfahrungen für das «innere Kind» wiederholen («negative» Übertragungsdynamik)!

Im zwischenmenschlichen Beziehungsgeschehen kann aber genauso gut die ungestillte Sehnsucht des «inneren Kindes» die Regie übernehmen. Die Sehnsucht malt das Bild der anderen (verehrten, bewunderten, geliebten) Person in den allerschönsten Farben («positive Übertragung»). Das ist – wiederum abhängig vom eigenen Charaktermuster – für diese Person mehr oder weniger angenehm. («Locken» zum Beispiel Personen mit dem Muster DREI – bei entsprechender «Übertragungsbereitschaft» ihrer Beziehungspartner – unbemerkt positive Übertragungen hervor, weil sie die Bewunderung für ihr eigenes Selbstwertgefühl so sehr brauchen?) Mit der Zeit wird sich aber auch in der Beziehungsdynamik der positiven Übertragung ein Unbehagen beim Partner einstellen, der dann das Gefühl hat, es würde jemand aus ihm gemacht, der er der eigenen Einschätzung nach nicht ist. «Was, wenn ich mich als weniger verläßlich, intelligent, einfühlsam usw. erweisen sollte, als mir zugeschrieben wird? Irgendwie fühle ich mich hier auf eine ‹Rolle› festgelegt, die ich für den anderen zu spielen habe und in der ich mich nicht wirklich wiederfinde!»

Die Beziehungsaspekte «Verletzungspunkt» und «Kontaktsehnsucht» (siehe 2. Kapitel) geben Hinweise darauf, welche negativen und positiven «Übertragungsbereitschaften» jeweils in den neun Enneagramm-Mustern stecken. Und auch die Art, wie Menschen gewohnheitsmäßig reagieren, wenn sie zum Gegenstand von Übertragungen werden, ist keinesfalls zufällig, sondern stark vom eigenen Charaktermuster beeinflußt[9]*.

Wie könnte in unserem Beispiel das für «Monika» (NEUN) und «Karl» (ZWEI) so befriedigend verlaufende Gespräch unter dem Gesichtspunkt der Übertragungsdynamik und der daran beteiligten «inneren Kinder» gedeutet werden?

Vielleicht lebt in Monika ein schüchternes kleines Mädchen, das schon früh eine Strategie von Unauffälligkeit und Friedfertigkeit ausgebildet hat. Und das sich vor aggressiven eigenen Selbstbehauptungsimpulsen so sehr fürchtet wie vor der Wut anderer Leute. Vielleicht waren die Ich-Impulse dieses Mädchens übersehen oder unwirsch («Sei still!») abgetan worden. Dieses «innere Mädchen» sehnt sich zutiefst danach, wichtig genommen zu werden, und blüht regelrecht auf, wenn jemand erscheint, der sich auf eine unaufdringliche Art für den Menschen «Monika» interessiert.

Das «innere Kind» von Karl könnte man sich eventuell vorstellen als einen verständnisvollen Jungen, der früher die Wertschätzung seiner problembeladenen und überforderten Mutter sich dadurch zu «erkaufen» und zu erhalten wußte, daß er sensibel auf ihre Bedürfnisse und Nöte einging. Monikas offenkundige Freude über das ihr entgegengebrachte Interesse und Verstehen ließe deswegen den «einfühlsamen kleinen Karl» zu großer Form auflaufen.

So könnten in unserem Beispiel (hypothetisch) die jeweiligen Übertragungsbereitschaften aus beiden Mustern ineinandergreifen und einen guten Kontakt stiften.

Ⓥ Wenn Sie mögen: Gönnen Sie sich wieder eine Lesepause für ein Selbsterforschungsexperiment. Strecken Sie sich ein wenig, und holen Sie ein paarmal tief Luft. Rufen Sie sich nun zwei Menschen aus ihrem gegenwärtigen Leben ins Bewußtsein: Eine Person A, mit der Sie «gut können». Und eine Person B, mit der Sie «nicht gut können». Schreiben Sie die Namen auf je ein Blatt Papier, richten Sie Ihre Aufmerksamkeit nach innen, warten Sie ein wenig und beobachten Sie dann, was für eine körperlich fühlbare Veränderung oder «Resonanz» sich einstellt, wenn Sie sich das «Ganze» Ihrer Beziehung zu A als umfassendes «Thema» der Selbsterforschung wählen. Lassen Sie die Bedeutung, die A für Sie persönlich hat, in Ruhe aus Ihrem ganzheitlichen Resonanzgefühl heraus «entstehen» (ein klares Gefühl, ein Bild, ein Satz, ein Bewegungsimpuls im Körper – was auch immer)... Wie erlebe ich die Beziehung zu A?... Sie können nun noch zwei weitere Schritte versuchen: Welche Information über mein Enneagramm-Muster kann ich der Beziehung entnehmen? Und: Wenn ich mir vorstelle, ich wäre jetzt das «Kind, das ich einmal war», welche Bedeutung hätte A dann, welche Gefühle würden sich verstärken, welche abschwächen, wie würde sich A in meiner Sicht «verändern» (rein räumlich gesehen: Sie wären dann «kleiner» und würden von «unten» nach «oben» gukken!)?... Machen Sie dasselbe Experiment nach einer Verschnaufpause mit der Person B noch einmal.

Die systemische Perspektive: Wechselwirkungen und Beziehungsmuster

Die «systemische» Perspektive wählen wir, wenn wir einen Standpunkt «außerhalb» der Beziehung einnehmen. Die Einzelpersonen rücken in den Hintergrund. Die Aufmerksamkeit richtet sich unmittelbar auf die zwischenmenschlichen *Wechselwirkungen*, das heißt, sie betrachtet das Paar, die Familie, die Gruppe als ein «Ganzes» und untersucht, wie sich die verschiedenen «Teile» aufeinander beziehen, sich zueinander verhalten, zueinander stehen.

Diesen «systemischen» Blickwinkel nehmen wir im Alltag immer dann ein, wenn wir zum Beispiel aus einer hitzigen Diskussion innerlich für einen Moment aussteigen, in die «Vogelperspektive» gehen und das ganze Geschehen wie von außen betrachten, geleitet von Fragen wie: Was läuft hier eigentlich ab? Was liegt hier eigentlich in der Luft? Plötzlich fällt einem dann zum Beispiel auf, daß A immer Richtung Fenster schaut, wenn B zu sprechen beginnt, und dabei nervös auf der Ferse wippt, woraufhin auch C und D den Blickkontakt mit B abbrechen, so daß dieser in den Raum hineinspricht und dabei etwas lauter wird. Aus der «Vogelperspektive» kommt einem das alles dann leicht wie eine Art «Tanz» vor, mit festgelegten «Schrittfolgen», die erst durch das Zusammenwirken der individuellen Tanzschritte einen gemeinsamen «Sinn» ergeben. Ohne das Ineinandergreifen der individuellen Bewegungen kämen uns die Aktionen der Einzelperson ziemlich absurd vor.

Dieses «Ganze», das mehr ist als die Summe der einzelnen Bestandteile und eine *eigene Gestalt* hat (mit eigenen Spielregeln, die sich nicht aus der Addition, sondern der Neukombination «individueller» Spielregeln ergeben), interessiert uns, wenn wir die «systemische Perspektive» wählen, um Beziehungsphänomene zu betrachten. Folglich werden individuelle Eigenheiten als «sinnvoller» Aspekt des ganzen *Systems* angesehen und nicht «in» der Einzelperson (ihrer «Pathologie», ihrem «Charakter») angesiedelt.

So ist zum Beispiel häufig zu beobachten, daß die «Genesung» eines Familienmitglieds mit einer psychiatrischen Diagnose innerhalb des Familiensystems keineswegs mit Erleichterung aufgenommen wird – im Gegenteil: Die anderen Familienmitglieder suchen nach Belegen, daß es mit der Besserung doch nicht so weit her ist. Oder ein anderes Familienmitglied produziert «spontan» ein neues Symptom. Systemisch betrachtet: Die Familie als Ganzes «benötigt» offenbar zur Aufrechthaltung ihres Systems (ihres «Familientanzes») einen «Patienten». Ähnliches gibt es auch in Arbeitsteams und anderen Gruppen, wenn ein Mitglied versucht, aus der Rolle des Sündenbocks herauszukommen. Je «pathologischer» ein solches System ist, desto starrer und «unbewußter» sind seine «Spielregeln» und desto weniger ist das System in der Lage, neue Regeln einzuführen, bzw. Regeln für die Veränderung bestehender Regeln zu entwickeln. In solchen Fällen bedarf es, so die systemischen Therapeuten, Interventionen, die das System und seine impliziten Spielregeln von außen ändern: «Von einem System, das alle ihm möglichen internen Veränderungen durchlaufen kann, ohne eine Veränderung seiner selbst zu erreichen, sagt man, daß es in einem Spiel ohne Ende gefangen ist. Es kann die Voraussetzung für die Lösung nicht aus sich selbst hervorbringen; es ist ihm unmöglich, die Regeln für die Veränderung seiner eigenen Regeln einzuführen.»[10]

So ist es bei dieser Betrachtungsweise nicht mehr möglich, die Ursache für das eigene Verhalten in den Eigenheiten der anderen Person zu sehen, (nach dem Motto: «Ich benehme mich ja nur so, weil du...»). Zwischenmenschliche Interaktion ist immer kreisförmig und nicht linear; «Ursachen» und «Wirkungen» wechseln ständig von einem Systemteil zum anderen. Die «Wirkung» einer «Ursache» wird zur «Ursache» einer neuerlichen «Wirkung», und die Frage «Wer hat angefangen?» ist so unlösbar wie die Frage, ob am Anfang die Henne war oder das Ei.

Blickt A zum Fenster hinaus, weil B mit den Fußspitzen wippt? Oder wippt B mit den Fußspitzen, weil A zum Fenster hinausschaut? Spricht B lauter, *weil* A, C und D sich abwenden? Wenden diese drei sich ab, *weil* B mit den Fußspitzen wippt und lauter spricht?[11]*

Von der systemischen Perspektive aus haben wir immer den ganzen «Tanz» aus aufeinander bezogenen Aktionen und Reaktionen im Blick, deren Wechselwirkung einen Sinn ergibt, der den «Einzeltänzern» nicht unbedingt bewußt ist. Wenn dann Störungen im «System» auftauchen (Streit, Spannungen, Symptome), wird nicht nach «Einzeltätern» oder «Patienten» gefahndet, sondern nach den Gleichgewichtsstörungen des Systems (und seiner Regeln für die kreisförmigen Interaktionen: «Regelkreise»).

Wechselwirkungen

Kehren wir zu «Monika» und «Karl» zurück. Nehmen wir an, sie hätten sich an jenem denkwürdigen Abend nicht nur angeregt und sehr persönlich unterhalten, sondern sich auch ineinander verliebt, häufiger getroffen und inzwischen – ein halbes Jahr später – eine gemeinsame Wohnung genommen. Es ist Sonntagabend, sie sitzen gemütlich beim Essen, und Karl erzählt begeistert von dem Workshop, an dem er übers Wochenende teilgenommen hat. Er hat viele intensive Gespräche in den Pausen geführt und ist noch ganz erfüllt von den interessanten Leuten, die er getroffen hat. Monika hört geduldig zu, fühlt sich aber diffus immer unbehaglicher. Es überkommt sie eine bleierne Müdigkeit, sie gähnt und möchte zu Bett gehen mit der Begründung, daß sie morgen einen anstrengenden Tag haben wird. Karl reagiert darauf urplötzlich ausgesprochen sauer. Der Abend ist verdorben.

Am nächsten Morgen sprechen sie – auf Betreiben von Karl – darüber, wie es zu diesem ersten Betriebsunfall in der kurzen Geschichte ihrer Beziehung kommen konnte. Karl kann sehen, wie sehr in der abendlichen Unterhaltung sein «Stolz» unbemerkt die Gesprächsregie übernommen hatte. Monika kann ihre unbemerkte «Regisseurin» im nachhinein ebenfalls entdecken: «Ich hatte alles hergerichtet, um es uns gemütlich zu machen, und habe mich den ganzen Tag darauf gefreut, mit dir zu schlafen. Als du dann so weitschweifig erzählt hast, hat mich das wohl geärgert. Aber es fällt mir schwer, das dann deutlich zu spüren, und noch schwerer, das deutlich zu sagen. Statt dessen werde ich müde.»

Monikas unbewußte Regieanweisung stammt aus der emotionalen Grundhaltung, die im Enneagramm «Trägheit» heißt. Bisher war ihre Beziehung geprägt davon, daß Karl (ZWEI) und Monika (NEUN) einander jeden Wunsch von den Augen ablesen konnten und «optimal» aufeinander eingestellt waren (zwei Muster mit unterschiedlichen Verschmelzungstendenzen). Genau diese positive Beziehungsqualität führte nun zum «Betriebsunfall»: Die Kehrseite der Fähigkeit, sich auf andere einzustellen, ist bei NEUN der unbewußte Verzicht auf die eigene Autonomie und die automatische Unterdrückung von Zorn. Die Kehrseite der Fähigkeit, sich auf andere einzustellen, ist bei ZWEI die Angst vor Ablehnung und Zurückweisung (das bedeutet «Streß», und Karl «rutscht nach ACHT», als Monika die schönen Erlebnisse, die er – aus seiner Sicht – ihr «geben» möchte, nicht annehmen mag). So könnte man vom Enneagramm her diese kleine Szene verstehen. Und man kann sich weiterhin vorstellen, daß dieser verdorbene Abend für die «unangenehmen», «nervenden» und potentiell verletzenden Aspekte des Verhältnisses von Karl und Monika zueinander «typisch» werden könnte, wenn sich – mit immer wieder anderen Inhalten und «Problemen» besetzt – diese Art von Wechselspiel wiederholen würde, ohne daß es noch Sinn machen würde, der Frage nachzugehen, was «Ursache» (oder: wer «Täter») und was «Wirkung» (oder: wer «Opfer») in dem wechselseitigen Aufeinander-Bezogensein ist. Wenn wir den enneagrammatischen Verstrickungsteufel an die Wand malen, dann würde aus diesem idealen, verliebten Paar, das sich «automatisch» in je spezifischer Weise aufeinander einzustellen in der Lage ist, eine Beziehungskiste, in der folgender «Streß» rotiert: Je mehr NEUN auf «stur» und «träge» schaltet (passive Aggression), desto «aktiver» und «fordernder» wird ZWEI, desto geschubster fühlt sich NEUN, desto wütender wird ZWEI (Selbstverstrickungsspirale Richtung ACHT), desto offener brechen Angst, Unsicherheit und Mißtrauen bei NEUN aus (Selbstverstrickungsspirale Richtung SECHS), die Beziehung «landet» in einem Konglomerat von Wut und Angst und in dem gegenseitigen Vorwurf «Was ist nur aus dir geworden – du ‹bist› nicht mehr die Person, in die ich mal so verliebt war!»

Der so positive Kreislauf ihres Wechselspiels wäre gekippt in einen «Teufelskreis» (zum Glück haben «Monika» und «Karl» ihren «Betriebsunfall» gleich besprechen können, bevor durch eine Ansammlung ähnlich ablaufender Wechselspiele das Kind ihrer Beziehung derart in den Brunnen fallen konnte.

Dieses Wechselspiel des Aufeinander-Reagierens läßt sich grafisch darstellen:

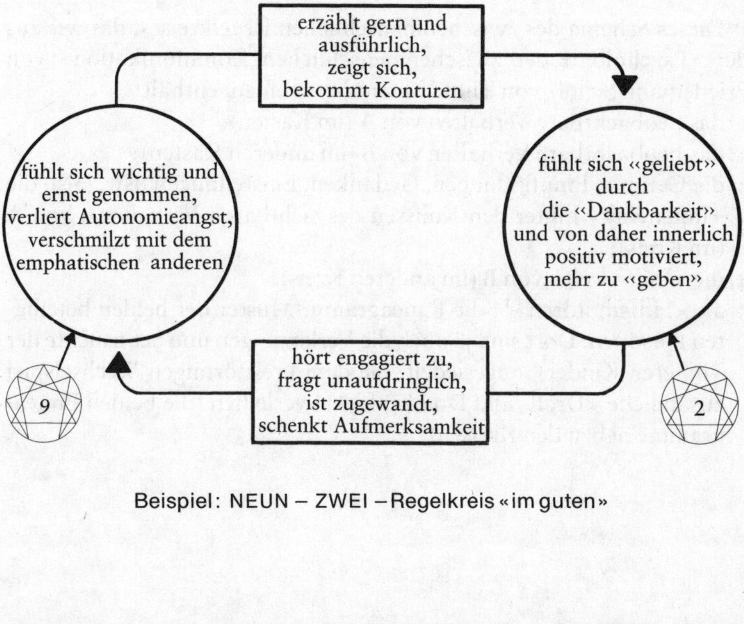

Beispiel: NEUN – ZWEI – Regelkreis «im guten»

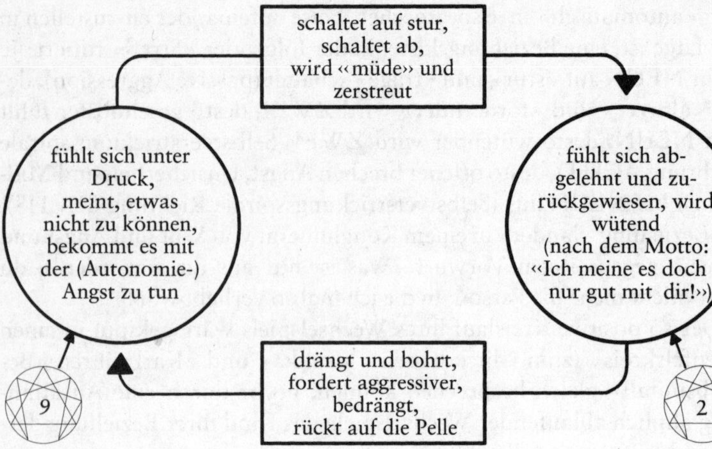

Beispiel: NEUN – ZWEI – Regelkreis «im bösen» («Teufelskreis»)

Dieses Schema des zwischenmenschlichen Regelkreises, das wir aus der «Psychologie der zwischenmenschlichen Kommunikation» von Friedemann Schulz von Thun[12] hier übernehmen, enthält

1. das beobachtbare Verhalten von A (im Kasten);
2. das beobachtbare Verhalten von B (im anderen Kasten);
3. die Gefühle, Empfindungen, Gedanken, Einstellungen usw. (also die «Innenwelt» hinter den Kulissen des sichtbaren Verhaltens) von A (im Kreis);
4. die «Innenwelt» von B (im anderen Kreis);
5. als «Hilfsmotoren»[13] die Enneagramm-Muster der beiden beteiligten Personen. Dort sind ja auch die Verletzungen und Sehnsüchte der «inneren Kinder» angesiedelt, die dem kreisförmigen Wechselspiel zusätzliche «Drall- und Drehkräfte»[14] verleihen (die beiden Enneagramme neben den Kreisen).

Das Beziehungsmuster

Wenn eine Beziehung zwischen zwei Menschen über einen längeren Zeitraum andauert, bei (Ehe-)Paaren, Freunden und in Arbeitsbeziehungen zwischen Kollegen oder Chefs und Untergebenen, dann spielt sich zwangsläufig zwischen diesen Personen ein bestimmter Stil des Umgangs miteinander ein. Man weiß immer schon ungefähr, welche Reaktionen von der anderen Person kommen werden. Man stellt sich unwillkürlich im eigenen Erleben und Verhalten darauf ein und verhält sich «prophylaktisch». Aus dem zu Beginn der Beziehung noch variantenreichen Wechselspiel ist durch Wiederholung, Gewöhnung und Verfestigung ein *Beziehungsmuster* geworden.

Als Beziehungsmuster bezeichnen wir (in unserem Theoriekontext) ein «chronifiziertes» Wechselspiel zwischen zwei Charaktermustern.

Ein Beziehungsmuster ist demnach

– ein bestimmter Stil des Umgangs miteinander (wie wir einander wahrnehmen, was wir voneinander denken, wie wir gefühlsmäßig zueinander stehen, wie wir aufeinander reagieren),
– der uns zur (lieben oder unliebsamen) Gewohnheit geworden ist und uns deshalb «normal» vorkommt,
– der weitgehend automatisiert ist, in den wir unabsichtlich immer wieder hineingeraten und der zwischenmenschlich eine Art Eigendynamik entwickelt («Wieso streiten wir uns eigentlich seit Jahren über immer wieder dieselben Dinge?»),
– in dem die (systemische) «Tatsache» im Erleben der Beteiligten keine Rolle spielt, daß sie beide «Täter» *und* «Opfer» in einem zirkulären «Spiel» sind, das aus sich heraus kein Ende setzen kann,
– in dessen «Untergrund» und «Hintergrund» *wechselseitige* Übertragungen wirksam sind, die (in «pathologischen» Beziehungsmustern) beide auf «alte» Erlebens- und Verhaltensweisen festnageln und die früheren Dramen immer wieder inszenieren, ohne daß einer der beiden daran «schuld» wäre.

Erinnern Sie sich daran, wie wir eingangs das Charaktermuster beschrieben haben? Sie finden hier dieselben Merkmale wieder – diesmal verwendet für das «Strickmuster» einer länger andauernden Beziehung, also das, was man den «Charakter einer Beziehung» nennen könnte. Noch einmal: Das Beziehungsmuster ist *mehr* als die Summe der individuellen Charaktermuster! Eins plus eins ist in diesem Fall mehr als zwei.

Sicher ist Ihnen schon oft aufgefallen, daß Sie nicht ganz genau «derselbe Mensch» sind, je nachdem, ob Sie mit Ihrem (Ehe-)Partner, einem langjährigen guten Freund/einer Freundin, einem Vorgesetzten, einem guten Kollegen, Ihrem Vater, Ihrer Mutter beisammen sind. Wir alle bewegen uns in verschiedenen Beziehungsmustern, und der «Charakter» dieser Beziehungen verändert jeweils – mehr oder weniger, je nach Bedeutsamkeit der Beziehung – unsere Wahrnehmung, unser Fühlen, Denken und Verhalten. Wir möchten noch hinzufügen: innerhalb des nicht unerheblichen Spielraums, den uns das Charaktermuster läßt[15].

(V) Wenn Sie mögen: Nehmen Sie «Ihre» beiden Personen A und B von vorhin noch einmal vor, diesmal aber so, als würden Sie sich selbst mit A (danach mit B) in einem Fernsehfilm sehen. Sie können sich Ihren eigenen Fernseher dazu vorstellen, sich selbst gemütlich in den Sessel setzen und das Wechselspiel zwischen Ihnen selbst als «Hauptdarsteller» des imaginären Beziehungsfilms mit der Person A betrachten, die natürlich ebenfalls «Hauptdarsteller» ist. Wie verändert diese «systemische Perspektive» die «Resultate» des Selbsterforschungsexperiments von vorhin, das Sie aus der «individuellen Perspektive» heraus für sich selbst gemacht haben? Kommt da etwas Neues in den Blick?

Abschließende Thesen und Ausblick:

Zwischenmenschliche Interaktionen werden «unter der Hand» von den Charaktermustern der beteiligten Personen mit gesteuert (Stichworte «Standardausrüstung», «Aufmerksamkeitsorganisation», «Übertragungsbereitschaft»).

Beziehungsphänomene sind von außen nicht «objektiv» (im Sinn von «wahr» oder «richtig») zu beschreiben. Man kann gar nicht anders, als mit Modellen zu arbeiten, die das Beziehungsgeschehen deuten.

Versucht man so eine Deutung, kann man zwei verschiedene Perspektiven einnehmen:

– Die individuelle Perspektive (Wie nehme ich von meinem Standpunkt aus die Beziehung wahr? Was bedeutet diese Beziehung für mich? Welche Beziehungserfahrungen kommen mir «frisch und unmittelbar» vor, was übertrage ich aus anderen, früheren Beziehungserfahrungen?)
– Die systemische Perspektive (Von einem Standpunkt «außerhalb des Systems» betrachtet: Welcher Art ist das Wechselspiel zwischen uns beiden? Welchen «Charakter» hat dieses Wechselspiel/Beziehungsmuster?»)

Nach unserer Überzeugung darf keine der beiden Sichtweisen dogmatisch verabsolutiert werden:

Einseitig-dogmatisches Systemdenken «vergißt» bzw. vernachlässigt, daß jedes der an einer Interaktion beteiligten «Subsysteme» (die «Person» ist ja auch kein einheitliches Etwas, sondern ein – inneres/äußeres – Wechsel- und Zusammenspiel von Gefühlen, Gedanken, Werten, Körperempfindungen usw.) eine persönliche *Geschichte* hat, die u. a. im Charaktermuster «niedergeschrieben» ist. Die Aktions- und Reaktionsmöglichkeiten der Einzelpersonen sind daher begrenzt und keineswegs beliebig vielfältig. Es gibt – wegen der unterschiedlichen Wahrnehmungs-, Denk-, Fühl- und Verhaltensstile – individuell und interindividuell Gleichförmiges im Interaktionsgeschehen, das aus den Lebensgeschichten und Charaktermustern stammt.

Einseitig-dogmatische Orientierung an der Einzelperson «vergißt» bzw. vernachlässigt, daß die «Charaktermuster» eben keine *statischen* Phänomene sind, sondern *beziehungsabhängig* und situationsabhängig stark variieren können. Je nachdem, mit wem ich zusammenbin, «belebe» ich verschiedene Seiten meines Musters. Es gibt Beziehungskonstellationen, da paßt die problematische Seite meines Enneagramm-Musters genau zu den desolaten Aspekten im Muster meines Gegenübers, wir erschaffen (gemeinsam, ungewollt und unbewußt) eine «verhängnisvolle Affäre». In einer anderen Beziehungskonstellation werden meine schlummernden allerbesten Möglichkeiten geweckt, und wir sind einander «Gehilfen zur Freude», wie es in der Bibel heißt. In länger dauernden persönlich bedeutsamen Beziehungen wechseln Erfahrungen mit den «Licht-» *und* «Schattenseiten» der jeweiligen Muster einander ab – in dieser Tatsache liegen auch die besonderen Entwicklungschancen und -aufgaben, aber auch die Risiken von lang dauernden «wesentlichen» Beziehungen (siehe 5. und 6. Kapitel).

Für ein differenziertes Verständnis des «Enneagramms unserer Beziehungen» brauchen wir beide Perspektiven.

5
Wechselwirkungen
Das Enneagramm unserer Beziehungen

Welche Wechselwirkungen sich ergeben, wenn die neun Enneagramm-Muster beziehungsmäßig miteinander zu tun bekommen.

•

Zur Erinnerung und besseren Übersichtlichkeit – ein Kurzüberblick über die Beziehungsaspekte der neun Muster.

•

Konstellationen, die sich nach den Verbindungslinien des Enneagramms zwischen Streßpunkt- und Trostpunktmustern ergeben.

•

Das restliche Spektrum der möglichen Beziehungskonstellationen unter dem Aspekt der Grundenergien.

Überblick über die Beziehungsaspekte der neun Muster

Bevor wir die 45 möglichen Kombinationen der neun Enneagramm-Muster und ihre Wechselwirkungen in Beziehungen betrachten, bringen wir die wichtigsten Beziehungsaspekte noch einmal auf den Punkt. In einem *Kurzüberblick* über jedes Muster wird noch einmal aufgegriffen, was jeder Beziehungspartner von seinem Charaktermuster her in die Beziehung einbringt:

– Der *Aufmerksamkeitsstil*, der jedem Muster eigen ist, legt fest, was ich beim anderen bevorzugt sehe. Welche Haken, aber auch welche Möglichkeiten nehme ich wahr, an denen ich mich dann bevorzugt einhänge? Es beschreibt die Wahrnehmungsverengung durch die dem Muster eigene Optik.
– Das *Kontaktverhalten* ist der Verhaltensaspekt im Beziehungsgeschehen: «Was tue ich und wie tue ich es?»
– Die *Beziehungssehnsucht* und die *Verletzung* greifen noch einmal die Tiefendimension des jeweiligen Musters auf.
– Die *Verwicklungsdynamik* beschreibt die Voraussetzungen zur negativen Eskalation (Teufelskreisdynamik) und den Weg in die Selbstverstrickung durch andere.

Wenn Sie sich die Frage stellen wollen, mit welcher «Optik» kommt mir denn der andere entgegen, dann empfiehlt es sich, den Kurzüberblick der anderen Muster noch einmal zu studieren bzw. auf die ausführliche Version in Kapitel 2 zurückzugreifen.

Wir haben diesen Überblick nach *Bauchenergie-Mustern, Herzenergie-Mustern* und *Kopfenergie-Mustern* gegliedert. In Kapitel 1 wurde deutlich, daß die drei Energien des Enneagramms jeweils mit zentralen Themen korrespondieren. Bei den Bauchenergie-Mustern geht es vom Charakterthema her immer um *Autonomie* («Selbstbehauptung»), bei den Herzenergie-Mustern um *emotionale Versorgung* («Selbstwert» in Abhängigkeit von sozialer Bestätigung) und bei den Kopfenergie-Mustern um *Sicherheit* («Selbstsicherheit»). Diese Aufteilung greifen wir im Abschnitt «Die Vervollständigung des Panoramas» wieder auf.

Die drei Bauchenergie-Muster im Überblick: ACHT, NEUN, EINS

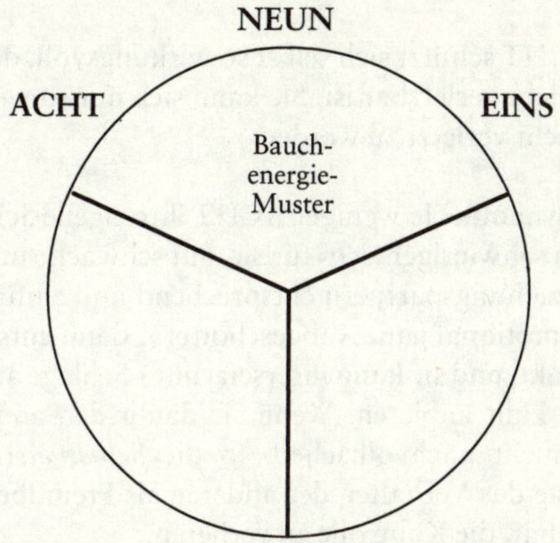

ACHT im Überblick

Aufmerksamkeit: ACHT richtet ihre Aufmerksamkeit in Beziehungen auf die «Ecken und Kanten» des Gegenübers. Ihr Interesse dabei ist, den anderen frühzeitig als «Freund» oder «Feind» auszumachen und den «Freund» zu schützen, den «Feind» jedoch anzugreifen, bevor sie selbst angegriffen wird. Besonders Ungerechtigkeiten und unfaire Aktionen von anderen springen ihr dabei ins Auge. Sie möchte klar sehen können, um für sich die Kontrolle zu behalten. Bei sich selbst nimmt sie überwiegend die starken Anteile wahr und verleugnet die schwachen.

Kontaktverhalten: ACHT möchte im Kontakt wahrgenommen und wichtiggenommen werden und tritt selbstbewußt und raumgreifend auf. Sie zeigt dem anderen ihre «harte Schale», an den «weichen Kern» läßt sie nur wenige Vertraute heran.

Beziehungssehnsucht: Zutiefst sehnt sie sich danach, beim anderen ohne Schutzpanzer dasein zu können und sich schwach und kindlich zu zeigen, ohne verletzt zu werden.

Verletzung: ACHT schützt sich selbst so wirkungsvoll, daß sie emotional praktisch nicht verletzbar ist. Sie kann sich nur so weit öffnen, wie sie sicher ist, nicht verletzt zu werden.

Verwicklungsdynamik: Je weniger ACHT ihre eigene Schwäche zulassen kann, desto schwieriger ist es für sie, auf schwache und verletzliche Anteile von Beziehungspartnern entsprechend und einfühlsam zu reagieren. Ist sie emotional ganz «abgeschottet», dann entsteht kein persönlicher Kontakt, und sie kann ihrerseits nur «Schläge austeilen» oder ihre Stärke als Halt anbieten. Wenn sie damit den anderen verletzt, kann sie das nicht nachvollziehen. In die *Selbstverstrickung* gerät ACHT, wenn sie das Verhalten der anderen als Fremdbestimmung erlebt und Angst hat, die Kontrolle zu verlieren.

NEUN im Überblick

Aufmerksamkeit: NEUN nimmt die anderen, wie sie sind. Ihre Aufmerksamkeit geht in Beziehungen aber tendenziell immer weg von ihren für sie persönlich wichtigen Impulsen und hin zum anderen. Sie versetzt sich in den anderen hinein, identifiziert sich mit ihm und nimmt seinen Standpunkt ein. Ihre eigenen Bedürfnisse und Prioritäten verliert sie dabei aus dem Auge. Auf diese Weise übersieht sie auch lange, wenn ein Konflikt vorhanden ist. Sie registriert jedoch genau, wenn andere in irgendeiner Form Druck auf sie ausüben wollen.

Kontaktverhalten: NEUN verhält sich im Kontakt eher passiv und abwartend. Sie gibt sich freundlich und versetzt sich in den anderen hinein. Dabei verliert sie leicht den Kontakt zu sich selbst und kann sich dann nicht mehr abgrenzen.

Beziehungssehnsucht: NEUN sehnt sich zutiefst danach, vom anderen wichtig genommen und in ihrer Eigenständigkeit geachtet zu werden.

Verletzung: Am verletzendsten ist es für NEUN, wenn si übergangen und nicht wichtig genommen wird. Darau heftigen Wutausbrüchen reagieren.

Verwicklungsdynamik: Je weniger wichtig NEUN sich selbst nimmt und ihren eigenständigen Impulsen vertraut, desto mehr gibt sie in der Beziehung ihren eigenen Standpunkt zugunsten des anderen auf. Auf diese Art macht sie sich selbst unwichtig und wird immer träger. Je langsamer und unentschlossener sie wird, desto mehr provoziert sie andere dazu, Druck auf sie auszuüben. Dieser Druck treibt sie in den passiven Widerstand und macht sie noch unbeweglicher. In ihre *Selbstverstrickung* gerät NEUN, wenn sie sich von anderen übergangen fühlt oder von außen Druck bekommt.

EINS im Überblick

Aufmerksamkeit: Die Aufmerksamkeit von EINS steht immer in Zusammenhang mit einem vergleichenden und bewertenden Denkvorgang. Das, was sie wahrnimmt, wird an einem inneren Gütemaßstab gemessen und in Kategorien (gut/schlecht, vollkommen/unvollkommen, echt/ unecht usw.) eingeordnet. Ihre Aufmerksamkeit wird demnach angezogen von Unvollkommenheiten, Unstimmigkeiten und Fehlern am andern, an der Situation und bei sich selbst. Ebenso richtet sich ihre Wahrnehmung automatisch auf Unerledigtes, Ungelöstes und Unfertiges.

Kontaktverhalten: EINS ist im Kontakt eher zurückhaltend und drängt sich nicht auf. Sie ist bemüht um Korrektheit und Wahrung der Eigenständigkeit des anderen. Sie bietet dem Beziehungspartner ihre Überzeugung an, was für ihn und für die Beziehung gut ist.

Beziehungssehnsucht: EINS sehnt sich nach der vollkommenen Beziehung, in der sie sich nicht mehr anstrengen muß, alles besser zu machen. Sie möchte auch mit ihren unfertigen und fehlerhaften Seiten angenommen werden.

Verletzung: EINS fühlt sich dann verletzt, wenn andere unsauber oder gewissenlos mit ihr umgehen oder versuchen, sie zu maßregeln oder zu etwas zu zwingen.

erwicklungsdynamik: EINS hat die Tendenz, den Beziehungspartner in ihrem Sinne, nach ihrem Ideal perfekt gestalten zu wollen, aus ihrem eigenen Bedürfnis nach Ordnung heraus, denn Ordnung bedeutet für sie Entspannung. Je schlechter sie ihre eigenen Mängel und ungelösten Dinge akzeptieren kann, desto mehr wird sie am anderen «herumverbessern» wollen. Wenn ihr zorniger «Infragesteller» sie treibt, wird sie kein «gutes Haar» mehr am anderen finden können. EINS gerät in ihre eigene *Selbstverstrickung*, wenn sie das Verhalten der anderen als Kritik an ihrer Person erlebt und sich selbst dafür in Frage stellt.

Die drei Herzenergie-Muster im Überblick:
ZWEI, DREI, VIER

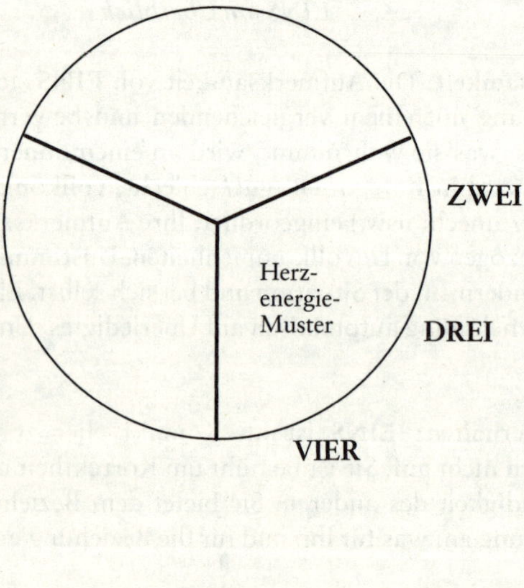

ZWEI im Überblick

Aufmerksamkeit: ZWEI achtet auf das, was der andere braucht und was ihm guttut. Die Aufmerksamkeit ist gepolt auf Anhaltspunkte, wo für den anderen etwas zu tun ist. Sie fühlt sich in den anderen ein und spürt seine verletzten und bedürftigen Seiten. Dem eigenen Bedürfnis nach Zuwendung und Wertschätzung wird wenig Beachtung geschenkt. Es wird jedoch deutlich registriert, wieviel Gegenleistung bzw. Dankbarkeit vom Gegenüber zurückkommt.

Kontaktverhalten: ZWEI sucht nach schwachen, verletzten und bedürftigen Stellen des Beziehungspartners, um sich da nützlich und wertvoll zu machen.

Beziehungssehnsucht: ZWEI möchte wertgeschätzt und in ihrer eigenen Bedürftigkeit erkannt und versorgt werden.

Verletzung: ZWEI ist verletzt, wenn sie für ihre gutgemeinten Hilfeleistungen nicht die Wertschätzung erfährt, die sie erwartet. Ebenso fühlt sie sich verletzt, wenn sie selbst etwas braucht und andere es nicht bemerken.

Verwicklungsdynamik: Je bedürftiger ZWEI ist, desto mehr wendet sie sich anderen versorgend zu, um Wertschätzung dafür zu erfahren. Je mehr ZWEI auf diese Art anderen «auf den Leib rückt», desto größer wird das Verletzungsrisiko (Zurückweisung) für sie. Empfindet sie das Verhalten der anderen als Zurückweisung und mangelnde Wertschätzung, dann gerät sie in ihre eigene *Selbstverstrickung*, ihr Selbstwertgefühl geht «in den Keller». Wenn ZWEI sich verletzt fühlt, geht sie verstärkt auf den anderen zu, um noch besser für ihn dasein zu können und dafür doch noch Wertschätzung zu ernten.

DREI im Überblick

Aufmerksamkeit: DREI richtet in Beziehungen ihre Aufmerksamkeit auf Signale, die ihr mitteilen, was beim anderen gut ankommt und was er von ihr erwartet. Sie versucht in jeder Situation zu erfassen, wie sie sich darstellen muß, damit sie vom Beziehungspartner Aufmerksamkeit und Bewunderung erntet. Ihre Wahrnehmung ist mit ihrer Außendarstellung befaßt, nicht mit ihren wirklichen Gefühlen. Sie weiß, daß ihr Selbstwertgefühl labil ist, achtet aber darauf, daß das nicht nach außen dringt.

Kontaktverhalten: DREI versucht herauszufinden, was beim anderen ankommt, und sich so zu präsentieren. Ihr Kontaktangebot ist: «Ich leiste etwas für dich» und «Ich finde dich gut».

Beziehungssehnsucht: DREI sehnt sich nach Anerkennung ihrer ganzen Person, unabhängig von ihren Leistungen.

Verletzung: Sie ist verletzt, wenn ihre Leistung bzw. ihre Selbstdarstellung beim anderen nicht ankommt. Wenn jemand diese nicht anerkennt, erlebt sie das als Abwertung ihrer ganzen Person.

Verwicklungsdynamik: Je geringer das Selbstwertgefühl von DREI ist, desto mehr ist sie auf die Anerkennung und das Lob der anderen angewiesen. Sie bemüht sich dann, sich von ihrer besten Seite zu zeigen, um dafür möglichst viel Aufmerksamkeit zu bekommen. Je mehr sie sich jedoch bemüht, gut dazustehen, desto unechter, überzogener und hohler wirkt ihr Auftreten. Wird das, was sie präsentiert, abgelehnt, gerät sie in ihre Selbstwertproblematik (*Selbstverstrickung*).

VIER im Überblick

Aufmerksamkeit: Die Aufmerksamkeit von VIER ist vor allem auf ihre eigene Befindlichkeit gerichtet. Sie betrachtet eine Beziehung aus der Perspektive, wie es ihr gerade damit geht. Dabei spürt sie hochsensibel die Gefühlstöne des anderen. Sie hat die Tendenz, das Negative im Anwesenden und das Positive im Abwesenden zu sehen: In der Distanz zum Beziehungspartner sehnt sie sich nach dem Schönen, das sie verbindet. In der Nähe sieht sie vor allem das Unvollkommene, das, was fehlt. Ihr neidvoller Blick gilt dem, was andere (vermeintlich) Besseres haben.

Kontaktverhalten: VIER ist bemüht, sich individuell, mit ihrer persönlichen Note zu präsentieren. Sie hofft dabei, daß andere auf sie aufmerksam werden und sie als Person wahrnehmen, die sich von allen anderen abhebt.

Beziehungssehnsucht: VIER sehnt sich danach, in einer Beziehung so gesehen und wahrgenommen zu werden, wie sie wirklich ist. Dann fühlt sie sich zutiefst verstanden. Sie hofft, durch den anderen etwas über sich selbst zu erfahren.

Verletzung: VIER ist verletzt, wenn sie sich nicht (richtig) gesehen und (richtig) verstanden fühlt.

Verwicklungsdynamik: Je unklarer VIER sich über sich selbst ist, desto mehr macht sie ihr Gegenüber zu ihrem «Spiegel». Das heißt, sie sieht im anderen nur das, was er ihr über sie selbst mitteilt bzw. was er für sie ist oder in ihren Träumen sein soll. Für das, was der andere denkt, fühlt oder tut, interessiert sie sich nicht, wenn es nicht mit ihr zu tun hat. In ihre eigene *Selbstverstrickung* gerät sie, wenn sie sich durch das Verhalten des anderen unverstanden fühlt.

Die drei Kopfenergie-Muster im Überblick: FÜNF, SECHS, SIEBEN

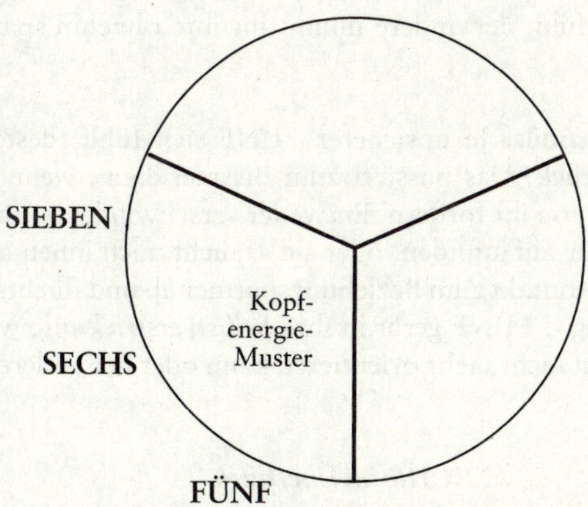

FÜNF im Überblick

Aufmerksamkeit: FÜNF richtet ihren analytischen Blick auf alles, was sie beim anderen sehen kann. Es geht ihr dabei darum, möglichst viele Beobachtungen und möglichst viel Wissen über den Beziehungspartner zu sammeln, um sich selbst abzusichern (eigene Orientierung). Wenn sie über den anderen viel weiß, dann kann sie sich besser gegen Unsicherheitsfaktoren in der Beziehung schützen. Die Beziehung wird vorhersehbar. Bei sich selbst ist die Aufmerksamkeit gewohnheitsmäßig mit den Gedanken identifiziert.

Kontaktverhalten: FÜNF hat im zwischenmenschlichen Kontakt generell die Tendenz, auf Rückzug zu gehen, bzw. persönliche Zurückhaltung zu bewahren. Wenn sie Kontakt aufnimmt, ist dieser zunächst nicht über Persönliches, sondern meist über irgendein Thema vermittelt. Erst viel später kann sie sich auf die persönliche Ebene einlassen.

Beziehungssehnsucht: FÜNF sehnt sich danach, sich in der Beziehung lebendig fühlen zu können und willkommen geheißen zu werden. Dazu braucht sie Halt und Sicherheit in der Beziehung.

Verletzung: Für FÜNF ist verletzend, wenn jemand ihr zu nahe tritt und versucht, auf sie oder in ihren privaten Bereich einzudringen. Sie hat dann das Gefühl, der andere nimmt ihr ihre ohnehin sparsamen Gefühle weg.

Verwicklungsdynamik: Je unsicherer FÜNF sich fühlt, desto mehr zieht sie sich zurück. Das passiert zum Beispiel dann, wenn andere emotional zuviel von ihr fordern. Entweder verschwindet sie räumlich und ist nicht mehr aufzufinden, oder sie «taucht nach innen ab». Sie bricht dann den Kontakt zum Beziehungspartner ab und flüchtet in die «Nicht-Beziehung». FÜNF gerät in ihre *Selbstverstrickung*, wenn sie sich beim anderen nicht mehr orientieren kann oder der andere auf sie eindringt.

SECHS im Überblick

Aufmerksamkeit: SECHS ist in Beziehungssituationen mit ihrer Aufmerksamkeit beim anderen und bei der Wirkung, die der andere auf sie hat. Sie beobachtet, ob das Gegenüber sie bedroht. Dabei verläßt sie sich nicht auf das, was sie sieht oder gesagt bekommt, sondern versucht, «zwischen den Zeilen» zu lesen. Empfängt sie widersprüchliche Signale, versucht sie, diese zu deuten, um herauszufinden, was eigentlich los ist. Sie zweifelt am Vordergründigen und versucht zu entdekken, was dahintersteckt.

Kontaktverhalten: Im ersten Kontakt verhält sich SECHS m eher unterwürfig-loyal (phobische Kontaktaufnahme). Sie vertraut dem anderen erst mal und überläßt ihm die Führung. Regt sich jedoch ihr Mißtrauen, kann sie auch heftig und aggressiv (kontraphobisch) reagieren. Sie bringt den Zweifel in die Beziehung ein, das heißt, sie beleuchtet immer die Kehrseite dessen, was der andere sagt.

Beziehungssehnsucht: SECHS sehnt sich danach, dem anderen ganz nah und bei ihm sicher zu sein. Sie möchte sich öffnen und mit ihrem Innersten Kontakt haben können.

Verletzung: Die schlimmste Verletzung für SECHS ist, wenn der andere auf diese Nähe nicht eingeht oder Übergriffe auf ihre Intimsphäre macht. Sie empfindet ihn dann als feindselig und fühlt sich zutiefst bedroht.

Verwicklungsdynamik: Je mehr das Selbstvertrauen von SECHS ins Wanken gerät, desto mehr projiziert sie ihr eigenes schlechtes Gefühl und ihre eigenen Ängste in die Außenwelt. Sie deutet dann das, was sie beim anderen «zwischen den Zeilen» wahrnimmt, als gegen sich selbst gerichtet. Dann gerät sie in Gefahr, hinter den Verhaltensweisen des Beziehungspartners alle möglichen für sie bedrohlichen Gedanken und Gefühle zu vermuten. Ihr Vertrauen ihm gegenüber schwindet, und sie bekämpft den vermeintlichen «Verrat». In ihre eigene *Selbstverstrikkung* gerät sie, wenn sie das Verhalten des anderen als gegen sich gerichtet und damit als Ablehnung ihrer Person erlebt.

SIEBEN im Überblick

Aufmerksamkeit: Die Aufmerksamkeit von SIEBEN richtet sich auf die schönen Dinge und positiven Seiten, die der andere ihr bieten kann. In Beziehungen hat sie ihr Hauptaugenmerk darauf, wie der andere dazu beitragen kann, daß sie sich ihr Leben glücklich gestalten kann. Bemerkt sie, daß der andere in Not ist oder Schwierigkeiten hat, ist sie darauf bedacht, ihm so beizustehen, daß es ihm möglichst bald wieder besser geht. Wenn sie selbst in Schwierigkeiten ist, achtet sie auf Signale vom anderen, die ihr versichern, daß er mitbekommt, wie es ihr geht.

Kontaktverhalten: SIEBEN geht meist aktiv auf andere zu und strahlt dabei Zuversicht und Optimismus aus. Sie bietet dem anderen an, mit ihr gemeinsam schöne Dinge zu tun. Personen, denen anzumerken ist, daß sie mit Schwierigkeiten beladen sind, geht sie dabei am liebsten aus dem Weg bzw. versucht, sie aufzumuntern.

Beziehungssehnsucht: SIEBEN wünscht sich zutiefst, in einer Beziehung keine Angst haben zu müssen und sicher zu sein, auch wenn die schmerzhaften, schwierigen Seiten ihres Innenlebens auftauchen. Findet sie beim anderen einen Ort der Geborgenheit, kann sie sich diese Seiten anschauen.

Verletzung: SIEBEN ist verletzt, wenn Personen, die ihr wichtig sind, nur auf ihre «Oberfläche» reagieren und den «Tiefgang» nicht bemerken. Verletzend ist auch, wenn andere auf ihre problematischen Seiten ablehnend reagieren.

Verwicklungsdynamik: Je mehr SIEBEN, aus der Angst vor ihren eigenen Schmerzen heraus, die positiven Aspekte einer Beziehung überbetont, desto mehr gerät sie in Gefahr, wirklich Konfliktträchtiges zu vermeiden und zu übersehen. Real vorhandene Probleme werden dadurch nicht gelöst. Holt das «Schwierige» sie irgendwann ein oder läßt es sich nicht mehr vermeiden, zieht sie sich aus der Beziehung zurück und gibt damit die Möglichkeit auf, dort Halt zu finden. In ihre *Selbstverstrickung* gerät SIEBEN, wenn ihr die anderen Probleme machen, aus denen sie keinen Ausweg mehr weiß.

Beziehungen zu Personen am Trost- und Streßpunkt

Vom Enneagramm-Modell her sind diejenigen Beziehungskonstellationen besonders interessant, bei denen die Charaktermuster der beiden Personen durch eine Linie verbunden sind: Mein eigenes Muster repräsentiert deinen Streßpunkt, gleichzeitig ist dein Muster mein Trostpunkt; bzw. mein Muster – dein Trostpunkt, dein Muster – mein Streßpunkt. Eine solche Konstellation könnte man also mit dem Schlagwort «des einen Streß, des anderen Trost» charakterisieren.

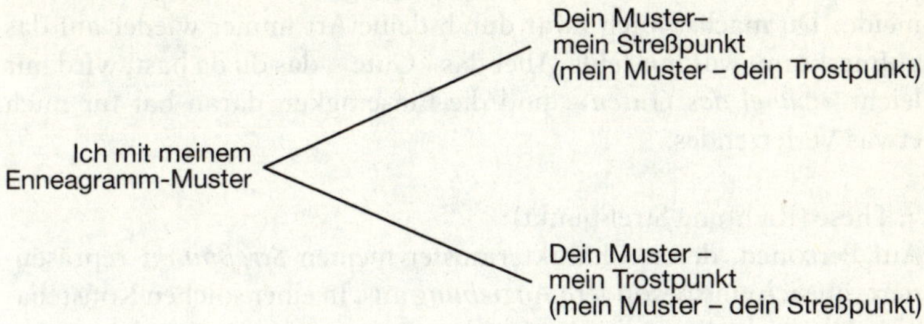

Darin liegen Anziehung und Faszination (positive Projektionen), aber zugleich auch Abstoßung und Risiko (negative Projektionen), denn die Beziehungspartner berühren sich in solchen Streßpunkt-Trostpunkt-Konstellationen in besonderer Weise an ihren jeweiligen Charakterthemen.

Wenn die Charaktermuster von zwei Personen im Enneagramm durch eine Linie direkt verbunden sind, dann beinhaltet ihre Beziehung einerseits viele Entwicklungschancen, andererseits aber auch ein, verglichen mit anderen Kombinationen, größeres Verwicklungs- und Verletzungspotential.

Dazu einige Thesen:

1. These (Richtung Trostpunkt):
Personen, deren Charaktermuster mein *Trostpunkt-Muster* ist, leben genau das, was mir aufgrund meines Musters so schwerfällt, was mir aber gleichzeitig (wie ich zumindest ahne) guttun würde. Dadurch üben sie eine besondere *Anziehung* auf mich aus: Ich sehe an dir, wie ich meinen besten Möglichkeiten nach sein könnte. Du hast in deiner Art zu leben etwas «Gutes» für mich.

2. These (Richtung Trostpunkt):
Durch Personen, deren Charaktermuster mein *Trostpunkt-Muster* ist, werde ich andererseits immer wieder *«vor den Kopf gestoßen»*, denn diese Lebensart konfrontiert mich zugleich mit den Verhaltens- und

Erlebensaspekten, die ich aus meinem eigenen Muster heraus vermeide: Du machst mich zwar durch deine Art immer wieder auf das aufmerksam, was mir fehlt. Aber das «Gute», das du da hast, wird mir leicht *«zuviel des Guten»*, und die Einseitigkeit daran hat für mich etwas Verletzendes.

3. These (Richtung Streßpunkt):
Auf Personen, deren Charaktermuster meinen *Streßpunkt* repräsentiert, übe *ich* eine besondere *Anziehung* aus. In einer solchen Konstellation kann ich die positiven Aspekte meines Musters gut leben: Du siehst an mir, wie du deinen besten Möglichkeiten nach sein könntest. Das Interesse und die Wertschätzung, die mir von dir entgegenkommen, tun mir gut.

4. These (Richtung Streßpunkt):
Personen, deren Charaktermuster meinen *Streßpunkt* repräsentiert, führen mir aber zugleich auch die problematischen Aspekte meines Musters vor Augen (meine Selbstverstrickungsspirale), und das stößt mich dann eher ab. Zudem repräsentiere ich mit meiner Art für dich genau das, was für dich nur allzu leicht «zuviel des Guten» wird. Dann stellst du mich an den Negativaspekten meines Musters immer wieder in Frage, reibst dich an mir, verweist mich kompromißlos in die Schranken.

Unter Berücksichtigung dieser doppelt ambivalenten Dynamik in Streßpunkt-Trostpunkt-Konstellationen gehen wir bei der Darstellung der Beziehungsphänomene so vor:

Wir nehmen den Standort (die individuelle Perspektive) des einen Musters ein und betrachten durch die «Charakterbrille» dieses Musters das andere Muster:

– Wie «sehe» ich von meinem «Standpunkt im Enneagramm» her dich an deinem «Standpunkt im Enneagramm?»
– Was kommt mir da von dir entgegen? Wie erlebe ich das innerhalb meines Musters? Wie verhalte ich mich dazu?
– Mit welchen Schwierigkeiten habe ich zu kämpfen? Welche Verwicklungen könnten sich ergeben?
– Welche positiven Erfahrungen kann ich machen, und welche Entwicklungen sind vielleicht möglich?

Danach wird der Standort gewechselt. Aus der Perspektive des anderen Musters heraus ergibt sich eine andere Sichtweise derselben Beziehung. Beide Partner sind mit ihren jeweiligen Charaktermustern am Beziehungsgeschehen beteiligt, aber jeder von beiden sieht und erlebt das eben auf seine Weise.

Die daraus resultierenden *Verwicklungsrisiken* haben wir mit einem Minuszeichen markiert, die jeweiligen *Entwicklungschancen* mit einem Pluszeichen.

In den Beispielen wählen wir dann zusätzlich die systemische Perspektive und arbeiten exemplarisch mögliche Wechselwirkungen zwischen den Mustern heraus.

Das innere Dreieck: DREI – SECHS – NEUN – DREI

DREI und SECHS

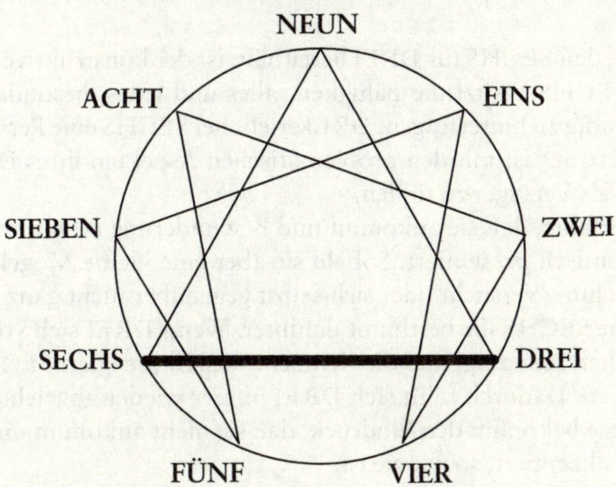

Ein Dialog zwischen DREI und SECHS:

DREI: Ich bewundere an dir, wie du mit soviel Selbstzweifel leben kannst, ich könnte das nicht.

Wenn du dann aber anfängst, mich anzuzweifeln, fühle ich mich ganz schön in Frage gestellt und kann gar nicht mehr glauben, daß du mich noch magst.

SECHS: Klar mag ich dich, das hat doch gar nichts damit zu tun. Im Gegenteil: Gerade Menschen, die ich mag und die mir wichtig sind, muß ich doch in Frage stellen, wenn ich ein begründetes Mißtrauen hege.

DREI: Ich finde es gemein, wenn du mir bösartige Absichten unterstellst, wenn ich es doch nur gut meine. Du unterstellst mir dann Dinge, von denen ich nichts weiß, und ich kann mich nicht dagegen wehren.

SECHS: Aber wenn ich doch genau spüre, daß da mehr dahinter ist...

Die Perspektive von DREI (zum Trostpunkt)

Der Trost, den SECHS für DREI bereithält, ist der konstruktive Selbstzweifel. SECHS besitzt die Fähigkeit, alles und jedes, besonders sich selbst, ständig zu hinterfragen. DREI erlebt bei SECHS eine Person, die zutiefst vertraut ist mit den problematischen Aspekten ihres Daseins, ohne sich als Versager zu fühlen.

DREI erfährt, daß sie ankommt und Bewunderung erntet, wenn sie sich authentisch präsentiert. Sobald sie aber eine kleine Mogelei oder eine Täuschung versucht oder sich selbst gegenüber nicht ganz ehrlich ist, kommt SECHS ihr bestimmt dahinter. Wenn DREI sich von ihrer erfolgreichen Seite zeigt und die Kehrseite ausläßt, reagiert SECHS mit «ja, aber...» Dadurch fühlt sich DREI immer wieder abgelehnt (*Verletzung*). Sie bekommt den Eindruck, daß sie nicht ankommt und fühlt sich nicht akzeptiert, so wie sie ist.

Die Botschaft von SECHS an DREI ist: «Bei mir brauchst du dich nicht zu verstellen, ich sehe sowieso beide Seiten.» Das kommt DREI gleichermaßen entgegen, wie es sie in Frage stellt. Sie erlebt bei SECHS, daß sie so gesehen wird, wie sie wirklich ist. Gleichzeitig stößt es sie immer wieder vor den Kopf, wenn sie deren Mißtrauen erlebt. Auf diese Weise wird DREI von SECHS immer wieder gezwungen, sich der Wahrheit zu stellen.

+ Im Beziehungsraum, den SECHS zur Verfügung stellt, kann sich DREI ihren nicht-erfolgreichen, inneren Seiten stellen, ohne Abwertung dafür zu erfahren (*Sehnsucht*). SECHS vermittelt ihr, daß ihr Innenleben nicht schwärzer sein kann als ihr eigenes und daß sie die andere (helle) Seite auch sieht und schätzt. Das unterstützt DREI in ihrem Bemühen um Wahrheit und Authentizität.

– Schwierig wird es, wenn das konsequente (mißtrauische) Hinterfragen der Lüge durch SECHS DREI noch weiter in die Unwahrhaftigkeit treibt, um nur ja nicht als Lügner und damit als Versager dazustehen und ihr Image zu retten. Je mehr DREI versucht, den Schein zu wahren, desto mißtrauischer wird SECHS sie hinterfragen.

Die Perspektive von SECHS (zum Streßpunkt)

SECHS bewundert an DREI deren Auftretenkönnen, ihre Selbstdarstellungskunst und ihre tatkräftige Aktivität. Diese Fähigkeiten sind ihrer eigenen eher zögernden und unsicheren Art entgegengesetzt. Gleichzeitig erlebt sie die Anziehungskraft, die ihr konstruktiver (Selbst-)Zweifel auf DREI ausübt.

SECHS hakt sich mit ihrer mißtrauischen Aufmerksamkeit an der (Selbst-)Täuschung von DREI ein. Sie möchte dem wahren Menschen hinter der Fassade begegnen. Ihr eigenes Kontaktbedürfnis (nach Nähe und Vertrauen) erfordert, die ganze Person sehen zu können. SECHS überprüft ständig, ob DREI vertrauenswürdig ist oder nicht. Wenn DREI das für sich selbst auch herausfinden will, hilft ihr das dabei zu unterscheiden, was sie intuitiv richtig gespürt hat und was aus ihrer eigenen Welt kommt (auf den anderen projiziert wurde). SECHS erlebt, daß DREI ihr immer da die Grenzen weist, wo sie ihr eine Lüge unterstellen will, die keine war, oder feindselige Motive sucht, die nicht vorhanden sind.

+ Im Beziehungsraum mit DREI erfährt SECHS Unterstützung und Anerkennung für die positiven Aspekte ihres Zweifels, für die Anteile, die der Wahrheitsfindung dienen. Gleichzeitig wird sie an feindseligen Projektionen gehindert.

– Wenn DREI sich nicht öffnet und sich nicht wirklich zeigt, ist das für SECHS frustrierend und verletzend. Vermittelt ihr DREI: «Ich bin besser als du!», dann fühlt sie sich zutiefst persönlich abgewertet. Schwierig wird es auch, wenn DREI auf ihre Wahrheitsbemühungen mit Täuschungsmanövern reagiert. Dann fühlt sich SECHS verraten und in ihrem Mißtrauen bestätigt (Verletzung). SECHS wird dann aggressiv (rebellisch) und versucht, Indizien zu finden, die diesen Verrat beweisen.

SECHS und NEUN

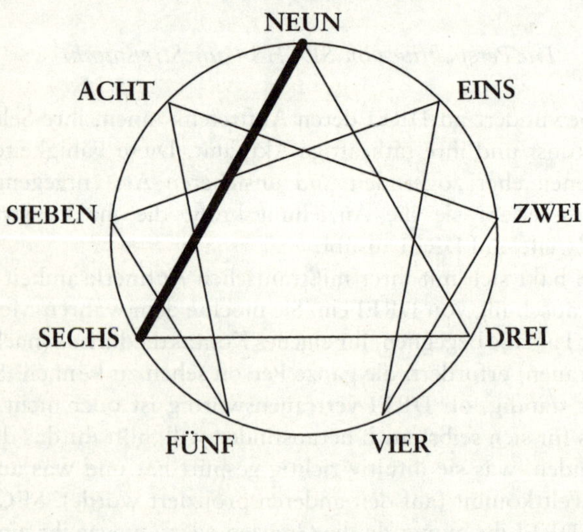

Ein Dialog zwischen SECHS und NEUN:

SECHS: Wenn ich dich da so unbeweglich sitzen sehe und monoton sprechen höre, dann schlafen mir die Füße ein. Was willst du denn eigentlich von mir?

NEUN: Gar nichts will ich von dir. Mir geht es gut so. Mach du deinen Kram, ich mach meinen.

SECHS: Wenn du mir nicht sagst, was ich machen soll, dann fällt mir überhaupt nichts ein. Du erwartest doch irgend etwas von mir.

NEUN: Jetzt bist du aber genauso langweilig wie ich. Wieso soll denn ich die Initiative ergreifen, mach du doch, was du willst.

SECHS: Ja, und wenn dir das dann nicht paßt, was ich tue?

NEUN: Das sag ich dir dann schon...

Die Perspektive von SECHS (zum Trostpunkt)

SECHS fühlt sich durch die Ruhe und Gelassenheit von NEUN angezogen. Diese Art ist ihrer eigenen inneren Unruhe entgegengesetzt und wirkt auf sie beruhigend und vertrauenswürdig. Die Fähigkeit von NEUN zur Identifikation und Verschmelzung kommt ihren Sehnsüchten nach Halt entgegen. Bei NEUN fühlt sie sich sicher. NEUN läßt SECHS wie sie ist und drängt ihr nichts auf. In ihrer Trägheit und Unbeweglichkeit ist NEUN andererseits für SECHS eine Provokation. SECHS fühlt sich dadurch genervt, daß NEUN immer ihr die Initiative überläßt. Sie bekommt von NEUN keine klaren Anhaltspunkte, was jetzt zu tun ist bzw. was diese von ihr erwartet. NEUN läßt sich nicht zur Autorität machen. Dadurch wird SECHS immer wieder auf sich selbst zurückgeworfen. NEUN unterstützt SECHS dabei, mutig ihre eigenen Impulse zu leben und sich mehr an sich selbst zu orientieren als an anderen.

\+ Bei NEUN findet SECHS die Nähe, Geborgenheit und Sicherheit, die sie in Beziehungen braucht. Das Beziehungsangebot von NEUN hilft SECHS dabei, auf sich selbst zu vertrauen. Mit NEUN erlebt sie eine Person, die den Selbstzweifel geduldig erträgt, ihr aber nicht die Entscheidung abnimmt. Dadurch wird sie gezwungen, ihre eigenen Impulse zu leben.

– Schwierig wird es, wenn NEUN plötzlich eigenwillige Aktionen in irgendeine Richtung unternimmt oder wenn der aufgestaute Zorn aus NEUN herausbricht. SECHS fühlt sich dann massiv bedroht, weil sie keine Anhaltspunkte dafür hat, wo das herkommt. Sie erlebt das schnell als feindselig gegen sich selbst gerichtet und muß dagegen angehen.

Die Perspektive von NEUN (zum Streßpunkt)

NEUN erlebt bei SECHS viel Verständnis für ihre diffusen Zustände und Entscheidungsschwierigkeiten (SECHS kennt das auch). Der konstruktive Zweifel von SECHS hilft ihr dabei, bei sich selbst und ihren wesentlichen Dingen zu bleiben und Wichtiges von Unwichtigem zu unterscheiden. Wenn SECHS die andere Seite beleuchtet, kann NEUN sich dagegen abgrenzen und so ihr Eigenes bestätigt finden.

Schwierig wird es, wenn NEUN unvermittelt mit einem klaren Schritt oder einer klaren Entscheidung aus sich herausgeht. Sie erlebt dann bei SECHS, daß diese ihr das nicht abnimmt: «Ja, aber...» Je mißtrauischer SECHS hinterfragen muß, desto weniger versteht NEUN, was los ist, und fühlt sich grundlos angegriffen. Für NEUN sind solche «ruckartigen» Aktionen eindeutig und zutiefst eigenständig (Autonomiethema), auch wenn sie selbst oft nicht weiß, woher die plötzliche Klarheit kommt.

\+ Von SECHS erlebt NEUN viel Verständnis für ihre Langsamkeit und ihr gemächliches Tempo. Bei ihr fühlt sie sich wichtig genommen und kommt nicht unter Druck. SECHS fragt immer wieder nach dem, was ihr wichtig ist und was sie als ihr Eigenes begreift, läßt ihr Zeit, damit herauszukommen.

– Wenn SECHS ihr mißtrauisch und mit feindseligen Projektionen kommt, wird es schwierig. Dann gerät NEUN in Gefahr, die Projektionen anzunehmen und bei sich selbst Schuld zu suchen. Sie hat dann Mühe zu unterscheiden, was Projektion von SECHS ist und was wirklich etwas mit ihr zu tun hat. Um das herauszufinden, muß sie sich völlig von SECHS absetzen. (Siehe dazu auch das Beispiel am Ende dieses Abschnitts.)

NEUN und DREI

Ein Dialog zwischen NEUN und DREI:

NEUN: Wenn ich dich da so sehe, wie du dich abstrampelst, dann bin ich richtig froh über mein gemütliches Leben. Was hast du denn eigentlich davon, wenn du dich so streßt?

DREI: Weißt du, wenn ich nichts zu tun habe, dann finde ich das Leben langweilig. Ich finde es einfach toll, etwas zu erreichen. Bei

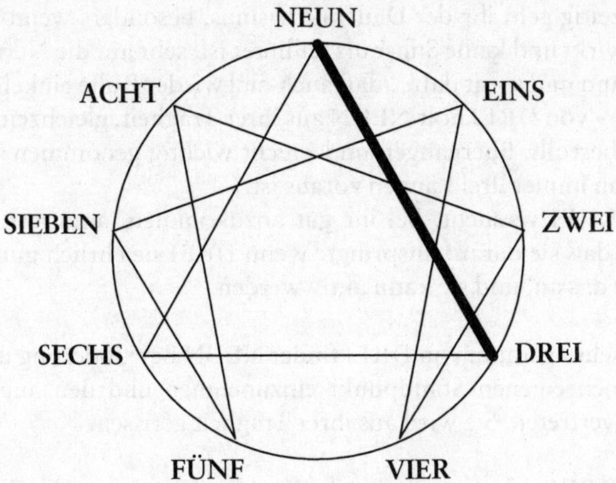

dir frage ich mich manchmal, wie du es im Leben zu überhaupt etwas bringst. Ich möchte dir unter die Arme greifen und dich mitziehen.

NEUN: Weißt du, ich brauche zwar etwas länger als andere, aber wenn mir dann schließlich klar ist, was zu tun ist, dann tue ich es auch und lasse mich von nichts und niemandem davon abhalten.

DREI: Da bist du dann völlig unbeeinflußbar und gehst deinen Weg, während ich mich ständig nach dem Wind drehe und überprüfe, ob das überhaupt ankommt, was ich mache.

Aber es geht mir auf die Nerven, daß du immer, wenn ich mich für etwas begeistere und Feuer und Flamme bin, «langsam, langsam» sagst, damit nimmst du mir den ganzen Wind aus den Segeln.

NEUN: Ja, gut Ding will Weile haben …

Die Perspektive von NEUN (zum Trostpunkt)

NEUN fühlt sich von der Dynamik und der Zielorientiertheit von DREI angezogen. Sie bewundert, daß die immer weiß, was sie will, und das auch gleich erfolgreich in die Tat umsetzt. Sie hängt sich da gerne an und macht mit.

Gleichzeitig geht ihr der Daueraktivismus, besonders wenn er hohl und leer wirkt und keine Substanz dahinter ist, sehr auf die Nerven. Sie bremst dann und sorgt dafür, daß auch mal wieder Ruhe einkehrt. Das «Rastlose» von DREI holt NEUN aus ihrer Trägheit, gleichzeitig fühlt sie sich überrollt, übergangen und «nicht wichtig genommen», wenn diese schon immer drei Längen voraus ist.

Wenn DREI versucht, bei ihr gut anzukommen, amüsiert sie das mehr, als daß sie darauf anspringt. Wenn DREI sie ehrlich gut findet, spornt sie das an, und sie kann aktiv werden.

+ Im Beziehungsraum von DREI findet NEUN Bewunderung und Ansporn, einen eigenen Standpunkt einzunehmen und den auch nach außen zu vertreten. Sie wird aus ihrer Trägheit gerissen.

– Wenn DREI jedoch versucht, ihr Druck zu machen, oder ihr sagen will, was sie jetzt machen soll und was für sie gut wäre, dann wird sie trotzig. Wenn DREI dann noch fordernder und schneller wird, wird NEUN immer langsamer. Am Ende gerät NEUN oft in heftige Wut.

Die Perspektive von DREI (zum Streßpunkt)

Aus der Optik von DREI ist NEUN jemand, der keine Signale aussendet, wie sie DREI gern hätte, sie scheint mit allem zufrieden zu sein. Wenn sie versucht, sich an den Erwartungen von NEUN zu orientieren, dann läuft sie ins Leere. Gleichzeitig ist NEUN ein immer dankbares «Publikum» für ihre Selbstdarstellung, solange sie ihr nichts vormacht.

Von NEUN erfährt DREI, daß sie genau so akzeptiert wird, wie sie ist. Besonders für ihren Tatendrang und ihre Zielgerichtetheit bekommt sie von ihr viel Wertschätzung. Wenn sie jedoch «mehr» aus sich machen will, als sie ist, wendet sich NEUN verständnislos ab. Bei NEUN erntet DREI Beifall und Zustimmung, solange ihr «Schauspiel» echt ist. Wird es aber «innen hohl», verliert diese das Interesse. Wenn DREI dann noch mehr «aufdreht», weil sie sich abgelehnt fühlt (*Verletzung*), wird das Interesse von NEUN weiter sinken.

+ NEUN stellt DREI einen Beziehungsraum zur Verfügung, in dem DREI sich bedingungslos angenommen fühlen kann. Sie läßt sie so sein, wie sie ist. DREI muß und kann NEUN nichts vormachen.

– Schwierig wird es, wenn DREI anfängt, NEUN zu bedrängen, um herauszufinden, was diese von ihr will bzw. was sie überhaupt will. Das langsame Tempo von NEUN macht DREI schwer zu schaffen. Je mehr Aktivität DREI von NEUN fordert, desto mehr erfährt sie, daß diese trotzig und unbeweglich reagiert.

Beispiel: *«Wo bist du denn grad wieder?» /*
«Bitte bedräng mich nicht so!»
(SECHS – NEUN)

Auszüge aus dem Erfahrungsbericht eines Ehepaars. Doris (SECHS) und Kurt (NEUN) sind seit zwölf Jahren verheiratet, sie haben keine Kinder.

Kurt: «Eine meiner für die Umgebung unangenehmen Eigenschaften ist es, daß ich innerlich abtrete, wenn es auch nur die kleinsten Anzeichen von Spannungen gibt. Ich vergesse dann die einfachsten Dinge. Wenn Doris mich dafür kritisiert, weil sie sich irgendwie mißachtet fühlt, dann wird das alles noch schlimmer. Ich fühle mich schuldig für meine Versäumnisse, gelobe Besserung und verhalte mich aber entgegengesetzt. Manchmal finde ich, daß diese Trägheit die chaotischste und lebensfeindlichste aller neun Leidenschaften ist, die das Enneagramm beschreibt. Aber das denkt wahrscheinlich jeder, wenn er mit seinen Schattenseiten konfrontiert ist.»

Doris: «Bis heute fällt es mir manchmal sehr schwer, Kurt so stehen zu lassen, wie er nun mal ist. Ich verspüre in mir einen unbändigen Drang, den Dingen auf den Grund zu gehen. Das ist eigentlich in allen Lebensbereichen und Beziehungen so, auch bei meiner Arbeit im Krankenhaus. Manchmal überfordere ich mich selber damit, wenn ich zum Beispiel einer Kollegin ein Gespräch aufzwinge, weil ich bemerke, daß sie Probleme hat – ich denke nämlich automatisch, daß sie mit mir Probleme hat, und das muß ich dann klären. Oft stimmt das gar nicht! Wenn Kurt sein verschlossenes Gesicht macht und herumhängt, bringe ich das sofort mit mir und mit unserer Beziehung in Zusammenhang. Und wenn ich dann mit ihm reden muß, er aber den Fernseher einschaltet, könnte ich vor verzweifelter Wut manchmal platzen, bzw. ich tu's auch. Ich finde, dieser innere Zweifel (Zweifel – Verzweiflung!!) ist wie eine ätzende Säure in der Seele.

Und natürlich finde ich das viel lebensfeindlicher als Kurts Trägheit.»

Kurt: «Wie ich das mache, wenn sich diese Trägheitsglocke über mich stülpt? Ich esse. Kuchen, Kekse, Schokolade und so weiter. Zumindest habe ich das gemacht, bis ich vor zwei Jahren so sehr mit Darmkrämpfen, Schlafstörungen und tagsüber mit Herzjagen zu tun hatte, daß ich – der körperlichen Not gehorchend – ganz fest beschlossen habe, meine Ernährung umzustellen. Dieser sehr klare und eindeutige Entschluß war, so komisch das auch klingen mag, eine Art Wendepunkt auch meiner Beziehung zu Doris. Rückblikkend würde ich sagen: Diese Energie, die ganz fest ICH WILL! gesagt hat, hat sich positiv auf mich und damit auch auf uns ausgewirkt.»

Doris: «Für mich war das allerdings – wie immer – zuerst einmal ziemlich ambivalent: Einerseits haben mir Kurts Frische und Entschlußkraft wirklich gut gefallen. Das war ja das, was ich mir immer gewünscht hatte. Andererseits bekam ich plötzlich panische Angst, ich könnte ihn verlieren. Völlig verrückt – er ist nämlich wirklich die Treue in Person. Als ich mich mit dieser hausgemachten Angst etwas näher befaßt habe, mußte ich entdecken, daß ich Angst hatte, die Sicherheit und Geborgenheit zu verlieren, die ich bis dahin bei ihm gefunden hatte, auch wenn sein chaotischer Sumpf mich immer wieder zur Weißglut brachte. Er war (und ist, wenn inzwischen auch auf andere Art) so unbeirrbar und «stabil» (bzw. stur), daß ich zuinnerst meinte, mich darauf verlassen zu können. Ich war sicher, daß ich zweifeln und toben kann, wie ich will – er würde zu mir halten. Plötzlich hat er sich dann manchmal entschlossener gegen mich abgegrenzt, und ich bin in die totale Panik gefallen. Sein Entwicklungsfortschritt war dann zunächst meine Krise.»

Kurt: «Mir ist zunächst schwergefallen, das zu verstehen. Ich habe ja selber Riesensehnsüchte nach Verschmelzung und Geborgenheit, und gerade unsere Sexualität war für mich immer eine Art Kraftquelle und Tankstelle. Ist es übrigens bis heute. Diese plötzliche Panik von ihr kam mir von daher völlig irrational vor. Und hätte mich fast irre werden lassen an dem, was ich für mich persönlich als wichtig erkannt hatte! Gott sei Dank konnten wir über alles miteinander reden. Mir ist es inzwischen wichtig, auf meine eigenen Bedürfnisse zu achten und sie Doris gegenüber auch klar zu äußern. Wenn ich sehr aufmerksam bin (oft penne ich natürlich), dann merke ich an meiner sogenannten Vergeßlichkeit, daß ich gerade im Begriff bin, irgend etwas wegzupacken, was ich eigentlich unbedingt will. Das ist alles ganz schön anstrengend, aber lohnend.»

Doris: «Es hat eine Weile gedauert, bis ich verstanden habe, daß Kurt für mich greifbarer und auf eine ehrlichere Art verläßlicher ist, wenn er deutlich mit dem herausrückt, was er will, was er braucht, was ihm paßt und was nicht. Ich bin froh, daß ich – durch die Krisen hindurch, die wir miteinander hatten – jetzt auch deutlicher fühlen kann, daß diese Art von Sicherheit in unserer Beziehung mir wirklich lieber ist als dieser komische Scheinfrieden, den wir früher hatten.»

Enneagramm-Kommentar: Doris und Kurt geben einen Einblick in einen langfristigen Entwicklungsprozeß ihres SECHS-NEUN-Beziehungsmusters. Wir haben hier die wichtigsten Aspekte in zwei Regelkreisen noch einmal zusammengefaßt (systemische Perspektive):

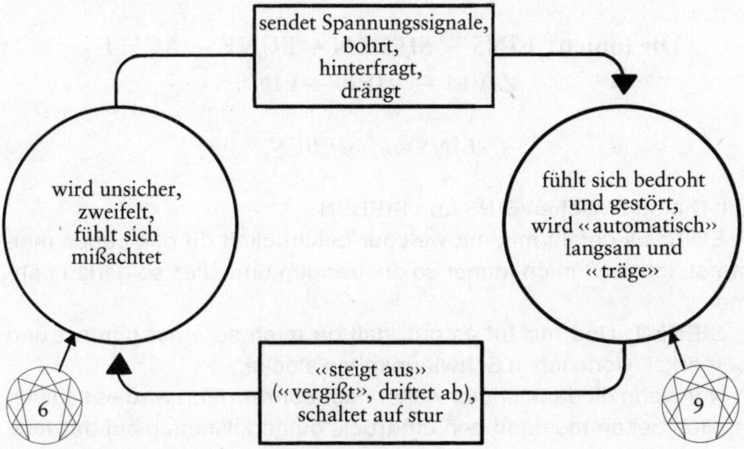

Beispiel: SECHS-NEUN-Regelkreis «im bösen» (Teufelskreis)

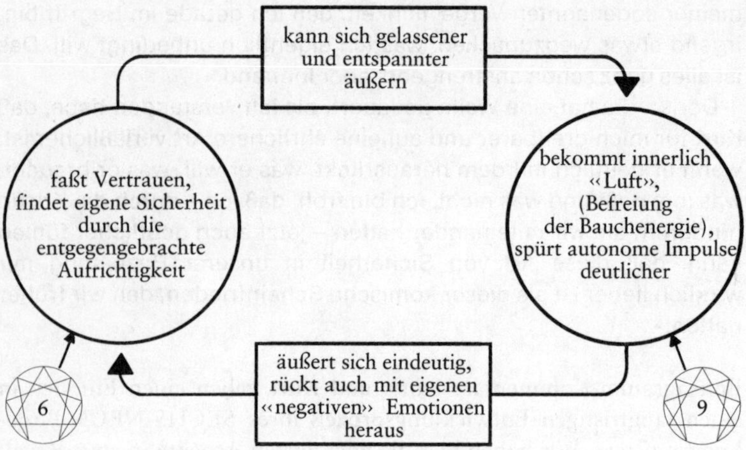

Beispiel: SECHS-NEUN-Regelkreis «im guten»

Die Linien: EINS – SIEBEN – FÜNF – ACHT – ZWEI – VIER – EINS

EINS und SIEBEN

Ein Dialog zwischen EINS und SIEBEN:

EINS: Es gefällt mir, mit welcher Leichtigkeit du das Leben meisterst, ich muß mich immer so anstrengen und alles so genau nehmen.

SIEBEN: Und mir tut es gut, daß du mich so ernst nimmst und bemerkst, wenn ich in Schwierigkeiten stecke.

Nur wenn du dann immer weiter nachbohrst, dann wird es schwierig. Ich bekomme dann den Eindruck, du nagelst mich auf das fest, was ich nicht gelöst habe, und glaubst mir nicht mehr, daß es mir trotzdem gutgeht.

EINS: Dir geht es doch dann auch nicht gut, das merke ich genau! Ich will dir doch nur bei deinen Problemen helfen.

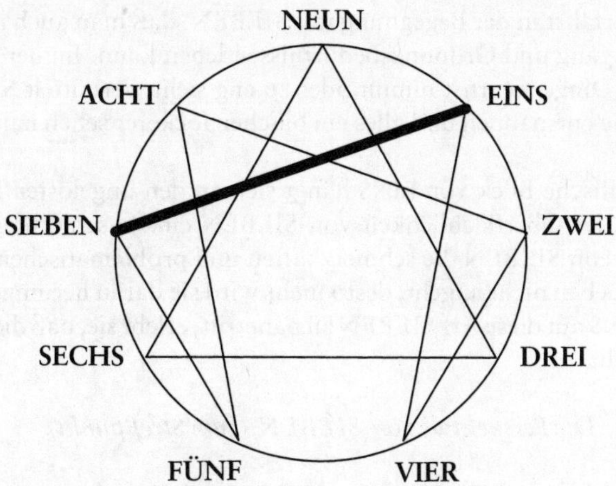

SIEBEN: Du würdest dich am liebsten den ganzen Tag *nur* mit Problemen beschäftigen, das ist mir viel zu anstrengend. Laß mich damit ab und zu in Ruhe …

Die Perspektive von EINS (zum Trostpunkt)

EINS kommt SIEBEN mit der Faszination für das leichte, lockere Leben entgegen, das ihr selbst so schwerfällt. Sie nimmt gern teil am Lebensgenuß von SIEBEN und läßt sich vom «Zauber» anstecken. Gleichzeitig bleibt ihre wertende Aufmerksamkeit jedoch an der Diskrepanz zwischen Oberfläche und vermutetem (oder wahrgenommenem) Tiefgang hängen. «Wie kann man nur so glücklich sein, wenn so vieles im eigenen Leben in Unordnung ist?» Dieses Glück kann EINS SIEBEN nicht abnehmen, wenn sie die Unstimmigkeiten sieht oder spürt. Wenn EINS versucht, im Leben von SIEBEN Ordnung zu schaffen (weil sie es selbst nicht aushält), zieht SIEBEN sich von ihr zurück, und EINS fühlt sich «schlecht behandelt» (*Verletzung*).

+ EINS erfährt in der Begegnung mit SIEBEN, daß man auch mit weniger Tiefgang und Ordnungsbedürfnissen leben kann. Immer da, wo EINS die Dinge zu ernst nimmt oder zu eng sieht, vermittelt SIEBEN ihr, daß sie entspannen und alles ein bißchen lockerer sehen kann.

– Der kritische Blick von EINS hängt sich an den ungelösten Problemen und der Oberflächlichkeit von SIEBEN ein. Je schlechter EINS erträgt, wenn SIEBEN die schmerzhaften und problematischen Dinge in ihrem Leben nicht angeht, desto mehr wird sie daran herumnörgeln. Wenn EINS auf diese Art SIEBEN zu nahetritt, erlebt sie, daß diese sich zurückzieht.

Die Perspektive von SIEBEN (zum Streßpunkt)

In der Beziehung mit EINS erfährt SIEBEN volle Akzeptanz und Wertschätzung für ihre Fähigkeit, sich das Leben schön zu machen. Gleichzeitig wird sie von EINS immer wieder in Frage gestellt, wenn der «Zauber» unecht wird und nicht stimmt. Wenn SIEBEN sich mit ihrem positiven Denken über eine schwierige Situation hinwegretten will, dann wird sie von EINS gebremst. EINS sagt dann: «Jetzt bringen wir zuerst einmal in Ordnung, was da nicht stimmt, dann können wir wieder Spaß haben.» Wenn diese Situationen überhandnehmen, empfindet SIEBEN die Beziehung als sehr anstrengend und unerfreulich und zieht sich zurück.

+ In der Beziehung mit EINS erfährt SIEBEN, daß ihr Tiefgang sehr wohl bemerkt und ernst genommen wird (*Sehnsucht*). Gleichzeitig wird sie von ihr immer dann damit konfrontiert, wenn sie sich über etwas Schwieriges hinwegmogeln will. EINS durchkreuzt das Schmerzvermeidungsverhalten von SIEBEN.

– Schwierig wird es für SIEBEN, wenn EINS «kritiksüchtig» nur noch die negativen Sachen in ihrem Leben anprangert und das Positive nicht mehr sehen kann. Dann gerät sie in Panik und muß sich aus der Beziehung zurückziehen oder schießt selbst in der Manier von EINS (*Streßbewegung*) zurück.

SIEBEN und FÜNF

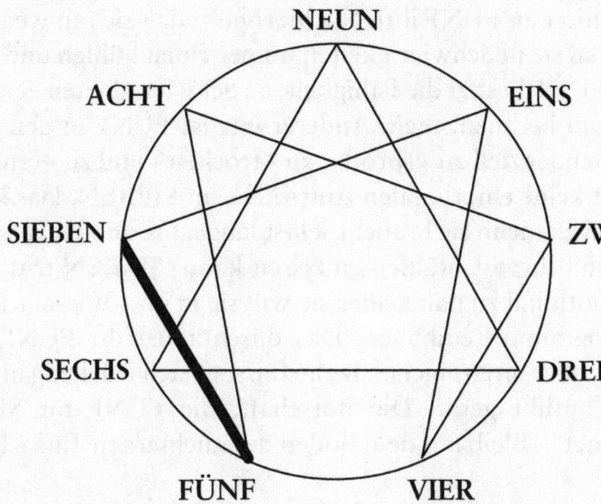

Ein Dialog zwischen SIEBEN und FÜNF:

SIEBEN: Ich mag deine nüchterne Art, und es fasziniert mich immer wieder, mit wie wenig du auskommst.

Nur wenn ich dann Pläne schmiede und überlege, wie wir uns das Leben schön machen können, dann sagst du immer, daß du das alles gar nicht brauchst, daß dir auch viel weniger reichen würde. Dann bekomme ich Angst, daß du nicht mitmachst.

FÜNF: Ich mache schon mit, solange du nicht einen riesigen Zauber veranstalten mußt. Ich möchte auch Spaß haben, aber mir reicht viel weniger Vergnügen, als du brauchst. Oft ist auch deine Art zu feiern einfach nicht meine. Das ist mir dann zu laut und zu bunt, und ich fühle mich ganz verloren. Dann sehe ich keinen Platz mehr für mich und muß mich zurückziehen.

SIEBEN: Ja, und dann gehst du einfach weg und läßt mich stehen, und meine ganzen schönen Pläne sind durchkreuzt.

FÜNF: Ich bin halt nicht so vergnügungssüchtig wie du…

Die Perspektive von SIEBEN (zum Trostpunkt)

SIEBEN fasziniert an FÜNF ihre Nüchternheit: daß sie mit wenig auskommt und daß sie in Schwierigkeiten immer einen kühlen und klaren Kopf behält. FÜNF besitzt die Fähigkeit, an Schwierigkeiten emotionslos und wissend heranzugehen. Andererseits ist FÜNF in den Augen von SIEBEN tendenziell zu «spröd», zu «trocken» und zu «ernst».

FÜNF stellt keine emotionalen Ansprüche an SIEBEN. Das kommt SIEBEN entgegen, denn sie braucht selbst lange, bis sie sich auf jemanden tief und mit ihren Gefühlen einlassen kann. SIEBEN tritt FÜNF zwar nicht emotional zu nahe, aber sie will sie in ihr «Wir-machen-es-uns-schön-Programm» einbauen. Das durchkreuzt ihr FÜNF regelmäßig, wenn es mit ihren eigenen Bedürfnissen nach Rückzug und Fürsichsein in Konflikt gerät. Die Botschaft, die FÜNF für SIEBEN bereithält, lautet: «Bleib auf dem Boden der nüchternen Tatsachen.»

\+ FÜNF zwingt SIEBEN in der Beziehung, immer wieder den «nackten Tatsachen» ins Auge zu sehen, und verhindert so, daß SIEBEN «abhebt». Sie stellt ihr einen Beziehungsraum zur Verfügung, in dem sich SIEBEN verbindlich einlassen und mit ihren Problemen dasein kann, ohne daß diese aufgebauscht oder bagatellisiert werden.

– Schwierig wird es für SIEBEN, wenn FÜNF aus der Beziehung aussteigt und nach innen oder außen «verschwindet». Sie bekommt dann den Eindruck, daß diese mit Absicht ihre schönen Pläne durchkreuzt. Wenn sie dann anfängt, sie zurückzuholen, kann das FÜNF noch weiter in die Flucht treiben.

Die Perspektive von FÜNF (zum Streßpunkt)

SIEBEN ist insofern entgegengesetzt zu FÜNF, als sie voll im Leben steht, während FÜNF im Kontakt nur sehr sparsam sein kann. Zu der «Flippigkeit» von SIEBEN bietet FÜNF das nüchterne Gegenstück. FÜNF hat bei SIEBEN die Sicherheit, daß es ausreicht, was sie zu bieten hat, und bekommt viel Wertschätzung für ihre nüchterne Art. FÜNF erlebt SIEBEN nicht als emotional fordernd und bedrängend. Das erleichtert ihr, in der Beziehung mit ihren Gefühlen anwesend zu sein *(Sehnsucht)*. FÜNF sieht die ängstliche und problematische Seite von SIEBEN und läßt sie so, wie sie ist. Wenn es ihr aber bei SIEBEN zu laut und zu bunt wird, dann bekommt FÜNF den Eindruck, daß sie nicht dazupaßt und kein Platz mehr für sie da ist. Dann muß sie sich zurückziehen.

Für den Rückzug von FÜNF hat SIEBEN keinerlei Verständnis. Wenn FÜNF sich zurückzieht, sagt SIEBEN: «Das geht nicht, wir haben doch dieses oder jenes vor.» SIEBEN holt FÜNF konsequent ins (materielle) Leben zurück, wenn FÜNF im «Elfenbeinturm» verschwinden möchte.

+ SIEBEN bietet FÜNF einen Beziehungsraum an, der nicht aufdringlich ist. Das ermöglicht FÜNF, Vertrauen zu fassen und einen emotionalen Kontakt aufzubauen.

– Wenn FÜNF sich nur noch im Dienst der exzessiven Bedürfnisbefriedigung von SIEBEN erlebt und keinen Raum mehr hat, wo sie «für sich sein kann», dann wird es für sie schwierig. Ihre Orientierung verliert sie, wenn sie es mit den «zu üppigen», «übertrieben-fröhlichen» Seiten von SIEBEN zu tun bekommt.

FÜNF und ACHT

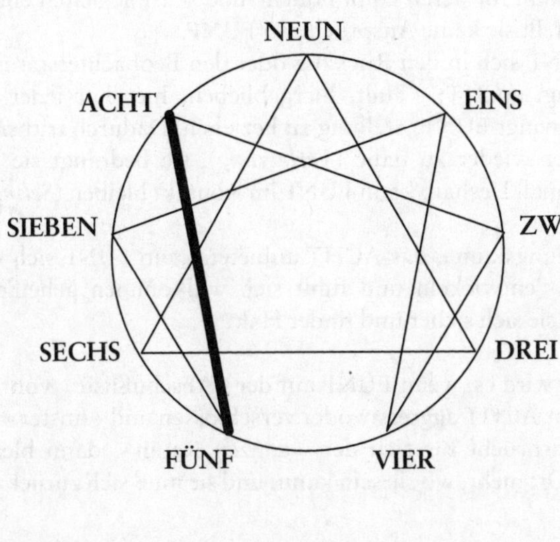

Ein Dialog zwischen FÜNF und ACHT:

FÜNF: Bei dir kann ich mich immer klar orientieren, da weiß ich, wo ich dran bin. Schwierig wird es für mich, wenn ich den Eindruck bekomme, du willst mich kontrollieren. Du zwingst mich dann, in meinen Kopf zu steigen, damit du keinen Zugriff mehr auf mich hast.

ACHT: Ja, manchmal bist du weg. Ich habe dann keine Angriffsfläche mehr, das sind unfaire Methoden in der Auseinandersetzung. Du läßt mich dann völlig auflaufen.

FÜNF: Das ist ein Machtspiel. Ich bin auch sehr mächtig, wenn ich auf meinem Beobachterposten sitze und dich zappeln lasse. Dann kannst du mir gar nichts anhaben.

ACHT: Irgendwie tust du mir dann aber auch leid, und ich möchte sagen: «Komm her, ich bin doch gar nicht so böse, wie ich wirke.»

FÜNF: Das weiß ich doch längst...

Die Perspektive von FÜNF (zum Trostpunkt)

FÜNF findet an ACHT anziehend, daß sie ihr klare Orientierungspunkte bietet, immer da ist und ihren Raum beansprucht. ACHT lebt das In-der-Welt-Sein, das FÜNF so schwerfällt. Sie sagt «schwarz» oder «weiß», es gibt keine Zwischentöne. Gleichzeitig bringt sie FÜNF den Schutzraum für deren empfindliche und sensible Seiten entgegen. Emotional stellt sie keine Ansprüche an FÜNF.

Wenn FÜNF sich in den Rückzug oder den Beobachterstatus begeben will, sagt ACHT: «Halt, hiergeblieben, hier hat jeder seinen Platz!» Sie zwingt FÜNF, Stellung zu beziehen. Dadurch tritt sie zwar FÜNF immer wieder zu nahe (*Verletzung*), sie bedrängt sie jedoch nicht emotional. Deshalb kann FÜNF im Kontakt bleiben (*Sehnsucht*).

+ Im Beziehungsklima, das ACHT anbietet, kann FÜNF sich «in die Welt hinein» entwickeln und fühlt sich willkommen geheißen. Bei ACHT fühlt sie sich sicher und findet Halt.

– Schwierig wird es, wenn FÜNF auf der «Abschußliste» von ACHT steht. Kommt ACHT aggressiv oder verschlossen und «finster» auf sie zu und beansprucht für sich den «ganzen Raum», dann bleibt für FÜNF kein Ort mehr, wo sie sein kann, und sie muß sich zurückziehen.

Die Perspektive von ACHT (zum Streßpunkt)

Von FÜNF kommt ACHT die Anziehung entgegen, die diese für ihr selbstbewußtes Auftreten und das klare Einteilen der Welt in «Schwarz» und «Weiß» empfindet. Sie selbst sieht an FÜNF das Sensible, Empfindsame und erfährt, daß sie von ihr nicht kontrolliert oder fremdbestimmt wird.

ACHT wird von FÜNF Hochachtung für ihr raumgreifendes Wesen entgegengebracht, wird aber sofort gebremst, wenn sie in fremdes Territorium eindringt. Sobald sie die Grenze der Privatsphäre und des Intimraums von FÜNF überschreitet, zieht diese sich zurück oder sagt «Stopp, bis hierhin und nicht weiter.» Immer dann, wenn ACHT sich in der Beziehung zu wichtig macht, muß FÜNF ihr Grenzen setzen oder sich zurückziehen. Dadurch wird ACHT mit dem grenzverletzenden Aspekt ihres Musters konfrontiert.

+ In der Beziehung mit FÜNF erfährt ACHT viel Hochachtung und Wertschätzung für ihr selbstbewußtes In-der-Welt-Sein. Von FÜNF braucht sie keine Angriffe «unter der Gürtellinie» zu befürchten.

– Schwierig wird es, wenn ACHT unaufmerksam und fordernd ist und in den sensiblen Schutzraum von FÜNF eindringt. Dann bleibt FÜNF nur mehr der Rückzug. In diesem Zustand ist der Kontakt zwischen beiden abgebrochen. (Siehe dazu auch das Beispiel am Ende dieses Abschnitts.)

ACHT und ZWEI

Ein Dialog zwischen ZWEI und ACHT:

ZWEI: Immer gilt nur, was du sagst. Du nimmst dich so wichtig und machst dich so mächtig, daß ich mich ganz klein und mickrig fühle.

ACHT: Das verstehe ich nicht. Ständig geht es nur um dich und um deine Probleme und Bedürfnisse, du hast doch allen Raum der Welt.

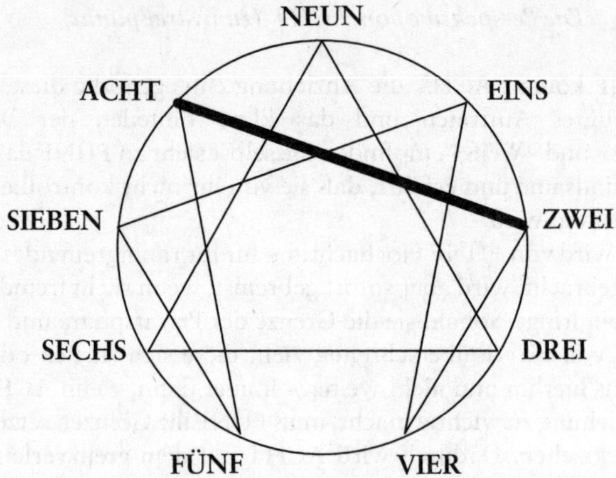

ZWEI: Ich brauche aber etwas anderes. Ich fühle mich nur dann gleichwertig, wenn du mich auch siehst und verstehst in diesen Dingen. Wenn ich das Gefühl bekomme, du betrachtest das alles nur als «lästiges Beiwerk», dann weiß ich gar nicht mehr, wie ich neben dir bestehen kann.

ACHT: Ich mag dich doch, warum muß ich dir das ständig durch Gefühlsäußerungen beweisen?

ZWEI: Weil ich das nur glauben kann, wenn ich es auch spüre...

Die Perspektive von ACHT (zum Trostpunkt)

ACHT findet an ZWEI anziehend, daß diese ihre weiche Seite leben kann und nicht verstecken oder einschließen muß. Bei ihr findet sie jemanden, bei dem auch sie die Möglichkeit hat, klein und schwach zu sein. Von ZWEI erfährt sie, daß diese sich über ihre Stärke nichts vormachen läßt und einen Zugang hat zu dem, was sich hinter der harten Schale versteckt. ACHT erkennt als Schwachstelle von ZWEI deren instabiles Selbstwertgefühl, hat aber für ihre Selbstaufopferung und ihre Tendenz, sich zu verausgaben, wenig Verständnis.

Schwierig wird es für ACHT immer dann, wenn ZWEI emotional etwas von ihr will. Sie erlebt das leicht als manipulativ: «Da macht jemand etwas mit mir, das lasse ich nicht zu.» ZWEI läßt nicht locker, die weiche Seite bei ihr einzufordern. Wenn sie nicht landen kann, probiert sie es wieder. ACHT erlebt sich von ZWEI immer wieder herausgefordert, sich zu öffnen und sich ihren Schwächen zu stellen. Bei ZWEI hat sie kaum Möglichkeit, sich dauerhaft in die innere Isolation (*Streßbewegung*) zurückzuziehen.

+ Im Beziehungsraum von ZWEI lernt ACHT, ihre weiche Seite leben zu lassen (*Sehnsucht*). Sie erfährt von ZWEI, daß auch in der Schwäche eine Stärke liegt.

– Schwierig wird es, wenn ZWEI aufgrund ihrer eigenen Selbstwertproblematik manipulativ wird. Wenn sie zum Beispiel sagt: «Du magst mich nicht, weil du dich so verschließt», bringt sie ACHT in ein Dilemma. Wenn ACHT sich daraufhin öffnen würde, wäre sie auf die Manipulation hereingefallen. Also macht sie lieber ganz dicht.

Die Perspektive von ZWEI (zum Streßpunkt)

Aus der Perspektive von ZWEI ist an ACHT besonders das verletzte Kind, das Schwache hinter der weichen Schale, interessant. Wenn sie darf (ACHT bestimmt ja, wen sie an sich heranläßt und wen nicht), wird sie in persönlichen Beziehungen immer diesen verletzlichen Anteil der Person suchen, um sich dort nützlich zu machen. Wenn sie nicht darf (ACHT verschließt sich ihr gegenüber), wird sie immer wieder an der «harten Schale» kratzen, um dahinter zu kommen.

Das unangreifbare Selbstwertgefühl von ACHT und ihre nach außen gezeigte Stärke sind für ZWEI eine Provokation. Sie fühlt sich demgegenüber leicht machtlos und minderwertig. Nur wenn ACHT sich weich und verletzlich zeigen kann, kommt deren Wertschätzung bei ZWEI gefühlsmäßig an. Dennoch erfährt ZWEI in der Beziehung mit ACHT, daß sie ihre schwachen und verletzlichen Seiten uneingeschränkt leben kann. ACHT bietet ihr einen Schutzraum dafür und fühlt sich durch ihre Emotionalität angezogen. Wenn ZWEI jedoch Forderungen nach Zeichen der Wertschätzung und Dankbarkeit stellt, erlebt sie bei ACHT wenig Verständnis und Einfühlungsvermögen.

+ Im Beziehungsraum, den ACHT zur Verfügung stellt, findet ZWEI uneingeschränkte Wertschätzung ihrer schwachen und bedürftigen Anteile und darf sie leben.

– Schwierig wird es, wenn sie von ACHT mehr will, nämlich Einfühlungsvermögen oder Befriedigung ihrer Bedürfnisse. Wenn sie das einklagt oder an den Schwachstellen von ACHT «herummanipuliert», macht ACHT ihr gegenüber völlig «dicht».

ZWEI und VIER

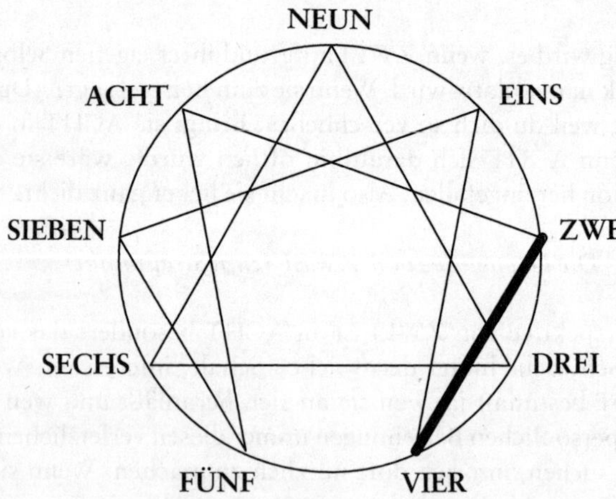

Ein Dialog zwischen ZWEI und VIER:

ZWEI: Wenn ich dich da so sehe, wie du mit den Tränen kämpfst, möchte ich sofort hin und dir helfen.

VIER: Ich kann mit meinen Tränen sehr gut allein sein, ich melde mich schon, wenn ich von dir etwas brauche.

ZWEI: Das glaube ich nicht. Du sendest so viele hilflose Signale und Botschaften, daß du am Rande des Absturzes stehst, daß ich dir nicht abnehme, daß du keine Hilfe brauchst. Ich spüre doch, was mit dir los ist.

VIER: Hör auf, in mich einzudringen. Ich will, daß du akzeptierst, daß ich auch mit meinen inneren Abgründen sehr gut allein sein kann und mich schon melde, wenn ich dich brauche... usw.

Die Perspektive von ZWEI (zum Trostpunkt)

Das faszinierende an VIER sind für ZWEI die Unabhängigkeit und Selbstbezogenheit, die VIER lebt. VIER ist sich selbst am nächsten, während ZWEI allen anderen am nächsten ist, nur nicht sich selbst. Das Individualistisch-Besondere an VIER zieht ZWEI an. Andererseits wird ZWEI durch die Selbstbezogenheit von VIER immer wieder frustriert, weil sie sich nicht wahrgenommen und in ihren Bedürfnissen gesehen fühlt.

Auf das Unklare, Diffuse von VIER springt ZWEI in zweierlei Hinsicht an: Erstens gibt es da immer etwas zum Einfühlen und Ansatzpunkte zum Helfen: «Ich helfe dir dabei, herauszufinden, wer du bist.» Zweitens scheinen die Möglichkeiten, dabei im Gegenzug Wertschätzung zu erhalten, unbegrenzt zu sein (*Sehnsucht*), weil VIER sich nicht klar äußert, also auch keine klare Abfuhr erteilt. VIER geht jedoch nicht auf den Handel ein, den ZWEI ihr anbietet. Sie nimmt das Gute, das ihr entgegengebracht wird, entgegen, fühlt sich dann aber in keinster Weise zu irgend etwas verpflichtet («Die tut das doch nur für sich! Soll sie es doch sein lassen, wenn sie nicht mehr will»). Immer wenn ZWEI erfährt, daß da weder Dankbarkeit zurückkommt, noch eine Verbindlichkeit in der Beziehung «einzukaufen» ist, fühlt sie sich zutiefst *verletzt* und frustriert.

\+ Gerade das konsequente Durchkreuzen ihrer Beziehungsstrategie durch VIER zwingt ZWEI auf den Entwicklungsweg der Unabhängigkeit. Zudem erfährt sie im Beziehungsraum von VIER, daß auch *ihre* Individualität etwas Besonderes ist.

– Je mehr ZWEI hinter VIER herläuft, um doch noch Dankbarkeit und Wertschätzung zu erhalten, desto mehr zieht VIER sich zurück. ZWEI fühlt sich dadurch abgelehnt und in ihren guten Absichten mißverstanden.

Die Perspektive von VIER (zum Streßpunkt)

An ZWEI erlebt VIER, daß ihre Unabhängigkeit und Individualität faszinierend wirken können, sie wird von ZWEI dafür gemocht und bewundert. An diesem Punkt fühlt sich VIER von ZWEI zutiefst verstanden. Gleichzeitig erwartet ZWEI für dieses Verständnis ständig eine Gegenleistung: «Ich verstehe dich, verstehst du mich...?» «Ich gehe ständig auf die Suche nach dir, siehst du mich überhaupt?» Durch solche Anforderungen fühlt VIER sich bedrängt und unter Druck gesetzt. Sie zieht sich dann zurück.

Gleichzeitig ist VIER dadurch mit der Schattenseite ihrer Bestrebungen nach Individualität konfrontiert, damit, daß sie die Tendenz hat, sich in ihrer eigenen «Nabelschau» zu verlieren und nicht mehr nach außen zu sehen.

+ Wenn VIER die Erwartungen, die ZWEI an sie stellt, als echtes Interesse an ihrer Person erleben kann, ermöglicht ihr das Beziehungsangebot von ZWEI einen Weg aus der inneren Isolation.

– Wenn VIER das Verhalten von ZWEI jedoch als Übergriff auf ihre eigene Welt erlebt oder sich unter Druck gesetzt fühlt («Was will die schon wieder von mir?»), dann wird sie sich gekränkt zurückziehen. Als Übergriff erlebt VIER, wenn ZWEI ihr vermittelt, sie wüßte besser, was für sie gut ist, als sie selbst, bzw. ihr ungefragt Hilfe «überstülpt».

VIER und EINS

Ein Dialog zwischen VIER und EINS:

VIER: Deine genauen Vorstellungen, was richtig ist und wie ich etwas richtig zu machen habe, machen mich völlig fertig. Du kannst das doch gar nicht wissen, was *mein Weg* ist. Du versuchst mich ständig auf eine Bahn zu lenken, die mir gar nicht entspricht.

EINS: Wenn ich das so mit ansehen muß, wie du herumsuchst und herumsuchst und nie etwas findest, halte ich das einfach nicht aus. Vor allem, wenn mir schon längst klar ist, was der nächste Schritt ist.

VIER: Mir ist aber gar nichts klar. Diese unklare Spannung ist genau das, woraus meine Kreativität erwächst. Wenn ich das aushalte und mir dann etwas einfällt, dann weiß ich, daß es zutiefst meines ist.

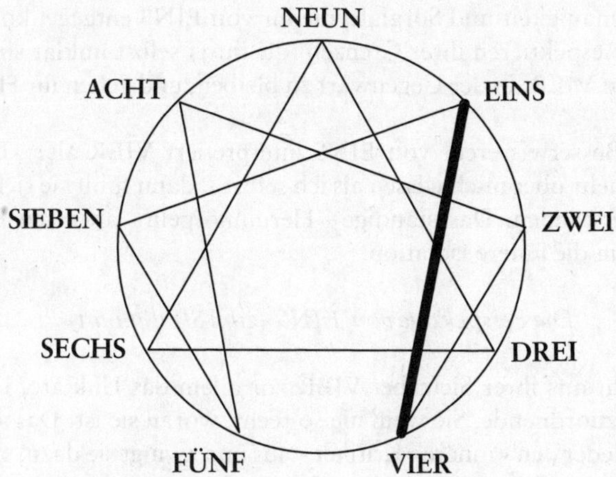

Und du «pfuschst» mir da mit deinem vermeintlichen Wissen ständig dazwischen.

EINS: Meistens hab ich aber doch auch wirklich recht...

Die Perspektive von VIER (zum Trostpunkt)

Das anziehende an EINS sind für VIER ihre Geradlinigkeit, ihre Disziplin, ihr Realitätssinn und ihre Genauigkeit. Da, wo VIER unklar und in diffusen Stimmungen gefangen ist, «weiß» EINS, was Sache ist. Bei EINS bekommt sie Halt und eine klare Orientierung.

Die Spannung, die zwischen EINS und VIER besteht, liegt in der Diskrepanz, daß VIER überwiegend ihre Sehnsucht nach dem Möglichen lebt und EINS ständig die Frage nach dem Wirklichen und dem Notwendigen stellt. Wenn VIER sich in ihren Träumen und Fantasien zu verlieren droht, holt EINS sie wieder auf den Boden der Tatsachen zurück. An diesem Punkt fühlt sich VIER immer wieder unverstanden (*Verletzung*). Gleichzeitig wird VIER dadurch gezwungen, sich immer wieder der gegenwärtigen Realität zu stellen.

+ Die Genauigkeit und Sorgfalt, die ihr von EINS entgegenkommen, und das Respektieren ihrer Grenzen (die ihr ja selbst unklar sind), ermöglichen VIER, in der Gegenwart zu bleiben, und geben ihr Halt.

– Die «Besserwisserei» von EINS interpretiert VIER als: «Da will jemand mehr über mich wissen als ich selbst», dann fühlt sie sich gänzlich unverstanden. Das ständige «Herumnörgeln» an ihren Fehlern treibt sie in die innere Isolation.

Die Perspektive von EINS (zum Streßpunkt)

EINS sieht aus ihrer Sicht bei VIER vor allem das Unklare, Diffuse, nicht Einzuordnende. Sie weiß nie so recht, woran sie ist. Das schaltet immer wieder den «inneren Kritiker» aus und zwingt sie dazu, sich neu zu orientieren. Wenn EINS sagt: «Ich weiß etwas», sagt VIER: «Das ist *deine* Wahrheit, kein allgemeinverbindliches Gesetz.» Dadurch bleibt EINS auf der Suche und kann sich nicht auf ihre starre Moral zurückziehen. Jedes persönliche Prinzip, das EINS zu einer allgemeinverbindlichen Wahrheit erklären will, wird von VIER in Frage gestellt.

EINS erlebt die Gefühlsschwankungen und das Chaos von VIER als anstrengend. Die übertriebene Selbstbezogenheit und das Besonderssein-Müssen gehen ihr auf die Nerven. Andererseits ist sie von den positiven Seiten dieser Eigenschaften auch sehr fasziniert.

+ EINS erfährt von VIER viel Wertschätzung für ihren Realitätssinn und ihre ehrliche Suche nach dem richtigen Weg. VIER gesteht ihr alle Autonomie zu, ganz gleich, wo dieser Weg auch hinführt. Wenn EINS erstarrt und prinzipienhaft wird, erfährt sie von VIER sofort eine Korrektur.

– EINS hakt sich mit ihrer Kritik am mangelnden Wirklichkeitssinn und Chaos von VIER ein. Wenn sie das nicht stehen lassen kann, sondern versucht, das Unklare an VIER in Klarheit zu verwandeln, fühlt VIER sich nicht richtig verstanden und zieht sich zurück. Das empfindet EINS ihrerseits als ungerechte und schlechte Behandlung (*Verletzung*).

Beispiel: *Eine Koalition aus «Durchblick» und «Power» – und ihre Schattenseite (FÜNF – ACHT)*

Frau K. (ACHT) ist die Direktorin eines katholischen Gymnasiums mit angegliedertem Internat. Herr B. (FÜNF) ist stellvertretender Direktor und in dieser Funktion auch Seminarleiter für die in Ausbildung befindlichen Referendare.

Beide haben zueinander ein ausgesprochen respektvolles Verhältnis. Sie treffen sich täglich um 7.15 Uhr für etwa 30 Minuten zu einer Art Lagebesprechung, da Frau K. großen Wert darauf legt, über alle Vorgänge im Haus unterrichtet zu sein. Gelegentlich nutzt Herr B. diesen Termin auch, um fachliche Projekte anzudiskutieren. Frau K.s Reaktion ist dabei meistens: «Sie haben darin völlig freie Hand, schließlich sind Sie hier das Gehirn des Ganzen.» Herr B. genießt diese Position als «erster Mann im Staat», wie er seinen zweiten Platz hinter der Direktorin gern scherzhaft nennt, außerordentlich.

Frau K. arbeitet gerade an einer schriftlichen Zusammenstellung der schulinternen Regeln, da besonders die jungen Referendare in Unkenntnis der Gepflogenheiten den Schülern immer wieder viel zuviel durchgehen lassen und andere Mitglieder des Lehrkörpers dann über disziplinarische Schwierigkeiten klagen. Herr B., der schon weiß, daß er diesen neuen Regelkatalog den Referendaren gegenüber wird vertreten müssen, fühlt sich etwas unbehaglich, findet die ganze Sache aber im Prinzip nicht weiter der Rede wert. Er ist primär mit der Vorbereitung eines Informatikkurses für Fortgeschrittene beschäftigt.

In der darauffolgenden Woche ist die Direktorin zu einem Weiterbildungskurs außer Haus. Herr B. hat die Schulleitung. In einer Seminarbesprechung übergibt er den Referendaren den neuen Regelkatalog und erntet massive Proteste. Die jungen Kollegen halten das Papier für pädagogisch völlig verfehlt. Einige weigern sich offen, sich diesem «diktatorischen Machwerk» zu fügen. Herrn B. gelingt es, die Diskussion zu versachlichen und auf einem sehr abstrakten Niveau zu beenden.

Drei Wochen später erfährt Frau K. zufällig von dieser Seminarbesprechung. Sie stürzt mitten in eine Unterrichtsstunde von Herrn B. hinein, schreit ihn vor den Schülern an (in ihrem Regelkatalog steht die Vorschrift, daß Konflikte innerhalb des Lehrkörpers nicht in Gegenwart von Schülern auszutragen sind) und zitiert ihn augenblicklich zu sich ins Direktorat.

Enneagramm-Kommentar: FÜNF kann sich gut an der Seite von ACHT aufhalten, wenn ACHT «das gemeinsame Feld» (hier: die Arbeit) schützt und nicht allzuviel Kontrolle ausübt. Dann kann FÜNF sich in der Funktion des «Gehirns des ganzen Systems» frei genug fühlen, um vertrauensvoll zu kooperieren. Die «Power» von ACHT ist dann für FÜNF durchaus ermutigend, sich selbst mehr herauszuwagen und auf die ihr eigene (eher sachlich-nüchterne) Art Position zu beziehen.

Wenn ACHT jedoch den Eindruck bekommt, daß «etwas außer Kontrolle gerät» und sie nicht rechtzeitig informiert wurde, gerät sie in Gefahr, ihrerseits außer Kontrolle zu geraten, was – nicht nur für Menschen mit dem Muster FÜNF – beängstigend wirken kann. Das kann zur Folge haben, daß sie seltener informiert wird, deswegen härter durchgreift, mehr Angst erzeugt und so weiter. In solch einer Lage könnte die nüchterne Art von FÜNF zu einer De-Eskalation beitragen. In unserem Beispiel sieht es jedoch zunächst nicht danach aus.

Die Vervollständigung des Panoramas

Auch in diesem Abschnitt werden alle Konstellationen aus jeweils zwei Blickrichtungen aufgegriffen. Die Beschreibungen sind kürzer, wir haben hier die uns wesentlich erscheinenden Aspekte auf den Punkt gebracht. Auch hier unterscheiden wir wieder zwischen Verwicklungstendenzen (–) und Entwicklungsmöglichkeiten (+).

Die Gliederung der «Vervollständigung des Panoramas» ist nach den drei Grundenergien des Enneagramms aufgebaut. Zunächst werden alle Kombinationen mit Bauchenergie-Mustern, dann mit Herzenergie-Mustern und zuletzt die Kombination von zwei Mustern aus dem Bereich der Kopfenergie beschrieben.

Bauchenergie-Muster und Bauchenergie-Muster

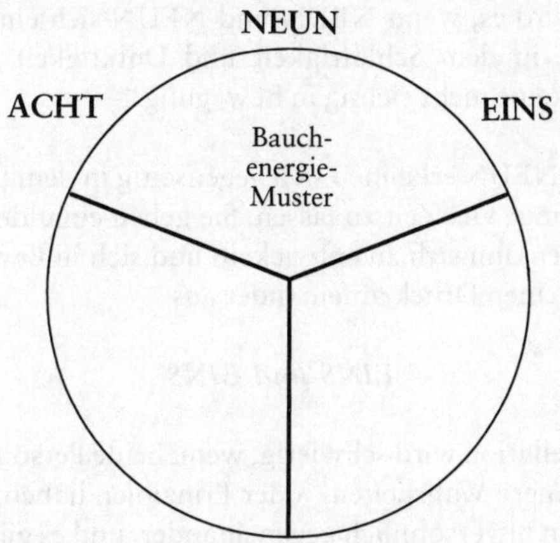

Wenn zwei Bauchenergie-Muster aufeinandertreffen, dann geht es vom Grundthema her zweimal um *Autonomie* und *Selbstbehauptung*. Wenn wir das auf die Beziehung übertragen, dann sind beide Beziehungspartner (auf ihre eigene Weise) daran interessiert, daß im Zusammensein ihre Eigenständigkeit gewahrt bleibt und ihr Platz gesichert ist. Der «Kampf» um diesen Platz, der schnell zum Machtkampf werden kann, wird auf irgendeine Art ein Thema sein.

ACHT und ACHT

– Bei ACHT und ACHT prallen zwei starke Persönlichkeiten aufeinander, der Machtkampf ist vorprogrammiert. Wenn zwei Personen mit dem Muster ACHT sich auseinandersetzen, gibt keine in ihrer Meinung nach. Möglichkeiten, Kompromisse zu schließen oder sich an einem Punkt zu treffen, sind dadurch praktisch ausgeschlossen.

\+ Positiv können sich ACHT und ACHT mit sehr viel Respekt begegnen, sie schätzen die andere als fairen Beziehungspartner und können sich gemeinsam lustvollen Aktivitäten hingeben.

NEUN und NEUN

– Schwierig wird es, wenn NEUN und NEUN sich ein gemeinsames Nest schaffen, in dem Schläfrigkeit und Untätigkeit vorherrschen. Dann kommt keine mehr richtig in Bewegung.

+ NEUN und NEUN erkennen sich gegenseitig in dem Bedürfnis, sich für wichtige Dinge viel Zeit zu lassen. Sie geben einander allen Raum, den sie brauchen, um sich zu entwickeln und sich in Bewegung zu setzen. Sie üben keinen Druck aufeinander aus.

EINS und EINS

– Diese Konstellation wird schwierig, wenn beide Personen sehr unterschiedliche «innere Wahrheiten» oder Prinzipien haben. Die Meinungen stehen dann unversöhnlich gegeneinander, und es gibt aufreibende Grundsatzdiskussionen, in denen jede die andere zu überzeugen versucht. Die Beziehung ist durch gemeinsame Anspannung gekennzeichnet.

+ Im positiven Fall ist die Beziehung durch gegenseitigen Respekt und Hochachtung gekennzeichnet. Jede schätzt an der anderen ihr Bemühen um Korrektheit und weiß, daß sie fair und wahrhaftig behandelt wird.

ACHT und NEUN

Die Perspektive von ACHT

– Den Schwachpunkt von NEUN erkennt ACHT in ihrer Unentschlossenheit und ihrer Konfliktvermeidung. ACHT möchte NEUN «Beine machen», sie dazu bewegen, daß sie etwas tut, und erreicht damit nur das Gegenteil. Sie gerät leicht in Gefahr, für NEUN etwas machen zu wollen.

+ NEUN läßt ACHT sein, wie sie ist. Sie versucht nicht, sie zu verändern. In diesem Beziehungsraum hat ACHT keine Angst vor Fremdbestimmung und fühlt sich nicht kontrolliert. Sie braucht sich daher weder zu schützen noch anzugreifen.

Die Perspektive von NEUN

– Wenn NEUN unentschlossen ist, dann kommt ACHT leicht auf die Idee, etwas für sie machen zu wollen oder sie unter Druck zu setzen, damit NEUN endlich selbst etwas macht. Von beidem wird NEUN sich passiv-trotzig abgrenzen müssen.

+ Bei ACHT erfährt NEUN, daß sie wichtig genommen wird und ihre Autonomie geachtet wird. ACHT unterstützt bei NEUN die starken, raumgreifenden Tendenzen. Mit ihr kann sie streiten.

ACHT und EINS

Die Perspektive von ACHT

– Die sehr unterschiedlichen Autonomiebestrebungen von ACHT und EINS kommen sich leicht in die Quere. ACHT fühlt sich durch die Übergenauigkeit und «Prinzipienreiterei» von EINS in ihrem Raum bedroht und versucht, die «Ordentlichkeit» von EINS zu demontieren.

+ Im Beziehungsraum mit EINS erfährt ACHT, daß ihre Grenzen respektiert werden und daß EINS sie nicht manipuliert. Das ermöglicht ihr, ihre Kontrollbedürfnisse weitgehend aufzugeben und eine ungeschütztere Kommunikation zu wagen.

Die Perspektive von EINS

– Mit ACHT kommt EINS in Konflikt, wenn die unterschiedlichen Arten des Autonomiestrebens «aufeinanderprallen». Entweder sie erlebt die Angriffslust als Kritik und gerät in Selbstzweifel, oder sie muß prinzipienhaft dagegenhalten. Aus der Perspektive von EINS ist ACHT eine Person, die sich nie von einer gegenteiligen Meinung überzeugen läßt, auch wenn sie richtig ist.

+ Eine positive Entwicklung ergibt sich, wenn EINS erlebt, daß ihre persönlichen Grenzen von ACHT respektiert werden. Sie erfährt von ACHT dann, daß sie ihr Autonomie zugesteht und sehr großzügig ist. EINS empfindet Hochachtung für die Unabhängigkeit von ACHT in bezug auf geltende Meinungen.

NEUN und EINS

Die Perspektive von NEUN

– NEUN wird von EINS in ihrer Unbeweglichkeit kritisiert und dafür, daß sie nicht weiß, was sie will. Wenn NEUN dadurch unter Druck gerät bzw. versucht, sich in EINS hineinzuversetzen, um sie zu verstehen, verliert sie ihren eigenen Standpunkt.

+ Wenn EINS NEUN in Ruhe läßt und ihr keinen Druck macht, hat NEUN in ihr einen Beziehungspartner, der ihren Standpunkt wichtig nimmt und schätzt. Im Beziehungsraum von EINS kann NEUN autonom sein. EINS läßt nicht zu, daß sie ihre eigenen Bedürfnisse für sie aufgibt.

Die Perspektive von EINS

– Das Unbewegliche und Unentschlossene an NEUN reizt EINS, sie zu bedrängen und Druck auf sie auszuüben. Sie präsentiert ihr dann ihre eigenen Prinzipien, wie die Dinge zu machen sind. Dagegen geht NEUN in den Widerstand.

+ Die Fähigkeit von NEUN, sich in andere hineinzuversetzen, kommt den Autonomiebestrebungen von EINS entgegen. Sie kann ihren eigenen Weg gehen und fühlt sich nicht kritisiert. Bei NEUN darf sie so sein, wie sie ist, es wird ihr nichts aufgezwungen.

Beispiel: ***«Immer muß ich alles in die Hand nehmen» / «Immer nimmst du mir den Wind aus den Segeln!» (EINS – NEUN)***

Anfangssequenz einer Ehepaartherapie (2. Sitzung):

Sie: (der Therapeut = Th. hat noch nicht Platz genommen) «Also gestern hatten wir wieder – eigentlich sind das ja Lappalien, aber ich möchte ja zu gern wissen: Ist das nun eigentlich mein Fehler, oder macht er da was falsch? Was soll ich denn machen, es regt mich einfach maßlos auf! Also – er kommt mit der Buchführung für sein Geschäft nicht klar, und da sage ich dann: Na, schaff dir halt endlich einen Computer an, nicht?

Da sagt er, da kenne ich mich nicht aus – ich weiß ja nicht, ob das richtig ist. Aber ich bin wirklich nicht bereit, ihm da zu helfen, denn ich habe schließlich mit meinem eigenen Geschäft genug zu tun, und schließlich habe ich mir das alles ja auch allein erarbeiten müssen. Oder bin ich da einfach zu rigoros? Nein, aber man soll sich doch schließlich um seine eigenen Angelegenheiten selber kümmern, nicht?»

Er: (ist während dieser Eröffnung immer mehr im Stuhl zusammengesunken) «Äh, na ja, wahrscheinlich hast du ja recht, aber...»

Sie: «Was... aber? Ich hab dir doch schon vor einem Jahr gesagt, daß du auf EDV umstellen sollst. Und daß man das in ein paar Kursen lernen kann. Und was ist in der Zwischenzeit passiert? Nichts!!! Und dann jammerst du mir die Ohren voll. (zum Therapeuten) Ich weiß auch nicht, vielleicht sollte ich mich einfach weniger aufregen, schließlich ist es doch sein Fehler, aber ich hänge halt auch finanziell in seinen Dingern mit drin – kennen Sie sich eigentlich in Finanzsachen aus, das nur am Rande – nein, was mich wirklich brennend interessieren würde: Lieg vielleicht ich irgendwie falsch?»

Th.: «Ich verstehe noch nicht ganz...»

Sie: «Sehen Sie, die Sache verhält sich nämlich folgendermaßen...» (spricht schnell und erregt weiter, wobei sie sich selber immer wieder mitten im Satz unterbricht und sich «verbessernd» ins Wort fällt, während der Mann mit gebeugtem Oberkörper stumm dasitzt und abwechselnd irgendwie flehend zu ihr und zum Therapeuten schaut)

Th.: «Gut – ich möchte das hier mal unterbrechen. Ich möchte, daß Sie beide, und zwar jeder für sich, erst einmal eine Denkpause einlegen... Wenn Sie dieses Paar, das im Moment hier in diesem Raum sitzt, auf einer Art Bühne sehen würden – so wie in einem Zweipersonenstück im Theater... können Sie sich das vorstellen? Und die beiden würden in einer Fremdsprache miteinander streiten, so daß Sie als Zuschauer nicht wüßten, worum es geht – also Chinesisch oder sonstwas – aber sie würden alles hören und sehen... wie käme Ihnen denn das Verhältnis vor, das die beiden zueinander haben?... Ich gebe Ihnen jetzt ein Blatt Papier, einen Filzstift und drei Minuten Zeit. Malen Sie doch mal bitte mit ein paar Strichen auf diesen

Zettel eine Skizze von diesem Paar auf der Bühne, das Sie beide selber sind. Und zunächst, ohne miteinander zu sprechen»

Sie: (zeichnet ihren Mann groß und eckig in die Mitte des Blatts und sich selbst als kleines Hündchen, das an ihm hochspringt)

Er: (zeichnet sie groß mit einem Zeigefinger, der aussieht wie ein Rohrstock, und sich selbst zusammengekauert, mit den Armen über dem Kopf, so, als wolle er Schläge abwehren)

Die weitere Bearbeitung konzentriert sich dann zunächst auf die lebensgeschichtlichen Hintergründe, die in den beiden Skizzen versteckt sind: Die Kindheit des Manns war in der Tat geprägt von einem Klima moralischer Vorhaltungen und einer Mutter, «die schon mal den Teppichklopfer als Argumentationshilfe benutzte». Er hatte sich als kleiner Junge schon früh für eine «Strategie der Unauffälligkeit» entschieden: «Das beste für mich ist, wenn ich diese Wutausbrüche über mich ergehen lasse und einen dicken Buckel mache.»

Seine Frau ist verblüfft über die beiden völlig verschiedenen Zeichnungen. Ihr fällt dazu ihre ohnmächtige Wut ein, als sie als 19jährige die Drogerie der plötzlich verstorbenen Mutter übernehmen mußte und von ihrem depressiven Vater keinerlei Unterstützung erhielt. Ihr (sieben Jahre älterer) damaliger Freund und jetziger Mann sei damals die einzige Hilfe gewesen: «Ohne ihn und sein mutmachendes Durchhaltevermögen wäre ich wahrscheinlich verrückt geworden an dieser Überforderung.» Von der Mutter sei sie als Erbin des Geschäfts wohl eigentlich immer vorgesehen gewesen und von daher zu Korrektheit und Genauigkeit in allen Dingen erzogen worden.

Enneagramm-Kommentar: Diese Konstellation hat möglicherweise in der Anfangsphase der Paarbeziehung beiden viel genützt (er fühlte sich wichtig für die überforderte 19jährige, sie nahm seine beharrliche Verläßlichkeit gern an). Nun ist das Beziehungsmuster völlig «gekippt». Sie hat ihre Dinge inzwischen «optimal im Griff» und ist entnervt von seinem Zögern und Zaudern und fühlt sich an den diffusen Vater erinnert. Er weiß angesichts dessen keine andere Möglichkeit, als auf seine gewohnte Strategie von Dichtmachen und auf «stur schalten» zurückzugreifen, die er schon früh gegenüber seiner aggressiv-moralisierenden Mutter entwickelte.

Bauchenergie-Muster und Herzenergie-Muster

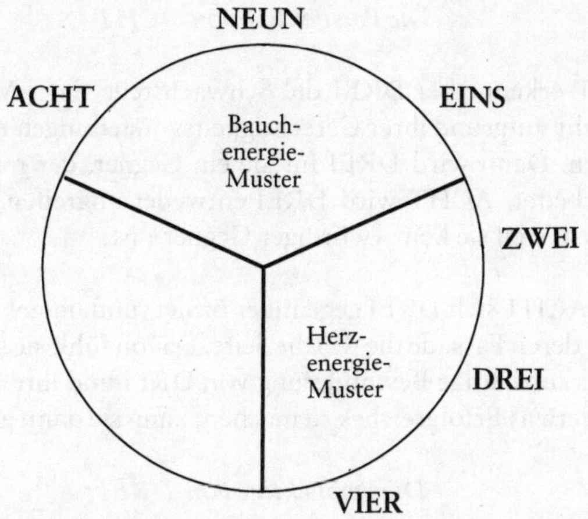

Der Beziehungspartner mit dem *Bauchenergie*-Thema bringt in die Beziehung die Frage nach seiner *Autonomie* ein. Wenn die in der Gemeinsamkeit gesichert ist, fühlt er sich in der Beziehung wohl. Schwierig wird es für ihn immer dann, wenn er erlebt, daß seine Eigenständigkeit nicht gewahrt bleibt. Dem Beziehungspartner mit dem Herzenergie-Thema geht es in der Beziehung vor allem darum, *emotional versorgt* zu werden. Die zentrale Frage für ihn lautet: «Mag mich der andere?» Immer dann, wenn er das, was er braucht, um diese Bestätigung zu finden, in der Beziehung nicht erlebt, wird es für ihn schwierig.

Diese grundsätzlich unterschiedlichen Bedürfnisse geraten in Bauchenergie-Herzenergie-Beziehungen leicht in Konflikt. Jeder sucht (und findet) in der Beziehung etwas anderes. Aus diesen unterschiedlichen Beziehungsdefinitionen ergeben sich leicht Mißverständnisse.

ACHT und DREI

Die Perspektive von ACHT

– ACHT erkennt bei DREI die Schwachstelle der «Mogelei». Das kann sie ihr aufgrund ihrer Gerechtigkeitsvorstellungen nicht durchgehen lassen. Dann wird DREI für sie ein Gegner, der mit unsauberen Tricks arbeitet. ACHT wird DREI entweder angreifen oder sich zurückziehen, weil sie kein «würdiger Gegner» ist.

+ Wenn ACHT sich DREI gegenüber öffnet (und umgekehrt), erkennt sie hinter deren Fassade die weiche Seite. Davon fühlt sie sich angesprochen. Die aufrichtige Bewunderung von DREI und ihre Angebote, gemeinsam etwas Erfolgreiches zu machen, kann sie dann gut annehmen.

Die Perspektive von DREI

– DREI empfindet ACHT leicht als Konkurrenten, der ihren Erfolg in Frage stellt. Wenn sie sich von ACHT angegriffen fühlt, muß sie sich beweisen.

+ ACHT ist kein Beziehungspartner, der ständig Anforderungen an das Innenleben von DREI stellt. Dadurch erfährt sie bei ACHT Akzeptanz und wird nicht ständig hinterfragt.

ACHT und VIER

Die Perspektive von ACHT

– Als Schwachstelle von VIER betrachtet ACHT, daß diese zuviel mit sich selbst beschäftigt ist. Sie kann dann nicht viel mit ihr anfangen, eine Angriffsfläche bietet VIER nicht. Tendenziell ist ihr VIER «zu schwächlich».

+ Fasziniert ist ACHT von dem reichhaltigen Innenleben von VIER. In ihrer Gegenwart fühlt sie sich inspiriert und kann mehr von ihrer eigenen inneren Welt zulassen und dem Ausdruck geben.

Die Perspektive von VIER

– VIER fühlt sich von ACHT sehr schnell überrollt. Sie spürt die aggressive Kraft und fühlt sich als «zartes Pflänzchen» erdrückt. VIER bekommt durch das Laute und die Durchsetzungsfähigkeit von ACHT den Eindruck, daß sie von ihr nicht beachtet und nicht verstanden wird. Dann zieht sie sich zurück.

+ Wenn ACHT entgegenkommt, angezogen von der Faszination für das Weiche, Warme und Kreative, das sie zu bieten hat, bekommt VIER wieder «Luft». Es kann sich dann ein Miteinander ergeben, wo VIER den kreativen Input liefert und ACHT etwas daraus macht.

NEUN und ZWEI

Die Perspektive von NEUN

– Schwierig wird es für NEUN, wenn sie merkt, daß ZWEI ihr «auf die Sprünge helfen will». Sie fühlt sich dann zu irgend etwas gedrängt und reagiert mit Widerstand. Erwartungen von ZWEI boykottiert sie grundsätzlich: «Ich gebe nur freiwillig!»

+ In der Beziehung zu ZWEI fühlt NEUN sich akzeptiert und wichtig. Sie hat bei ihr einen festen Platz und muß nicht ständig darum kämpfen. Wenn die Zuwendung von ZWEI ehrlich ist, dann ist ihre Eigenständigkeit gesichert.

Die Perspektive von ZWEI

– Die «innere Not» von NEUN, wenn sie nicht aus ihrer Trägheit kommt, verleitet ZWEI, ihr alle möglichen Ratschläge und Empfehlungen zu geben, wie sie etwas machen soll. Geht NEUN dann in den passiven Widerstand, weil dies nicht ihre eigenen Lösungen sind, fühlt ZWEI sich abgelehnt.

+ Das Einfühlungsvermögen und die bedingungslose Annahme von NEUN vermitteln ZWEI Wertschätzung und ein hohes Maß an Verläßlichkeit in der Beziehung. Sie fühlt sich von NEUN emotional gut verstanden.

NEUN und VIER

Die Perspektive von NEUN

– Wenn VIER in sich selbst verloren und NEUN in ihrer Passivität gefangen ist, dann passiert zwischen den beiden gar nichts. Keine kann die andere aus ihrem Zustand befreien.

+ Von VIER erfährt NEUN alle Wertschätzung ihrer Individualität und Eigenständigkeit. Wenn NEUN sich in Bewegung gesetzt hat, kann sie in der Beziehung zu VIER jeden Weg gehen, der für sie richtig ist.

Die Perspektive von VIER

– VIER fühlt sich von NEUN in ihren chaotischen und diffusen Anteilen gespiegelt und in der gefürchteten Annahme, es gäbe keine Klarheit, bestätigt. Wenn NEUN im «Sumpf» ist, kommt VIER «in den (warmen) Nebel». (Diese inneren Zustände sind sehr ähnlich.) Das aktiviert bei VIER die Angst, sich selbst zu verlieren.

+ Wenn VIER es jedoch mit der unabhängig-autonomen Seite von NEUN zu tun bekommt, immer dann, wenn NEUN sich aus eigenem Antrieb in Bewegung setzt, geht es ihr gut. Sie spürt die eigenständige Energie und fühlt sich akzeptiert und verstanden.

EINS und ZWEI

Die Perspektive von EINS

– Aus der Perspektive von EINS ist der manipulative Aspekt von ZWEI («Ich bin gut zu dir, damit...») in Frage zu stellen. Sie merkt, daß da etwas nicht stimmt und empfindet ihr Verhalten als unehrlich. Wenn ZWEI ihr etwas aufzudrängen versucht, erlebt EINS das als Angriff auf ihre Autonomie und wird zornig.

+ Die wirkliche Hilfe, die EINS von ZWEI erhält, und die Akzeptanz, die sie erfährt, tun ihr gut. Sie wirken der ständigen Selbst-Infragestellung entgegen. Bei ZWEI fühlt sie sich nicht gemaßregelt oder zu etwas gezwungen.

Die Perspektive von ZWEI

– EINS bietet ZWEI durch ihre Korrektheit und Autonomie wenig Möglichkeiten, helfend einzugreifen. Die distanzierte Art von EINS kann von ZWEI als Ablehnung verstanden werden. Wenn ZWEI Übergriffe macht, wird sie sofort eine (zornige) Abfuhr erfahren. Wenn ZWEI von EINS prinzipienhaft kritisiert wird, kann das leicht in einen Machtkampf ausarten, in dem es darum geht, wer «besser» ist.

+ ZWEI erlebt EINS als verläßlichen und konstanten Beziehungspartner. Eine einmal ausgedrückte Wertschätzung gilt und hat Bestand. Das ermöglicht ZWEI Selbständigkeit und Autonomie in der Beziehung. Von EINS muß sie sich die Zuwendung nicht immer wieder neu erkaufen.

EINS und DREI

Die Perspektive von EINS

– EINS bemerkt an DREI sofort, wenn sie eine «Maske aufhat» und nicht echt wirkt. Wenn DREI sie hintergeht, ist sie getroffen und wird wütend. An der «Lüge» hängt sie sich unbarmherzig mit ihrer Kritik ein. Zum Machtkampf kommt es, wenn DREI ihren Aktivismus und ihr Erfolgsstreben zum Standard erklärt und sie EINS aufdrängen will.

+ EINS schätzt an DREI deren Unternehmungsgeist und ihre Effektivität. Das Bemühen um Authentizität von DREI kommt EINS sehr entgegen. Da findet sie die Eindeutigkeit, in der sie sich entspannen kann. Die ehrliche Bewunderung von DREI wirkt ihrer übertriebenen Selbstkritik entgegen.

Die Perspektive von DREI

– DREI hat Probleme mit EINS, wenn sie es mit deren Prinzipienhaftigkeit und hohen Moral zu tun bekommt. Sie weiß, daß sie diesen hohen Ansprüchen nie genügen kann und daher auch nicht anerkannt werden wird. Sie gerät dann leicht in Konkurrenz und muß beweisen, daß sie erfolgreicher ist.

+ Realitätssinn und Wahrheitssuche von EINS und die Dynamik von DREI können sich auch positiv verbinden. Die Geradlinigkeit von EINS ermutigt DREI, ebenfalls einen geraden Weg zu gehen. Als Team sind die beiden sehr erfolgreich, solange sie sich nicht gegenseitig in den Rücken fallen.

Beispiel: *«Sie leisten hervorragende Arbeit» / «Sie benutzen mich als Aushängeschild» (DREI–EINS)*

Anton bewirbt sich als Sozialarbeiter in einer Nachsorgeeinrichtung für psychisch Kranke, die neben dem stationären Bereich eine neue teilstationäre Einheit aufbaut. Er erhält die Stelle unter anderem deswegen, weil er neben dem Studium noch eine Schreinerlehre gemacht hat und der Leiter der Einrichtung von Antons idealistischen Ideen über ergotherapeutische Aktivitäten im teilstationären Bereich begeistert ist. Es wird ihm die Leitung dieser Unterabteilung in Aussicht gestellt.

Nach gut einem Jahr ist Anton hell empört über diese «Einstellungslüge». Für das Material, das er zur Umsetzung seiner Ideen bräuchte, fehlen die Mittel, eine eigene Leiterstelle wird für den teilstationären Bereich nun doch nicht benötigt. Sein Chef läßt nichts unversucht, Anton positiv zu motivieren, und spart nicht mit Lob für die hervorragende Aufbauarbeit, die Anton geleistet hat: «Ohne Ihren Einsatz würden wir nicht erreicht haben, wo wir heute stehen. Bitte haben Sie doch Verständnis, daß manche Sachen sich eben einfach nicht so schnell realisieren lassen. Glauben Sie mir: Sie sind mein bester Mann!»

Als dann aber ein Finanzierungsantrag für eine elektronische Bandsäge und eine größere Fräse mit dem Hinweis auf die leider sehr knappen Etatmittel abgelehnt wird und der Leiter eine Woche später den neuen, auf Hochglanzpapier gedruckten, mehrfarbigen Werbeprospekt für die Einrichtung präsentiert, beginnt Anton über Kündigung nachzudenken.

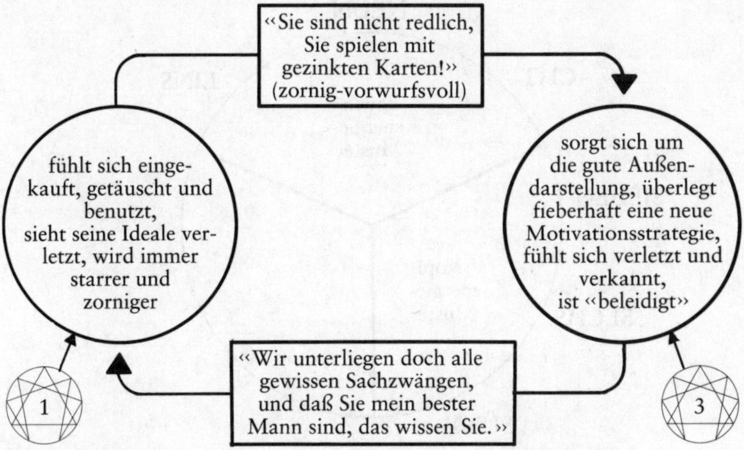

Beispiel: EINS-DREI-Regelkreis «im bösen» (Teufelskreis)

Bauchenergie-Muster und Kopfenergie-Muster

In dieser Konstellation trifft das *Autonomiethema* des Bauchenergie-Partners auf ein *Sicherheitsthema* beim Gegenüber. Für den Beziehungspartner aus dem Kopfenergie-Bereich geht es existentiell um folgende Fragen: «Kann ich dem anderen vertrauen? Kann ich mich auf ihn verlassen? Finde ich bei ihm Halt? Kann ich mich in der Beziehung sicher fühlen?» Immer wenn er erlebt, daß das nicht gewährleistet oder gefährdet ist, wird es für ihn schwierig.

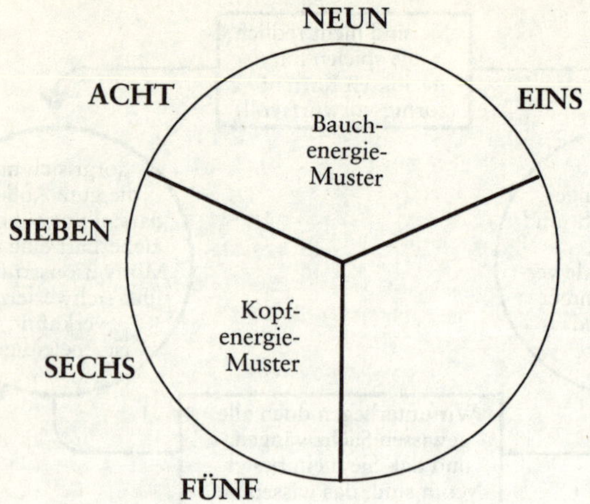

ACHT und SECHS

Die Perspektive von ACHT

– Die Schwachstellen, an denen sich ACHT bei SECHS einhakt, sind deren Unterwürfigkeit und Feindseligkeit. Kommt ihr SECHS unterwürfig, kann sie sie nicht ernst nehmen, kommt sie ihr feindselig und mißtrauisch, fühlt sie sich kontrolliert. Wenn SECHS unsicher und zweifelnd ist, vermißt ACHT bei ihr Klarheit (ja *oder* nein) und versucht, sie zu eindeutigen Stellungnahmen zu bringen.

+ Im Beziehungsraum, den SECHS ihr anbietet, fühlt ACHT sich gleichermaßen wichtig genommen wie in übertriebenen Machtansprüchen hinterfragt. Mit ihrem konstruktiven Zweifel bietet SECHS ihr ein loyales Korrektiv für ihr «Schwarz-Weiß-Denken».

Die Perspektive von SECHS

– Wenn ACHT verschlossen ist, hat SECHS keine Möglichkeit, hinter ihre Abwehr zu sehen. Das macht sie mißtrauisch. SECHS spürt die geballte Kraft und erlebt sie bedrohlich. Bei ACHT fürchtet SECHS den gewalttätigen Anteil, der sie vernichten könnte. Kommt ACHT ihr aggressiv entgegen, ergreift sie die Flucht oder hält rebellisch dagegen.

+ Die Stärke und das Durchsetzungsvermögen von ACHT sind andererseits anziehend für SECHS, weil sie diese bei sich selbst vermißt. Wenn SECHS von ACHT keine Gewalttätigkeiten befürchten muß, dann fühlt sie sich bei ihr sicher und findet Halt und Geborgenheit.

ACHT *und* SIEBEN

Die Perspektive von ACHT

– Als Schwachstelle von SIEBEN sieht ACHT ihre Vergnügungssucht. Wenn sie den Eindruck hat, sie geht auf ihre Kosten oder auf die Kosten von jemand anderem, wird sie versuchen, dem Einhalt zu gebieten.

+ Meist kann sie aber in der Beziehung zu SIEBEN ungestört ihrer eigenen *Lust* nachgehen. Mit ihr kann sie das Leben in vollen Zügen genießen und viel Spaß haben. Ihr (verspieltes) «inneres Kind» hat in dieser Konstellation viel Platz.

Die Perspektive von SIEBEN

– Schwierig wird es für SIEBEN mit ACHT dann, wenn diese nur ihren eigenen Wichtigkeiten und Bedürfnissen nachgeht. Wenn das, was ACHT *Lust* macht und was sie wichtig findet, nicht mit dem übereinstimmt, was SIEBEN geplant hat, fühlt sie sich von ihr übergangen und überrollt.

+ Bei ACHT findet SIEBEN jemanden, mit dem man viel zusammen machen kann. ACHT ist unkompliziert. SIEBEN kann mit ihr spielen, spielerisch kämpfen und vieles verwirklichen. In der Beziehung zu ACHT findet sie viel Toleranz und auch Achtung ihrer weichen Seiten.

NEUN und FÜNF

Die Perspektive von NEUN

– FÜNF vermißt bei NEUN die Klarheit, die sie selbst braucht, um sich zu orientieren. Wenn NEUN sich unklar und diffus verhält, erlebt sie, daß FÜNF sich zurückzieht oder wissen will, was los ist. Dann bricht entweder der Kontakt ab, oder NEUN fühlt sich unter Druck gesetzt.

+ Wenn NEUN auf ihrem eigenen Weg ist, dann hat sie in FÜNF jemanden, der ihr mit seinem ganzen Wissen über sie dabei hilft, herauszufinden, wohin dieser Weg geht. Das klare Beobachten von FÜNF setzt sie nicht unter Druck und hilft ihr bei der Selbstklärung.

Die Perspektive von FÜNF

– NEUN ist für FÜNF diffus, da hat sie keine klaren Orientierungspunkte. Sie fragt sich, was die andere will, und ist darauf angewiesen, daß von NEUN irgend etwas kommt, sonst gibt es keinen Kontakt.

+ Die Geduld, die NEUN mit ihr hat, tut FÜNF gut. NEUN läßt FÜNF so sein, wie sie ist, mit all ihren «Absonderlichkeiten». In diesem Beziehungsraum fühlt FÜNF sich angenommen und willkommen geheißen.

NEUN und SIEBEN

Die Perspektive von NEUN

– Wenn SIEBEN oberflächlich auf sie zukommt, weiß NEUN nicht viel mit ihr anzufangen. Wenn sie sich dann in sie hineinversetzt, spürt sie genau, daß da etwas nicht stimmt. Bei SIEBEN erlebt NEUN eine Person, die Konflikthaftes ebenso vermeidet wie sie selbst. Das kann dazu führen, daß keine von beiden Schwierigkeiten in der Beziehung anspricht.

+ Vom echten Lebensgenuß von SIEBEN läßt NEUN sich gerne anstecken. Bei SIEBEN erfährt sie die leichten und lockeren Seiten des Lebens und wird aus ihrer Schwere gerissen.

Die Perspektive von SIEBEN

– SIEBEN stört an NEUN, daß diese so langsam ist und sich so schwer entscheiden kann. Das «Sumpfige» an NEUN versucht SIEBEN dadurch aufzuhellen, daß sie ihr jede Menge Vorschläge macht, wie NEUN es sich gut und schön machen kann. Dabei erlebt sie dann oft, daß sich NEUN an nichts hält und ihre eigenwilligen Ideen dagegensetzt.

+ Gut tut SIEBEN bei NEUN, daß diese sie so sein läßt, wie sie ist. Im Beziehungsraum mit NEUN erfährt SIEBEN, daß sie ihren eigenen Weg gehen kann, im guten wie im schlechten. (Siehe dazu auch das ausführliche Beispiel am Ende dieses Abschnitts.)

EINS und FÜNF

Die Perspektive von EINS

– Wenn FÜNF in den Rückzug geht, erlebt EINS das leicht als schlechte Behandlung oder Kritik. Sie will dann wissen, was los ist. Auf der Ebene des «Wissenwollens» geraten EINS und FÜNF leicht in einen Machtkampf, wenn sie nicht bemerken, daß «Wissen» für beide ganz verschiedene Bedeutung hat. Für FÜNF bedeutet es existentielle Orientierung, für EINS Wahrheit.

+ EINS schätzt an FÜNF, daß sie ihre Grenzen respektiert. FÜNF macht keine Übergriffe und läßt sie so sein, wie sie ist. Bei FÜNF ist EINS vor negativen persönlichen Bewertungen sicher. Sie kann sich darauf verlassen, daß immer sachlich argumentiert wird. Dadurch ist die «Wahrheit» der anderen für EINS leichter zu schlucken. Das nüchterne Wissen von FÜNF hilft ihr bei ihrer eigenen Wahrheitsfindung.

Die Perspektive von FÜNF

– Wenn FÜNF bei EINS auf Prinzipien oder eine «Moralpredigt» stößt, die mit dem, was sie sonst bei der Person beobachtet, nicht zusammenpassen, kommt sie in Orientierungsnöte. Stimmt das «Wissen» von EINS nicht mit ihrem eigenen «Wissen» überein, kommt es zum Machtkampf.

+ Meistens kann FÜNF sich bei EINS gut orientieren, da diese klare und eindeutige Botschaften sendet. Sie kann sich auch darauf verlassen, daß EINS ihre Grenzen respektiert.

EINS und SECHS

Die Perspektive von EINS

– Bei SECHS hat EINS große Mühe mit ihrem Streben nach Wahrheit, wenn sie auf das zweifelnde Hin und Her stößt. Versucht sie bei SECHS «Ordnung zu schaffen», indem sie sie von einer Wahrheit zu überzeugen sucht, erlebt sie, daß SECHS sich abgrenzt. Die «anpasserische» Seite von SECHS geht EINS auf die Nerven.

+ Die Treue und Loyalität von SECHS tut ihr gut, das «intuitive Erfassen der Wirklichkeit» fasziniert sie. Im Beziehungsraum mit SECHS kann EINS sich ihren eigenen Unvollkommenheiten stellen, ohne eine negative Bewertung zu erfahren.

Die Perspektive von SECHS

– SECHS hat Probleme mit dem «erhobenen Zeigefinger» von EINS und ihrer zornigen Energie. Wird sie von EINS kritisiert, erlebt sie das als vernichtend. Wenn SECHS dieser Kritik kein Selbstvertrauen entgegensetzen kann, empfindet sie diese als Angriff und Verletzung. Durch das Besserwissen von EINS und ihre angestrengte Aktivität, fühlt SECHS sich leicht überrollt.

+ Aus der Sicht von SECHS ist EINS immer dann vertrauenswürdig, wenn diese mit Sorgfalt und Genauigkeit das wiedergibt, was gerade für sie stimmt. SECHS spürt dann intuitiv die Wahrhaftigkeit und Stimmigkeit bei ihr. In solchen Situationen erlebt sie EINS als treu und verläßlich und findet bei ihr Sicherheit.

Beispiel: *«Sei du der Sekt in meinem zähen Blut» / «Sei du der Fels in meiner Brandung»* (*NEUN–SIEBEN*)

Michaela war 17, Markus 21, als sie sich kennenlernten. Markus erinnert sich: «Sie sprühte vor Lebendigkeit und Witz, sie war so frisch und unbekümmert. Ich hatte garade mit dem Studium begonnen, wohnte aber noch bei den Eltern. Zwischen meinen drei jüngeren Geschwistern und den Eltern gab es dauernd Streit, ich fühlte mich irgendwie wie der ruhende Pol in der Familie, gleichzeitig aber belastet von dem Druck der Verantwortung, den ich auf mir ruhen fühlte. Als Michaela und ich zum erstenmal ausgingen, haben wir den ganzen Abend getanzt. Alles Schwere war plötzlich von mir abgefallen, und ich habe immerzu gedacht: ‹Dieses Mädchen ist wie Sekt in meinem zähen Blut.›» Michaelas Erinnerungen an die Phase des Kennenlernens sehen so aus: «Was mir an Markus am meisten imponierte, waren seine Ruhe und Festigkeit. Er kam mir vor wie der Fels in der Brandung meiner Hektik und Sprunghaftigkeit. Ich habe ihn vom ersten Augenblick an sehr gemocht, er kam mir sehr erwachsen und reif vor. Die meisten Jungen in meinem Alter, mit denen ich geflirtet habe, waren so oberflächlich. Zuinnerst habe ich mich danach gesehnt, nicht immerzu die fröhliche Betriebsnudel spielen zu müssen. Das war auch meine Rolle in meiner Familie. Zwei Monate habe ich gewartet, daß Markus den ersten Schritt tut, weil ich schon sehr deutlich gemerkt habe, daß er an mir interessiert ist. Schließlich habe ich es dann nicht mehr ausgehalten und ihn gefragt, ob wir mal zusammen tanzen gehen. Da hat's dann richtig gefunkt.»

Die beiden heiraten, und etwa sechs Jahre lang ergänzen sie sich in ihrem Wechselspiel wirklich gut. Sie studiert Soziologie und Betriebswirtschaft, es bleibt aber genug Zeit, mit dem liebevoll zum Wohnmobil umgebauten alten VW-Bus spontane Reisen zu unternehmen. Markus hat eine feste Anstellung als Ingenieur, er ist dafür zuständig, daß nicht mehr Geld ausgegeben wird, als da ist, kümmert sich zuverlässig um den Haushalt, wenn sie für Klausuren lernt. Sie arrangiert die Abwechslung (Ausflüge, Einladungen, Kino, Konzerte). Eine nicht eingeplante Schwangerschaft durchkreuzt Michaelas Pläne – sie wollte mit Markus für zwei Jahre ins Ausland –, sie kann sich jedoch relativ problemlos umstellen, freut sich auf das Baby, interessiert sich für alternative Geburtsmethoden und feiert ein rauschendes Fest, als die Tochter geboren ist. Markus ist in dieser Phase stark beruflich eingespannt, engagiert sich aber nach Kräften auch im Haushalt, damit Michaela «ab und zu mal rauskommt, denn ich weiß, sie braucht das».

Nach der Geburt des zweiten Kindes haben sie dann aber zunehmend Spannungen miteinander, die immer wieder nach demselben Schema ablaufen: Sie wird ganz «starr im Kopf» («obwohl ich das gar nicht will – wirklich nicht!») und greift ihn mit aggressiver Schärfe an wegen unbedeutender, tatsächlicher oder vermeintlicher Versäumnisse. Er versucht, ruhig zu bleiben, vernünftig zu beschwichtigen, was sie noch wütender macht, woraufhin er sich völlig verschließt und wortlos das Zimmer verläßt, um hinter einem Buch zu verschwinden. Sie läuft innerlich noch eine Weile Amok, bevor sie sich dann mit «Mozart und Martini» wieder auf andere Gedanken bringt. Beide wollen das nicht und erleben sich in diesen Augenblicken als Opfer von «etwas, das einfach mit uns durchgeht». Sie wird für ihn zu einer «keifenden hysterischen Ziege», er für sie zu einem «lahmen dickfelligen Elefanten». Schließlich ergreift sie (wieder!) die Initiative und meldet sich und ihn zu einer Paarberatung an.

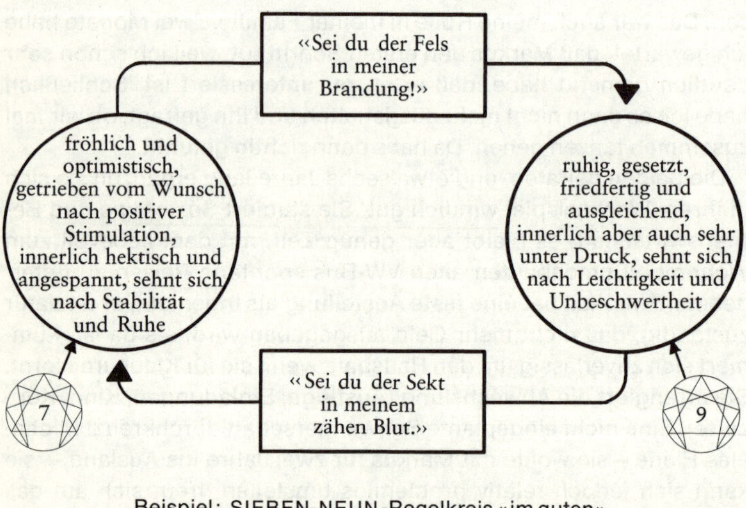

Beispiel: SIEBEN-NEUN-Regelkreis «im guten»

Enneagramm-Kommentar: Die Krise in der Paardynamik von Michaela (SIEBEN) und Markus (NEUN), die sich im Lauf der Zeit unbemerkt zugespitzt hat, ist ein gutes Beispiel, an dem sich erkennen läßt, wie der je spezifische innere Streß von beiden dafür sorgt, daß sie gegenseitig ihre «Selbstverstrickungsspiralen heizen». Zumindest in den Momenten ihrer heftigsten Auseinandersetzungen finden sie sich dann in einem SECHS-EINS-Streitmuster vor, wo beide das Gefühl haben, daß da etwas «mit uns durchgeht», und das wegen der sehr massiven automatisierten Reaktionen beide beunruhigt.

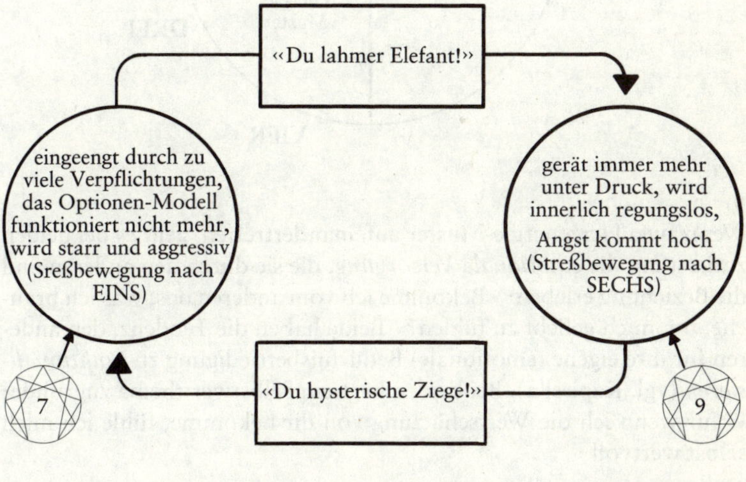

Beispiel: SIEBEN-NEUN-Regelkreis «im Bösen» (Teufelskreis)

Herzenergie-Muster und Herzenergie-Muster

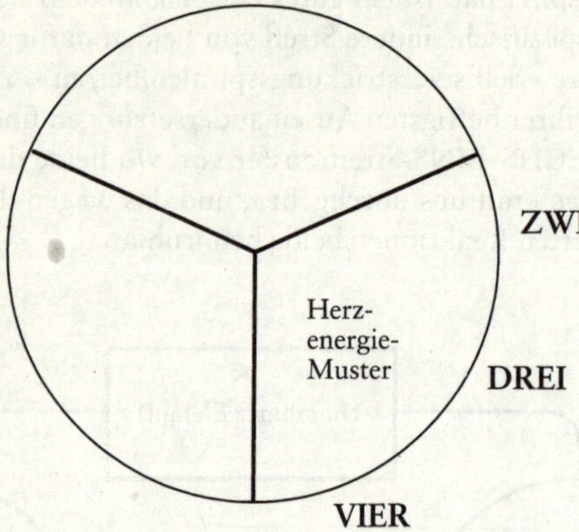

Wenn zwei Herzenergie-Muster aufeinandertreffen, geht es bei beiden zutiefst um die *emotionale Versorgung*, die sie durch den anderen und die Beziehung erleben: «Bekomme ich vom anderen das, was ich brauche, um mich geliebt zu fühlen?» Beide haben die Tendenz, den anderen für ihre eigene (emotionale) Bedürfnisbefriedigung zu *funktionalisieren* (vgl. Kapitel 2). Bei beiden liegt ein Selbstwertthema zugrunde: «Nur wenn ich die Wertschätzung von dir bekomme, fühle ich mich selbst wertvoll.»

ZWEI und ZWEI

– ZWEI erlebt an ZWEI ihr eigenes Dilemma, sie sieht sich im Spiegel. Die Negativaspekte fallen ihr sofort ins Auge, und sie muß sie bekämpfen. Schwierig wird es, wenn die beiden aufeinander «hereinfallen» und sich im gegenseitigen Guttun übertrumpfen wollen.

+ ZWEI kann ZWEI jedoch auch sehr viel Wertschätzung für wirkliches Gutsein und viel Verständnis für die inneren Nöte entgegenbringen.

DREI und DREI

– Im negativen Fall sieht jede im Spiegel der anderen den «Lügner» und bekämpft, was sie bei sich selbst nicht wahrhaben will.

+ Wenn DREI und DREI gemeinsam «aufdrehen», sind sie ein erfolgreiches Team und können ihr Publikum doppelt begeistern.

VIER und VIER

– Hier finden sich zwei Individualisten, von denen beide Wert legen auf ihren eigenen Stil. Diese Konstellation aber kann jede in eine große Einsamkeit stürzen: «Wir verstehen uns nicht, weil jeder von uns nur sich selbst versteht...»

+ Gleichzeitig kann VIER in dieser Kombination am intensivsten erleben, gespiegelt zu werden. «Ich erkenne mich vollständig in dir...» «Wir sind zutiefst verwandt...» (Siehe auch das Beispiel am Ende dieses Abschnitts.)

ZWEI und DREI

Die Perspektive von ZWEI

– ZWEI spürt genau, daß hinter dem, was DREI vorgibt zu sein, ein anderer Mensch steckt. Die strahlende Oberfläche nervt sie. Wenn sie nicht mehr gezeigt bekommt, wendet sie sich nach kurzer Zeit ab oder versucht, die «wirkliche Person» zu finden.

+ ZWEI erlebt bei DREI uneingeschränkte Bewunderung für ihr Gutsein. Sie fühlt sich dadurch akzeptiert und wertgeschätzt. Ihr Selbstwertgefühl wird gestärkt. Sie schätzt an DREI deren positive Ausstrahlung.

Die Perspektive von DREI

– Wenn DREI versucht, bei ZWEI gut anzukommen, stößt sie auf Ablehnung, weil ZWEI gar nicht an ihrer positiven Selbstdarstellung interessiert ist. Ist sie dadurch sehr verunsichert, dann versucht sie sich noch besser zu präsentieren, um doch noch die erhoffte Anerkennung zu bekommen.

+ Die positive Wertschätzung von ZWEI für den weichen Teil ihres Innenlebens ermöglicht DREI, sich auch mit ihren nicht-erfolgreichen Seiten angenommen zu fühlen und mehr davon zu zeigen und zu leben.

DREI und VIER

Die Perspektive von DREI

– Bei VIER trifft DREI auf eine Person, die sich (im Gegensatz zu ihr selbst) überwiegend mit ihrem Innenleben beschäftigt. Im negativen Fall liegen «Welten» zwischen den beiden. DREI erlebt, daß ihre positiven Selbstdarstellungsversuche auf Ablehnung und Desinteresse stoßen. Die depressiv-melancholische Seite von VIER ist ihr zu schwer und zu mühsam.

+ Genau in dieser Spannung liegt aber auch die Anziehungskraft. DREI erfährt von VIER Unterstützung bei ihrer inneren Wahrheitssuche. Sie fühlt sich von ihr nicht abgewertet. Wenn es DREI «schlechtgeht», findet VIER das ganz normal und selbstverständlich.

Die Perspektive von VIER

– VIER spürt bei DREI genau, was hinter der «Maske» steckt. Wenn sie das zum Thema macht, versucht DREI ihr zu «beweisen», daß das nicht stimmt, sonst würde sie als Lügner dastehen, und dreht noch mehr auf.

+ Die uneingeschränkte Bewunderung, die ihr von DREI entgegenkommt: «Ich finde dich gut in deiner Besonderheit», tut ihr gut. VIER *beneidet* an DREI ihr «unverschämtes Auftreten» (im Sinne von «ohne Scham»).

Beispiel: *Der Zauberspiegel und seine fatale Kehrseite (VIER und VIER)*

Thomas (35, Rechtsanwalt mit eigener Kanzlei, Hobbymusiker) und Friederike (33, Modedesignerin mit einer kleinen Boutique) kennen und lieben sich seit gut einem Jahr. Von Freunden und Bekannten werden sie scherzhaft als «Traumpaar des Jahres» bezeichnet, und oft fühlen sie sich in der Tat selber so. Sie schätzen die Intensität ihrer gegenseitigen erotischen Anziehung ebensosehr wie stundenlange Spaziergänge, bei denen sie sich «blind» verstehen, einer die Gedanken und Gefühle des anderen «lesen» kann, auch wenn geschwiegen wird.

Sie wohnen etwa 250 km voneinander entfernt und genießen neben der Intensität ihres Zusammenseins die persönliche Unabhängigkeit, die jeder von beiden für sich beansprucht und braucht.

Friederike hat sich spontan zu einem Besuch angemeldet. Sie konnte sich überraschend freinehmen. In ihrer Vorfreude übergeht sie ein eigenes leises Gefühl, daß irgend etwas für sie nicht ganz stimmt. Thomas, beruflich ziemlich unter Druck, möchte lieber nicht, daß sie kommt, wagt aber nicht, «nein» zu sagen. Er möchte Friederike nicht verletzen, und außerdem war es in der einjährigen Geschichte ihrer Beziehung noch nicht vorgekommen, daß einer zum anderen hätte «nein» sagen wollen oder müssen.

Der spontane Besuch verläuft ganz anders als alle bisherigen Begegnungen. Thomas ist innerlich abwesend, Friederike fühlt sich zurückgewiesen und tief gekränkt. Sie fährt früher als geplant wieder nach Hause.

Enneagramm-Kommentar: In Liebesbeziehungen zwischen zwei Partnern mit dem Muster VIER findet sich das Phänomen, das Peter Schellenbaum als «Leitbildspiegelung»[1] beschreibt, besonders häufig und besonders ausgeprägt: «Ich sehe mich in dir – du siehst dich in mir – wir sehen unsere besten Möglichkeiten jeweils ineinander gespiegelt.» In diesen gegenseitigen, sehr starken positiven Projektionen, die wegen der Ähnlichkeit im Grundmuster ja in der Tat wenig Verzerrungen aufweisen, liegt das «Energetisierende» und der «Zauber» einer solchen Beziehung, die bei beiden Partnern tiefgreifende persönliche Entwicklungsprozesse stimulieren kann. Diese intensive Spiegel-Kommunikation zwischen zwei Personen mit dem Muster VIER hat, und das zeigt dieses Beispiel, gleichzeitig eine «dunkle» und «riskante» Kehrseite: Im emotionalen Untergrund des Musters VIER steckt viel Angst vor dem tiefen Verlorenheitsgefühl, vor Verletzung durch mangelnde Empathie, vor einer Wiederholung des Dramas des Verlassenwerdens und Verlassenmüssens. Wenn die Partner, ohne es zu wissen oder zu wollen, diese je eigenen «Schatten» wechselseitig aufeinander projizieren (und der andere bietet wegen der ähnlichen Grundproblematik ja tatsächlich den dafür geeigneten «Haken»), dann geraten sie individuell und beziehungsdynamisch in eine Bewegung, die vom Enneagramm her als «Selbstverstrickungsspirale zu zweit» gedeutet werden kann: Von VIER nach ZWEI (in prophylaktische gegenseitige Rücksichtnahme und Schonung – und damit in ein größeres Risiko, massiver zu verletzen oder verletzt zu werden).

Herzenergie-Muster und Kopfenergie-Muster

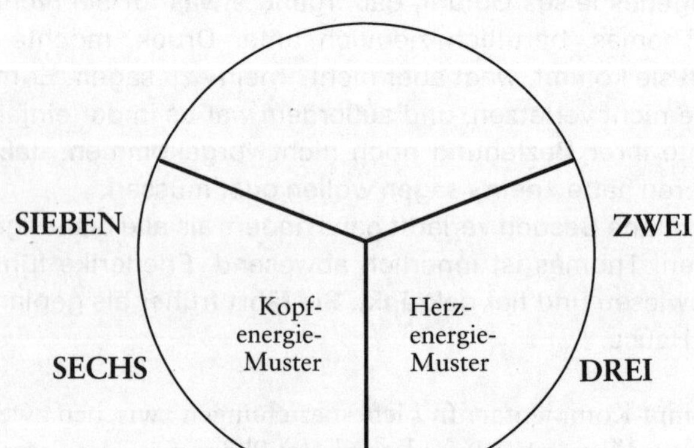

In dieser Konstellation trifft das Grundthema der *emotionalen Versorgung* auf ein existentielles *Sicherheitsthema*. Zu einer Eskalation kommt es folgendermaßen: Wenn der Kopfenergie-Partner Angst bekommt, fühlt sich der Herzenergie-Partner leicht abgelehnt. Wenn der

Herzenergie-Partner sich holen will, was er braucht, bekommt der Kopfenergie-Partner leicht Angst.

ZWEI und FÜNF

Die Perspektive von ZWEI

– In den Augen von ZWEI ist FÜNF in Beziehungen besonders schwierig. Sie ahnt die Tiefe des inneren «Themas» und möchte helfen. Gleichzeitig reagiert FÜNF auf alle Annäherungsversuche mit Rückzug, und ZWEI fühlt sich abgelehnt.

+ Eine positive Entwicklung in der Beziehung ergibt sich dann, wenn ZWEI die Rückzugsbedürfnisse, die Privatsphäre und den «sparsamen Gefühlshaushalt» von FÜNF akzeptieren kann.

Die Perspektive von FÜNF

– ZWEI ist aus der Perspektive von FÜNF von allen Persönlichkeitsmustern die aufdringlichste. Wenn ZWEI ihr unbedingt helfen will bzw. emotionale Ansprüche stellt, kann FÜNF nur davonlaufen.

+ FÜNF kann sich in die Beziehung um so mehr einbringen, je weniger Übergriffe ZWEI macht. Dann faßt sie Vertrauen und weiß die liebevolle Zuwendung von ZWEI sehr wohl zu schätzen. (Siehe dazu auch das Beispiel über eine «gelingende» ZWEI-FÜNF-Wechselwirkung am Ende dieses Abschnitts.)

ZWEI und SECHS

Die Perspektive von ZWEI

– ZWEI sieht bei SECHS das unentschlossene und zweifelnde Hin und Her und will ihr «auf die Sprünge helfen». Da der Zweifel aber nie aufhört, gerät sie in die Gefahr, sich völlig zu verausgaben. Da SECHS nicht zufrieden ist, bekommt ZWEI nicht die ersehnte Anerkennung für ihre Hilfe.

+ Die Treue und Anhänglichkeit von SECHS vermitteln ZWEI auf der anderen Seite Wertschätzung. SECHS spürt (intuitiv) die Schattenaspekte von ZWEI, ihr braucht sie nicht vorzumachen, daß sie nur gut ist und es ihr nur gutgeht.

Die Perspektive von SECHS

– Bei ZWEI ahnt SECHS die verleugnete bedürftige Seite und ist irritiert durch das aufdringliche Immer-Gutes-tun-Wollen. Sie fragt sich, was dahinter steckt, und traut der Güte nicht. Die zwanghafte Hilfsbereitschaft erlebt SECHS als Einmischung und Belästigung. Gegen Erwartungen nach Gegenleistungen setzt sie sich zur Wehr.

+ Wenn SECHS bei ZWEI auch die andere Seite erlebt, wo diese selbst bedürftig ist und etwas braucht, schwindet ihr Mißtrauen. Die Hilfsbereitschaft von ZWEI gibt SECHS die Sicherheit, daß ihr geholfen wird, wenn es ihr schlechtgeht und sie jemanden braucht.

ZWEI und SIEBEN

Die Perspektive von ZWEI

– Aus der Perspektive von ZWEI gibt es bei SIEBEN wenig zu tun. Diese präsentiert sich nur fröhlich und zieht sich eher zurück, bevor sie Schmerz zugibt. Wenn ZWEI dann (hilfreich) auf sie eindringt, grenzt SIEBEN sich ab. «Die braucht mich nicht», denkt ZWEI und fühlt sich abgelehnt.

+ Wenn ZWEI akzeptiert, daß SIEBEN Probleme nur selten äußern kann, und dann auch schnell wieder alles gut ist, kann SIEBEN sich öffnen, und es werden Nähe und Tiefgang in der Beziehung möglich.

Die Perspektive von SIEBEN

– SIEBEN nimmt von ZWEI gerne das Schöne und Gute, was ihr angeboten wird, und hat wenig Verständnis für alles, wo sich ZWEI in ihren Augen «selbst Probleme macht». Wenn ihr ZWEI «am falschen Ort helfen will», zieht sie sich zurück, denn sie weiß selbst, was sie braucht und will.

+ SIEBEN erfährt in der Beziehung zu ZWEI, daß auch ihre Probleme angenommen werden. Wenn ZWEI sich nicht aufdrängt, kann SIEBEN bei ihr Unterstützung und Zuwendung in schwierigen Situationen erfahren.

DREI und FÜNF

Die Perspektive von DREI

– Die Erwartung, die DREI bei FÜNF spürt, ist: «Beweise mir, daß du etwas weißt.» DREI wird sich wissend und gescheit präsentieren. Die Kühle und Zurückhaltung von FÜNF verunsichern DREI. Sie fühlt sich dadurch leicht abgelehnt und negativ bewertet. Dann muß sie sich noch mehr beweisen.

+ DREI bewundert an FÜNF deren geistige Fähigkeiten und Unabhängigkeit. Sie erlebt in ihr einen unaufdringlichen Beziehungspartner, der ihr sein Wissen und seine Beobachtungen zur Verfügung stellt. FÜNF vermittelt DREI, daß sie sie nicht in Kategorien wie gut/schlecht oder erfolgreich/nicht erfolgreich einteilen will. Insofern steigt sie nicht auf die Selbstwertproblematik von DREI ein.

Die Perspektive von FÜNF

– Wenn FÜNF bei DREI mit widersprüchlichen Signalen konfrontiert ist, weiß sie nicht mehr, welchen Beobachtungen sie nun trauen soll. Wenn sich dieser Widerspruch nicht auflöst, muß sie sich zurückziehen: «Ich weiß nicht, woran ich bin!»

+ Von DREI kommt ihr Bewunderung entgegen für ihr Wissen. DREI ist begeistert von ihr und bedrängt sie nicht. Im Beziehungsraum von DREI kann sie das «Gute» an sich selbst entdecken und leben.

DREI und SIEBEN

Die Perspektive von DREI

– Bei SIEBEN spürt DREI die Erwartung: «Sei fröhlich.» Dem kommt sie gerne nach. Auch wenn es da auf den ersten Blick keine Probleme zu geben scheint, besteht die Gefahr, sich in einer gemeinsamen Oberflächlichkeit zu verlieren.

+ DREI findet in SIEBEN eine Person, die selbst viel Zeit braucht, bis sie sich auf jemanden tief einlassen kann. Sie bedrängt DREI nicht, und es gibt viele Berührungspunkte, wenn es darum geht, sich das Leben schön zu machen. Bei SIEBEN fühlt DREI sich nie «entlarvt», weil SIEBEN kein Interesse hat, sie zu demaskieren.

Die Perspektive von SIEBEN

– SIEBEN sieht bei DREI zunächst das Vordergründige, das ihrer eigenen Lebensart sehr ähnlich ist: «Da ist jemand, der will auch Spaß haben.» Mit DREI hat SIEBEN Mühe, einen Tiefgang in der Beziehung zu erfahren. Das braucht sie aber, um sich verbindlich einlassen zu können.

+ Gleichzeitig erfährt SIEBEN bei DREI, daß auch sie viel Zeit braucht, um sich zu öffnen, und sie macht die Erfahrung, daß ihre schwierigen Seiten Platz haben, ohne übertrieben viel Bedeutung zu bekommen. Der Aktivismus von DREI wirkt anregend auf sie.

VIER und FÜNF

Die Perspektive von VIER

– Schwierig ist für VIER an FÜNF die Kälte und die Sparsamkeit der Gefühle. Sie fühlt sich nicht genügend «gewärmt». Die «kleinen Häppchen», die FÜNF ihr im emotionalen Bereich zuwirft, reichen ihr nicht.

+ VIER fühlt sich von FÜNF sehr gut verstanden in den Abgründen ihres Innenlebens (denn auch FÜNF hat innere Abgründe). Und sie fühlt sich verstanden in dem Sinne, daß sie sich «erkannt» fühlt. FÜNF ist für sie ein kühler und sachlicher, aber sehr treffender Spiegel.

Die Perspektive von FÜNF

– VIER stellt emotionale Forderungen an FÜNF. Sie bedrängt sie zwar nicht, aber sie hat eine Tendenz, «alles aus ihr herauszuziehen, was sie bekommen kann, um sich selbst zu verstehen». FÜNF bekommt dann leicht den Eindruck, es sei «nicht genug». Das erinnert FÜNF an ihr Gefühl der Leere und Unzulänglichkeit, was sie in den Rückzug gehen läßt.

\+ Von allen Enneagramm-Mustern kennt nur VIER ähnlich tiefe innere Abgründe wie FÜNF. VIER vermittelt ihr die Botschaft, «damit kann man leben». Im Beziehungsraum zu VIER kann sie das «Besondere» ihrer Begabungen leben, ohne «absonderlich» gefunden zu werden.

VIER und SECHS

Die Perspektive von VIER

– VIER spürt bei SECHS den Zweifel, aber auch das Mißtrauen, das ihr entgegengebracht wird. Wenn sie dieses Mißtrauen als feindselig erlebt und die Aggression spürt, fühlt sie sich völlig unverstanden: «Ich tu ihr doch nichts!»

\+ Die positiven Aspekte des Zweifels kommen VIER sehr entgegen. «Da ist auch jemand, der in sich keine Klarheit findet.» SECHS kann die abgründigen, schwierigen Anteile von VIER gut aushalten.

Die Perspektive von SECHS

– SECHS tappt im «Nebel», wenn sie versucht, bei VIER Hintergründiges herauszufinden. VIER setzt ihr weder Grenzen, wenn sie Feindseliges in sie hineindichtet, noch wenn sie sie zu einer positiven Autorität hochstilisiert. Wenn VIER unklar ist, erweist sie sich weder als Feind noch als Freund.

+ Gleichzeitig erfährt SECHS in der Beziehung zu VIER, daß ihr diese wirklich nichts antut. VIER stellt keine Bedrohung für sie dar, dadurch fühlt SECHS sich sicher und angenommen. In der Melancholie von VIER erlebt SECHS eine Seelenverwandtschaft zu ihrer eigenen depressiven (selbstzweifelnden) Seite. Dadurch kann sie ihr vertrauen und in der Beziehung Selbstvertrauen fassen.

VIER und SIEBEN

Die Perspektive von VIER

– Mit der zur Schau getragenen Oberflächlichkeit von SIEBEN kann VIER nichts anfangen, sie fragt sich, wo die Tiefendimension ist, in der sie sich selbst spüren und verstanden fühlen kann. Wenn jemand immer nur fröhlich ist, langweilt sich VIER und zieht sich zurück. Gleichzeitig weckt das ihren *Neid*.

+ Wenn die Fröhlichkeit echt ist, läßt sich VIER gern davon anstecken. Dann erlebt sie mit SIEBEN einen Ausflug in eine Welt, die ihr sehr fremd und dennoch faszinierend für sie ist.

Die Perspektive von SIEBEN

– Die schwermütige und problematische Ausstrahlung von VIER ist SIEBEN zuviel: «Kann denn die nicht einmal einfach so glücklich und zufrieden sein, das reibt mich völlig auf.» Wenn SIEBEN da nichts Positives hineinbringen kann, muß sie sich zurückziehen.

+ Das Verstehen und die Wertschätzung ihrer Individualität durch VIER erlebt SIEBEN positiv. Wenn VIER sie mit ihren eigenen Problemen in Ruhe läßt, erlebt SIEBEN mit ihr eine «Tiefe» in der Beziehung, die ihr sehr wertvoll ist.

Beispiel: ***«Komm mir nicht zu nahe!» / «Ich sehe aber doch, daß du mich brauchst!»*** *(FÜNF–ZWEI)*

Petra: «Als ich Gernot kennenlernte, war das so: Er saß bei der Geburtstagsfeier einer Freundin von mir ganz still in einer Ecke. Ich hatte spontan ein ganz warmes Gefühl für diesen armen Kerl, mit dem sich niemand unterhalten mag (lacht) – daß jemand von sich aus lieber den stillen Beobachter spielt, auf so etwas wäre ich ja nie im Leben gekommen!»

Gernot: «Sie hat das damals allerdings sehr geschickt gemacht. Sie hat sich einfach neben mich hingesetzt, mich angegrinst und ‹Na?› gesagt, sonst nichts. Ich habe gedacht, sie hat irgendwie eine gute Ausstrahlung. Daß ich sie schon etwa 15 Minuten beobachtet und mir überlegt hatte, worüber ich mit ihr sprechen werde, wenn sie sich zu mir hersetzt, das habe ich natürlich nicht erwähnt. Erst später.»

Petra: «Er hat mich dann zu sich nach Hause eingeladen und mir lange Vorträge gehalten, von denen ich nur die Hälfte verstand. Über Pyramidenenergie, transpersonale Bewußtseinszustände, Topographie des Unbewußten und so. Ich fand das sehr interessant. Er hat mir auch genau erklärt, wie das Foucaultsche Pendel funktioniert, aber das begreife ich bis heute nicht.»

Gernot: «Das ist ja im Grund auch nicht so wichtig. Wenn ich nämlich jemandem den Zutritt in mein Oberstübchen gestatte, dann ist das Intimität für mich. Weil ich mit jemandem meine Geheimnisse teile.»

Petra: «Na ja – für mich ist Intimität natürlich schon ein bißchen mehr als das, mehr was Gefühlsmäßiges. Aber das haben wir inzwischen in unserer Beziehung auch gefunden. Ich nenne das den Temperaturausgleich: Er ist so kühl, und ich hab oft zu viel Wärme – eigentlich paßt das ganz gut so. Am schwersten war für mich allerdings, zu akzeptieren, daß Gernot immer wieder unbedingt allein sein will. Und es geht nur gut, wenn er die Tür von innen aufmacht.»

Gernot: «Sicher. Aber du hast ja auch genug Leute um dich herum, die dich in Anspruch nehmen. Da habe ich oft genug meine Ruhe (lacht).»

Petra: «Ja – und wenn ich dann mal wieder vor Mitleid zerfließe, weil's jemandem so dreckig geht, rückst du mir den Kopf zurecht.»

Enneagramm-Kommentar: Petra und Gernot sind beide in differenzierter Selbstbeobachtung recht «geübt» und können humorvoll und «locker» mit ihren jeweiligen Mustern umgehen. Man kann vermuten, daß hinter der Aussage «Und es geht nur gut, wenn er die Tür von innen aufmacht» ein für sie (ZWEI) durchaus schmerzlicher Lernprozeß steckt, in dessen Verlauf sie durch sein Verhalten «gezwungen» wurde, sich mehr mit sich als mit ihm zu beschäftigen (Entwicklungschance Richtung Trostpunkt VIER). Und auch für Gernot war es wahrscheinlich nicht leicht, den «Zutritt zum Oberstübchen» zu gestatten. Menschen mit dem Muster FÜNF berichten oft, daß das für sie automatisch die Preisgabe ihres einzigen Schutzes bedeutet.

Kopfenergie-Muster und Kopfenergie-Muster

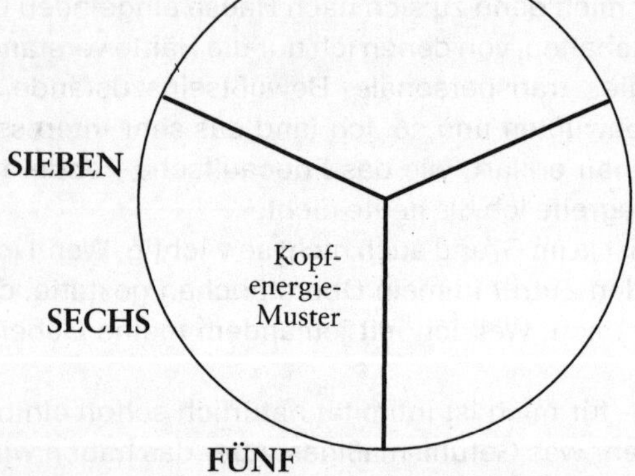

Zwei existentielle Angst- und Sicherheitsthemen treffen in diesen Konstellationen aufeinander. Jeder möchte beim anderen Halt und Sicherheit finden und hat doch selbst mit seinen Ängsten und Unsicherheiten zu tun. Beide grenzen sich auf ihre Art ab, wenn sie die Beziehung als unsicher erleben.

FÜNF und FÜNF

– FÜNF und FÜNF sind im negativsten Fall zwei Beobachter, die sich aus der Ferne betrachten und beide nicht wissen, was sie miteinander anfangen sollen.

\+ Positiv kann sich zwischen FÜNF und FÜNF eine starke geistige Verbindung aufbauen, auch wenn die beiden sonst nicht viel miteinander zu tun haben.

SECHS und SECHS

– SECHS und SECHS erkennen sich gegenseitig in ihren Selbstzweifeln und ihrem Mißtrauen wieder. Wenn sie sich gegenseitig mißtrauisch begegnen, findet keine Vertrauen zur anderen, und sie bekämpfen sich.

\+ Gleichzeitig kann aber auch keine der anderen etwas «vormachen». Das kann jeder sehr viel Sicherheit in der Beziehung geben: «Wir können uns vorbehaltlos aufeinander verlassen.» Mit ihren schwierigen Anteilen fühlen sich SECHS und SECHS sehr verbunden: «Gemeinsames Leid ist halbes Leid!» (Siehe dazu auch das Beispiel am Ende dieses Abschnitts.)

SIEBEN und SIEBEN

– Schwierig ist es zwischen SIEBEN und SIEBEN, wenn die Vorstellungen, wie man sich das Leben schön macht, sehr weit auseinanderliegen. Dann fühlt sich die eine durch die Bedürfnisse der anderen bedroht.

\+ Können SIEBEN und SIEBEN sich auf gemeinsame Pläne einigen, dann beflügeln sie sich gegenseitig, und es wird viel bewegt.

FÜNF und SECHS

Die Perspektive von FÜNF

– SECHS bietet FÜNF keinen Halt und keine Orientierung, weil sie selbst so unsicher ist. Wenn SECHS in ihre Selbstverstrickung kommt, besteht die Gefahr, daß sie FÜNF mitzieht.

\+ FÜNF und SECHS verstehen sich gut in den angstbesetzten Aspekten ihres Daseins. FÜNF bemerkt die Unsicherheit, das macht SECHS spontan für sie vertrauenswürdig. Im Beziehungsraum mit SECHS kann FÜNF mit ihrer existentiellen Unsicherheit dasein.

Die Perspektive von SECHS

– Wenn FÜNF sich zurückzieht, besteht die Gefahr, daß SECHS das als Feindseligkeit erlebt: «Die hat etwas gegen mich!» Die Distanziertheit von FÜNF verunsichert SECHS, sie findet keine persönliche Nähe und damit keinen Halt. Im intellektuellen Bereich fühlt sie sich nicht so zu Hause wie FÜNF.

+ FÜNF ist dann für SECHS absolut vertrauenswürdig, wenn sie da ist. Dann erlebt sie einen Beziehungspartner, von dem sie sich nicht bedroht fühlen muß. Die kühle und nüchterne Art von FÜNF ermöglicht SECHS, innerlich ruhiger zu werden und Vertrauen zu fassen.

SECHS und SIEBEN

Die Perspektive von SECHS

– SECHS mißtraut zutiefst der vorgespielten Fröhlichkeit von SIEBEN. Das ist aus ihrer Welt heraus gesehen eine Provokation. «So unbeschwert kann doch kein Mensch sein.» Wenn SECHS intuitiv das «Unstimmige» erfaßt und an der Diskrepanz hängenbleibt, kann sie SIEBEN nicht vertrauen.

+ Wenn die Fröhlichkeit und Unbeschwertheit von SIEBEN echt sind, erlebt SECHS das als anziehend und angenehm. Sie wirken erleichternd und beruhigend auf ihre eigene «gequälte Seele». Der unaufdringliche Beziehungsstil von SIEBEN kommt SECHS entgegen. Mit ihr kann sie, ohne sich bedroht oder bedrängt zu fühlen, die schönen Seiten des Lebens genießen.

Die Perspektive von SIEBEN

– Bei SECHS findet SIEBEN wenig Vergnügliches und viel Schwieriges. Das läßt sie vorsichtig sein und schnell den Rückzug antreten. Der Zweckpessimismus (Vorwegnahme des Negativen) von SECHS ist ihrem Zweckoptimismus (Vorwegnahme des Positiven) entgegengesetzt. Da sind die Berührungspunkte klein.

+ Treffen können sich die beiden in ihrer gemeinsamen Angst und ihrer Suche nach Sicherheit und Geborgenheit, wenn keine die andere als bedrohlich erlebt. Im Beziehungsraum mit SECHS erfährt SIEBEN, daß sie mit ihrer Angst vor dem Schmerz dasein kann.

Beispiel: *«Hier traut keiner dem anderen auch nur einen Millimeter über den Weg» («paranoides Gruppenklima» nach Art von SECHS)*

«Ich hatte die Aufgabe übernommen, für ein Team von Kolleginnen und Kollegen eines Beratungszentrums eine Serie von Supervisionssitzungen durchzuführen. Wir trafen uns zu einem Vorgespräch, um Ziele und Erwartungen abzuklären. Als das Team versammelt war, beschlich mich ein leichtes Frösteln, das sich noch verstärkte, als auch auf die harmlosesten Fragen meinerseits niemand so recht antworten wollte. Es «roch» förmlich nach Mißtrauen... Mir gegenüber? Oder gegenüber dem Supervisionsprojekt, das doch zumindest offiziell von allen gewünscht wurde? Nach zehn quälenden Minuten entschloß ich mich zu einer in dieser Situation riskanten Intervention. Innerlich machte ich mich darauf gefaßt, die ganze Geschichte von meiner Seite aus abzublasen, falls sich nichts bewegen würde. Ich fragte jeden einzelnen aus dem Team der Reihe nach, was seiner Meinung nach die anderen Teammitglieder an Vorbehalten und Befürchtungen gegenüber diesem Treffen hätten. Dabei stellte sich heraus, daß – im Zusammenhang mit einer vor vier Monaten erfolgten fristlosen Kündigung und anderen harten Entscheidungen des (nicht anwesenden) Leiters der Einrichtung – jeder vom anderen vermutete, Informationen aus dem Team nach «oben» weitergegeben zu haben. Es waren «Dolchstoßlegenden» im Umlauf. Ich vereinbarte mit dem Team, daß der erste Abschnitt des Supervisionsprozesses wohl darin bestehen müsse, daß die verschiedenen Verdächtigungen ausgesprochen und konkret beantwortet würden – auch dann, wenn sie berechtigt seien. Mit dieser «Vertragsgrundlage» begannen wir zu arbeiten. Es stellte sich dann heraus, daß zwei Kolleginnen speziell einem Mitarbeiter nicht über den Weg trauten, der in ihren Augen immer so «auffällig harmlos und fröhlich tat» und von dem sie wußten, daß er mit dem Chef privat befreundet ist. Für diesen Kollegen war es sehr schwierig, derart in die Zange genommen zu werden, aber als er gewisse Vermutungen nach einigem Zögern bestätigte, wurde die «Luft» in diesem Team allmählich besser, und die Einzelpersonen kamen in ihrer Eigenart deutlicher zum Vorschein.»

Enneagramm-Kommentar: Wir haben diesen Bericht eines Kollegen hier aufgenommen, um zumindest anzudeuten, daß das Enneagramm-Modell auch als Verstehenshilfe für komplexere soziale Situationen hilfreich sein kann, etwa wenn es darum geht, das «Klima» einer Gruppe zu erfassen. In diesem Beispiel hat sich das gesamte Team als System so benommen und wohl auch gefühlt, wie es (individuell) im Enneagramm für das Muster SECHS beschrieben wird. Die Vorgehensweise des Supervisors war daher auch von ähnlichen Prinzipien geleitet wie die therapeutischen Interventionen in dem Beispiel von «Marion» (siehe 3. Kapitel).

6

Entwicklungen II
Wege aus der Beziehungsverwicklung

Wie das Enneagramm als Instrument für die Beziehungsklärung und Beziehungsentwicklung sinnvoll genutzt werden kann (aber auch: welche Risiken man dabei im Auge behalten sollte).

•

Welche Effekte sich im Prozeß der Beziehungsentwicklung dann einstellen können.

•

Wie man darüber hinaus das Enneagramm als generelles Entwicklungsmodell für zwischenmenschliche Beziehungen begreifen kann.

•

Und abschließend ein Ausblick auf Erfahrungsqualitäten jenseits der Charakter- und Beziehungsmuster.

Empathische Suchhaltung zu zweit: Die «inneren Beobachter im Dialog»

«Daß wir miteinander reden, macht uns zu Menschen.» – «Beziehung heißt Entwicklung zu zweit.» – «Was beide angeht, können nur beide lösen.»[1]

Wieder stellt sich die Frage: «Was nun? Jetzt habe ich mich durch das komplexe Panorama der Verwicklungsrisiken, Entwicklungschancen und Wechselwirkungen hindurchgearbeitet, habe neue Sichtweisen gewonnen – gut. Aber dann?»

Wieder (wie schon am Anfang des 3. Kapitels über die Veränderung der Beziehung zu sich selbst) sind wir mit der Tatsache konfrontiert, daß das Enneagramm selbst als Beschreibungs- und Interpretationsmodell nicht in der Lage ist, uns zu sagen, was wir mit seinen Beschreibungen und unseren Deutungsversuchen sinnvollerweise anfangen könnten. Es benennt mögliche «Haken und Ösen» der zwischenmenschlichen Wechselwirkungen, es zeigt auch auf, in welche Richtung eine positive Entwicklung in unseren Beziehungen gehen kann, es sagt aber nichts über das *Wie* dieser Entwicklung.

Was, wenn (im immer noch einfachsten Fall) *zwei* Leute sich zusammensetzen, um mit Hilfe des Enneagramms «ihre Beziehung zu klären», und bei diesem gut- und ernstgemeinten Versuch unterderhand vermehrt auf die «Holzwege» ihrer Charaktermuster geraten?

Es ist ja kein Problem, das Enneagramm bei so einem Klärungsgespräch «rechthaberisch und missionarisch» zu benutzen (EINS) oder «manipulativ und fürsorglich-belagernd» (ZWEI), «effektivitätssteigernd und imagepolierend» (DREI), «elitär und hyperempathisch» (VIER), «feinnervig und analytisch-kühl» (FÜNF), «detektivisch und entlarvend» (SECHS), «rationalisierend und optimistisch-beschwichtigend» (SIEBEN), «kontrollierend und bemächtigend» (ACHT) oder «kompromißlerisch und pseudotolerant» (NEUN)!

Solche «Klärungsversuche» sind dann ihrerseits hochgradig verwicklungsanfällig. Wahrscheinlich kennen Sie (leider) solche «Beziehungsklärungsgespräche», die damit enden, daß beide – trotz bester Absicht – sich anschließend unglücklicher fühlen als zuvor.

Das Enneagramm als «Waffe» gegen den anderen, als «Beeinflussungsinstrument», als «Rationalisierungshilfe», als «Selbstrechtfertigungsmittel», als «mechanistische Ideologie», als ... – dem Modell ist es egal, wie es benutzt wird. Darüber muß sich sein Benutzer schon selber Rechenschaft ablegen (siehe «Sinn und Unsinn von Modellen», S. 49).

Begreifen Sie also die Beschreibungen der Wechselwirkungen im 5. Kapitel bitte nach Möglichkeit eher als «Suchhilfen» und «Sehhilfen» und als eine Art «Koordinatensystem», das auf bislang Unbemerktes aufmerksam machen und die Orientierung erleichtern könnte.

Vielleicht ist es ja Ihnen möglich, sich durch die – von uns aufs Wesentliche reduzierten – vielerlei Verflechtungen zwischen den Mustern inspirieren zu lassen, den Unikaten Ihrer diversen «Beziehungspullover» auf die Spur zu kommen: Wie bin ich gestrickt, wie bist du gestrickt, wie ist unser Beziehungsmuster gestrickt? Auf welche Weise spielt denn mein Muster in unsere Beziehung hinein – im «guten» wie im «bösen»? Wieweit erkenne ich meine Selbstverstrickungstendenzen, die unseren Kontakt zueinander belasten? Wieweit erkenne ich dein Muster und meine automatisierten Reaktionen darauf? Was ist meine «Kontaktsehnsucht», was deine? Was ist mein «Verletzungspunkt», was deiner? Wie können wir das (in der gemeinsamen systemischen Perspektive) miteinander regulieren, nachdem wir unsere Muster und Verstrickungstendenzen klarer gesehen und darüber gesprochen haben? An welchen Punkten sollten wir uns (in wechselseitiger Akzeptanz) vielleicht besser gegenseitig in Ruhe lassen, weil wir zu verschieden sind? Wann wäre es für uns besser, wenn ich dich deine eigenen Wege gehen lassen würde? Was fällt mir – von meinem Muster her gesehen – daran so schwer? Wieviel «persönlichen Raum» muß ich unbedingt haben, damit ich dich mögen kann? Wie verträgt sich meine «innere Wahrheit» mit deiner «inneren Wahrheit»?

Das «Enneagramm unserer Beziehungen» als *Einladung zur empathischen Suchhaltung zu zweit* (oder zu mehreren) – das ist der Entwicklungsweg, den wir hier vorschlagen wollen.

> Wenn beide Beziehungspartner von ihren «inneren Beobachtern» her miteinander zu sprechen in der Lage sind, dann kann es gelingen, daß Konflikte, Mißverständnisse und Verwicklungen sich klären und bereinigen lassen.

Wir sind uns einerseits durchaus bewußt, daß das ein anspruchsvoller (und lohnender) Weg ist, glauben aber andererseits nicht mehr an die Wirksamkeit psychologischer Rezepte nach dem Motto «Ändere dein Kommunikations*verhalten*, und alles wird gut werden». Unserer Erfahrung und Überzeugung nach ist die absichtslos-akzeptierend-aufmerksame Bewußtseinsqualität des «inneren Beobachters» in der Tat das A und O konstruktiver Selbst- *und* Beziehungsklärung. Diese Bewußtseinsqualität freilich will «erarbeitet» sein.

Für diesen entwicklungsfördernden «Dialog der inneren Beobachter» gibt es gewisse Voraussetzungen[2]:

- Beide müssen diesen Dialog *wollen*, sonst gibt es Spiegelfechterei.
- Jeder von beiden braucht die Bereitschaft *und* (ansatzweise) auch die Fähigkeit, bei sich zu sein, sich selbst zu beobachten, sich selbst zu beschreiben.
- Hilfreich ist eine prinzipielle Akzeptanz der Unterschiedlichkeit der Dialogpartner («Ich bin nicht du, du bist nicht ich»).
- Jeder von beiden braucht die Bereitschaft *und* (ansatzweise) auch die Fähigkeit, die Verantwortung für die eigenen Gefühle und für den eigenen Teil an den Wirkungen des eigenen Verhaltens selbst zu übernehmen.

Es wäre illusorisch, anzunehmen, daß damit Verwicklungen, «schwierige», «nervige» oder auch «verletzende» Aspekte eines Beziehungsmusters rasch und vor allem endgültig abzuschaffen wären. Wahrscheinlich «müssen» wir unsere «Spiele» erst einmal gründlich spielen, bevor wir deutlich merken, daß wir so wirklich nicht mehr weitermachen wollen. Ähnlich wie beim Weg aus der Selbstverstrickungsspirale vollzieht sich auch die Entwicklung in einer Beziehung im Rhythmus von «fallen», «aufstehen», «fallen», «aufstehen» (und allmählich: «Weniger dramatisch fallen – rascher wieder auf die Beine kommen» – und so weiter).

In erster Linie dient das Enneagramm ja der *Selbstklärung*. Es hilft dabei, sich auf sich selbst zu besinnen, den eigenen Möglichkeiten und Unmöglichkeiten, Verwicklungstendenzen und Verhakungen auf die Spur zu kommen. Die empathische Suchhaltung zielt zunächst auf das *eigene* Erleben, auf das *eigene* Verhalten und seine versteckten Motive, auf das *eigene* Muster. Die Aktivität des «inneren Beobachters» (absichtslos, akzeptierend, aufmerksam) fördert die eigene innere «Wahrheit» zutage, auch und gerade die vielleicht schmerzlichen, ängstigenden, beschämenden, zornigen, lüsternen oder sonstwie nicht ganz «lupenreinen» und «salonfähigen» Aspekte unserer Innenwelt, die wir gewohnheitsmäßig lieber ausblenden oder auf den anderen projizieren, um sie dort zu bekämpfen.

In zweiter Linie hilft das Enneagramm dann, den Beziehungspartner von seinem (anderen) Muster her zu sehen und zu verstehen. Wenn ich aus diesem Verstehen heraus innerlich dazu komme, nicht mehr alles zu persönlich zu nehmen, können gegenseitiger Respekt, Toleranz und Versöhnlichkeit in der Beziehung eine Chance erhalten: Ich kann dich, von mir unabhängig in *deiner* Eigenart genauer verstehen und dich darin gelten lassen.

Ⓥ Vielleicht haben Sie Lust, das als Selbsterforschungsexperiment an dieser Stelle einmal auszuprobieren? Nehmen Sie sich einen Augenblick Zeit, um sich eine knifflige Beziehungssituation mit einem Ihnen wichtigen Menschen zu vergegenwärtigen.

Erster Schritt: Stellen Sie sich vor, diese Person wäre jetzt hier und Sie würden endlich einmal aus Ihrem Herzen keine Mördergrube machen und eine satte Ladung vorwurfsvoller «Du-Botschaften» abfeuern («Du kümmerst dich zuwenig um mich; du mit deinem ewigen Nörgeln; du gibst dir zuwenig Mühe, mich zu verstehen» und so weiter). Übertreiben Sie getrost ein wenig, und schreiben Sie die Vorwürfe – so, wie sie Ihnen in den Sinn kommen – auf einen Zettel.

Zweiter Schritt: Stellen Sie sich vor, dieser Vorwurfszettel sei ein Spiegel, den Sie sich selber vor die Nase halten. Was kommt mir da an Wahrheit über mich selber entgegen? Was kann ich aus diesen Vorwürfen, die ich dir mache, über mich entdecken? In welche deiner «Macken» hake ich mich mit meinen «Macken» bevorzugt ein? Auf welche Art und Weise steige ich mit meiner eigenen Verletzlichkeit «auf dich ein»? Und wie wäre es, wenn ich diese (wahrscheinlich zunächst nicht unbedingt erfreulichen) Entdeckungen absichtslos-akzeptierend-aufmerksam (und das heißt: ohne Selbstvorwurf!) jetzt schlicht vor mir selbst gelten lassen könnte? «Aha – das also sehe ich im Spiegel, wenn ich mir selbst meine Vorwürfe an dich zu Gemüte führe. Ich sehe meine Reaktion auf dein Muster, und für die bin ich selber zuständig.»

Dritter Schritt: Und nach diesem Selbstklärungsprozeß versuche ich mir darüber klarzuwerden, was wirklich nicht «meines» ist. Nein – diesen Vorwurf kann und will ich dir wirklich nicht ersparen. Hier ist etwas, damit habe ich nichts zu tun. Hier ist eine Grenze. Ab da spiele ich dein «Spiel» definitiv nicht mit.

An diesem Experiment läßt sich verdeutlichen, wie elementar wichtig ein «starker innerer Beobachter» ist. Wenn ich mich vor mir selber gelten lassen kann mit meiner momentanen «inneren Wahrheit», dann habe ich eine Ausgangsbasis für die Klärung dessen, was zwischen dir und mir ungut, verwickelt, klärungsbedürftig ist. Da, wo ich mir selber gegenüber zu wenig absichtslos-akzeptierend-aufmerksam bin, laufe ich Gefahr, mich mit dir zu verzetteln und zu verhaken.

Wenn beide Beziehungspartner aus der Position ihrer jeweiligen «inneren Beobachter» heraus miteinander sprechen können, dann erschaffen sie einen gemeinsamen «Raum» und ein «Klima», in dem sich die Bewußtseinsqualität der empathischen Suchhaltung entwicklungsfördernd für die Beziehung auswirkt:

«**absichtslos**»: «Ich zeige dir meine eigene Wahrheit und erwarte nicht, daß du sie zu deiner machst. Ich habe kein Interesse daran, dich verändern zu wollen, so daß du mir besser in meinen Kram paßt.»
«**akzeptierend**»: «Ich lasse meine Wahrheit so gelten wie deine und verzichte auf Bewertungen. Ich versuche, genau zu verstehen, aus welchem eigenen Erlebenshintergrund meine Reaktionen kommen. Und was da bei dir anders ist als bei mir.»
«**aufmerksam**»: «Ich bin anders als du, du bist anders als ich – ich bin neugierig darauf, dich genauer kennenzulernen. Wie bist du eigentlich ‹gestrickt›? Wie springt mein Strickmuster auf deines an?»

Das ist der Idealfall der empathischen Suchhaltung zu zweit. Was aber, wenn in einer schwierigen Beziehungskonstellation einer der beiden Partner sich am entwicklungsfördernden Dialog der «inneren Beobachter» nicht beteiligen will oder kann?

Das bisher Gesagte setzt schließlich eine *gemeinsame* Verständigung auf diese Suchhaltung und ein gemeinsames Interesse an der Entwicklung der Beziehung voraus. Auch in Beziehungen, die durch freie Wahl beider Beteiligten zustande gekommen sind, also zum Beispiel Mann-

Frau-Partnerschaften und Freundschaften, kann man diese Grundverständigung nicht unbedingt als selbstverständlich voraussetzen, noch weniger in nicht freigewählten Konstellationen, zum Beispiel am Arbeitsplatz. Welche Entwicklungsmöglichkeiten könnte das Enneagramm unter solchen weniger idealen Bedingungen anbieten?

Auch *einseitige* Klärungsarbeit ist durchaus sinnvoll – etwa im Stil des dreiphasigen Selbsterforschungsexperiments, das wir oben vorgeschlagen haben: Wie steige *ich* mit meinem Muster immer wieder auf den anderen ein? Welche Wünsche und Sehnsüchte macht mein «inneres Kind» an dieser anderen Person fest, so daß ich immer wieder enttäuscht und verletzt werde? Kann ich meine *positiven* Projektionen zu mir zurückholen? Was genau regt mich immer wieder an der anderen Person auf, und was ist *mein* eigener Anteil daran? Wo habe ich negative Bilder auf den anderen projiziert? Wie «funktioniere» ich – wie «funktioniert» die andere Person? Wie gerate ich von meinem Muster her mit dieser Person in immer wieder ähnliche Konflikte, die *ich* so nicht mehr will? Was kann ich vom Muster der anderen Person besser zu begreifen versuchen, damit ich für mich klären kann, was ich vielleicht lieber nicht mehr erwarten sollte, weil die andere Person das offenbar nicht «hat»? Wie kann ich «meinen Wind aus seinen/ihren Segeln nehmen»?

Ein einseitiges Aussteigen aus der Beziehungsverwicklung durch einseitige Selbstklärungsarbeit hat allerdings höchstwahrscheinlich eine Vergrößerung der Distanz zum anderen zur Folge (siehe unten zum Stichwort «Doppelsolo»), vielleicht sogar eine Trennung. Aber auch Distanz ist ja ein Wert, wenn sie Freiraum schafft, und auch ein schmerzlicher Trennungsprozeß kann für beide Beteiligten letztlich entwicklungsfördernd sein, wenn es gelingt, durch individuelle Selbstklärungsarbeit die bindenden Kräfte sogenannter «negativer» Gefühle wie Wut, Haß, Schuldgefühle und Angst zu erkennen, anzuerkennen, differenziert zu verstehen und damit allmählich aufzulösen.

Entwicklungen im Beziehungswechselspiel

Die gemeinsame «Arbeit an der empathischen Suchhaltung zu zweit» ist ein lohnendes «Projekt» und in Eigenregie auch zu schaffen, wenn beide Partner gleichermaßen an der Entwicklung der Beziehung interessiert sind. In sehr verwickelten und starren Konstellationen, in denen beide trotz bester Vorsätze auf immer wieder ähnliche Holzwege geraten, ist wahrscheinlich eine fachkundige Unterstützung von außen nötig, etwa durch einen Eheberater, Familientherapeuten oder (in Arbeitsbeziehungen) Supervisor.

Ein «Schnellkurs in Sachen Enneagramm» mit ein paar einleuchtenden Ideen und Empfehlungen reicht in keinem Fall. Beziehungsmuster ändern sich, verglichen mit individuellen Entwicklungsprozessen, «langsamer» und «zäher». Die Beziehung «hinkt» dem individuellen Entwicklungsfortschritt immer ein bißchen hinterher.

Jede persönliche Veränderung eines der Beziehungspartner betrifft aber gleichzeitig immer auch ihr Beziehungsmuster und stellt den zur Gewohnheit gewordenen Stil des Umgangs miteinander in Frage. Nur wenn dann auch das Beziehungsmuster erweitert, verändert und der neuen Lage angepaßt werden kann, ist eine *gemeinsame* Weiterentwicklung möglich.

Der «Schlüssel im Beziehungsgebüsch»

«Ganz plötzlich ging mir auf, daß mein Mann von seinem Muster her ja wirklich völlig anders denkt und empfindet als ich! Ich habe regelrecht ‹gesehen›, was immer und immer wieder zwischen uns schiefläuft: Ich stürme nach vorne und stürze mich auf Angelegenheiten, die eigentlich seine Sache wären – weil ich mich durch seine Langsamkeit bedroht fühle! Weil ich sein Zögern nicht ertragen kann! Weil ich dann deutlicher spüren würde, wieviel Angst vor Ablehnung in mir steckt, wenn ich selber langsamer machen würde. Ich besetze das Feld mit meinen erfolgreichen Aktivitäten – aus Selbstschutz. Und gleichzeitig macht ihn das noch träger, als er ohnehin schon ist. Ist doch klar, oder? Schließlich habe ich seinen Trostpunkt für mich gepachtet. Ich beginne gerade, auf meine eigenen Wünsche nach Ruhe und Gemütlichkeit ein bißchen mehr zu achten. Ob ihm das Luft verschafft? Eigentlich weiß ich doch von früher: Wenn er dann nach langem Hin und Her sich für etwas entschieden hat, dann zieht er das auch konsequent durch.» (Aus dem Brief einer Workshopteilnehmerin über das DREI-NEUN-Beziehungsmuster ihrer Ehe.)

Solche «Aha-Effekte» haben mit der einerseits erleichternden, andererseits etwas kränkenden Einsicht zu tun, daß man mit den Voreingenommenheiten, Ängsten, Begabungen, Sichtweisen des eigenen Musters keineswegs «das Maß aller Dinge ist». Andere sind anders gestrickt und vielleicht gerade da besonders scharfsichtig, wo ich betriebsblind bin. Was für mich in «meiner Welt» bedeutsam und «wirklich» ist, ist für meine Beziehungspartner eben nicht automatisch gleichermaßen bedeutsam und wirklich.

Wenn die «empathische Suchhaltung zu zweit» gelingt, dann kann ich mir probehalber auch mal die Charakterbrille meines Gegenübers auf die Nase setzen und versuchen, mir vorzustellen, wie wohl die Welt aussehen mag, wenn man durch so eine Brille blickt.

Die Metapher vom «Schlüssel im Gebüsch» sagt ja nun auch etwas darüber aus, daß das alles wahrscheinlich nicht ohne Kratzer und Schrammen abgehen kann. Schließlich bekommt man es mit dem «Eingemachten» des Beziehungsmusters zu tun und vor allem mit dem Anteil, den man selber daran hat.

Das Zurücknehmen und das Zurückgeben der Projektionen

Die wichtigste Hilfestellung, die das Enneagramm für die Beziehungsentwicklung geben kann, besteht unserer Auffassung nach darin, daß beide sich jeweils darin üben, die eigene Brille zu erkennen und anzuerkennen, das eigene Muster in seinen Auswirkungen auf die gemeinsame Beziehung kennenzulernen. Dann kann man zumindest damit beginnen, die Verantwortung für die eigene «Sehbehinderung» nicht mehr dem anderen in die Schuhe zu schieben.

Ich muß mir über mich selber nicht mehr so viel vormachen – ich kann dich daher davon entlasten, mir als Ausrede dienen zu müssen («Ich bin ja nur so, weil du...»). Diese selbstverantwortliche innere Haltung ist damit *gleichzeitig* verantwortlich für die Beziehung als Ganzes!

Dafür braucht es einen stabilen «inneren Beobachter» und die Bereitschaft und Fähigkeit zur Selbstklärung: «Ich übernehme die Verantwortung für *meinen* Anteil an den Wirkungen, die *mein* Muster auf dich hat. – Ich kläre *meinen* Anteil an *meiner* Verletzung, der mit dir nichts zu tun hat.» Das «Zurücknehmen der Projektionen» in der Selbstklärung beschreibt ziemlich genau die halbe Wahrheit eines konstruktiven Entwicklungswegs zu zweit oder zu mehreren.

Die andere Hälfte bringt eine kämpferische Note ins Spiel: Für mehr als meinen Teil lasse ich mich aber auch nicht verantwortlich machen! Mit dem Teil an deinem Verhalten, der für mich inakzeptabel ist (deine «dunkle», «schwierige», «selbstverstrickte», «mackenhafte» Seite), konfrontiere ich dich! Meine Projektionen sind meine Projektionen, und die versuche ich durch ständige Übung der Aufmerksamkeit mir selbst gegenüber zurückzunehmen. Deine Bilder von mir mache ich mir deswegen aber noch lange nicht unkritisch zu eigen! Den Aspekten, in denen du mich verzerrt siehst, setze ich meinen entschlossenen Widerstand entgegen.

Die zum Thema «Projektion» viel zitierte Stelle aus der Bergpredigt[3] vom «Balken» im eigenen Auge und vom «Splitter» im Auge des anderen verbietet die Beschäftigung mit jenem Splitter ja keineswegs – sie gibt nur eine (psychologisch sehr sinnvolle) Reihenfolge vor: Erst der eigene «Balken», dann der «Splitter» des anderen. Wahrscheinlich ist damit auch gemeint, daß einem die «Haken», «Kanten», «Macken» und die anderen «nervigen» Anteile des Beziehungspartners, gegen die man sich entschlossen zur Wehr zu setzen hat, um so «kleiner» vorkommen, je aufrichtiger man sich vorher mit den eigenen Tendenzen auseinandergesetzt hat, andere für das eigene Unbehagen verantwortlich zu machen.

«Maria, meine Frau, und ich haben nach einer sehr langen Zeit des kameradschaftlichen Nebeneinanderherlebens nun angefangen, wieder persönlicher und intensiver miteinander zu reden. Das ist harte Arbeit, sich der Realität zu stellen, aber unbedingt nötig. Nur durch die aufrichtige Auseinandersetzung mit allem, was in unserer Ehe geschieht, können wir wieder tiefer in Kontakt kommen. Angestoßen wurde diese Krise, von der wir hoffen, daß sie uns weiterbringen wird, dadurch, daß Maria erschrocken ist darüber, wie sehr sie ihre eigenen Wünsche verleugnet und nur noch als Mutter und Gattin funktioniert. Sie hatte erst eine Phase, wo sie einen fürchterlichen Rappel hatte und wütend mit Streik drohte, wenn sich nicht was ändert. Dann kam sie eines Abends ganz verheult zu mir und sagte, sie habe gesehen, daß sie das schon als kleines Kind so gemacht hat – und sich um die Eltern und Geschwister gekümmert hat, um sich ein wenig Liebe zu verdienen. Ihr Enneagramm-Muster ist ZWEI. Ich will ehrlich sein: Ich war erleichtert, daß sie endlich erkannt hatte, daß das alles offenbar ‹ihr Problem› ist. Zunächst war es nämlich eine Bestätigung dessen, was ich ihr immer schon gepredigt habe – daß sie sich doch ein bißchen mehr um sich selber kümmern soll! Aber dann hat es mich doch auch selber erwischt! Alle meine ‹Predigten› hatten ja nur bewirkt, daß sie sich vor mir innerlich zurückzog, und zwar, weil sie mir einerseits durchaus recht gab, sich aber andererseits gemaßregelt und bevormundet fühlte. Und sie fühlte sich gedrängt, etwas zu tun, das ihr angst machte und das sie eben nicht von sich aus konnte. Das hat sich bis in unsere Sexualität hinein ausgewirkt.

Mein Enneagramm-Muster ist EINS, das kann ich jetzt klar sehen. Ich bin sehr erschrocken darüber, daß Marias Hilfsbereitschaft bei mir als Kritik ankommt. Sie ist so gut zu mir, und ich habe große Schwierigkeiten, das anzunehmen, denn ich fühle mich ins Unrecht gesetzt, so als würde ihre Güte mich auf meine Fehler aufmerksam machen. Ich habe mich ja innerlich auch von ihr zurückgezogen, aber um der Kinder willen haben wir es schon geschafft, eine unterkühlte, kameradschaftliche Ehe aufrechtzuhalten. Jetzt ist ein ziemliches Gefühlschaos ausgebrochen. Mir macht einerseits angst, daß ich manchmal unbeherrscht zornig werde, und Marias Tränen machen mich auch ganz hilflos, weil ich dafür keine Rezepte habe. Andererseits erleben wir zu zweit Momente von Intimität und Leidenschaft, die ganz neu sind und sehr befriedigend. Das macht uns Hoffnung.» (Johannes, der wegen «Arbeitsstörungen» und «reaktiv-depressiven Verstimmungszuständen» auf Empfehlung des Hausarztes eine Einzeltherapie begonnen hatte.)

Dieser Bericht zeigt, wie die Selbstklärungsarbeit – wenn sie *im Kontakt zueinander* stattfindet, ein eingespieltes Beziehungsmuster auflokkern, vielleicht auch aufbrechen und wie dieser Prozeß in eine «Entwicklung zu zweit» münden kann.

Die Begegnung mit meinem/deinem «inneren Kind»

Wenn in so einem Prozeß das «innere Kind» zum Vorschein kommt, ist diese Erfahrung fast immer mit starken Gefühlen verbunden. Der «kleine Erfinder/die kleine Erfinderin» des Charaktermusters ist ja das «Kind in Not» – das in seiner Autonomie beschnittene (und daher vielleicht sehr wütende) Kind, das ungeliebte (und daher sehr traurige) Kind, das nicht stabil gehaltene und in seiner familiären Umgebung nicht gut orientierte (und daher sehr ängstliche) Kind. Es ist oft leichter gesagt als getan, solche zentralen Gefühle mitzuteilen und zu zeigen. Das Charaktermuster hat ja unter anderem den Sinn, uns vor diesen Gefühlen zu «schützen», das heißt, sie aus dem bewußten Erleben fernzuhalten, weil wir (nicht ganz zu Unrecht) fürchten, wir könnten in unkontrollierbare Bereiche unserer Innenwelt «abstürzen» und uns darin «verlieren». Vielleicht schämen wir uns auch einfach, wenn solche «kindischen» inneren Tendenzen ins Bewußtsein drängen.

«In diesen intensiven Gesprächen mit meiner Frau ist mir immer mehr bewußt geworden, wie sehr ich schon als kleiner Bub ganz verspannt und steif jede Regung von Unkorrektheit bei mir registriert habe. Vorgestern hat sie eine Szene aus ihrer Familiengeschichte erzählt, es war irgendwas im Zusammenhang mit einem Mittagessen, und plötzlich habe ich am ganzen Leib gezittert. Ich wußte erst gar nicht, was da los ist mit mir, und plötzlich habe ich mich erinnert, wie ich als Vierjähriger mit den Eltern und Großeltern sonntags am Kaffeetisch sitze, aus Versehen meinen Kakao verschütte und von Vater kommentarlos ins Kinderzimmer geschickt werde, während Mutter seufzend ein neues Tischtuch holt, so als würde sie sagen ‹Nichts als Arbeit mit diesem wilden Kind!›. Und dabei habe ich mir doch so Mühe gegeben, dem Opa und der Oma meine guten Tischmanieren zu präsentieren. Wahrscheinlich hab ich deswegen den Kakao verschüttet. Dieses ‹Zittern› war ein richtiges Wutbeben: Wie ungerecht, wie ungerecht, wie ungerecht!!! Ich hab das dann einfach erzählt und dabei gezittert und vor Wut geheult. Maria hat meine Hand festgehalten und mich sehr warmherzig angeschaut, bis es vorbei war.» (Johannes)

Es braucht in einer wesentlichen Beziehung schon einiges an Schutz, Vertrauen, Verläßlichkeit und «empathischer Stärke» (Einfühlung, ohne den eigenen seelischen Standort zu verlieren) des Partners, damit das «Kind» sich «herauswagen» kann. Gleichzeitig sorgt das «innere Kind» mit all seinen Gefühlen für die Entwicklung von wirklicher Intimität zwischen den Partnern, wenn es beim anderen «ankommen» und «landen» kann und die Sehnsucht dieses «Kindes» punktuell wirklich beantwortet wird. Es ist ja diese Sehnsucht, die auf dem Weg wechselseitiger positiver Übertragungen beziehungsstiftend wirkt und die gleichzeitig das Risiko einer Wiederholung alter Verletzungen und Enttäuschungen in sich trägt.

Hier ist die direkte Verbindung zwischen der Beziehung, die jeder der Partner *zu sich selber* hat, und der Beziehung zum anderen besonders deutlich erkennbar: In dem Maß, wie ich mich zu «be-eltern» (siehe 3. Kapitel) in der Lage bin und die Furcht und Scham vor den starken Gefühlen meines «inneren Kindes» allmählich verliere (Selbstverantwortungsprinzip), in dem Maß kann ich vielleicht auch wagen, diese Gefühle in die Beziehung einzubringen. Wenn *beide* Partner das tun können, entstehen Intimität und wirkliche Versöhnung.

Das ist auch der Punkt, an dem verwicklungsträchtige Übertragungen sich auflösen können: Wenn *ich* mein «inneres Kind» auf diese Art und Weise bei mir haben und dir auch zeigen kann, dann brauche ich *dich* weniger als den «Zuständigen» für die Erfüllung aller Wünsche (und – im Fall der negativen Übertragung – für die Wiederholung der alten Verletzungen) dieses Kindes. Denn dann bist nicht mehr du als konkrete Person Adressat meiner tiefsten Kindheitsbedürfnisse, sondern *die Art unserer Beziehung zueinander gestaltet sich nach der Art «der genügend guten Mutter/des genügend guten Vaters»*.

Ein Beziehungs-Entwicklungsprozeß, in dem solche intimen und tragenden Erfahrungen möglich werden können, braucht viel Halt, Schutz und einen stabilen «Rahmen». Nicht immer und schon gar nicht automatisch sind beide Partner dazu bereit oder in der Lage.

Die drei Grundenergien im Wechselspiel: Ein Entwicklungsmodell für Beziehungen

Wir gehen nun noch einmal an den Ausgangspunkt unserer Enneagramm-Interpretation zurück – zu jenem «spannenden Fließgleichgewicht» zwischen den drei existentiellen Bedürfnissen, den ihnen zugeordneten Grundenergien und den drei mal drei Not-Lösungsversuchen, die das Enneagramm-Modell als Charaktermuster beschreibt. Läßt sich das zwischen Bauch-, Herz- und Kopfenergie aufgespannte Enneagramm auch als Entwicklungsmodell zwischenmenschlicher Beziehungsdynamik nutzen?

In Anlehnung an die Psychologie Karen Horneys [4] kann man die drei Grundenergien auch als «Beziehungsenergien» begreifen, die drei grundlegende zwischenmenschliche Bewegungen hervorrufen:

«Auf die anderen zu» – die zwischenmenschliche Grundbewegung der Herzenergie.
«Gegen die anderen» – die zwischenmenschliche Grundbewegung der Bauchenergie.
«Von den anderen weg» – die zwischenmenschliche Grundbewegung der Kopfenergie.

Unabhängig von den einzelnen Charaktermustern und ihren jeweiligen Einseitigkeiten und Verwicklungstendenzen könnte man nun sagen: *Jede* sich entwickelnde zwischenmenschliche Beziehung «lebt» von der Spannung und von der Balance zwischen diesen drei Polen.

Stellen wir uns den immer nur annäherungsweise erreichbaren zwischenmenschlichen Idealfall vor: Das wäre eine Beziehung, in der Nähe, wechselseitige Empathie, Intimität und gegenseitige Wertschätzung (die «Bewegung der Herzen»: aufeinander zu) ebenso ihren Platz hätten wie Kampf, kräftige Selbstbehauptung und Auseinandersetzung (die «Bauch»-Bewegung: gegeneinander) und Distanz, klare persönliche Grenzen, Achtung der prinzipiellen Andersartigkeit des Partners (die «Kopf»-Bewegung: weg voneinander).
Jeder dieser drei Aspekte ist gleich wichtig. Auf keinen kann langfristig verzichtet werden.

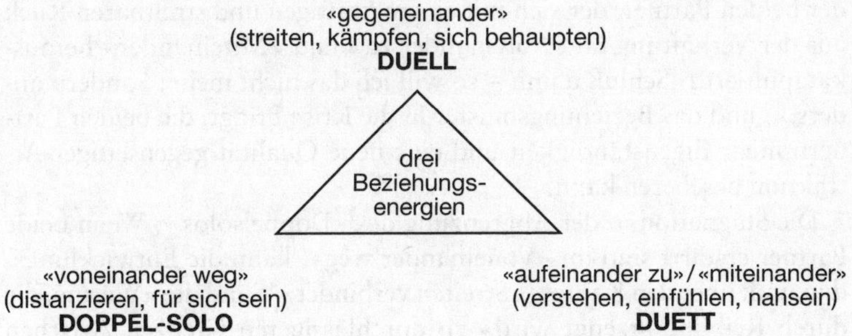

Dieses aus dem Enneagramm abgeleitete Modell der Beziehungsenergien könnte auch Gesprächsstoff liefern für ein klärendes Gespräch aus der (systemischen) Vogelperspektive heraus:

- Welcher dieser drei Pole ist denn in unserer Beziehung zueinander am stärksten, welcher am wenigsten stark ausgeprägt?
- Wie erlebe ich das, wie erlebst du das? Was fehlt mir, was fehlt dir?
- Was fürchten wir eigentlich (wozu sonst würden wir das ausblenden)? Was würde passieren, wenn…?
- Worauf bist du von deinem Muster her besonders angewiesen, worauf ich? Wie können sich diese unterschiedlichen Bedürfnisse regulieren lassen?
- Aber auch: Wie heißt unsere gemeinsame «problemfreie Zone»?

Sicher gibt es Zeiten, in denen eine dieser drei Grundbewegungen für die Beziehung mehr «dran» ist als die beiden anderen. Wenn das aber langfristig auf Kosten der beiden anderen Bewegungen geht, stagniert die gemeinsame Entwicklung:

Die Stagnation im fruchtlosen Kriegszustand – nur noch «Duell»: Wenn beide sich in einem «Gegeneinander» festgefahren haben, bedarf es häufig zunächst einer entschlossenen Gegenbewegung «voneinander weg» in die klare Abgrenzung und Distanz, hin zum «Doppelsolo»: Jeder kehre vor seiner eigenen Tür! Erst danach ist die Herzensbewegung wieder authentisch möglich.

Die Stagnation des verpflichtenden «Duetts»: Oft ist es dann einer der beiden Partner, der sich mit einem kräftigen und streitbaren Ruck aus der Verhaftung im «Aufeinander zu» und «Miteinander» herauskatapultiert («Schluß damit – so will ich das nicht mehr! Sondern anders.») und das Beziehungsmuster in die Krise bringt, die beiden Partnern mehr Eigenständigkeit und eine neue Qualität gegenseitiger Attraktion bescheren kann.

Die Stagnation in der Abgrenzung des «Doppelsolos»: Wenn beide Partner erstarrt sind im «Voneinander weg», kann die Entwicklungsdynamik über den Kampf («Streiten verbindet»[5]) und die «Wärme, die durch Reibung erzeugt wird» zu durchlässigeren Grenzen zwischen den Beteiligten führen und damit (wieder) zu mehr Nähe.

Wir möchten diese vorsichtigen Hypothesen über mögliche Beziehungsprozesse keinesfalls mechanistisch verstanden wissen – so, als gäbe es im Fließgleichgewicht der drei Beziehungsenergien lineare Abfolgen. Diese Hypothesen sollen anregen, eigene Beziehungsmuster einmal aus einem neuen Blickwinkel zu betrachten. Und vielleicht können sie auch behilflich sein, den Erlebens- und Beziehungshorizont zu erweitern.

Ⓥ Für dieses Selbsterforschungsexperiment zu den drei Grundenergien als Beziehungsenergien brauchen Sie ein wenig Zeit und Ruhe. Das Ziel ist, eine Ihnen persönlich wichtige Beziehung einmal umfassend von diesen drei «Kräften» und Tendenzen her zu erspüren.

Lenken Sie zunächst die Aufmerksamkeit nach innen und mit dem Ausatmen hinunter in den Bauch-Becken-Raum. Wenn Sie Ihre Aufmerksamkeit in dieser Region Ihres Körpers stabilisiert haben, fragen Sie sich: Wenn ich meine Beziehung zu ... (Name) ganz von diesem körperlich fühlbaren Bezugspunkt her leben würde, wie wäre das dann? Bleiben Sie absichtslos-akzeptierend-aufmerksam, während Sie innerlich beobachten, welche Empfindungen, Gefühle, Bilder und Gedanken sich einstellen. Vielleicht mögen Sie nach einer Weile aufschreiben oder auch malen, was da in Ihnen entstanden ist: Wie erlebe ich in meiner Beziehung zu ... den «kämpferischen Aspekt» der Bauchenergie: Meine Autonomie gegen deine Autonomie, deine Selbstbehauptung gegen meine Selbstbehauptung, meine Lust, den Ton anzugeben, gegen deine?

Nehmen Sie dann (vielleicht nach einer kleinen Pause) wieder

Kontakt auf mit Ihrer Atembewegung, lenken Sie die Aufmerksamkeit nach innen, und folgen Sie der Atembewegung bis in den Brustbereich. Wenn sich Ihre Aufmerksamkeit dort stabilisiert hat, fragen Sie sich wieder: Und wenn ich meine Beziehung zu... (Name) ganz und gar von diesem körperlichen Bezugspunkt her leben würde, wie wäre das? Beobachten Sie wieder für eine Weile, was von selbst entsteht, wenn Sie sich in innerer Achtsamkeit mit dieser Frage beschäftigen: Wie leben du und ich den Herzensaspekt – Nahsein, einfühlendes Verstehen, Wärme, Herzlichkeit, Zärtlichkeit, Fürsorge, gegenseitige Wertschätzung?

Nachdem Sie vielleicht auch diese neuen inneren «Antworten» ein wenig festgehalten haben, richten Sie die Aufmerksamkeit nach oben zur Augen- und Stirnregion – wieder mit der Frage: «Und wenn das mein Bezugspunkt für meine Beziehung zu... (Name) wäre?» Welche bildhaften Vorstellungen, Gedanken, Empfindungen und sonstigen «Antworten» entstehen dann von selbst in Ihnen? «Wie gut können wir jeder für sich sein, eigene Wege gehen, die Distanz zwischen uns als Wert für unsere Beziehung erleben?»

Dieses Experiment kann vielleicht einen «Geschmack» davon vermitteln, wie das Enneagramm (von seiner Konstruktion aus den drei Grundenergien her) uns über die neun Charaktermuster hinaus in Kontakt mit umfassenderen Erlebens- und Beziehungsqualitäten bringen könnte. «Neben», «hinter» und «unter» den einschränkenden Voreingenommenheiten unseres gewohnten Wahrnehmungs-, Denk-, Fühl-, Verhaltens- und Beziehungsstils könnten wir in Berührung kommen mit anderen Aspekten unseres menschlichen und zwischenmenschlichen Potentials – mit Erfahrungen von «Klarheit», «Weitsicht», «Erkennen» (Kopfenergie), «Liebe» (Herzenergie), «Kraft», «Stärke», «Verwurzelung» (Bauchenergie).

Die neun Charaktermuster – so haben wir im 1. Kapitel dargelegt – sind ja eine Art Deformation (überentwickelt – blockiert – umfunktioniert) einer der drei Grundenergien und eine unbewußte Fixierung darauf.

Auch wenn die Arbeit mit dem Enneagramm zunächst nur motiviert war von dem Wunsch, ein wenig besser miteinander auskommen zu können, eine achtsame und gemeinsam gewollte und betriebene Beziehungs-Entwicklungsarbeit kann darüber hinaus neue Erfahrungsräume erschließen, die beide bereichern.

Hier kämen wir in die Zone der «höheren Bedürfnisse»[6], also der Bedürfnisse nach «Sinn», «Selbstverwirklichung», «bedingungsloser Liebe», «Seinsfühlung»[7], «Transformation» und so weiter.

Jenseits der Muster: Transformation der «Leidenschaften»

> «Es gibt Zeiten in unserem Leben, da beginnt sich eine geheimnisvolle, innere Barriere zu lockern, und wir erleben unmittelbar das, wonach wir uns gesehnt haben, oder das wir nur vage gespürt oder gar nur davon gehört haben… Wir sind mit der höchsten Ebene unseres Seins in Kontakt gekommen, mit unserem *höheren Bewußtsein*[8]».

Dieses Buch handelte von den vielerlei alltäglichen und menschlich-allzumenschlichen Selbstverstrickungen, Verwicklungen und Wechselwirkungen, in die wir hineingeraten, zunächst ohne es zu wissen oder gar zu wollen. Es handelte davon, auf wie vielfältige Weise uns die «intelligenten» und «kreativen» Lösungsversuche der Kindheitsnot – Charaktermuster genannt – mit Fähigkeiten und Begabungen ausstatten, aber eben auch mit Einschränkungen, Empfindlichkeiten, Verletzlichkeiten und «Sehbehinderungen». Diese problematischen Aspekte des Charaktermusters sorgen dann unter der Hand dafür, daß die Erfüllung der ursprünglichen «eigentlichen» Sehnsucht vereitelt wird und das Drama des «Kindes von damals» sich in den Beziehungen von heute wiederholt.

Dieses Buch handelte auch davon, auf welche Weise uns die Selbstklärung und die Beziehungsklärung mit Hilfe des Enneagramm-Modells auf einen Entwicklungsweg bringen kann, wenn «der innere Beobachter» gestärkt wird. Der Leitsatz dafür ist: «Ich *habe* das Muster, aber ich *bin* mehr. Wir *haben* dieses Beziehungsmuster, aber wir *sind* mehr.»

Psychologisch betrachtet ist dieser Entwicklungsweg ein Weg zu einer umfassenderen Selbst- und Fremdwahrnehmung, zu zunehmender Bewußtheit über die Automatismen der Muster, wodurch ein Zugang entstehen kann zu Erfahrungs- und Beziehungsqualitäten, die innerhalb der gewohnheitsmäßig funktionierenden Muster nicht «vorgesehen» sind.

Die traditionelle Lehre des Enneagramms geht darüber hinaus. In der «spirituellen Psychologie» der Sufis, Gurdjieffs, Ichazos, Helen Palmers und ihrer christlichen Rezeption durch die Jesuiten, den Franziskaner Richard Rohr und andere wird das Enneagramm zwar ebenfalls als Instrument des «Aufwachens» und als Hilfe zur Stärkung des «inneren Beobachters» begriffen. Weit mehr aber noch als Wegweiser zu jenen «höheren» Gemüts- und Bewußtseinszuständen, die – je nach weltanschaulicher und theologischer Herkunft – als «Erfahrung der Gottesebenbildlichkeit des Menschen»[9], «transpersonales Bewußtsein», «Erlösung», «Wesenskern» und so weiter bezeichnet werden.

Solche «peak experiences» («Gipfelerlebnisse» – A. Maslow) werden *immer* als «Geschenk» (theologisch: Gnade) erlebt. Sie lassen sich auch nach unserer festen Überzeugung weder mit psychologisch-psychotherapeutischen Mitteln noch mit spiritueller Übung *erzeugen*. Sie geschehen einfach – oder auch nicht. Sie lassen sich weder herbeitherapieren noch herbeimeditieren.

«In jenen Momenten beispielsweise, in denen unser Körper die richtigen Bewegungen ausführt, bevor wir wissen, was wir tun sollen, oder wenn wir die Wahrheit aussprechen, bevor wir wissen, was wir sagen wollen, sind wir in unserem Wesenskern. Von Zeit zu Zeit fallen wir ganz natürlich in eine seiner vielen Qualitäten, und in solchen Gipfelerlebnissen bekommen wir eine Ahnung davon, was die Menschheit sein könnte.»[10]

Was aber andererseits nicht heißt, daß man dann ja getrost auf jede «Arbeit» an sich selbst, seinen Beziehungen und seiner Spiritualität verzichten könnte. Die «persönliche Arbeit», die mit Hilfe des Enneagramms in diesem transformatorischen Kontext zu leisten wäre, bezieht sich (wiederum) auf die Stärkung des «inneren Beobachters» und seiner *Unterscheidungsfähigkeit* zwischen den Angelegenheiten des Charaktermusters und den «tieferen» oder «höheren» (wie man will) Aspekten des Gemüts und des Bewußtseins.

Insofern ist die Übung der absichtslos-akzeptierend-aufmerksamen inneren Haltung sich selbst gegenüber paradoxerweise durchaus «absichtsvoll»: Das aufmerksame *Wahrnehmen* der «Aktivitäten» des Charaktermusters hat die *Nicht-Identifizierung mit dem Muster* zum

Ziel, damit jene anderen Qualitäten des «Wesenskerns» hervorkommen können.

Das «Enneagramm-Modell als Wegweiser» ordnet den neun «Leidenschaften» neun «Tugenden» (höhere Gemütszustände) zu:

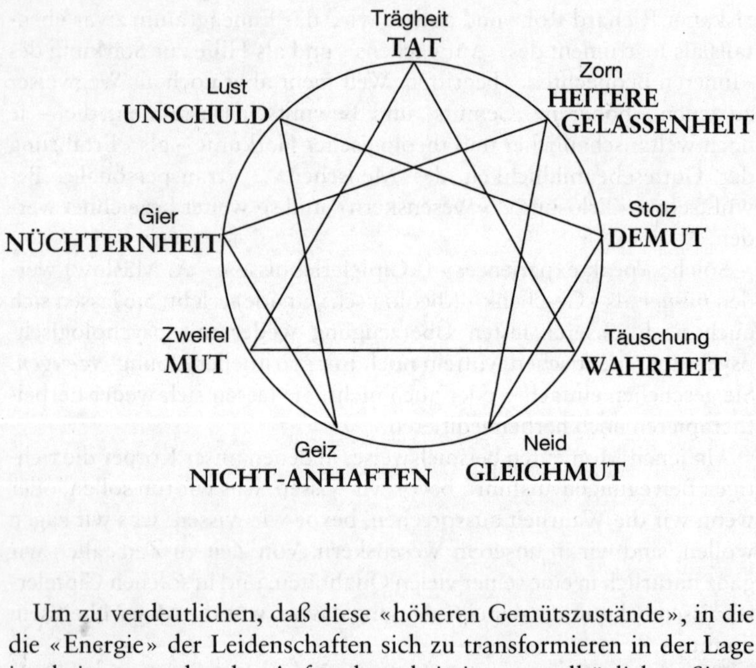

Um zu verdeutlichen, daß diese «höheren Gemütszustände», in die die «Energie» der Leidenschaften sich zu transformieren in der Lage ist, bei entsprechender Aufmerksamkeit in ganz alltäglichen Situationen auftauchen können, haben wir einige Erfahrungsberichte ausgewählt. Sie sollen zeigen, daß solche «peak experiences» (wegen ihrer Nicht-Verfügbarkeit) keinesfalls eigens dafür angesetzten Sonderveranstaltungen wie Enneagramm-Workshops, Meditationscamps und Gottesdiensten vorbehalten sind. Sie haben ihren Sitz «mitten im Leben»:

Zorn/heitere Gelassenheit (EINS)

«Ich bin mitten in einer hitzigen Diskussion mit meiner Freundin. Es geht – unglaublich, aber wahr – um die richtige Verwendung der Bürste beim Gläserspülen. Ich beobachte, wie mein rechthaberischer Zorn sich immer mehr auflädt, und muß plötzlich, indem ich mich beobachte, ganz furchtbar lachen. Wir lachen beide, bis uns die Tränen kommen. In diesem Moment fühle ich, wie ich meine Freundin wirklich lassen kann. Das ist dann jedesmal so wie bei einem Goldschürfer, der zwischen viel Geröll ein Nugget findet.»

Stolz/Demut (ZWEI)

«Ich übe mich darin, zu sagen: ‹Nein, das möchte ich jetzt nicht für dich tun.› Es ist sehr schwierig, aber allmählich bekomme ich ein inneres Gefühl dafür, wann das richtig für mich ist. Das schwierige daran ist, daß ich mir vorkomme, als würde ich mich selbst in meinem Stolz verletzen, und es dauert immer ein Weilchen, bis das Wissen darum, daß das eine Einbildung ist, auch in meinen Körper hineinrutscht. Dann aber fühle ich mich sehr ruhig und auf eine bescheidene Art und Weise wirklich gut. Mein Mann sagt, er fühlt sich weniger schuldig mir gegenüber und kann freier auf mich zugehen.»

Täuschung/Wahrheit (DREI)

«Ich habe große Probleme damit, meine Aufmerksamkeit wach und kritisch bei mir selber zu halten: Wo, warum, wie habe ich mich erfolgreicher, attraktiver, positiver und so weiter dargestellt, als ich mich fühlte? Noch immer bin ich eigentlich überzeugt davon, daß ich nur Schreckliches entdecken werde, wenn ich mich meinem Inneren zuwende. Gestern habe ich einem Kollegen und Freund gegenüber geäußert, daß ich mich oft viel ängstlicher und depressiver fühle, als es den Anschein haben mag. Es kam mir vor, als würde ich etwas ‹zugeben› oder ‹eingestehen› – so als wäre es eine Schande, nicht immer ‹on the top› zu sein. Zum Glück hat er ganz toll reagiert, er hat sich irgendwie sogar gefreut, glaube ich. Bloß kein neues Image aus diesen wertvollen Erfahrungen basteln!»

Neid/Gleichmut (VIER)

«Seit ich begonnen habe zu meditieren, hat sich mein ‹Gefühl›, daß ich nicht ernsthaft genug daran arbeite, mich selbst zu verwirklichen, eher noch verstärkt. Ich beobachte, wie ich nach den anderen Kursteilnehmern schiele, die mir irgendwie natürlicher, entspannter, insgesamt eben ‹weiter› vorkommen als ich. Wenn ich das einfach so an mir beobachte und mich dann ganz und gar dem widme, was jetzt im Augenblick zu tun ist, dann stellt sich manchmal innerlich so etwas ein wie ‹Es ist okay so, wie's ist›. Neulich hatte ich diesen ‹Zustand› beim Gemüseputzen: Nichts als... einfach diese eine Karotte! Wenn ich versuche, mir vorzustellen, diesen guten Zustand auch in einer Liebesbeziehung haben zu können, läuft mein Muster prompt wieder Amok.»

Geiz/Nicht-Anhaften (FÜNF)

«Eigentlich hatte ich immer gemeint, die buddhistische Tugend des Nicht-Anhaftens schon sehr ‹inkarniert› zu haben, bis mir klarwurde, daß das nur eine raffinierte Rationalisierung meines ‹Geizes› ist. Über den Dingen schweben und mit nichts in Berührung sein, das kann ich bis zur Perfektion. Und es ist schon verrückt, daß die Aufgabe sein soll, an dieser Art von ‹Nicht-Anhaften› nicht mehr anzuhaften! Die beständige und unaufdringliche Zuneigung von P. hat mir sehr geholfen, mich selber, mein Wissen, meine Ängste und die anderen Gefühle nicht mehr so abzukapseln und mich in die ‹Welt› hinauszuwagen und zu erleben, daß ich ‹empfangen› werde.»

Zweifel/Mut (SECHS)

«Immer, wenn ich beginne, den ‹inneren Beobachter› zu installieren, kommt als erstes der Gedanke, ob das alles denn wirklich sinnvoll ist und mir hilft – mein ‹Zweifelteufelchen› spricht gerade mal wieder, sage ich mir dann. Ich habe begonnen, Aikido zu lernen, da geht die Aufmerksamkeit ganz in den Bauch hinunter, und die Bewegungen sind schön schnell. Das gibt mir ein ganz sicheres Gefühl für meine Mitte. Neulich habe ich aus diesem Gefühl heraus meinem Mann ein paar schwierige Sachen gesagt, wo ich ihm mißtraue. Er sah es verrückterweise als Vertrauensbeweis, daß ich ihn gefragt habe! Und er hat mir, glaub ich, auch ganz ehrlich geantwortet.»

Gier/Nüchternheit (SIEBEN)

«Es gibt Momente – ich fürchte, öfter als mir lieb ist –, da fühle ich mich wie ein Dreijähriger: Ich möchte was haben, und zwar sofort! Ein Buch, ein Essen, ein zärtliches Gefühl, egal. Meine Gedanken rasen, und es läuft mir, bildlich gesprochen, schon das Wasser im Mund zusammen. Wenn ich mich genauer auf mich besinne, dann merke ich in letzter Zeit zunehmend, daß das alles mich nicht wirklich befriedigt. Es bleibt die Unruhe, und ich brauche mehr, mehr, mehr – und das vielleicht auch noch in einer höheren ‹Dosis›! Ich habe begonnen, mich mit diesem ‹Dreijährigen› etwas mehr zu befassen, und das war ziemlich ernüchternd. Dem ging's bei weitem nicht so gut, wie er selber und die andern alle geglaubt haben. Es ist zunächst wirklich hart, vor dieser Erfahrung nicht davonzulaufen. Vor einer Woche hatte ich ein langes Gespräch mit meiner Frau. Ich habe ihr viele Dinge aus meiner Kindheit und Jugend erzählt, die ich selber schon beinahe vergessen hatte, und ich war sehr traurig dabei. Sie war aufmerksam und mitfühlend und ihrerseits zu Tränen gerührt. Nach diesem Abend fühlte ich mich auf eine andere Art ‹befriedigt› und ‹gesättigt›, als ich das normalerweise von mir kenne.»

Lust/Unschuld (ACHT)

«Wenn ich mit meiner Tochter spiele, dann kommt auf einmal etwas ganz Sanftes und Zartes aus mir heraus, das mich fast zu Tränen rührt, wenn ich mir das vergegenwärtige. Irgendwie ist dieses Kind wie ein Symbol, das ich (ganz für mich!) meditiere, ein Symbol für mein eigenes «inneres Kind». In der Firma geht es leider anders zu, da spiele ich immer noch den ‹Rambo›, aber diese Rolle gefällt mir immer weniger. Und kürzlich habe ich bemerkt, wie ich mitten in einer Diskussion eine total verletzende Bemerkung gerade noch auf der Zunge hab liegenlassen.»

Trägheit/Tat (NEUN)

«Nachdem meine Frau mich verlassen hatte, war ich tagelang wie gelähmt. Ich konnte morgens kaum aufstehen, schleppte mich ins Büro, ließ die Dinge an mir vorüberlaufen. Ich habe eine Therapie angefangen und bekomme allmählich eine Ahnung davon, wie furchtbar wütend und verletzt ich bin. Vor ein paar Tagen bin ich morgens mit dieser rasenden Wut aufgewacht, habe Bücher und Tassen durch die Wohnung geworfen und dann fast eine halbe Stunde lang hemmungslos geheult. Danach bin ich ins Büro gefahren und habe acht Schriftstücke fertig gemacht, die schon seit mehr als einem Monat auf meinem Schreibtisch herumlagen. Ich glaube, ich bin erst ganz am Anfang, meine Vitalität zu entdecken.»

Vielleicht ist in diesen persönlichen Erfahrungsberichten das «transformatorische Wechselspiel» zwischen den «Leidenschaften» und den «Tugenden» ein wenig deutlich geworden, die man so wenig wie die «Leidenschaften» moralisch mißverstehen darf. Es findet statt mitten in den Selbstverstrickungen, Verwicklungen und Wechselwirkungen des alltäglichen (Beziehungs-)Lebens. Auch wenn diese Berichte notwendigerweise sehr individuell gefärbte Momentaufnahmen sind, geben sie doch einen Eindruck davon, wie das Enneagramm auch und gerade unter Alltagsbedingungen als *Wegweiser* zu den «höheren» oder «tieferen» Erfahrungsbereichen genutzt werden kann.

«Transformation» ist ein großes Wort. Zu leicht verliert man dabei aus den Augen, daß es sich dabei um einen Prozeß handelt, der keineswegs linear (von «unten» nach «oben», von «außen» nach «innen») verläuft, sondern Fortschritte und Rückschritte, große Schritte («Gipfelerlebnisse») und kleine Schritte kennt. Wir haben in diesem Buch oft das Bild von der Spirale verwendet. Oft genug mag man den Eindruck haben, man habe sich lediglich zum x-ten Mal im Kreis gedreht; den minimalen «Höhenunterschied» bemerkt man vielleicht erst später.

Unter den Bedingungen unserer menschlich-allzumenschlichen Existenz kommt dieser Prozeß nicht zum Abschluß: Wir fallen, wir stehen auf, wir fallen, wir stehen auf... Insofern gilt der alte taoistische Spruch, demzufolge der «Weg» das «Ziel» ist.

Andererseits macht es aber auch nicht viel Sinn, einfach nur «auf dem Weg» zu sein, ohne eine Ahnung davon zu haben, *wohin* er führt. Hier fungiert das Enneagramm als nützlicher Wegweiser.

Die Sufis[11] benutzen für die Darstellung der «höheren» Gemüts- und Bewußtseinszustände im Enneagramm die Metapher vom Prisma, in dem sich das rein weiße Licht der göttlichen Liebe neunfach bricht. Das ist ein schönes Bild für den «göttlichen Funken» in jedem Menschen.

Und ein schönes Bild dafür, wie auf einer höheren Ebene jeder und jede einzelne für alle und für das «Ganze» jeweils seinen und ihren speziellen Aspekt der einen («weißen») Liebe beiträgt bzw. beitragen könnte. Diese «Enneagramm-Vision» bringt uns an die Grenzen des Modells und an den Rand des noch Sag- und Schreibbaren.

Hören wir daher abschließend, was zwei ganz verschiedene Zeitgenossen zu diesen «höheren Zuständen» zu sagen haben. Der eine ist Psychologieprofessor, Bewußtseinsforscher und Gurdjieff-Schüler; der andere ein dem christlichen Glauben verbundener Schriftsteller aus England, dessen Märchen- und Science-fiction-Literatur voller Metaphern über die «spirituelle Reise» sind:

«Seien Sie dankbar, wenn solche Zustände auftreten, und versuchen Sie, dadurch zu lernen, doch machen Sie sich von solchen spontanen Ereignissen nicht abhängig. Es ist erfreulich, wenn man auf der Straße Geld findet, doch sich darauf zu verlassen, ist eine sehr unzuverlässige Art des Broterwerbs.»[12]

«Es geschieht von selbst, wenn ihr es nicht erwartet. Und redet nicht zu viel darüber! Versucht auch nicht, es anderen zu erklären, wenn ihr nicht spürt, daß sie ähnliche Abenteuer erlebt haben. Woher ihr das wissen sollt? Das werdet ihr schon merken. Das Seltsame, sagt man, offenbart sich von selbst. Haltet nur eure Augen offen! Lieber Himmel, was bringen sie den Kindern heutzutage eigentlich in den Schulen bei?»[13]

Anhang

Anmerkungen

•

Stichwörter

•

Literaturverzeichnis

Anmerkungen

Vorwort

1 Rohr, R., Ebert, A.: Das Enneagramm, München 1989
2 Lowen, A.: Körperausdruck und Persönlichkeit, München 1981
3 Kurtz, R.: Körperzentrierte Psychotherapie, Essen 1985
4 Rogers, C. R.: Entwicklung der Persönlichkeit, Stuttgart 1973, S. 41.

Einleitung

1 Lutz, E.: Ennea-Colors (unveröff. Manuskr.)
2 Hurley, K. V., Dobson, T. E.: Wer bin ich?, Augsburg 1993, S. 10
3 Vollmar, K.: Das Enneagramm, München 1993. Blake, A.: Das intelligente Enneagramm, Südergellersen 1993
4 Keen, S.: An Interview with Oscar Ichazo, in: Psychology Today, July 1973
5 Davidson: Documents on Contemporary Dervish Communities, London 1982
6 Beesing, M., Nogosek, R. J., O'Leary, P.: Das wahre Selbst entdecken, Würzburg 1992
7 Naranjo, C.: Ennea-Type Structures, Nevada City 1990
8 Palmer, H.: Das Enneagramm, München 1990
9 Horney, K.: Unsere inneren Konflikte, Frankfurt 1984
10 Riso, R.: Die neun Typen der Persönlichkeit, München 1989
11 Die phänomenologische Philosophie und Psychologie von E. Gendlin (siehe zum Beispiel Gendlin: Experiencing and the Creation of Meaning, New York 1962) und der Konstruktivismus (siehe zum Beispiel Watzlawick: Wie wirklich ist die Wirklichkeit?, München 1976)
12 Siehe zum Beispiel Rogers, C. R.: Entwicklung der Persönlichkeit, Stuttgart 1973
13 Gendlin, E.: Focusing, Salzburg 1981

1. Das Enneagramm: Neun Charaktermuster und ein Modell

1 Kretschmer, E.: Körperbau und Charakter, Berlin 1955
2 Reich, W.: Charakteranalyse, Wien 1933
3* Siehe im Anhang das Stichwort «Stil»

4 Siehe zum Beispiel Misslidine, W. H.: In dir lebt das Kind, das du warst, Stuttgart 1976
5* Siehe im Anhang das Stichwort «Überlebensstrategie»
6 Keen, S.: Feuer im Bauch, Bergisch Gladbach 1992, S. 287
7 Mussen, P. H., Conger, J. J., Kagan, J.: Lehrbuch der Kinderpsychologie, Stuttgart 1976, S. 81 ff
8* Siehe im Anhang das Stichwort «Die drei Zentren»
9* Siehe im Anhang das Stichwort «Aufmerksamkeitsstile»
10* Siehe im Anhang das Stichwort «Die Leidenschaften»
11 Siehe dazu auch das Beispiel über das «paranoide Gruppenklima» im 5. Kapitel
12 Watzlawick, P.: Münchhausens Zopf, Bern 1988, S. 179 und S. 167
13 Wiltschko, J.: Von der Sprache zum Körper, Würzburg 1992, S. 114
14 Rosenhan, D. L.: Gesund in kranker Umgebung, in: Watzlawick, P. (Hrsg.): Die erfundene Wirklichkeit, München 1981
15 Holzkamp, K.: Zur Problematik der Realitätsverdoppelung in der Psychologie, in: Psychologische Rundschau 16, 1965
16 Wiltschko, J.: Von der Sprache zum Körper, Würzburg 1992, S. 114
17* Siehe dazu im Anhang das Stichwort «Querverbindungen»
18 Watzlawick, P., u. a.: Menschliche Kommunikation, Bern 1969, S. 50
19 Schulz von Thun, F.: Miteinander reden 2, Reinbek 1989
20 Laing, R.: Knoten, Reinbek 1972

2. *Verwicklungstendenzen: Die neun Muster unter Beziehungsaspekten*

1 Die Bibel: Matth. 22, 38
2 Mahler, M. S.: Symbiose und Individuation, Stuttgart 1979. Mahler, M. S., u. a.: Die psychische Geburt des Menschen, Frankfurt 1980
3 Biermann-Ratjen, E., u. a.: Gesprächspsychotherapie, Stuttgart 1979
4 Kopp, S. B.: Der Taschendieb und der Heilige, Köln 1985, S. 61
5 Palmer, H.: Das Enneagramm, München 1990, S. 235
6 Kohut, H.: Narzißmus, Frankfurt 1976, S. 141
7 Jaxon Bear, E.: Die neun Zahlen des Lebens, München 1989, S. 52

3. *Entwicklungen I: Wege aus der Selbstverstrickungsspirale*

1 Jaxon Bear, E.: Die neun Zahlen des Lebens, München 1989, S. 32
2* Siehe im Anhang das Stichwort «Ähnlichkeiten und Unterschiede»
3 Watzlawick, P., u. a.: Lösungen, Bern 1974, S. 41
4* Siehe dazu im Anhang das Stichwort «Wechsel des Bezugspunkts»
5 Kaiser, P.: Gott schläft im Stein, München 1984, S. 148
6 Siems, M.: Dein Körper weiß die Antwort, Reinbek 1986, S. 53
7* Siehe dazu im Anhang das Stichwort «Nicht-Identifizierung»
8 Jaxon Bear, E.: Die neun Zahlen des Lebens, München 1989, S. 33
9 Siehe zum Beispiel McClure Goulding, M., Goulding, R.: Neuentscheidung, Stuttgart 1973
10 Kopp, S. B.: Der Taschendieb und der Heilige, Köln 1985, S. 61

4. *Wechselspiele und Beziehungsmuster: «Charakteristische» zwischenmenschliche Phänomene*

1 Watzlawick, P., u. a.: Lösungen, Bern 1974, S. 13
2 Berne, E.: Was sagen Sie, nachdem Sie «guten Tag» gesagt haben?, München 1975
3 Schulz von Thun, F.: Miteinander reden 1, Reinbek 1981
4 Nach Schulz von Thun kann man an jeder Nachricht vier Aspekte unterscheiden: Sachinhalt – Selbstoffenbarung – Beziehungsaussage – Appell
5 Watzlawick, P.: Münchhausens Zopf, Bern 1988, S. 35
6* Siehe dazu im Anhang das Stichwort «Projektion»
7 Willi, J.: Die Zweierbeziehung, Reinbek 1975, S. 168
8* Siehe dazu im Anhang das Stichwort «Übertragung»
9* Siehe dazu im Anhang das Stichwort «Gegenübertragung»
10 Watzlawick, P., u. a.: Lösungen, Bern 1974, S. 41
11* Siehe dazu im Anhang das Stichwort «Interpunktion von Ereignisfolgen»
12 Schulz v. Thun, F.: Miteinander reden 2, Differentielle Psychologie der Kommunikation, Reinbek 1989
13 Thomann, Ch., Schulz v. Thun, F.: Klärungshilfe, Reinbek 1988, S. 278
14 Thomann, Ch., Schulz v. Thun, F.: Klärungshilfe, Reinbek 1988, S. 231
15 Willi, J.: Die Zweierbeziehung, Reinbek 1975, S. 167f

5. Wechselwirkungen: Das Enneagramm unserer Beziehungen

1 Schellenbaum, P.: Die Wunde der Ungeliebten, München 1989

6. Entwicklungen II: Wege aus der Beziehungsverwicklung

1 Thesen aus Moeller, M. L.: Die Wahrheit beginnt zu zweit, Reinbek 1989, S. 72, 119 und 180
2 Vgl. Moeller, M. L.: Die Wahrheit beginnt zu zweit, Reinbek 1989, S. 149 ff
3 Die Bibel: Matth. 7,3–5
4 Horney, K.: Der neurotische Mensch in unserer Zeit, Frankfurt 1983; Horney, K.: Unsere inneren Konflikte, Frankfurt 1984; Horney, K.: Neurose und menschliches Wachstum, Frankfurt 1984
5 Bach, G., Wyden, B.: Streiten verbindet, Gütersloh 1971
6 Siehe zum Beispiel Maslow, A.: Motivation und Persönlichkeit, Olten 1977
7 Siehe zum Beispiel Dürckheim, K. F.: Der Alltag als Übung, Bern 1966
8 Ferrucci, P.: Werde was du bist, Reinbek 1986, S. 165
9 Rohr, R., Ebert, A.: Das Enneagramm, München 1989, S. 231 f
10 Palmer, H.: Das Enneagramm, München 1990, S. 62
11 Rohr, R., Ebert, A.: Das Enneagramm, München 1989, S. 231
12 Tart, C.: Hellwach und bewußt leben, München 1991, S. 425
13 Lewis, C. S.: Der König von Narnia, München 1977, S. 139

Stichwörter

Zu S. 24 Stil

In unserer Auffassung des Enneagramm-Charaktermusters als *Stil* des Wahrnehmens, Denkens, Fühlens und Verhaltens folgen wir den theoretischen Überlegungen E. Gendlins über Erlebensstile (Gendlin: Eine Theorie des Persönlichkeitswandels) und D. Shapiros (Shapiro: Neurotische Stile):

Die Theorie von Gendlin markiert den Unterschied zwischen «prozeßhaftem Erleben» und «strukturgebundenem Erleben» folgendermaßen: «Prozeßhaftes Erleben ist gekennzeichnet von Unmittelbarkeit, Gegenwärtigkeit und Reichtum an neuen, frischen Einzelheiten. Im Gegensatz zum prozeßhaften Erleben beinhaltet strukturgebundenes Erleben nur wenige Gefühle und Bedeutungen. Es besteht aus den immer gleichen, alten, abgestandenen Gefühlsmustern. Wir beachten dabei die (gleichförmigen) Inhalte des Erlebens mehr als seinen besonderen Stil. Wir sprechen von Erlebensinhalten oft so, als ob Erleben aus festgefügten, festgeformten Einheiten mit festgelegter Struktur bestünde. Dies ist aber nur der Fall, wenn Erleben in seinem Stil strukturgebunden ist... Strukturgebundenes Erleben tritt nicht in Austausch mit augenblicklichen Vorkommnissen... Deshalb kann es durch gegenwärtiges Geschehen auch nicht modifiziert werden. Es wiederholt sich selbst in den verschiedensten Situationen, ohne sich zu verändern... So wird die gegenwärtige Situation auch vom Erleben nicht interpretiert. Statt dessen nehmen wir ein sich wiederholendes Muster wahr, das durch die gegenwärtige Situation nicht modifiziert wird. Zwar ‹geht eine Erlebenssequenz ab›, angestoßen durch das gegenwärtige Ereignis, aber dieses Erleben ist keine Interpretation der oder Antwort auf diese gegenwärtigen Ereignisse.»

Shapiro (aus psychoanalytischer Sicht): «Mit ‹Stil› meine ich die Art und Weise des Funktionierens, das ‹Wie› eines bestimmten Verhaltensbereichs, das in der durchgängigen Handlungsweise (und der zugrundeliegenden Erlebensweise, die Verfasser) eines Individuums als durchgängig vorhanden identifiziert werden kann... Nicht immer ist der Funktionsmodus oder -stil eines Individuums ohne weiteres feststellbar. Wir sind es gewohnt, hauptsächlich auf den Inhalt einer Aussage oder Handlung eines anderen zu achten; um das ‹Wie› zu erfassen, bedarf es einer anderen, in gewisser Hinsicht vielleicht passiveren Art von Aufmerksamkeit (die empathische Suchhaltung, die Verfasser). Wird dieses ‹Wie› jedoch erkannt, vermittelt es oft eine schlagartige, überaus deutliche Einsicht – auch vertraute Dinge zeigen sich dann unter ganz neuen Aspekten... Diese Grundmuster psychischen Funktionierens sind nicht nur weitgehend generalisiert, sondern auch ausgesprochen statisch, häufig sogar starr. Das Ich ist ‹verhärtet›, die Abwehr wird nach diesen Mustern festgeschrieben, und der frühere Konflikt wird in chronische Haltungen, chronisch-automatische Reaktionsmuster umgewandelt… Für verschiedene Personen wird also derselbe Vorstellungsinhalt oder dieselbe Handlung verschiedene Bedeutungen haben, oder unterschiedliche Inhalte können für verschiedene Personen sehr ähnliche Bedeutungen haben. Ohne diese Einsicht riskieren wir… daß wir nur lexikalische Bedeutungen erfassen, die möglicherweise korrekt, aber weit entfernt von dem sind, was dem Erleben des Individuums seinen individuellen Sinn und seine persönliche Prägung gibt… Ein allgemein bekanntes Beispiel dazu: Wir wissen, daß es Menschen gibt, die stets verärgert, mißtrauisch und dazu masochistisch sind; anscheinend fühlen sich diese Menschen nicht nur häufig gedemütigt und übervorteilt, sondern nutzen auch jede Gelegenheit, sich tatsächlich in entsprechende Situationen zu bringen. Manchmal scheinen sie sogar große Umwege zu machen, bloß um nicht die geringste Chance zu verpassen, wieder einmal Opfer zu werden… Oft fühlen sich solche Menschen mehr oder weniger ständig bekämpft, und zwar von in jedem Fall überlegenen Gegnern. Gegen solche Gegner ist der moralische Triumph die einzige Waffe. Aus der Position des Schwachen heraus haben sie ein extrem feines Gespür für Machtverhältnisse und dafür, wer wen mit wieviel Respekt behandelt… Für die von solchen Einstellungen und Anliegen strukturierte innere Welt eines Menschen bedeutet das, daß ihnen auch die entfernteste Möglichkeit eines Affronts geradezu ins Auge springt, und nur ein Dummkopf könnte es anders sehen. Mit anderen Worten: Bei solchen Einstellungen und inneren Rahmenbedingungen sind sowohl die Wachsamkeit hinsichtlich möglicher Demütigungen und Mißhandlungen als auch das ‹eindeutige Feststellen› derselben das einzig Plausible, was man tun kann.» Wir haben dieses ausführliche Zitat (Shapiro: Neurotische Stile, S. 9–26, zusammengefaßt) deshalb ausgewählt, weil es eine nahezu «klassische» Beschreibung der inneren Vorgänge des Enneagramm-Musters SECHS enthält, das von Shapiro treffend als «paranoider Stil» dargestellt wird. Ähnlich zutreffend finden sich in seiner Systematik der «Stile» Beschreibungen der Muster EINS («zwanghafter Stil»), ZWEI und DREI («hysterischer Stil»), SIEBEN und ACHT («impulsiver Stil»), wobei die Trennschärfe des Enneagramm-Modells hinsichtlich der Tiefendynamik «in» den verschiedenen Stilen unserer Sicht nach sehr viel genauer ist.

Zu S. 25 Überlebensstrategie

Hilfreich für das Verständnis ist die Diskussion innerhalb der Transaktionsanalyse über die Entstehung des sogenannten «Skripts» (Lebensdrehbuch – siehe unten bei «Querverbindungen»). Der Begründer dieser Therapierichtung, Eric Berne, vertrat noch die Auffassung, destruktive Elternbotschaften würden dem Kind wie eine «Elektrode» ins Gehirn gepflanzt, das Kind müsse das ihm von den Eltern angetragene Skript (zum Beispiel im Zusammenhang mit dem Motto «Fühle nicht!» oder «Sei kein Mädchen, sondern ein Junge!» oder «Werde nicht erwachsen!» und so weiter) übernehmen und sei ihm so lange ausgeliefert, bis durch die Beziehung zu einem Therapeuten Korrekturen im Skript vorgenommen werden können. Andere Transaktionsanalytiker, zum Beispiel Mary McClure Goulding und Bob Goulding (Neuentscheidung, S. 58) halten dem entgegen: «Wir glauben, daß das Individuum sein Skript selber schreibt... Eltern mögen destruktive Grundgebote... aussenden, so viel sie wollen, für die Entwicklung eines Kindes werden sie erst dann wichtig, wenn das Kind sich daran hält. Es liegt in der Macht des Kindes, sie anzunehmen oder zu verwerfen... Ein Kind hat eigene Phantasien, erfindet selber Zusammenhänge oder mißversteht, was in seinem Umfeld passiert und stellt dabei seine eigenen unbewußten Maximen auf.» Wir stimmen dieser Sichtweise zu, wenn wir den Anteil der «kreativen Eigenleistung» des Kindes bei der Entstehung des Charaktermusters betonen und den Aspekt der «Not-Lösung».

Mary und Bob Goulding argumentieren so: «Stirbt sein Bruder, dann glaubt das Kind unter Umständen (aber nicht notwendigerweise, die Verfasser), daß seine Eifersucht auf den Bruder dessen Tod herbeigeführt hat; denn von Lungenentzündung versteht das Kind nichts. Indem es sich schuldig fühlt, stellt es für sich selber möglicherweise das destruktive Grundgebot ‹Sei nicht› auf. Stirbt der geliebte Vater, so beschließt das Kind womöglich (aber nicht notwendigerweise, die Verfasser), sich nie wieder mit irgend jemandem näher einzulassen. Es gibt sich selber die Botschaft ‹Laß dich nicht ein›, weil es vermeiden will, den Schmerz, den es beim Tode des Vaters erlebte, noch einmal zu erleben.»

Zu S. 32 Die drei Zentren

Gurdjieff sagt, der Mensch habe drei «Gehirne». Dieses etwas merkwürdig anmutende Bild besagt, daß wir auf dreierlei Arten Informationen aufnehmen und verarbeiten (das heißt bewerten): intellektuell und gedanklich (so, wie wir uns das gewöhnlich vorstellen), aber auch emotional und körperlich/instinktiv. «Bauch» (körperlich/instinktiv), «Herz» (emotional) und «Kopf» (gedanklich/intellektuell) als je eigene «Organe der Informationsaufnahme und -bewertung» zu begreifen macht Sinn: Wir «antworten» auf eine gegebene Situation immer mit Körperempfindungen (und unwillkürlichen Bewegungen) und Gefühlen und Gedanken, auch wenn uns das nicht unbedingt jeweils klar bewußt ist. Diese drei «Gehirne» oder «Zentren der Informationsaufnahme und -bewertung» sind, so Gurdjieff, bei den allermeisten Menschen unterschiedlich gut entwickelt; eines der drei dominiert über die beiden anderen – «Schlagseite» würden wir in unserem Kontext sagen. Zur Veranschaulichung benutzt Gurdjieff gern die Parabel von Pferd (emotionales Zentrum), Wagen (körperlich/instinktives Zentrum) und Kutscher (intellektuelles Zentrum) und beschreibt damit die Probleme, die sich aus ihrer ungleichmäßigen Entwicklung und mangelhaften Koordination ergeben, wenn dieses «Transportsystem» einen «Passagier» (einen «Herren») durchs Leben befördern soll. Gurdjieff behauptete weiterhin, daß wir darüber hinaus noch ein «höheres emotionales Zentrum» besitzen (siehe das «Enneagramm der Tugenden, S. 288), das das «wahre» («transmoralische») Gewissen des Menschen repräsentiert und ein «höheres intellektuelles Zentrum». Auch diese – dem sogenannten «feinstofflichen Bereich» zuzurechnenden – Zentren nehmen ständig Information auf und verarbeiten sie, jedoch sind wir, so Gurdjieff, durch die gewohnheitsmäßig mit «Überleben» beschäftigten Automatismen des Charaktermusters (in der spirituellen Psychologie Gurdjieffs: der «falschen Persönlichkeit») in unserer Aufmerksamkeit unfreiwillig gebunden, so daß wir die Aktivitäten der höheren Zentren normalerweise nicht wahrnehmen können. Das Enneagramm der Charaktermuster bewegt sich auf der Ebene von «Pferd» (Herzenergie), «Wagen» (Bauchenergie) und «Kutscher» (Kopfenergie) – in dieser allegorischen Beschreibung wäre dann ein Charaktermuster ein Teilaspekt des gesamten Transportsystems, der für sich beansprucht, der «Passagier» (der «Herr») zu sein.

Zu S. 38 Aufmerksamkeitsstile

Von dem Gurdjieff-Schüler G. Bennett stammt unseres Wissens die Unterscheidung von «freiwilliger» und «unfreiwilliger» Aufmerksamkeit: (Bennett: Die inneren Welten des Menschen). Im Zustand des automatischen Funktionierens des Charaktermusters ist die Aufmerksamkeit «unfreiwillig» so organisiert, daß diejenigen «Objekte» der Selbst- und Fremdwahrnehmung (Gedanken, Gefühle, Körperempfindungen und -reaktionen in der Innenwelt, andere Personen, Dinge und so weiter in der Außenwelt), die mit den emotional hoch geladenen Themen des Musters korrespondieren, von selbst in den Mittelpunkt der Aufmerksamkeit rücken, andere potentiell wahrnehmbare Aspekte der innerseelischen und der äußeren Wirklichkeit gar nicht oder nur schwer. Dieses Phänomen der «unfreiwilligen Aufmerksamkeit» haben wir – in Anlehnung an die Arbeit Helen Palmers (H. Palmer: Das Enneagramm, S. 50f) mit dem Begriff «Aufmerksamkeitsorganisation» oder «Aufmerksamkeitsstil» beschrieben – als einem (und wie wir finden: zentralen) Aspekt des Charaktermusters. Das Ziel einer bewußten Entwicklungsarbeit mit dem Enneagramm ist die Umwandlung der unfreiwilligen (vom Charaktermuster her unbemerkt gesteuerten) Aufmerksamkeit in freiwillige Aufmerksamkeit (siehe 3. und 6. Kapitel zum Stichwort «innerer Beobachter»). Die Fähigkeit, die eigene Aufmerksamkeit (Körper-, Gefühls-, Sinneswahrnehmung, aber auch die Gedankentätigkeit) bewußt und freiwillig lenken und steuern zu können, ist sicher eines der bedeutsamsten Merkmale für seelische Gesundheit (vgl. auch Csikszentmihalyi: Flow, siehe Literaturverzeichnis).

Zu S. 41 Die Leidenschaften

In der christlichen Rezeption des Enneagramms durch die Jesuiten und den Franziskaner Richard Rohr werden die «Leidenschaften» als «Wurzelsünden» bezeichnet, gemäß der mittelalterlichen Lehre von den sieben «Todsünden»: «Die ältesten Listen von ‹Wurzelsünden›, aus denen die ‹aktuellen› Sünden und Laster wie Äste aus einem Baum sprießen, gehen ins 5. Jahrhundert zurück... Die ursprüngliche Vorstellung von ‹Wurzelsünden› geht davon aus, daß der ‹Sündenbaum› einige Hauptwurzeln hat, von denen alle anderen Sünden ausgehen. Die scholastische Auffassung von den ‹Todsünden› befaßt sich dagegen mehr mit den Folgen der Sünde... Wir verwenden den alten Begriff der ‹Wurzelsünde›, um zu betonen, daß wir eine radikale Erneuerung nötig haben (radikal kommt von lat. radix = Wurzel)» (Rohr, Ebert: Das Enneagramm, S. 37f).

Wenn man heute noch selbstverständlich verstehen würde, wie das ursprünglich gemeint ist, gäbe es damit überhaupt kein Problem. Leider assoziieren die allermeisten Menschen im säkularisierten christlichen Abendland den Begriff «Sünde» mit «moralischer Verfehlung», nachdem sie Religions-, Kommunions- bzw. Konfirmandenunterricht für sich persönlich längst abgehakt haben. Die eigentliche Bedeutung dieses «schwierigen» Worts «Sünde» (griechisch hamartia = Verfehlung des Ziels) ist: Auf Grund einer nicht bewußten Fehleinstellung am «Eigentlichen» vorbeileben. Das verfehlen, was uns «unbedingt angeht» (Paul Tillich). Wenn wir (neutraler) die «Leidenschaften» als «emotional gefärbte Haltungen dem Leben gegenüber» und als «Nährboden» des Charaktermusters kennzeichnen, dann ist der Bedeutungsgehalt von «hamartia» von uns durchaus mit gemeint. (In seiner «Poetik», wo Aristoteles den Aufbau der griechischen Tragödie beschreibt, fordert er, daß der tragische Held ein guter Mensch sein soll, der einen tragischen Fehler – «hamartia» – begeht, auf Grund dessen dann das Schicksal seinen Lauf nimmt. Claude Steiner spricht daher von «hamartischen Skripts» und meint damit solche tragischen Lebensdrehbücher.)

Zu S. 55 Querverbindungen zur neueren psychologischen Theoriebildung und Therapiepraxis

Das Modell des Enneagramms mit seinen Beschreibungen der neun Charaktermuster verhält sich gegenüber psychologischen Theorien im Prinzip neutral. Für den Fachpsychologen ist es natürlich interessant, inwiefern sich die vom Enneagramm beschriebenen Phänomene in den Theorien und der Begrifflichkeit seines Fachgebiets auffinden lassen. So versucht zum Beispiel Riso (Die neun Typen der Persönlichkeit) eine Synopse des Enneagramms mit der Persönlichkeitstypologie von C. G. Jung, die mit acht Kategorien arbeitet, und braucht schon eine gewisse Interpretationsakrobatik, um von acht auf neun *inhaltliche* Eins-zu-eins-Zuordnungen zu kommen. Wir können an solchen Gedankenspielen keinen rechten Gefallen finden, sie muten einen immer ein wenig nach «Reim dich oder ich freß dich!» an. Sinnvoller erscheint uns die Fragestellung, wie denn das Phänomen «Charaktermuster», in der Art wie wir es zu betrachten versuchen, in der Theoriebildung der modernen Psychologie *generell* vorkommt. Dann kann man es sich sparen, verschiedene Modelle inhaltlich mit dem Enneagramm zu verknüpfen. Ohne Anspruch auf Vollständigkeit erheben zu wollen, versuchen wir also eine Art Streifzug durch neuere psychologische Theorien, genauer: den theoretischen Überbau unterschiedlicher therapeutischer Richtungen:

Das Selbstkonzept. Carl Rogers nennt das «Selbstkonzept» oder die «Selbststruktur» eine intrapsychische, organisierte und in sich geschlossene Gestalt: «Diese beinhaltet die Wahrnehmungscharakteristiken des Ich, die. Wahrnehmungen der Beziehungen zwischen dem Ich und anderen und verschiedenen Lebensaspekten, einschließlich der mit diesen Erfahrungen verbundenen Werte. Dieser Gestalt kann man gewahr werden, sie ist jedoch nicht notwendigerweise gewahr» (englisch: «aware») (Rogers: Eine Theorie der Psychotherapie, S. 33). Der Kern der Persönlichkeits- und der Therapietheorie von Carl Rogers bezieht sich auf jene häufig eintretenden Momente, in denen eine innere (organismische) *Erfahrung* in Widerstreit gerät mit dem inneren «Bild» dieser Gestalt, dem Selbstkonzept. Zum Beispiel: «Ich bin eine liebevolle und fürsorgliche Mutter» (Selbstkonzept) – «Ich könnte dieses quengelnde Kind hier an die Wand knallen» (organismische Erfahrung). Wenn Selbstkonzept und Erfahrung nicht zusammenpassen, wird das als ein Zustand von Spannung, Konfusion und Verletzlichkeit erlebt, der nicht allzu lange im Bewußtsein gehalten werden kann. Die Nichtübereinstimmung zwischen Selbstkonzept und Erfahrung wird «normalerweise»(?) dadurch beseitigt, daß alle störenden Erfahrungen so *umgedeutet* werden (Rogers nennt diesen Vorgang «distorsion» – Verzerrung), daß sie wieder zum Selbstkonzept «passen». Der Schüler, der davon überzeugt ist, ein Versager zu sein (Selbstkonzept) schreibt eine «Eins», freut sich darüber und sagt dann zu sich: «Ich hatte eben diesmal Glück.» Die weitreichendere zweite Möglichkeit, die inneren Widersprüche zwischen Selbstkonzept und Erfahrung zu verringern, besteht darin, gewisse Erfahrungen völlig zu *verleugnen* (englisch «denial»). Weil nicht sein kann, was vom Selbstkonzept her nicht sein darf. Je starrer das Selbstkonzept, desto mehr Erfahrungen müssen verzerrt oder verleugnet werden. Je flexibler das Selbstkonzept, desto vielfältigere Erfahrungen können dem Gewahrsein zur Verfügung stehen (desto psychisch gesünder ist die Person). Vergegenwärtigen Sie sich unsere Sichtweise des Phänomens «Charaktermuster» als eines bestimmten *Stils* des Wahrnehmens, Denkens, Fühlens und Verhaltens, der automatisiert, nicht unbedingt bewußt, jedoch prinzipiell der Selbstwahrnehmung zugänglich ist, als inneres «Steuerungsinstrument», das darüber «entscheidet», welche Erfahrungen wie gemacht werden. Dann finden Sie die Rogerssche Definition des Selbstkonzepts und seiner Funktionen darin wieder.

Strukturgebundenes Erleben. Bei Eugene Gendlin, der bei der Entwicklung seiner phänomenologischen Theorie des Erlebens (Gendlin: Eine Theorie des Persönlichkeitswandels) u. a. stark von der Zusammenarbeit mit Carl Rogers beeinflußt wurde, finden wir den Begriff «strukturgebundenes Erleben» («structure bound experience»). «Strukturgebundenes Erleben und Verhalten zeichnet sich durch seinen Wiederholungscharakter aus, durch seine Gleichförmigkeit in der Dimension der Zeit. Wir erkennen es folglich nicht auf Grund einer einmaligen Beobachtung, sondern nur auf Grund seines wiederholten Auftretens im zeitlichen Verlauf» (Wiltschko: Von der Sprache zum Körper, S. 93). Ein gewissermaßen durchgängiger *Stil* und die «Betriebsart» des Erlebens, geprägt von jenen impliziten Grundannahmen über die eigene Person und die Welt. Auch hier ist die Nähe zu unserer Definition von «Charaktermuster» erkennbar.

Das «Lebensdrehbuch» (Skript). In der Transaktionsanalyse wird für das «interne Steuerungsinstrumentarium des Charaktermusters» die Bezeichnung «Lebensdrehbuch» (Skript) verwendet. Eigentlich ist es ein sehr schönes Bild, sich das kleine Kind vorzustellen, wie es – als Reaktion auf die Umstände, in denen es sich vorfindet (präziser: als «Antwort» auf die von ihm *erfahrene* Realität) – dasitzt und das Drehbuch für sein Leben schreibt. Die Transaktionsanalytiker sind sich hinsichtlich der Entstehungsbedingungen des Skripts nicht völlig einig. Manche betonen stärker den Effekt von «Einschärfungen» («Sei nicht so laut» oder «Sei nicht so fröhlich») und «Zuschreibungen» («Ich weiß, du bist ein vernünftiges Kind und wirst so was nicht tun») aus der Umgebung. In der Sprache der Märchen entpricht dies dem «Fluch» der bösen Fee. Es sind vor allem die unausgesprochenen Botschaften (die in der «Luft» liegen), aus denen das Lebensdrehbuch gefertigt wird (Steiner: Wie man Lebenspläne verändert). Andere akzentuieren, so wie wir auch, stärker den Aspekt der «kreativen Eigenleistung» des Kindes bei der «Erfindung des Charaktermusters» (McClure Goulding und Goulding: Neuentscheidung). Die Transaktionsanalytiker sind sehr kreativ in der Benennung immer neuer Skript-Überschriften.

Beispiele: «Mutter ist die Beste», «Ich armes kleines Ding», «Die subversive Hexe», «Self-Made-Mann», «Muskel-Max», «Allmächtiger Vater» und so weiter. Darin verbirgt sich ein unbewußter Lebensplan, die frühen Einschärfungen und Zuschreibungen, die psychologischen «Spiele» und Tricks, wie man zum Mitspieler gemacht wird, und so weiter. Die Enneagramm-Autorin Margret Frings Keyes (Transformiere deinen Schatten) verbindet in ihrem Ansatz die Skripttheorie der Transaktionsanalyse mit dem Enneagramm.

Die Lebensleitlinie (der «Lebensstil»). Bei Alfred Adler (Menschenkenntnis, S. 146f) finden wir wieder ein anderes Wort für dasselbe Phänomen: «Die Charakterzüge sind nur die äußeren Erscheinungsformen der Bewegungslinie eines Menschen. Als solche vermitteln sie uns die Erkenntnis seiner Haltung zur Umwelt, zu den Mitmenschen, zur Gemeinschaft überhaupt und zu seinen Lebensfragen... Sie sind nicht der primäre Faktor, sondern der sekundäre, durch das geheime Ziel des Menschen erzwungen, daher teleologisch zu betrachten... Wir können nichts denken und ins Werk setzen, ohne daß uns ein Ziel vorschwebt.» Das wichtigste «geheime Ziel» in der Tiefenpsychologie Adlers ist die Überlegenheit. Das «Machtstreben» gerät notwendigerweise in Konflikt mit dem «Gemeinschaftsgefühl» und wandert daher ins Unbewußte. Bei Adler wäre demnach die Frage nach den Charaktermustern die Frage nach dem Einfluß, den eine Person auf ihre Umwelt ausübt, wie ihr «Gemeinschaftsgefühl» entwickelt ist und auf welche Weise sie das unbewußte Ziel, Überlegenheit zu gewinnen, lebt. Auch in der teleologischen Sicht Adlers ist klar, daß frühe Lernerfahrungen prägend dafür sind. «Adlerianisch» könnte man daher an das Enneagramm sehr gut mit der Frage herangehen, welche nicht bewußten Absichten, Motive und *Ziele* denn in den neun Charaktermustern versteckt sind. Interessanterweise findet sich im Zusammenhang mit der «Lebensleitlinie» bei Adler der Begriff «tendenziöse Apperzeption». Gemeint ist damit genau das, was wir in unserer Enneagramm-Darstellung als «Aufmerksamkeitsorganisation» beschreiben: Das Charaktermuster «entscheidet» auf einer vorbewußten Ebene darüber, was wir wie wahrnehmen und welche Bedeutung das für uns hat.

Neurolinguistische Programme. Die Steuerung der inneren Befindlichkeit und des Verhaltens durch unbewußte Vorstellungen und früh entstandene Überzeugungen («beliefs») ist auch eine der Grundannahmen des Neurolinguistischen Programmierens (NLP). NLP ist in erster Linie ein Set von sehr effektiven Kommunikationswerkzeugen, als eigene Methode entwickelt aus den Destillaten der therapeutischen Kommunikation berühmter Psychotherapeuten wie Milton Erickson, Virginia Satir und Fritz Perls. Es basiert auf einer Reihe von Basisaxiomen über das Wesen zwischenmenschlicher Kommunikation und des kreativen Veränderungsprozesses. Das vielleicht wichtigste Axiom lautet: «Wirklichkeit ist nichts objektiv Gegebenes. Was für uns wirk-lich (das heißt wirk-sam) ist, hängt von unserer Wahr-Nehmung (dem, was wir uns als wahr nehmen) und von unseren Vor-Stellungen (dem, was wir vor uns hinstellen) ab… Neurolinguistische Programme sind Vorstellungs- und Verhaltensmuster, die durch die Art unserer Sinneswahrnehmung (‹neuro…›) und durch die Sprache, die wir sprechen (‹…linguistisch›) entstehen)» (Madelung: Definitionen von NLP). Daß das, was wir «Wirklichkeit» nennen, von uns selbst hergestellt (konstruiert) wird, darauf haben wir oben schon hingewiesen (siehe die Rosenhan-Studie, siehe unsere Einladung zur «empathischen Suchhaltung»). In der NLP-Optik würden die Enneagramm-Muster demnach als neurolinguistische Programme (unbewußte Vorstellungs-Konfigurationen und Glaubenssysteme) erscheinen (vgl. auch Dilts: Identität, Glaubenssysteme und Gesundheit).

«Irrational beliefs». Auch gewisse Aspekte in der Theoriebildung der «Rational-emotiven Therapie» (Ellis: Reason and Emotion in Psychotherapy) und der sogenannten «Kognitiven Verhaltenstherapie», bei denen es um die implizite Wirksamkeit von Grundüberzeugungen bei der Steuerung von Emotionen, Motiven und Verhaltensweisen geht, könnten mit den Enneagramm-Mustern in Verbindung gebracht werden.

Zu S. 148 Ähnlichkeiten und Unterschiede

Hier einige Hinweise zu den häufigsten Fehleinschätzungen (ausführlich zum Beispiel bei Riso: Understanding the Enneagramm). Sie kommen meistens dadurch zustande, daß ein oder zwei Erlebens- und Verhaltensaspekte eines Musters besonders in den Vordergrund der Selbst- und Fremdwahrnehmung gerückt werden und das Verstehen der Gesamtkonfiguration des Musters und seiner inneren Dynamik dann nicht mehr möglich ist.

EINS: «Perfektionismus» gibt es zum Beispiel auch bei DREI, die die eigene Leistung perfekt darstellt, streng zielorientiert ist bei der Erfüllung von Aufgaben, aber für EINS käme nie in Frage, was DREI «normal» vorkommt: Daß der «Zweck die Mittel heiligt». Außerdem bei FÜNF, die ein perfektes Beobachtungs- und Theoriesystem entwickelt, zum Beispiel auch das Enneagramm – aber nicht um den latent zornigen Ansprüchen des «inneren Kritikers» Genüge zu leisten, sondern als Schutzmechanismus und Sicherheitssystem, also zum Zweck der Angstabwehr. Der Denkstil von FÜNF ist «objektiv-analysierend» und deutlich weniger beurteilend als der von EINS. Zorn als menschliche Emotion gibt es natürlich in allen Mustern. In EINS ist «Zorn» die untergründig bestimmende emotionale Haltung – mit dem eigenartigen Effekt, daß die Emotion des Zorns von einer «zornigen» Selbstkritik häufig ihrerseits unterdrückt wird!

ZWEI: Der Erlebens- und Verhaltensstil (Freundlichkeit, Fürsorglichkeit, Hilfsbereitschaft) einer Variante von SECHS ist dem Muster ZWEI, «diagnostisch» von außen betrachtet, zum Verwechseln ähnlich. Zu unterscheiden sind die beiden Muster jedoch von den inneren Motiven her (und für das Erkennen der inneren Beweggründe braucht es empathische Selbstwahrnehmung!): Das Motiv von ZWEI ist: «Ich gebe Wärme und Freundlichkeit, damit du mich gern hast.» Das Motiv von SECHS ist: «Ich gebe Wärme und Freundlichkeit, damit du mir nicht gefährlich wirst.» Weitere häufige Verwechslungen sind: ZWEI und NEUN, beide «verschmelzen» mit der anderen Person, ZWEI jedoch verschmilzt partiell, das heißt macht sich die Bedürftigkeit des anderen zu eigen, NEUN verschmilzt total, das heißt identifiziert sich unbewußt mit den Meinungen, Standpunkten, Bedürfnissen und so weiter des anderen, um daraus eigenes Identitätsgefühl zu beziehen. Eine Variante von SIEBEN wird vordergründig auch oft mit ZWEI verwechselt. Bei SIEBEN ist aber das Motiv, anderen Gutes zu tun, wieder völlig verschieden vom ZWEIER-Motiv: SIEBEN kümmert sich unter Umständen durchaus aufopferungsvoll um andere, aber primär, um störende Probleme aus dem Feld zu räumen und so das eigene «positive Weltbild» aufrechterhalten zu können («Ich fühle mich wohl, wenn du dich wohl fühlst»).

DREI: DREI und SIEBEN wirken nach außen oft sehr ähnlich; beide Muster erscheinen «optimistisch» und «energiegeladen», die Repräsentanten beider Muster lieben es, im Mittelpunkt zu stehen. Eine gute Möglichkeit, sie zu unterscheiden, ist die Frage nach dem Arbeitsstil: DREI arbeitet primär ziel- (das heißt erfolgs-)orientiert und nimmt dafür auch Entbehrungen in Kauf. SIEBEN arbeitet primär prozeßorientiert, das heißt die Arbeit selbst soll nach Möglichkeit ein «Genuß» sein und der positiven Selbststimulation dienen. Das Ergebnis ist weniger wichtig. In Workshops ist relativ oft zu beobachten, daß Personen mit dem Muster DREI sich ganz gern mit den positiven Images anderer Enneagramm-Muster identifizieren, der Unterton jedoch ist Selbstdarstellung («Seht alle her, was für eine tolle FÜNF – oder NEUN – ich bin!» Personen mit Muster FÜNF oder NEUN würden so etwas nicht nur nicht tun, sondern sogar fürchten. Das Motiv von DREI führt unter der Hand Regie: «Ich stelle mich als einen Intellektuellen dar» – Identifikation mit dem Image von FÜNF aus der Sicht von DREI. Oder: Die Selbsttäuschung von DREI «bemächtigt» sich der aus dem Erleben bekannten Streßreaktion und nutzt sie zur Selbstdarstellung: «Ich bin eine gut integrierte NEUN, denn ich kann mein Trostpunkt-Muster gut leben»).

VIER: VIER und NEUN werden oft verwechselt. Beiden Mustern gemeinsam ist die «Fähigkeit», Gefühle und Stimmungen aus der Umgebung im eigenen Körper zu fühlen – beide haben da ein «Abgrenzungsproblem». Der Unterschied: NEUN fühlt sich identisch («konfluent») mit der Umgebung und bezieht daraus so etwas wie Ich-Gefühl. VIER ist in diesen Augenblicken eher verwirrt («Fühle ich *mein* Gefühl, oder habe ich unbemerkt etwas Fremdes in mich aufgenommen?»).

FÜNF: Wegen ihrer Tendenzen zum Rückzug werden FÜNF, VIER und NEUN öfter verwechselt. Es ist an dieser Stelle aber deutlich erkennbar, daß man nicht einen einzelnen Erlebens- und Verhaltensaspekt in den Mittelpunkt der Selbstwahrnehmung rücken darf, sondern die Konfiguration des Musters insgesamt ansehen muß! Ebenso bei der Unterscheidung von FÜNF und EINS (siehe oben).

SECHS: Menschen mit dem Muster SECHS tun sich oft schwer damit, ihr Muster zu erkennen, da der unwillkürliche Zweifel (an dem Modell selbst und an der «Autorität» derer, die es vermitteln) natürlich auch hier Regie führt. Verwechslungen mit ZWEI (siehe oben), EINS und ACHT sind häufig. Auch am Punkt EINS gibt es «Zweifel»: Im Denkstil von EINS geht es aber um die Frage: «Was ist richtig?» und um den inneren Konflikt zwischen einem Bedürfnisimpuls und der Frage, ob dieses Bedürfnis «erlaubt» bzw. «korrekt» ist. Der Zweifel am Punkt SECHS ist umfassender und «existentieller»: «Ja… aber», «Einerseits… andererseits», «Ich weiß nicht so recht…» und Ausdruck des grundlegenden Unsicherheitsgefühls und Mißtrauens. ACHT und die «rebellische», aggressive Form der Angstvermeidung bei SECHS sehen äußerlich oft ganz ähnlich aus. Die Selbstbeobachtungsfrage: Stammt die Aggression aus einer Art «Wut im Bauch», die sich gegen «Eindringlinge in das eigene Territorium» richtet (ACHT), oder ist die Aggression eine Flucht nach vorn aus Angst vor (tatsächlicher oder) eingebildeter Gefahr? (Kontraphobische Angstabwehr bei SECHS: «Übermütig mitten hinein in die Gefahr!»)

SIEBEN: Siehe oben bei ZWEI und DREI.

ACHT: ACHT, DREI und SIEBEN neigen gleichermaßen dazu, «Erregung» oder «Aufregung» mit «Gefühl» gleichzusetzen. Die «Quelle» dieses «Gefühls, lebendig zu sein» ist jedoch an verschiedenen «Orten», und die Erregung heißt dementsprechend auch jeweils anders. (ACHT: «Bauch» und «Hier bin *ich*!» – DREI: «Herz» und «Seht her, wie toll ich bin!» – SIEBEN: «Kopf» und «Mir geht's total gut!»)

NEUN: Siehe oben bei ZWEI, VIER, FÜNF.

Zu S. 154 Wechsel des Bezugspunkts

Die Lösung gelingt nur, wenn man sich von der Vorstellung verabschiedet, die neun Punkte würden ein quadratisches Feld begrenzen:

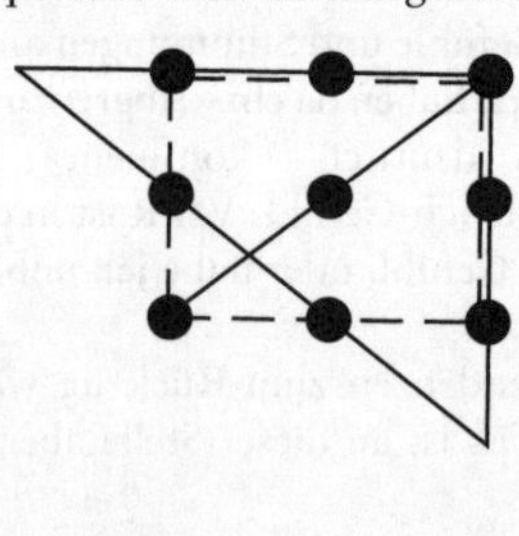

«Die Analogie mit vielen Situationen des praktischen Lebens liegt auf der Hand. Wohl jedermann weiß, wie einem zumute ist, wenn man in einer ähnlichen Sackgasse gefangen sitzt und es dann sehr gleichgültig ist, ob man an die Zwangslage gefaßt und logisch heranzugehen versucht oder sich in eine Panik hineinsteigert. Denn wie bereits erwähnt, kann die Lösung nicht durch irgendeine Veränderung... von innen her erfolgen, und in der Perspektive aller erfolglosen Veränderungen erscheint die Lösung daher als eine verblüffende Erleuchtung, auf deren Zustandekommen wir scheinbar sehr wenig Einfluß haben... Die Lösung ergibt sich aus der Überprüfung der eigenen Annahmen über die Punkte, nicht aber aus einer Prüfung der Punkte selbst. Oder um dieselbe Aussage in einer mehr philosophischen Sprache zu machen: Es ist offensichtlich von grundlegendem Unterschied für unser In-der-Welt-Sein, ob wir uns als Marionetten in einem Spiel auffassen, dessen Regeln wir die Wirklichkeit nennen, oder als die Spieler eines Spiels, dessen Regeln nur in dem Sinn «wirklich» sind, als wir sie erfunden oder übernommen haben, die wir aber jederzeit ändern können» (Watzlawick: Lösungen, 45 f).

Zu S. 156 Nicht-Identifizierung

Üblicherweise (und ohne sonderlich viel darüber nachzudenken) begreifen und erleben wir uns selbst als etwas Einheitliches, wenn wir «Ich» sagen: Ich heiße..., ich denke gerade, ich empfinde... und so weiter. Fast automatisch sagen wir zu fast allem, dessen wir uns gerade gewahr werden, «ich». Wir identifizieren uns mit unseren Gedanken, Gefühlen, Körperreaktionen, Wertvorstellungen und so weiter. Ab und zu bemerken wir ungewohnte Veränderungen in unseren mentalen, emotionalen und körperlichen inneren Vorgängen und sagen dann: «Ich bin einfach nicht ich selbst.» Oder: «Ich bin außer mir.» Beispielsweise kann sich unter dem Einfluß von Drogen, Medikamenten, Alkohol, aber auch in Lebenskrisen und bei starkem Streß das «Ich-Gefühl» auf dramatische Weise verändern, so daß wir dann dieses «Bin ich das noch, ich bin mir selber so fremd?» empfinden und zu uns sagen.

Solche Erlebnisse könnten uns jedoch gleichzeitig darauf aufmerksam machen, daß unser sogenanntes normales Ich-Gefühl eben nicht etwas selbstverständlich Gegebenes ist, sondern dadurch zustande kommt, daß wir uns innerlich mit unseren Denk-, Fühl- und Verhaltensgewohnheiten (zwar unbewußt, aber deswegen nicht weniger «aktiv») *identifizieren*. Durch diesen Bewußtseinsprozeß der Identifizierung kann prinzipiell allen Erfahrungsqualitäten – auch solchen, die nicht in den Rahmen des Alltäglichen und Gewohnten passen – «Ich-Qualität» verliehen werden.

In dieser Sichtweise kann das Enneagramm-Charaktermuster begriffen werden als ein relativ konstanter Identitätszustand, das heißt als eine Konfiguration oder ein System psychischer Strukturen bzw. Subsysteme mit «Ich-Qualität». Mentale, emotionale und körperliche Aspekte sind in einem Gesamtmuster miteinander verknüpft, das dann festlegt, was die betreffende Person in einem gegebenen Moment denken, fühlen und tun kann und was nicht. Wegen der durch unbewußte Identifizierung entstandenen Verbindung des «Ich-Gefühls» mit dem Muster sagen wir dann: «So bin ich nun eben mal.» Oder: «Ich kann eben auch nicht aus meiner Haut.»

Die Entwicklungsarbeit unter Zuhilfenahme des inneren Beobachters löst diese Verbindung zwischen Ich-Gefühl und Charaktermuster auf. Indem die Aufmerksamkeit an einem neutralen inneren Bezugspunkt (dem iB) stabilisiert wird, wird das «Ich-Gefühl» aus dem Muster herausgenommen. Mit der Formulierung *«Nicht-Identifizierung mit dem Charaktermuster» beschreiben wir diesen Vorgang, bei dem der iB mit Identitätsgefühl «geladen» wird.* Die unbewußte Gleichsetzung von «Charaktermuster» und «Ich» wird übergeführt in eine bewußte Identifizierung des «Ich-Gefühls» mit dem iB. Von da aus sind im inneren Prozeß dann Erfahrungsqualitäten wahrnehmbar, die außerhalb der Wahrnehmungs-, Denk-, Fühl- und Verhaltensgewohnheiten des Musters liegen (vergleiche dazu auch die Darstellung der Grundlagen der Gurdjieff-Arbeit bei Tart: Hellwach und bewußt leben).

Zu S. 174 Projektion

In der Psychoanalyse wird «Projektion» als *Abwehrmechanismus* definiert: «Beim Vorgang der Projektion werden eigene Impulse nicht im Innern als solche wahrgenommen, sondern als von außen kommend oder am anderen als dessen Impulse erlebt. Sie werden projiziert. Die Abwehr eignet sich vor allem für verpönte Inhalte, die vom Ich als besonders gefährlich erlebt werden würden. Das Motto ‹Nicht ich hasse dich, sondern du haßt mich ja› entlastet Angst und Schuldgefühl besonders nachhaltig. Erleichtert wird die Projektion dadurch, daß – bei entsprechendem Suchen – sich meist auch rationale Belege dafür finden (oder erfinden) lassen, daß der andere zum Beispiel aggressive Regungen habe, weil ja kein Mensch davon frei ist» (Ellhardt: Tiefenpsychologie, S. 52f). In dieser strengen Definition wird «Projektion» im Enneagramm dem Muster SECHS als bevorzugter Abwehrmechanismus zugeordnet.

Wir fassen den Begriff weiter und betonen stärker den Aspekt der *Wahrnehmungsverzerrung* («gefärbte Brille») im Zusammenhang mit den Charaktermustern und den durch sie bedingten zwischenmenschlichen Wechselspielen.

Zu S. 176 Übertragung

«Übertragung meint eine besondere Gruppe von Gefühlsbeziehungen, die nicht in der realen Gegenwart wurzeln, sondern einseitig sind, weil sich in ihnen eine Szene der Vergangenheit wiederholt. Aber Vorsicht! Es ist äußerst schwierig, diese Gruppe einzugrenzen. Im strengsten Sinn könnte man sagen: Übertragung liegt dann vor, wenn sich in einer psychoanalytischen Situation zwei Menschen einig sind, daß der eine die Gefühle analysiert, die der andere ihm entgegenbringt. Sind wir nicht so streng, dann verschwimmt die Grenze zwischen Übertragung und Beziehung» (Schmidbauer: Liebeserklärung an die Psychoanalyse, S. 65 f).

Wir halten diesen Hinweis Schmidbauers auf das Verschwimmen der Definitionsgrenze für besonders wichtig. Es ist sicher möglich, in jeder zwischenmenschlichen Gefühlsregung einen «Übertragungsanteil» aufzuspüren. In der konkreten emotionalen Reaktion auf einen anderen Menschen ist wahrscheinlich immer auch etwas mit enthalten, das nicht mit diesem konkreten anderen Menschen zu tun hat, sondern aus (nicht notwendigerweise bewußten) Erinnerungen an ähnliche Beziehungserfahrungen in der Vergangenheit stammt. Aber diesen Übertragungsanteil bei einem *anderen* herauszufiltern ist jeweils ein *interpretativer* Akt, der, streng genommen, nur im Rahmen einer *gegenseitigen* Vereinbarung statthaft ist. Denn: «Begriffe wie Übertragung und Widerstand enthalten die Gefahr eines intellektuellen Machtmißbrauchs, wenn sie außerhalb der psychoanalytischen Situation (für die die obengenannte «Vereinbarung» gilt, die Verfasser) verwendet werden. Innerhalb dieser Situation ist diese Gefahr nicht gebannt, wohl aber gibt es Wege, mit ihr umzugehen. Denn diese Situation ist dadurch zustande gekommen, daß ein Psychologe und ein Klient den Vertrag geschlossen haben, sich für eine Weile ausschließlich mit den seelischen Vorgängen des Klienten zu beschäftigen» (Schmidbauer, S. 69). Außerhalb dieser «vertraglich» streng strukturierten Beziehungskonstellation zwischen Therapeut und Klient, also im Alltag unseres Beziehungslebens, braucht es zwischen zwei Beziehungspartnern unserer Meinung nach eine vergleichbare gemeinsame Absprache, daß das Wahrnehmen und Bereden von Übertragungsphänomenen Gegenstand der Beziehungsklärung sein soll. Auch für diesen Fall halten wir es für günstiger, das Instrument der Deutung der Gefühle des anderen lieber nicht zu benutzen und statt dessen einen gemeinsamen Beziehungsraum zu schaffen, der es jedem der beiden Partner ermöglicht, seine je *eigenen* Übertragungen und Übertragungsbereitschaften achtsam *selbst zu erforschen* und anschließend mitzuteilen. Die Deutung der emotionalen Reaktionen eines Beziehungspartners als «Übertragung» kann unter der Hand nur zu leicht zu einem wirkungsvollen Instrument der Selbstverteidigung und Überlegenheitssicherung entarten.

Schmidbauer (S. 33): «Wenn zum Beispiel ein Oberarzt auf einer psychotherapeutischen Station in einer Auseinandersetzung mit einer Krankenschwester nicht mehr weiter weiß, mag es geschehen, daß er die Ebene der gemeinsamen Auseinandersetzung verläßt. Weil er hier keine Argumente mehr findet, wechselt er geschickt die Rolle, hüllt sich in den Mantel des psychoanalytischen Propheten und sagt zu seiner Widersacherin, sie solle doch ihre Autoritätsproblematik, ihre Vaterübertragung und ihren Ödipuskomplex bearbeiten. Wenn die Schwester mit dem erwarteten Respekt auf diese bedeutungsschweren Worte reagiert, dann hofft unser wildgewordener Analytiker, daß sie ihm seine Dienstverfehlung nicht mehr vorhalten, sondern die eigene Persönlichkeit in Frage stellen wird... (Er) fällt hinter eine Erkenntnis zurück, die Freud aus der Arbeit mit seinen Patientinnen gewann: Deutungen dürfen (auch in der psychotherapeutischen Situation, die Verfasser) nicht von einem überlegenen Analytiker einem widerstrebenden Patienten aufgenötigt, sondern nur im Einverständnis mit diesem gefunden werden.» Dieses Beispiel ließe sich in vielfältiger Weise auf andere alltägliche Beziehungssituationen hin ausweiten, in denen der eine Partner mit Mitteln der Psychologie (auch des Enneagramms natürlich) zum Zweck des Selbstschutzes und der Abwehr von Kritik dem widerspenstigen anderen «unbewußte» Absichten unterstellt und dabei einen Interpretationsjoker aus dem Ärmel zieht, der *jede* Karte zu stechen in der Lage ist.

Zu S. 178 Gegenübertragung

In der psychoanalytischen Therapie wird mit «Gegenübertragung» das Pendant zur Übertragung des Patienten auf seiten des Therapeuten bezeichnet, also die «noch nicht analysierten und dem Ich unterstellten Anteile in der Beziehung des Analytikers zu seinem Klienten» (Schmidbauer, S. 59). Kurz: Die Übertragung andersherum. Die Trennung dieser beiden Begriffe macht eigentlich nur in der streng strukturierten Therapeut-Klient-Beziehung Sinn, wo man aus Gründen der Arbeitsvereinbarung so tut, als würde es sich dabei um zwei voneinander getrennt zu haltende Einbahnstraßen des Beziehungsgeschehens handeln: Der Therapeut hat die Aufgabe, die Übertragung des *Klienten* zu klären. Seine eigenen Übertragungen (die Gegenübertragung) soll er in der Supervision bearbeiten. Für die Beschreibung von Übertragungsphänomenen in Alltagsbeziehungen jedoch kann man unserer Meinung nach auf diese definitorische Unterscheidung von Übertragung und Gegenübertragung verzichten, weil die Verteilung der Rollen zwischen zwei Beziehungspartnern nicht so strukturiert ist wie im psychotherapeutischen Setting. Wir sprechen deswegen hier lieber von «wechselseitigen Übertragungen auf der einen Hauptverkehrsstraße des Beziehungsgeschehens».

Zu S. 181 Interpunktion von Ereignisfolgen

Das zwischenmenschliche Wechselspiel ist ein ununterbrochener Austausch von Mitteilungen, und es ist – von daher gesehen – immer Geschmackssache, an welcher Stelle man den «Anfangspunkt» dieses Austauschs setzen will. «Ein oft zu beobachtendes Eheproblem besteht zum Beispiel darin, daß der Mann eine im wesentlichen passiv-zurückgezogene Haltung an den Tag legt, während seine Frau zu übertriebenem Nörgeln neigt. Im gemeinsamen Interview beschreibt der Mann typischerweise seine Haltung als einzig mögliche *Verteidigung gegen* ihr Nörgeln, während dies für sie eine krasse und absichtliche Entstellung dessen ist, was in ihrer Ehe ‹wirklich› vorgeht: daß nämlich der einzige *Grund für* ihre Kritik seine Absonderung von ihr ist. Im wesentlichen erweisen sich ihre Streitereien als monotones Hin und Her der gegenseitigen Vorwürfe und Selbstverteidigungen: Ich meide dich, weil du nörgelst. Ich nörgle, weil du mich meidest» (Watzlawick: Menschliche Kommunikation, S. 58). Auf Grund der Kreisförmigkeit des Beziehungsgeschehens macht also die (Interpunktions-)Frage «Wer hat angefangen?» wenig Sinn («systemische Perspektive»).

Literaturverzeichnis

Adler, A.: Menschenkenntnis, Frankfurt 1966
Bach, G., Wyden, B.: Streiten verbindet, Gütersloh 1971
Beesing, M., Nogosek, R. J., O'Leary, P.: Das wahre Selbst entdecken. Eine Einführung in das Enneagramm, Würzburg 1992
Bennett, G.: Die inneren Welten des Menschen, Südergellersen 1984
Bennett, G.: Gurdjieff. Ursprung und Hintergrund seiner Lehre, Basel 1989
Berne, E.: Was sagen Sie, nachdem Sie «guten Tag» gesagt haben? München 1975
Biermann-Ratjen, E., Eckert, J. und Schwartz, H. J.: Gesprächspsychotherapie, Stuttgart 1979
Blake, A.: Das intelligente Enneagramm, Südergellersen 1993
Csikszentmihalyi, M.: Flow, Stuttgart 1992
DAF (Deutsches Ausbildungsinstitut für Focusing-Therapie, Hrsg.): Focusing-Bibliothek (nur erhältlich über DAF, Frankfurter Str. 10, 97082 Würzburg)
Davidson, W. D. (Hrsg.): Documents on Contemporary Dervish Communities, London 1982
Dilts, R.: Identität, Glaubenssysteme und Gesundheit, Paderborn 1991
Dürckheim, K. F.: Der Alltag als Übung, Bern 1966
Ebert, A., Rohr, R. (Hrsg.): Erfahrungen mit dem Enneagramm, München 1991
Elhardt, S.: Tiefenpsychologie. Eine Einführung, Stuttgart 1982
Ellis, A.: Reason and Emotion in Psychotherapy, New York 1962
Ferrucci, P.: Werde was du bist. Selbstverwirklichung durch Psychosynthese, Reinbek 1986
Frings Keyes, M.: Transformiere deinen Schatten. Die Psychologie des Enneagramms, Reinbek 1992
Gallen, M. A.: Einige Überlegungen zur Focusing-Therapie im Zusammenhang mit dem Kernthema (Charaktermuster) des Klienten, 1992 (unveröff. Manuskript)
Gendlin, E. T.: Eine Theorie des Persönlichkeitswandels, Würzburg 1992 (Bearbeitung durch J. Wiltschko, nur erhältlich über DAF) Original (A Theory of Personality Change) in Hart, J. und Tomlinson, T. (Hrsg.): New Directions in Client Centeres Therapy, Boston 1970
Gendlin, E. T.: Experiencing and the Creation of Meaning, New York 1962
Gendlin, E. T.: Focusing ist eine kleine Tür..., Würzburg 1993 (DAF: Focusing-Bibliothek, Band 4)
Gendlin, E. T.: Focusing. Technik der Selbsthilfe bei der Lösung persönlicher Probleme, Salzburg 1981
Holzkamp, K.: Zur Problematik der Realitätsverdoppelung in der Psychologie, in: Psychologische Rundschau 16, 1965
Horney, K.: Der neurotische Mensch in unserer Zeit, Frankfurt 1983

Horney, K.: Neurose und menschliches Wachstum, Frankfurt 1984
Horney, K.: Unsere inneren Konflikte, Frankfurt 1984
Hurley, K. V., Dobson, T. E.: Wer bin ich? Persönlichkeitsfindung mit dem Enneagramm, Augsburg 1993
Jaxon Bear, E.: Die neun Zahlen des Lebens, München 1989
Kaiser, R.: Gott schläft im Stein, München 1984
Keen, S.: An Interview with Oscar Ichazo, in: Psychology Today, July 1973
Keen, S.: Feuer im Bauch. Über das Mannsein, Bergisch Gladbach 1992
Kohut, H.: Narzißmus, Frankfurt 1976
Kopp, S. B.: Der Taschendieb und der Heilige. Spiele der Selbsttäuschung, Köln 1985
Kretschmer, E.: Körperbau und Charakter, Berlin 1955
Kurtz, R.: Körperzentrierte Psychotherapie, Essen 1985
Laing, R.: Knoten, Reinbek 1972
Lewis, C. S.: Der König von Narnia, München 1977
Lowen, A.: Körperausdruck und Persönlichkeit, München 1981
Lutz, E.: Ennea-Colors, Frankfurt o. J. (unveröff. Manuskript)
Madelung, E.: Definition von NLP, München o. J. (unveröff. Manuskript)
Mahler, M. S.: Symbiose und Individuation, Stuttgart 1979
Mahler, M. S., Pine, F., Bergmann, A.: Die psychische Geburt des Menschen. Symbiose und Individuation, Frankfurt 1980
Maslow, A.: Motivation und Persönlichkeit, Olten 1977
McClure Goulding, M., Goulding, R. L.: Neuentscheidung. Ein Modell der Psychotherapie, Stuttgart 1973
Missildine. W. H.: In dir lebt das Kind, das du warst, Stuttgart 1976
Moeller, M. L.: Die Wahrheit beginnt zu zweit, Reinbek 1989
Mussen, P. H., Conger, J. J., Kagan, J.: Lehrbuch der Kinderpsychologie, Stuttgart 1976
Naranjo, C.: Ennea-type Structures, Nevada City 1990
Neidhardt, H.: Enneagramm und Focusing. Eine «Landkarte» und ein «Weg» für persönliche Veränderung, in: Ebert, E., Rohr, R. (Hrsg.): Erfahrungen mit dem Enneagramm, München 1991
Palmer, H.: Das Enneagramm, München 1990
Reich, W.: Charakteranalyse, Wien 1933
Riso, R.: Das Enneagramm-Handbuch, München 1993
Riso, R.: Die neun Typen der Persönlichkeit, München 1989
Riso, R.: Understanding the Enneagramm, Boston 1990
Riso, R.: Enneagramm Transformations, Boston 1993
Rogers, C. R.: Eine Theorie der Psychotherapie, der Persönlichkeit und der zwischenmenschlichen Beziehungen, Köln 1991. Original (A Theory of Therapy, Personality and Interpersonal Relationships as Developed in the Client Centered Framework) in: Koch, S. (Hrsg.): Psychology. A Study of Science (III), New York 1959

Rogers, C. R.: Entwicklung der Persönlichkeit, Stuttgart 1973
Rohr, R., Ebert, A.: Das Enneagramm. Die neun Gesichter der Seele, München 1989
Rosenhan, D. L.: Gesund in kranker Umgebung, in: Watzlawick, P. (Hrsg.): Die erfundene Wirklichkeit, München 1981
Schellenbaum, P.: Die Wunde der Ungeliebten. Blockierung und Verlebendigung der Liebe, München 1989
Schmidbauer, W.: Liebeserklärung an die Psychoanalyse, Reinbek 1991
Schulz v. Thun, F.: Miteinander reden 1. Allgemeine Psychologie der Kommunikation, Reinbek 1981
Schulz v. Thun, F.: Miteinander reden 2. Differentielle Psychologie der Kommunikation, Reinbek 1989
Shapiro, D.: Neurotische Stile, Göttingen 1991
Siems, M.: Dein Körper weiß die Antwort. Focusing als Methode der Selbsterfahrung, Reinbek 1986
Steiner, C.: Wie man Lebenspläne verändert. Die Arbeit mit Skripts in der Transaktionsanalyse, Paderborn 1990
Tart, C.: Hellwach und bewußt leben, München 1991
Thomann, C., Schulz v. Thun, F.: Klärungshilfe. Handbuch für Therapeuten, Gesprächshelfer und Moderatoren in schwierigen Gesprächen, Reinbek 1988
Vollmar, K.: Das Enneagramm. Praktische Lebensbewältigung mit Gurdjieffs Typenlehre, München 1993
Watzlawick, P.: Münchhausens Zopf. Oder: Psychotherapie und «Wirklichkeit», Bern 1988
Watzlawick, P.: Wie wirklich ist die Wirklichkeit?, München 1976
Watzlawick, P., Beavin, J. H., Jackson, D.: Menschliche Kommunikation. Formen, Störungen, Paradoxien, Bern 1969
Watzlawick, P., Weakland, J. H., Fisch, R.: Lösungen. Zur Theorie und Praxis menschlichen Wandels, Bern 1974
Wild-Missong, A.: Mit Focusing im Leben, Würzburg 1993 (DAF: Focusing-Bibliothek, Band 3)
Willi, J.: Die Zweierbeziehung, Reinbek 1975
Wiltschko, J.: Anfänger-Geist. Hinführungen zur Focusing-Therapie I, Würzburg 1991 (DAF: Focusing-Bibliothek, Band 1)
Wiltschko, J.: Von der Sprache zum Körper. Hinführungen zur Focusing-Therapie II, Würzburg 1992 (DAF: Focusing-Bibliothek, Band 2)
Zuercher, S.: Enneagramm Spirituality, Notre Dame (Indiana) 1992